Neurologie und Psychiatrie

Neurologie und Psychiatrie

Für Krankenschwestern und Krankenpfleger

Von

Wolfgang Arns

Kurt-Alphons Jochheim

Helmut Remschmidt

2., überarbeitete Auflage

32 Abbildungen, 12 Tabellen

1972

Georg Thieme Verlag Stuttgart

Dr. med. Wolfgang Arns
Universitäts-Nervenklinik Köln

Prof. Dr. med. Kurt-Alphons Jochheim
Leiter der Staatl. anerkannten Krankenpflegeschule
der Universitäts-Kliniken Köln

Dozent Dr. med., Dr. phil. Helmut Remschmidt
Klinik für Kinder- und Jugendpsychiatrie der Universität Marburg/Lahn

1. Auflage 1970

Satz und Umbruch: Adam Götz, Stuttgart-Bad Cannstatt

Druck: Druckhaus Dörr KG, Ludwigsburg

ISBN 3 13 453602 1

Herrn Prof. Dr. med. WERNER SCHEID
zum 60. Geburtstag

Vorwort zur 2. Auflage

Überraschend schnell kam der den Autoren wesentliche Dank für ihr Bemühen, in einem Taschenbuch die Krankheitsbilder der Neurologie und der Psychiatrie sowie die Besonderheiten bei Pflege und Betreuung innerhalb der Nervenheilkunde darzustellen: der Wunsch nach einer weiteren Auflage. Wir dürfen bekennen, daß die Möglichkeit eines unveränderten Nachdrucks der 1. Auflage für uns zunächst als verlockender Weg erscheinen mochte, da wir gleichermaßen die Arbeit an diesem Büchlein als gelegentlich nicht ganz leichte Last durch unsere täglichen Aufgaben tragen.

Vielfältige Anregungen und kritische Anmerkungen jedoch sollen nach unserer Überzeugung aufgenommen und gewürdigt werden, um einmal die Lebendigkeit des Büchleins zu fördern und zum anderen anzuregen, daß uns noch mehr Leser ihre Erwägungen mitteilen.

Jenen vielen sei gedankt, die uns ihre Meinung haben wissen lassen, und wir möchten auch in Zukunft auf Vorschläge und Kritik nicht verzichten.

Wiederum gilt ein besonderes Dankeswort dem Georg Thieme Verlag und seinen Mitarbeitern für die stets harmonische Zusammenarbeit.

Köln, im Januar 1972 Die Verfasser

Vorwort zur 1. Auflage

Es gibt eine Reihe guter und eingeführter Lehrbücher der Krankenpflege und auch der Krankheitslehre für Schwestern. Die unumgehbare Aufgliederung der Medizin in Spezialgebiete verlangt jedoch in zunehmendem Maße auch eine spezielle Anleitung für die Krankenpflege in den einzelnen Disziplinen. Dies ist zum Teil schon in angemessener Form geschehen. Langjährige eigene Erfahrungen in der Klinik und die Lehrtätigkeit an Krankenpflegeschulen rechtfertigen den Plan, auch für das Fachgebiet der Neurologie und Psychiatrie den Schwestern und Pflegern ein Lehrbuch an die Hand zu geben, zumal mancherorts wegen des Fehlens einer entsprechenden Fachabteilung im Hause die Unterrichtung noch recht unzureichend erfolgt.

Es soll daher versucht werden, die wichtigen Krankheitsbilder aus dem Gebiet der Neurologie und der Psychiatrie darzustellen. Der Verzicht auf Vollständigkeit der Nosologie und auf Raritäten möge den Zugang zu diesem schwierigen Fachgebiet erleichtern. Die besonderen pflegerischen Aufgaben werden hervorgehoben. Der breite Raum, der einer Beschreibung der Untersuchungsmaßnahmen und Befunde gegeben wurde, soll Schwestern und Pfleger nicht zu eigener diagnostischer Aktivität anregen, sie vielmehr zu kundigen Mitarbeitern und nicht nur gehorsamen Gehilfen des Arztes machen. Oft richten sich die ersten Fragen nach der Art und dem „Warum" der Untersuchungen an das Pflegepersonal auf der Station, und die vernünftige Auskunft vermag dem Kranken Sorge zu nehmen und Vertrauen zu vermitteln.

Neben den in erster Linie angesprochenen Schwestern und Pflegern kann das Buch auch ohne Zweifel allen jenen ein Ratgeber und eine Orientierungshilfe sein, die als Krankengymnastinnen, Heilpädagogen oder Sozialarbeiter vor neurologischen und psychiatrischen Krankheitsbildern stehen.

Für Kritik und Vorschläge, die dem Ziel des vorliegenden Buches dienen können, werden sich die Autoren aufgeschlossen und dankbar zeigen.

Bereits jetzt gilt unser Dank für Mitarbeit und Hilfe Fräulein Gisela Scheumann, Köln.

Die bewährte Sorgfalt bei der Herstellung und Ausstattung des Buches gewährleisteten die Mitarbeiter des Georg Thieme Verlags unter Herrn Dr. med. h. c. Günther Hauff.

Köln, im Herbst 1969 — Die Verfasser

Inhaltsverzeichnis

NEUROLOGIE

Untersuchungsmethoden

Vorgeschichte

Die Kenntnis der Krankheitsvorgeschichte ist neben dem Untersuchungsbefund für den Arzt in fast allen Fällen wesentliche Voraussetzung für eine zutreffende Diagnose. Die Erhebung dieser *Anamnese* ist bei neurologischen Krankheiten oft besonders schwierig, weil das Nervensystem alle Körperorgane durchdringt und deshalb an den verschiedensten Stellen zu Störungen führen kann, die oftmals nicht sogleich als Ausdruck einer Nervenkrankheit erkannt werden. Nur die Beherrschung des Fachgebietes und ein geduldiges Fragen gewährleisten eine zuverlässige Anamnese. Dabei ist die Ausführlichkeit des Fragens und das Interesse an scheinbar belanglosen Einzelheiten niemals Ausdruck der Neugier, sondern unabdingbar für die richtige Deutung der Beschwerden und Symptome.

Die Anamnese erfragt man vom Kranken selbst. Ist dies nicht möglich, weil der Kranke bewußtlos ist, andere geistig-seelische Störungen oder eine Sprachlähmung bestehen, bleibt man zunächst auf die *Fremdanamnese* angewiesen, auf Angaben zur Vorgeschichte, wie sie von Angehörigen, Arbeitskollegen oder auch Freunden gemacht werden können, die etwa das plötzliche Einsetzen von Krankheitszeichen beobachteten. Aber auch beim geistig-seelisch unauffälligen Patienten ergibt die Fremdanamnese manchmal wichtige Gesichtspunkte.

Eine verbindliche Technik der Anamneseerhebung gibt es nicht. Die Reihenfolge, in der die Fragen gestellt werden, wird nicht immer die gleiche sein. Wichtig ist die Vollständigkeit der Vorgeschichte. Es interessieren *Nerven- und Geisteskrankheiten in der Familie*, da manche dieser Erkrankungen einem bekannten Erbgang folgen. Der *Ablauf der Geburt*, aber auch die voraufgegangenen Schwangerschaften der Mutter und die *frühkindliche Entwicklung* weisen nicht selten auf eine Schädigung des Nervensystems hin. Wichtig sein können Erkrankungen, Operationen und Unfälle in der Vorgeschichte auch dann, wenn sie zunächst keinen Zusammenhang mit dem aktuellen Krankheitsgeschehen erkennen lassen. Ganz besondere Aufmerksamkeit verdient dann die spezielle Vorgeschichte oder Krankheitsanamnese. Hier wird sehr genau der Beginn der Beschwerden, der Ort ihres ersten Auftretens, ihre Art und ihre weitere Entwicklung erfragt. Die akuten Beschwerden sollen möglichst plastisch geschildert werden. Hierher gehört auch der Bericht über Erfolg oder Mißerfolg vorausgegangener Behandlungsmaßnahmen. Angaben über Schlaf und Appetit, eine mögliche Änderung des Körpergewichtes, über Blasen-, Darm- und Sexualfunktionen dürfen ebensowenig fehlen wie Fragen nach Geschlechtskrankheiten, nach Alkoholkonsum und Arzneimittelverbrauch. Berufliche, wirtschaftliche und familiäre Lebenssituation werden besprochen. Verfügbare Unterlagen über frühere Untersuchungen sollten die Anamnese ergänzen.

Allgemeiner und interner Befund

Jeder speziellen neurologischen Untersuchung geht eine Erhebung des *Allgemeinbefundes* und eine Erfassung der wichtigsten *internen Befunde* voraus.

Erfaßt werden bei der ersten Inspektion Zeichen äußerer *Verletzungen* (Wunden, Narben), *Mißbildungen* und *Deformitäten* und — vor allem bei Bewußtseinsgestörten — Hinweise auf voraufgegangenes *Erbrechen, Einnässen* oder *Einkoten* sowie die Zeichen der *Verwahrlosung.*

Grundsätzlich zu untersuchen sind der *Ernährungszustand* (Größe und Gewicht), die *Beschaffenheit von Haut und Schleimhäuten* (Durchblutung, Exantheme, Ikterus, Ödeme), die *Körpertemperatur, Pulsfrequenz, Blutdruck* und *Atmung.* Die Perkussion und Auskultation von *Herz* und *Lungen* gehören ebenso zur Befunderhebung wie die Palpation der *Bauchorgane.* Nach Möglichkeit sollten die wichtigsten *Laborbefunde* (Blutsenkungsgeschwindigkeit, Blutbild, qualitative Untersuchung des Harns auf Eiweiß, Zucker und Gallenfarbstoffe und eine mikroskopische Betrachtung des Harnsedimentes) den Allgemeinbefund ergänzen.

Die neurologische Untersuchung

Die *neurologische Untersuchung* erfolgt nach einem festen Plan und stets vollständig. Der Untersucher benötigt dazu einen Reflexhammer, eine bewegliche, ausreichend starke Lichtquelle (Taschenlampe), einen Augenspiegel und eine Sicherheitsnadel sowie für differenziertere Untersuchungsmaßnahmen Geruchs- und Geschmacksproben, eine Stimmgabel und je ein Glasröhrchen mit Eis und heißem Wasser zur Prüfung des Temperaturempfindens.

Zunächst wird die Beweglichkeit des Kopfes geprüft, die durch eine *Nackensteifigkeit (Meningismus)* eingeschränkt sein kann. Dann folgt die Untersuchung der *Hirnnerven,* zumeist in der Reihenfolge ihrer bekannten Numerierung. Daran schließt sich die Prüfung von

Motilität, Reflexen und *Sensibilität,* die Untersuchung der *Koordination* und der *Sprache* und schließlich die Erforschung der *vegetativen Funktionen.* Zur vollständigen neurologischen Untersuchung gehört auch der *psychische Befund.*

Nach Erhebung der Anamnese, der Erstellung des allgemeinen und internen sowie des speziellen neurologischen und des psychischen Befundes folgen unter bestimmten Fragestellungen die *Hilfsmethoden der Neurologie.* Art und Anzahl dieser Hilfsuntersuchungen und ihre Reihenfolge werden von den differentialdiagnostischen Erwägungen bestimmt.

Unter der „*Differentialdiagnose*" ist eine Anzahl von Diagnosen zu verstehen, die aufgrund der neurologischen Untersuchung für den dabei erhobenen Befund in Frage kommen. Ziel der Hilfsuntersuchungen und der differentialdiagnostischen Erwägungen ist es, aus dieser Gruppe der möglichen oder wahrscheinlichen Diagnosen schließlich die richtige herauszufinden, das heißt den neurologischen Befund durch zusätzliche Untersuchungsergebnisse so zu ergänzen, daß Beschwerden und Symptome der Erkrankung erklärt werden können.

Hirnnerven

N. olfactorius (I). Seine Funktion wird geprüft, indem man dem Untersuchten aromatische Geruchsstoffe vorhält. Selbst wenn keine Erkrankung der Nasenschleimhaut (auch Schnupfen) vorliegt, werden die einzelnen Geruchsstoffe (Bittermandel, Rosenöl u. ä.) nicht immer richtig benannt, aber schon die Mitteilung, zwar könne der Stoff im Augenblick nicht genau angegeben werden, erinnere aber etwa an Marzipan, genügt, um eine intakte Funktion des *Geruchsvermögens* anzunehmen, zumal dann, wenn bei einer Leerprobe nichts gerochen wird. Der Verlust des Geruchsvermögens heißt *Anosmie.*

N. opticus (II). Die Untersuchung seiner Funktionen gehört in erster Linie in das Gebiet der Augenheilkunde, so insbesondere die Beurteilung der lichtbrechenden Medien, die feinere Prüfung der *Sehschärfe (Visus)* und die exakte Erfassung des *Gesichtsfeldes.* Zuvor aber sind für den neurologischen Befund zumindest zwei Untersuchungen unabdingbar. Einmal muß in jedem Falle der *Augenhintergrund* – mit Hilfe des Augenspiegels – betrachtet werden. Die Feststellung einer *Stauungspapille* (Hervortreibung des Sehnervenkopfes) etwa, weist auf eine Schädelinnendrucksteigerung hin und wird daher für den weiteren Untersuchungsgang bestimmend sein. Weitere Veränderungen an der *Sehnervenpapille* oder am übrigen Augenhintergrund können sehr wichtige Gesichtspunkte für die Diagnose liefern.

Zum anderen muß neben der Untersuchung des Augenhintergrundes zumindest orientierend das *Gesichtsfeld* geprüft werden. Der Arzt läßt den Kranken geradeaus schauen und einen Punkt in etwa $1/2$ bis

1 m Entfernung fixieren; dann nähert er aus verschiedenen Richtungen seine sich bewegenden Finger. Der Kranke gibt an, wann er die Bewegung wahrnimmt, und läßt dabei erkennen, ob er an einer Gesichtsfeldstörung leidet. *Hemianopsie* = Ausfall einer Gesichtsfeldhälfte; *homonyme Hemianopsie* = Ausfall der gleichseitigen (rechten oder linken) Gesichtsfeldhälfte für beide Augen; *heteronyme Hemianopsie* = Ausfall der nach außen *(bitemporale Hemianopsie)* oder nach innen *(binasale Hemianopsie)* gerichteten Gesichtsfeldhälften beider Augen.

N. oculomotorius (III), N. trochlearis (IV), N. abducens (VI). Der III., IV. und VI. Hirnnerv werden meist gemeinsam untersucht. Sie versorgen die äußeren *Augenmuskeln,* sind also für die *Augenbeweglichkeit* verantwortlich. Bei ihrer Prüfung läßt man den Patienten systematisch nacheinander (der Kopf soll sich dabei nicht bewegen) in alle Richtungen schauen. Am Zurückbleiben eines Augapfels ist die Lähmung des entsprechenden Muskels unschwer zu erkennen. Die Funktion der einzelnen Augenmuskeln zeigt Abb. 1.

Der *N. trochlearis* versorgt den *M. obliquus superior,* der N. abducens den *M. rectus lateralis,* der *N. oculomotorius* die übrigen äußeren Augenmuskeln.

Vom Patienten werden die Augenmuskellähmungen als Doppeltsehen erlebt. Die Stellung der *Doppelbilder* zueinander hängt davon ab,

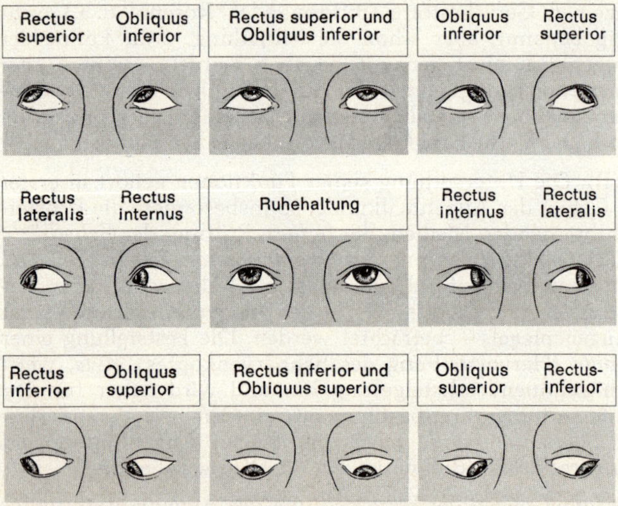

Abb. 1 Funktion der äußeren Augenmuskeln (aus Mumenthaler, M.: Neurologie, 2. Aufl., Thieme, Stuttgart 1969).

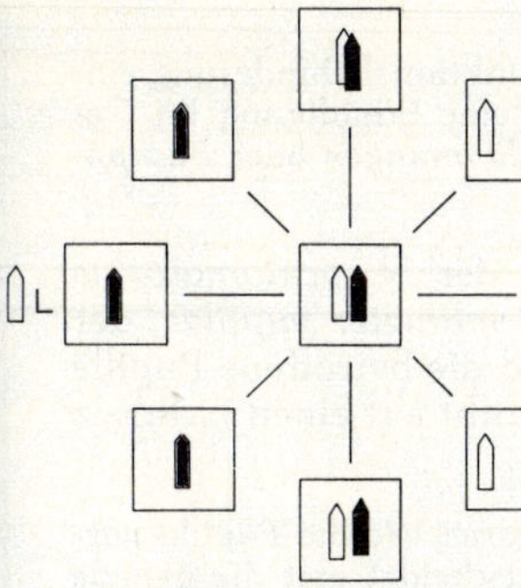

a) Lähmung des M. rectus lateralis

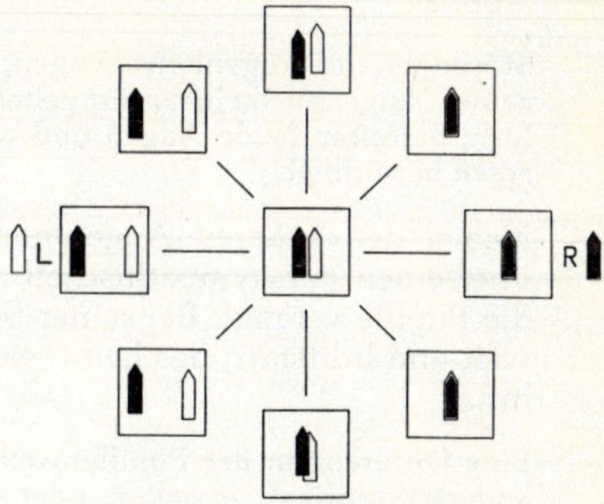

b) Lähmung des M. rectus medialis

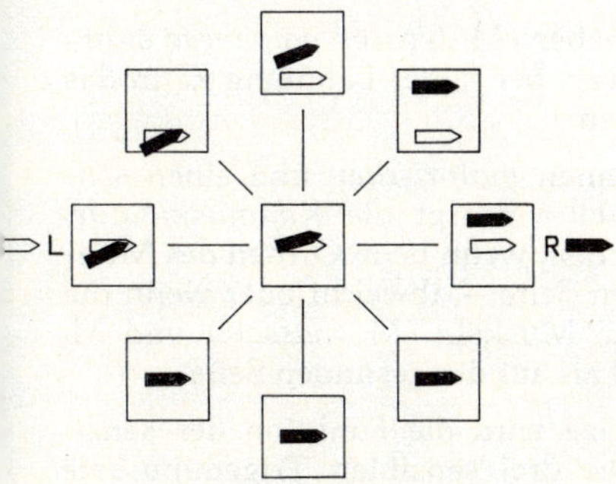

c) Lähmung des M. rectus superior

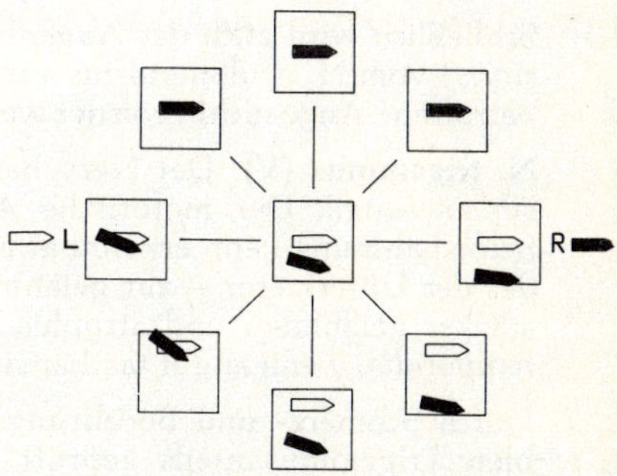

d) Lähmung des M. rectus inferior

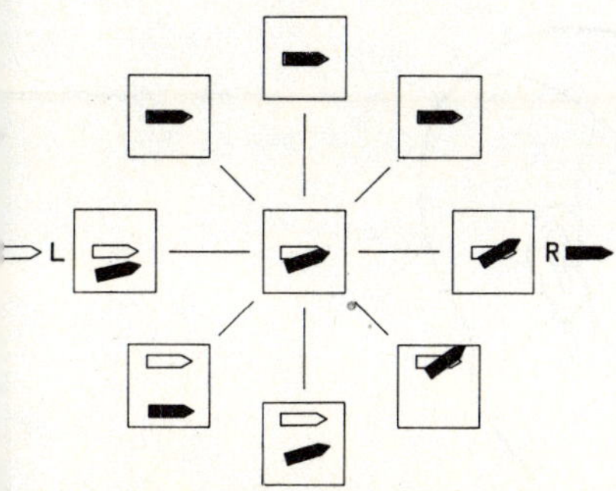

e) Lähmung des M. obliquus superior

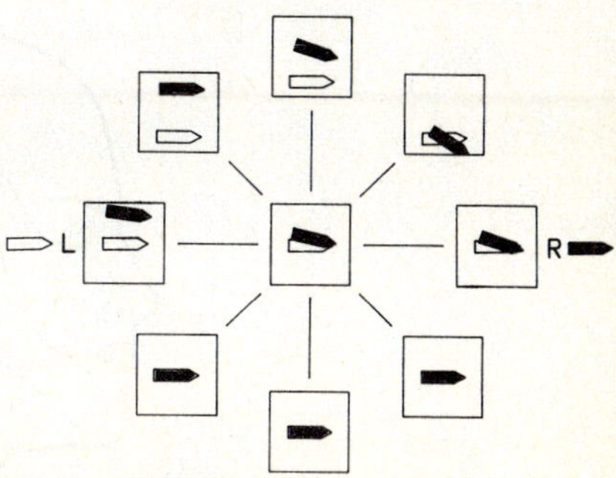

f) Lähmung des M. obliquus inferior

Abb. 2 Stellung der Doppelbilder bei Lähmung der einzelnen Augenmuskeln am rechten Auge. ⇨ linkes Auge, ➡ rechtes Auge (aus Scheid, W.: Lehrbuch der Neurologie, 3. Aufl., Thieme, Stuttgart 1968).

welcher Muskel betroffen ist. Eine schematische Darstellung gibt Abb. 2.

Störungen der Augenbewegungen, die nicht auf Funktionsbehinderung einzelner Augenmuskeln zurückgehen, sondern auf eine Schädigung im Gehirn, betreffen beide Augen und werden als *Blicklähmungen* oder *Blickparesen* bezeichnet.

Neben den äußeren Augenmuskeln versorgt der N. *oculomotorius* über einen parasympathischen Anteil den *M. sphincter pupillae*, der die Pupille verengt. Bei seiner Schädigung wird die betroffene Pupille weit und lichtstarr, das heißt, sie verengt sich nicht auf einen Lichtreiz hin.

Eine Differenz in der Pupillenweite heißt *Anisokorie*. Welche Pupille verändert (krankhaft erweitert oder verengt) ist, entscheidet erst die genaue Funktionsprüfung.

Schließlich wird auch der Augenlidheber *(M. levator palpebrae superioris)* vom N. oculomotorius versorgt; bei seiner Lähmung kann das betroffene Auge nicht geöffnet werden.

N. trigeminus (V). Der Nerv hat einen *motorischen* und einen *sensiblen* Anteil. Der motorische Anteil versorgt die *Kaumuskulatur*. Seine Lähmung kann erkennbar werden, wenn beim Öffnen des Mundes der Unterkiefer – zur gelähmten Seite – abweicht oder wenn die stärker gelähmten und atrophischen Muskeln *(M. masseter* und *M. temporalis)* weniger gut tastbar sind als auf der gesunden Seite.

Durch Schmerz- und Berührungsreize wird die Funktion des sensiblen Trigeminusanteils geprüft. Die drei sensiblen Trigeminusäste

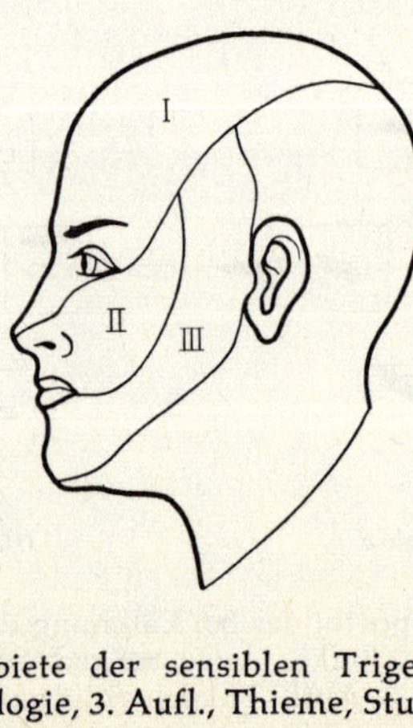

Abb. 3 Versorgungsgebiete der sensiblen Trigeminusäste (aus SCHEID, W.: Lehrbuch der Neurologie, 3. Aufl., Thieme, Stuttgart 1968).

(Abb. 3) können einzeln geschädigt sein. Eine feine Prüfung der Trigeminusfunktion ist die Auslösung des *Kornealreflexes.* Die Kornea wird an ihrem Rand mit einem stumpfen Gegenstand berührt. Bei ungestörter Funktion beider Seiten erfolgt sofortiger Lidschluß, sofern nicht eine Fazialislähmung vorliegt.

N. facialis (VII). Die Hauptfunktion des *Gesichtsnerven* ist die Versorgung der *mimischen Muskulatur.* Geprüft wird die Fähigkeit der einzelnen Muskelgruppen, indem der Patient aufgefordert wird, die Stirn zu runzeln, die Augenbrauen zu heben, die Augen fest zuzukneifen, die Wangen aufzublasen, zu pfeifen und die aufeinanderstehenden Zähne zu zeigen. Da der N. facialis außerdem das *Geschmacksvermögen* der vorderen zwei Zungendrittel vermittelt, gehört zur Fazialisuntersuchung eine Geschmacksprüfung. Getrennt voneinander wird auf beiden Seiten auf die vorderen Zungenanteile ein Tropfen süßer, bitterer, salziger oder saurer Flüssigkeit aufgetropft. Der Patient soll sogleich die richtige der auf einer Tafel notierten vier Qualitäten anzeigen. Die Zunge muß solange vorgestreckt bleiben, da sonst möglicherweise über hintere Zungenabschnitte der richtige Geschmack erkannt wird.

N. statoacusticus (VIII). Das *Hörvermögen* kann im Ablauf der neurologischen Untersuchung nur orientierend geprüft werden. Man wird eine einseitige Taubheit oder deutliche Herabsetzung des Hörvermögens feststellen und im weiteren Befund werten, die genauere Erforschung jedoch dem Hals-Nasen-Ohrenarzt übertragen, ebenso wie die Prüfung des *Gleichgewichtsapparates,* auf dessen Schädigung im Rahmen der neurologischen Untersuchung *Gangabweichung, unsichere Zielbewegungen,* ein *Nystagmus* und Klagen über *Schwindelgefühl* hinweisen.

N. glossopharyngeus (IX) und **N. vagus (X).** Durch diese Nerven werden *Gaumensegel* und *Pharynxmuskulatur* sowie die *Kehlkopfmuskeln* versorgt. Weniger eine gezielte Prüfung als die Klagen des Kranken über Schluckstörungen, eine näselnde Sprache oder Heiserkeit weisen auf eine Schädigung hin. Bei der Lähmung des Gaumensegels wird das Zäpfchen („A"-sagen) zur gesunden Seite gezogen. Die *Sensibilität des Zungengrundes und Rachens* wird von beiden Nerven vermittelt, die Geschmacksleitung des hinteren Zungendrittels erfolgt über den N. glossopharyngeus.

N. accessorius (XI). Der *M. sternocleidomastoideus* und wesentliche Anteile des *M. trapecius* werden vom XI. Hirnnerven versorgt. Bei einer Schwäche des M. sternocleidomastoideus gelingt die Kopfdrehung zur anderen Seite nicht oder nur unvollkommen; die Schulter kann bei der Lähmung des M. trapecius nur kraftlos oder gar nicht gehoben werden.

N. hypoglossus (XII). Der *motorische Zungennerv* versorgt die Zungenmuskulatur. Bei einseitiger Hypoglossuslähmung erscheint die im

Munde liegende Zunge auf der betroffenen Seite schlaffer, gerunzelt, leicht zur gesunden Seite verzogen. Die hervorgestreckte Zunge weicht zur paretischen Seite ab. Bei einer Lähmung beider Zungenhälften kann die Zunge nicht mehr über die Zahnreihe nach vorn gebracht werden.

Motorisches System

Die Funktion des *motorischen Systems,* die *Motilität,* kann an ganz verschiedenen Stellen gestört werden, so daß es zu unterschiedlichen Symptomen kommt; daher hat ihre Prüfung stets auf bestimmte Merkmale zu achten. Dabei ist es gleichgültig, ob zunächst die oberen Extremitäten geprüft werden und danach die unteren oder ob nach einem Schema alle Muskeln systematisch nacheinander untersucht werden.

Zu achten ist zunächst auf die *Trophik* der Muskulatur. Es ist weniger wichtig, ob der Untersuchte ein besonders muskelstarker oder ein eher muskelschwacher Mensch ist. Wichtig sind Unterschiede in der Ausprägung der Muskelmasse, etwa zwischen dem rechten und linken Oberschenkel oder dem rechten und linken Daumenballen und schließlich Unterschiede in der Form, daß beide Unterschenkel besonders dünn erscheinen im Vergleich mit der gesamten übrigen Muskulatur. Die Verschmächtigung des Muskels, die *Atrophie,* kann einen einzelnen Muskel betreffen oder ganze Muskelgruppen. Das Verteilungsmuster der Atrophien ist für die neurologische Diagnose von besonderer Bedeutung.

Ebenso wie die Störung der Trophik sind bei der Inspektion oft schon *motorische Reizerscheinungen* erkennbar. Es sind dies vom Kranken nicht oder nicht in dieser Form gewünschte Bewegungen.

Faszikuläre Zuckungen sind plötzliche, unwillkürliche Kontraktionen einzelner Muskelbündel.

Beim *Tremor* sind verschiedene Muskelgruppen betroffen in der Form, daß der Bewegung eines Muskels oder einer Muskelgruppe stets die Kontraktion der Gegenspieler folgt. Man unterscheidet den *Ruhetremor,* bei dem die Zitterbewegungen in der nicht willkürlich bewegten Extremität auftreten von jenem Zittern, das eine beabsichtigte Bewegung begleitet oder sogar hochgradig stört, dem *Intentionstremor.*

Ungeordnete, grob ausfahrende – im Gegensatz zum Tremor nicht rhythmische – unwillkürliche Bewegungen kommen als *choreatische, ballistische* und *athetotische Bewegungsabläufe* vor und gehören auch noch in die Gruppe der motorischen Reizerscheinungen.

Die *Willkürmotorik* entfaltet die Muskelkraft für die beabsichtigten Bewegungen. Die Minderung dieser Kraft heißt *Lähmung* oder

Parese. Die vollständige Kraftlosigkeit eines Muskels wird als *Paralyse* bezeichnet. Die Bestimmung des Lähmungsgrades (= Prüfung der Muskelkraft) geschieht in der Form, daß man dem mit aller Kraft angespannten Muskel Widerstand entgegensetzt. Ein Beispiel möge dies erläutern: Der Kranke wird aufgefordert, seinen Arm im Ellenbogengelenk zu beugen, und der Untersucher versucht nun, gegen den Willen des Kranken, den Arm zu strecken. Voraussetzung für eine zuverlässige Bestimmung von Paresen ist die Mitarbeit des Patienten. – *Monoparesen* betreffen einzelne Muskeln, *Hemiparesen* eine Körperseite, die *Paraparese* beide Beine und die *Tetraparese* alle Extremitäten. *Monoplegie, Hemi-, Para-* und *Tetraplegie* bezeichnen denselben Sachverhalt.

Bestimmte Paresen sind schon aus Stellung und Haltung der Extremitäten oder einzelner Extremitätenabschnitte abzulesen, etwa die Radialislähmung aus der „Fallhand", die Peronaeusparese aus dem „Spitzfuß".

Neben dem Grad der Lähmung wird die Spannung im gelähmten Muskel geprüft. Der *Tonus* kann gemindert (schlaff) sein. Dann setzt sich der passiven Bewegung eines Extremitätenabschnittes durch den Untersucher nur geringer oder kein Widerstand entgegen. Bei einer Tonuserhöhung ist der Widerstand gesteigert, und zwar je nach dem Ort der Schädigung im motorischen System in verschiedener Form.

Die *spastische Tonuserhöhung (Spastik)* setzt der passiven Bewegung einen zäh-elastischen Widerstand entgegen, der *Rigor* einen mehr ruckartigen, der recht zutreffend als *Zahnradphänomen* bezeichnet wird.

Im Zusammenhang mit den verschiedenen Krankheitsbildern werden die einzelnen Lähmungstypen besprochen.

Reflexe

Die *Reflexe* werden am möglichst entspannt liegenden Kranken geprüft. Durch einen Schlag mit dem Reflexhammer auf die Sehne oder ihren Ansatz am Knochen wird der Muskel kurz gedehnt und antwortet – reflektorisch – mit einer Kontraktion. Bleibt diese Kontraktion aus, so spricht man von einem *Fehlen des Reflexes* oder auch von einem negativen Reflex. Das Ausmaß der Kontraktion kann auch bei gesunden Menschen sehr unterschiedlich sein. Es gibt sehr lebhafte und sehr schwache Reflexe, ohne daß daraus allein schon auf eine Krankheit zu schließen wäre. Wichtig ist die abwechselnde Prüfung der Reflexe auf beiden Körperhälften, um Unterschiede zwischen rechts und links nicht zu übersehen.

Zu den wichtigsten, in der genannten Form zu untersuchenden normalen oder *physiologischen* Reflexen gehören:

Bizepsreflex. Beim Beklopfen der Bizepssehne in der Ellenbeuge wird der Unterarm gebeugt.

Radiusperiostreflex. Das Beklopfen des handnahen Radiusdrittels führt zu einer Beugung des Unterarms im Ellenbogengelenk durch die Gruppe der Unterarmbeuger.

Trizepsreflex. Nach Beklopfen der Trizepssehne nahe dem gebeugten Ellenbogengelenk wird der Unterarm kurz gestreckt.

Patellarsehnenreflex. Ein leichter Schlag auf die Patellarsehne knapp unterhalb der Kniescheibe führt zur Streckung im leicht gebeugten Kniegelenk.

Achillessehnenreflex. Durch Beklopfen der Achillessehne gerade oberhalb der Ferse wird eine kurze Senkung der Fußsohle bewirkt.

Sie werden auch als *Eigenreflexe* bezeichnet, weil der Reiz auf den *Muskel* mit der Kontraktion des *Muskels* beantwortet wird.

Zu den physiologischen Reflexen gehören darüber hinaus die *Bauchhautreflexe.*

Diese gelten als *Fremdreflexe*, weil hier die *Muskel*kontraktion einem *Haut*reiz folgt.

Bei der Auslösung der *Bauchhautreflexe* streicht der Untersucher mit einer Nadelspitze von der Seite zur Mitte leicht über die Bauchwand. Daraufhin zieht sich die Bauchmuskulatur im entsprechenden Abschnitt kurz zusammen. Auch hier ist wieder der Seitenvergleich wichtig.

Als *pathologische Reflexe* und damit als Hinweis auf ein krankhaftes Geschehen gelten die *spastischen Reflexe.* Diese nicht ganz zutreffend auch *Pyramidenbahnzeichen* genannten Reflexe sind dann auslösbar, wenn das motorische System zentral vom peripheren Nerven betroffen ist, also bei einer Rückenmarks- oder Hirnschädigung.

Wichtigste pathologische Reflexe sind die nach TRÖMNER, BABINSKI und ROSSOLIMO benannten Zeichen.

TRÖMNER-*Reflex:* Der Untersucher schlägt mit seinen Fingern kurz gegen die Fingerbeeren an der herabhängenden Hand des Kranken. Daraufhin werden beim positiven Reflex die Finger des Patienten gebeugt, der Daumen adduziert.

BABINSKI-*Reflex:* Mit dem Stiel des Reflexhammers streicht der Untersucher über den äußeren Fußrand des Kranken. Bei positivem Reflex geht die Großzehe langsam nach oben (Extension), die übrigen Zehen werden gespreizt und gebeugt.

ROSSOLIMO-*Reflex:* Ähnlich wie beim TRÖMNER-Reflex schlägt der Untersucher mit seinen Fingern nunmehr kurz unter die Zehenkuppen. Bei positivem Reflex folgt eine schnelle Beugung der Zehen.

Eine nicht unbedeutende Anzahl weiterer pathologischer und physiologischer Reflexe ist bekannt, doch genügen die hier genannten Reflexe durchaus zu einer vollständigen neurologischen Untersuchung.

Sensibles System

Eine zuverlässige Prüfung der *Sensibilität* bedarf der Erfahrung und der Geduld des Untersuchers. Er ist auf die konzentrierte Mitarbeit des Kranken angewiesen und muß eine Reihe von Empfindungsqualitäten prüfen und ihre Störung gegen gesunde Gebiete abgrenzen. Sehr oft läßt sich aus dieser Grenze nämlich schon der Ort der Nervenschädigung (etwa Rückenmark oder ein einzelner peripherer Nerv) ablesen. Die Abb. 4 und 5 zeigen die sensiblen Versorgungsgebiete der Körperoberfläche jeweils auf der einen Seite für die peripheren Nerven und auf der anderen Seite für die Nervenwurzeln entsprechend den Rückenmarkssegmenten.

Geprüft werden die Oberflächen- und die Tiefensensibilität. Zur *Oberflächensensibilität* gehören *Berührungs-*, *Schmerz-* und *Temperaturempfinden.* Das Berührungsempfinden wird durch feines Bestreichen mit dem Finger oder einem Wattestäbchen geprüft. *Hypästhesie* ist die herabgesetzte Berührungsempfindung, *Anästhesie* der völlige Verlust, *Hyperästhesie* die Überempfindlichkeit gegen Berührungsreize. Wird die Berührung nicht normal empfunden, sondern verändert, etwa als „Kribbeln“ oder „Elektrisieren“ statt Bestreichen, wird von *Allästhesien* gesprochen. Tritt auch ohne Berührung, also spontan, das Gefühl des Kribbelns oder Ameisenlaufens auf, liegen *Parästhesien* vor.

Die *Schmerzempfindung* wird durch Stiche mit einer Nadel geprüft. *Hypalgesie* ist eine Verminderung, *Analgesie* der völlige Verlust und die *Hyperalgesie* ist die Überempfindlichkeit gegen Schmerzreize. Ein Reagenzglas mit heißem Wasser und eines mit Eis werden nacheinander auf die Haut gebracht bei der Erfassung des *Temperaturempfindens.* Wir unterscheiden wiederum *Thermhypästhesie, Thermanästhesie* und *Thermhyperästhesie.*

Zur *Tiefensensibilität* gehören *Lageempfinden, Bewegungsempfinden* und *Vibrationsempfinden.*

Die Prüfung des *Lageempfindens:* Der Kranke schließt die Augen und der Arzt bringt eine Extremität in bestimmte Haltung. Der Patient muß die entsprechende Extremität der anderen Seite in die gleiche Stellung bringen.

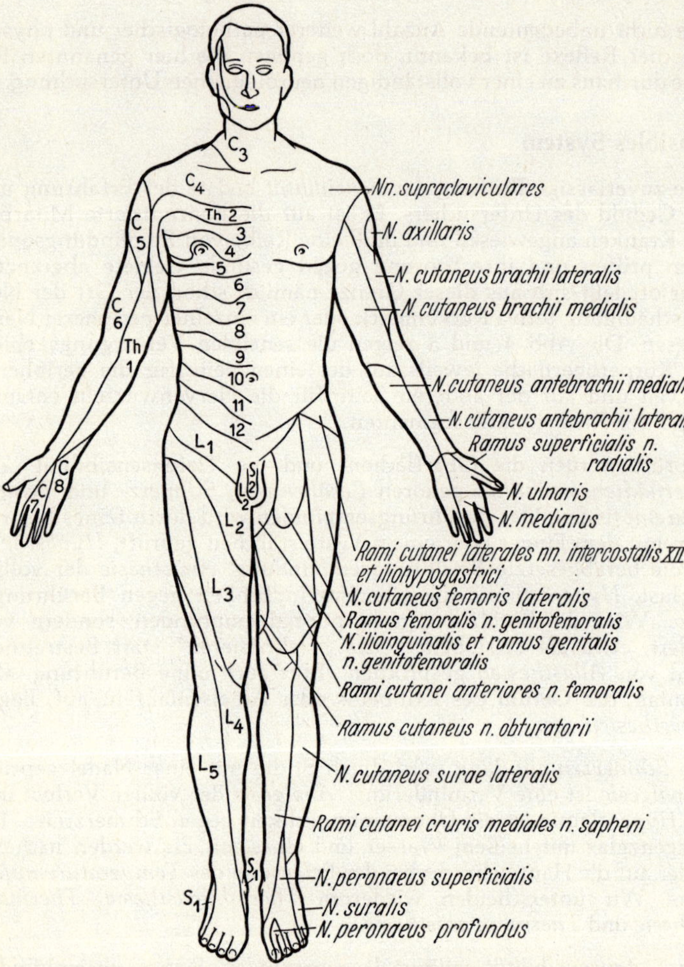

Abb. 4 Sensible Versorgung der Haut — Vorderseite —; rechts: Versorgung durch die Rückenmarkswurzeln, links: Versorgung durch die peripheren Nerven (aus SCHEID, W.: Lehrbuch der Neurologie, 3. Aufl., Thieme, Stuttgart 1968).

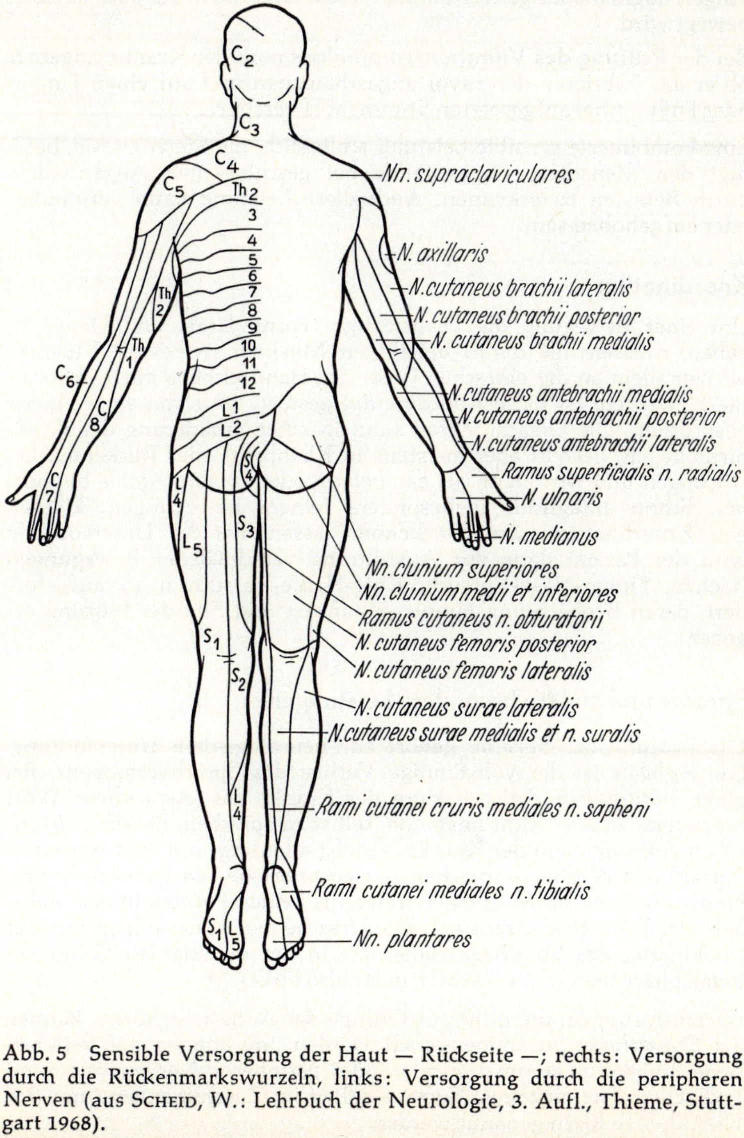

Abb. 5 Sensible Versorgung der Haut — Rückseite —; rechts: Versorgung durch die Rückenmarkswurzeln, links: Versorgung durch die peripheren Nerven (aus SCHEID, W.: Lehrbuch der Neurologie, 3. Aufl., Thieme, Stuttgart 1968).

Das ungestörte *Bewegungsempfinden* gestattet dem Patienten bei geschlossenen Augen die Aussage, ob ein Extremitätenabschnitt — etwa Fingerendglied oder ganzer Finger — vom Arzt aufwärts oder abwärts bewegt wird.

Bei der Prüfung des *Vibrationsempfindens* muß der Kranke angeben, ob er das Vibrieren der zuvor angeschlagenen und auf einen Finger- oder Fußknöchel aufgesetzten Stimmgabel verspürt.

Eine kombinierte sensible Leistung schließlich, die *Stereognosie*, befähigt den Menschen, Gegenstände bei geschlossenen Augen allein durch Betasten zu erkennen. Auch diese Leistung kann vermindert oder aufgehoben sein.

Koordination

Um einer Bewegung die beabsichtigte Form, Kraft und Dauer zu geben, müssen alle daran beteiligten Muskeln (wie viele Muskeln wirken allein an der einfachen Geste des Handreichens mit!) „koordiniert" werden. Ist diese *Koordination* gestört, wird von einer *Ataxie* gesprochen. Die Ursache dafür kann in einer Schädigung des Großhirns liegen, besteht aber meistens in Kleinhirn- oder Rückenmarksstörungen und wird dann als *zerebellare* oder *spinale Ataxie* bezeichnet. Schon alltägliche, insbesondere feinere Bewegungen, können eine Koordinationsstörung erkennen lassen. Bei der Untersuchung wird der Patient dann zur Ausführung verschiedener Bewegungen (Gehen, Finger-Nase-Versuch, Knie-Hacke-Versuch u. a.) aufgefordert, deren Beobachtung Hinweise auf Art und Sitz der Störung ergeben.

Sprache und andere besondere Leistungen

Die Prüfung der *Sprache* gehört zur neurologischen Untersuchung. Die *Aphasie* ist der vollständige Verlust des Sprachvermögens. Bei einer *motorischen Aphasie* kann der Kranke das gesprochene Wort verstehen, ist aber nicht imstande, selbst zu sprechen. Bei der *sensorischen Aphasie* kann der Kranke — meist allerdings nur eine begrenzte Anzahl von Worten — sprechen, das gesprochene Wort aber nicht verstehen. Als *gemischte Aphasie* treten die beiden Formen in der Mehrzahl der Fälle gemeinsam auf. Die Ursache der Aphasie liegt in einer Schädigung des Sprachzentrums, das in der dominanten Großhirnhemisphäre liegt (beim Rechtshänder also links).

Sprachstörungen, die nicht zur Gruppe der Aphasie gehören, können als *Dysarthrien* zusammengefaßt werden. Sie können auf verschiedene Schädigungen am zentralen oder peripheren Nervensystem zurückgehen. Die einzelnen Formen sollen im Zusammenhang mit den Krankheitsbildern genannt werden.

Zumeist gleichzeitig mit den Zeichen einer Aphasie können auch andere höhere Leistungen des Nervensystems ausfallen. Die wichtigsten Störungen sind:

Agraphie = Unfähigkeit zu schreiben,
Alexie = Unfähigkeit zu lesen,
Akalkulie = Unfähigkeit zu rechnen,
Agnosie = Störung des optischen oder akustischen Erkennens,
Apraxie = Unfähigkeit, zielstrebig und geschickt zu hantieren, obgleich keine Lähmung besteht.

Vegetative Funktionen

Den Abschluß der speziellen neurologischen Untersuchung bildet meist die Erkundung der *vegetativen Funktionen.* Vom Kranken erfragt werden Abweichungen von einer normalen *Blasen-* oder *Darmfunktion,* Neigung zu *vermehrtem Schwitzen (Hyperhidrose)* und zu flüchtigem, meist fleckigem *Erröten* im Gesicht oder am Hals. Letztere Zeichen einer vegetativen Übererregbarkeit sind meist auch schon bei der Untersuchung erkennbar, ebenso wie eine leichte Blaufärbung der Extremitätenenden *(Akrozyanose)* oder ein feinschlägiger *Tremor.* Darüber hinaus können gezielte Untersuchungen zusätzliche vegetative Fehlsteuerungen aufdecken, so der SCHELLONG-*Versuch* oder die Auslösung des CHVOSTEK-*Zeichens.* Bei der Auslösung dieses Reflexes folgt einem Beklopfen der Haut im Gebiet vor dem Ohr eine Kontraktion der mimischen Muskulatur auf der gleichen Seite.

Die über den Untersuchungsrahmen hinausgehenden Fragen der vegetativen Funktionsstörungen werden im Zusammenhang mit den Krankheitsbildern besprochen (s. S. 134).

Psychischer Befund

Grundsätzlich ist der *psychische Befund* für das Ergebnis einer jeden ärztlichen Untersuchung von Bedeutung. Da in erster Linie der Kranke über seine Vorgeschichte und seine Beschwerden berichtet, muß sich der Arzt — wenn er diese Angaben richtig bewerten will — über Charakterstruktur und Intelligenz seines Patienten ein Bild machen.

Über diese allgemeine Bedeutung hinaus erhält der psychische Befund besonderes Gewicht auf dem Gebiet der Nervenheilkunde. Hier sei insbesondere auf den *psychiatrischen Teil* dieses Buches verwiesen. Aber auch bei neurologischen Krankheiten spielen oft psychische Auffälligkeiten, also Störungen auf geistig-seelischem Gebiet, eine Rolle und sind nicht selten bedeutsame Symptome für die Diagnose einer Erkrankung des Nervensystems.

Diese psychischen Störungen sollen nach Möglichkeit im Rahmen der ärztlichen Untersuchung erfaßt werden. Da sie aber manchmal auch flüchtiger Natur sein können, bekommen jene Beobachtungen einen besonderen Wert, die im ständigen Umgang mit dem Kranken gemacht werden. So können etwa kurzdauernde Bewußtseinsstörungen – bis hin zur Bewußtlosigkeit –, von denen der Kranke selbst nicht einmal weiß, dem Pflegepersonal auffallen ebenso wie vorübergehende Orientierungsstörungen. Ein ungewöhnlich rascher Wechsel in der Stimmungslage stellt sich manchmal im Gespräch heraus oder es fallen Teilnahmslosigkeit, mangelnder Schwung, Verlangsamung oder Gedächtnisstörungen auf. Derartige Feststellungen sollten stets von der Schwester oder vom Pfleger gewissenhaft im Pflegebericht festgehalten oder sogleich dem Arzt mitgeteilt werden. Auch etwa eine Änderung im Verhalten des Kranken, je nachdem, ob der Arzt anwesend ist oder nicht, sollte genau vermerkt werden. Zitterbewegungen und Lähmungen, Sprach- oder Gedächtnisstörungen werden nicht selten bei der Untersuchung simuliert und schwinden sehr rasch, wenn der Untersuchte sich vom Arzt unbeobachtet weiß. Solche Verhaltensweisen sind außerordentlich wichtig und dürfen getrost ausführlich beschrieben werden. Mit Vermutungen oder eigener Deutung des Beobachteten ist dem Arzt nicht gedient, wohl aber mit der möglichst bildhaften Beschreibung des Gesehenen. Es gilt dies in gleicher Weise wie bei der Schilderung eines hirnorganischen Anfallszustandes oder eines Delirs. – Selbstverständlich darf die Mitteilung des Patienten, er habe bei der Untersuchung absichtlich von dieser oder jener früheren Erkrankung oder einem Krankenhausaufenthalt nichts gesagt, dem Arzt ebensowenig verschwiegen werden wie der Wunsch eines Kranken, man möge ihm heimlich ein Medikament beschaffen oder sein Versuch, die verordneten Arzneimittel nicht zu nehmen.

Zur pflegerischen Betreuung des Kranken gehört die sorgfältige Beobachtung seines geistig-seelischen Verhaltens auch dann, wenn es sich nicht um einen psychisch Kranken handelt, und nicht selten ermöglicht erst eine solche Beobachtung die zutreffende Beurteilung des psychischen Befundes.

Hilfsmethoden der Neurologie

Die *Hilfsmethoden* im Verlauf einer neurologischen Untersuchung kommen stets erst dann zur Anwendung, wenn der neurologische Befund erhoben ist und immer nur bei einer bestimmten Fragestellung, niemals der Vollständigkeit halber.

Ehe Technik und Ergebnis der einzelnen Hilfsmethoden beschrieben werden, erscheinen noch einige Gesichtspunkte wichtig, die etwa gleichermaßen für alle Hilfsuntersuchungen gelten.

Der Kranke soll zuvor über die Art der Untersuchung unterrichtet werden. Dabei soll ihm der Wert des möglicherweise zu erhebenden Befundes für die Diagnose genauso genannt werden wie das Untersuchungsrisiko. Harmlosen Untersuchungen (EEG) wird der Kranke leichter zustimmen als jenen, bei denen einmal Komplikationen auftreten können (Angiographie). Die Zustimmung des Kranken (oder seines Vormundes) ist notwendig.

Bei bewußtlosen Kranken, bei denen eine Verzögerung der Untersuchungsmaßnahmen für den Kranken eine akute Gefahr bedeutet, dürfen die Hilfsuntersuchungen auch ohne vorherige Einwilligung vorgenommen werden.

Neben dieser Aufklärung des Kranken ist für verschiedene Untersuchungen auch eine besondere Vorbereitung des Patienten notwendig. Hier sollen die für alle Untersuchungen gemeinsam geltenden Richtlinien besprochen werden. Besondere Maßnahmen im Zusammenhang mit Einzeluntersuchungen werden in den entsprechenden Kapiteln genannt.

Vor manchen Untersuchungsmaßnahmen erhält der Patient Beruhigungsmittel, so etwa vor der Enzephalographie und Angiographie. Diese Mittel sollten der jeweiligen Anordnung gemäß rechtzeitig gegeben werden. Ist eine Narkose für die Untersuchung vorgesehen, bleibt der Kranke selbstverständlich nüchtern und wird seine Prothese aus dem Mund nehmen. Es gelten im übrigen die gleichen Richtlinien, wie sie für die Narkose bei chirurgischen Eingriffen maßgeblich sind!

Alle Instrumente, die in irgendeiner Form durch die Körperoberfläche eingebracht werden sollen (Punktionsnadeln) und die notwendigen Zusatzgeräte (Angiographiespritze, Liquorsteigröhrchen) sind zuvor sterilisiert, und der Umgang damit erfolgt dementsprechend sorgsam. Ausreichend viele Hilfspersonen müssen bei den Untersuchungen zur Verfügung stehen, um Zwischenfälle zu vermeiden oder ihre Folgen zu mindern. Die Narkose während eines Eingriffs wird stets von einem zweiten Arzt geleitet.

Ganz besondere Aufmerksamkeit verdient die *Lagerung* des Patienten bei den Zusatzuntersuchungen. Eine bestimmte Körperlage, die für den Patienten Gefahren oder Unannehmlichkeiten mit sich bringt, sollte nicht länger als unabdingbar notwendig eingehalten werden. Längeres Liegen auf dem Röntgentisch kann zum Beispiel bei einem Querschnittsgelähmten, dessen empfindungslose Hautpartien dabei gedrückt werden, zu einem Dekubitalgeschwür mit unabsehbaren Folgen führen. Auch gelähmte Gliedmaßen sollten besonders sorgfältig gelagert werden, damit nicht durch den Druck einer Kante oder den Zug einer herabhängenden gelähmten Extremität zusätzliche Druck- oder Dehnungsschäden an einzelnen Nerven entstehen.

Klagen des Patienten nach einer Untersuchung müssen sofort dem Arzt mitgeteilt werden, auch wenn sie vielleicht ungerechtfertigt oder übertrieben erscheinen. Oft genügt schon ein beruhigendes oder erklärendes Wort; häufig sind aber auch besondere Maßnahmen, etwa die Anwendung von schmerzstillenden Mitteln (nach Liquorentnahme oder Luftenzephalographie) notwendig, um unerwünschte Folgen des diagnostischen Eingriffes zu mindern.

Liquoruntersuchungen

Der *Liquor cerebrospinalis*, das „Nervenwasser", umgibt das Zentralnervensystem. Es umspült das Gehirn im Schädelinnern und das Rükkenmark im Wirbelkanal und findet sich außerdem in den *Hirnkammern (Ventrikel)*. Da bei sehr vielen Erkrankungen des Nervensystems der Liquor cerebrospinalis, kurz Liquor genannt, charakteristische Veränderungen zeigt, gehört seine Untersuchung zu einer der häufigsten Hilfsmethoden der Neurologie. Seine Gewinnung bringt bei kunstgerechtem Vorgehen kaum jemals nachteilige Folgen.

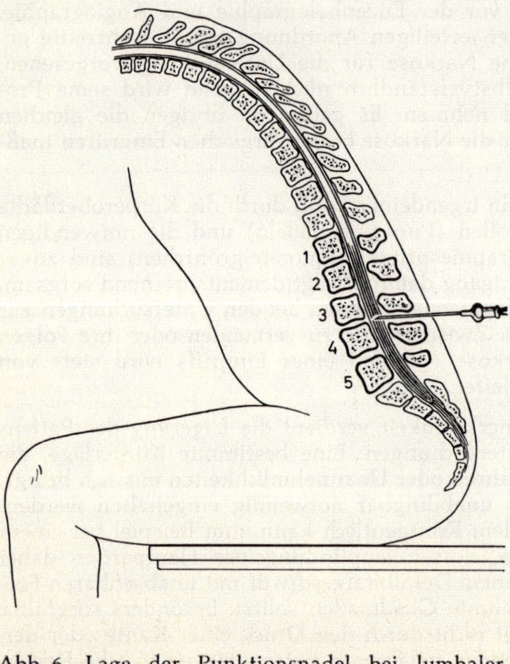

Abb. 6 Lage der Punktionsnadel bei lumbaler Liquorentnahme (aus Scheid, W.: Lehrbuch der Neurologie, 3. Aufl., Thieme, Stuttgart 1968).

Liquorentnahme. Der Liquor kann an zwei verschiedenen Stellen entnommen werden. Die Wahl der Entnahmestelle ist weitgehend willkürlich, doch ist sie bei bestimmten Indikationen unbedingt lumbal oder zisternal vorzunehmen oder auch an beiden Stellen.

Die *lumbale Liquorentnahme (Lumbalpunktion)* erfolgt meist zwischen dem 3. und 4. oder dem 4. und 5. Lendenwirbel. Abb. 6 zeigt die Lage der Punktionsnadel. Der Eingriff erfolgt am liegenden oder am sitzenden Patienten. Die Wirbelsäule soll möglichst stark gebeugt sein – „Katzenbuckel" –, damit die Dornfortsätze auseinandertreten. Der Kopf ist gebeugt, die Beine sind angewinkelt, und in dieser Position wird der Patient von einer Pflegeperson gehalten. Die Einstichstelle wird mit Jod desinfiziert, danach die Haut für den Eingriff mit Novocain (2 % ohne Suprarenin) örtlich betäubt. Alsdann wird die Punktionsnadel, die einen Mandrin trägt, eingeführt. Nach Entfernen des Mandrins tropft der Liquor ab und wird für die verschiedenen Untersuchungen in vorbereiteten und mit dem Namen des Patienten beschrifteten Röhrchen aufgefangen. Die Einstichstelle bekommt nach

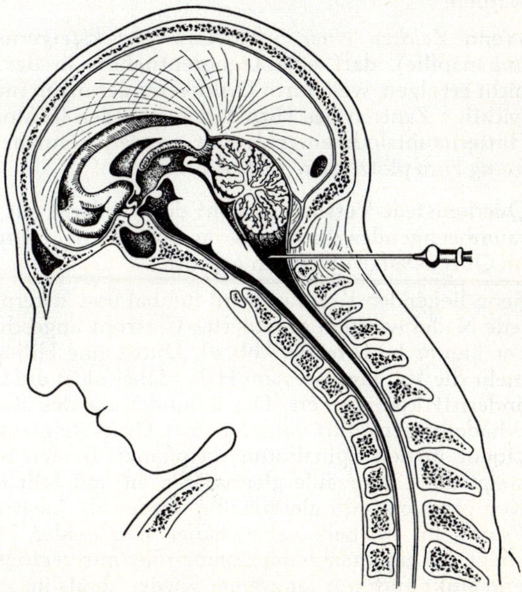

Abb. 7 Lage der Punktionsnadel bei zisternaler Liquorentnahme (aus Scheid, W.: Lehrbuch der Neurologie, 3. Aufl., Thieme, Stuttgart 1968).

Entfernung der Nadel ein Schutzpflaster. Der Patient soll einen Tag nach der Untersuchung Bettruhe einhalten, damit möglicherweise auftretende Kopfschmerzen in leicht erträglichen Grenzen bleiben.

Die zisternale Liquorentnahme (Zisternalpunktion oder *Subokzipitalpunktion)* erfolgt zwischen der Hinterhauptsschuppe und dem Dornfortsatz des Epistropheus. Abb. 7 zeigt die Nadellage.

Auch dieser Eingriff kann wiederum am liegenden oder am sitzenden Patienten vorgenommen werden. Da bei der Subokzipitalpunktion ein zu tiefes Eindringen der Nadel für den Patienten sehr ernste Folgen haben kann, ist die Fixierung des Kopfes durch eine zuverlässige Pflegeperson von besonderer Bedeutung. Der Kopf wird stark gebeugt, das Kinn angezogen. Die Nase soll genau in der Mittellinie sein. Während des Eingriffs darf dann der Kopf nicht mehr bewegt werden. Auch jetzt wird eine Nadel mit Mandrin durch die zuvor desinfizierte und von störenden Haaren befreite Haut eingeführt. Eine Lokalanästhesie ist nicht notwendig. Tropft der Liquor nicht wie bei der lumbalen Entnahme spontan ab, wird er mit einer Spritze angesaugt und dann in die vorbereiteten Röhrchen gegeben. Nach der zisternalen Liquorentnahme braucht keine Bettruhe eingehalten zu werden.

Wenn *Zeichen einer Schädelinnendrucksteigerung* vorliegen (Stauungspapille), darf eine Liquorentnahme in der angegebenen Form nicht erfolgen, weil durch Druckveränderungen im Liquorraum lebenswichtige Zentren des Hirnstammes in den Tentoriumschlitz oder das Hinterhauptsloch eingeklemmt werden können und diese *Einklemmung* zum plötzlichen Tode führen kann.

Queckenstedt-Versuch. Besteht der Verdacht auf das Vorliegen eines raumbeengenden Prozesses im Spinalkanal, wird die *Liquorpassage* im QUECKENSTEDT-Versuch geprüft.

Beim liegenden Kranken wird lumbal und zisternal punktiert, und an jede Nadel wird ein graduiertes Glasrohr angeschlossen, in dem dann der Liquor hochsteigt (Abb. 8). Durch eine Hilfsperson werden nunmehr die Vv. jugulares am Hals (dabei nicht die Lage des Kopfes verändern!) komprimiert. Die Behinderung des Blutabflusses aus dem Schädelinnern führt dann zu einer Drucksteigerung, die sich über den Liquor in den Spinalraum fortpflanzt. In den beiden Steigröhrchen steigt die Liquorsäule gleichmäßig an und fällt nach Wegnahme der Kompression auch gleichmäßig wieder ab. Liegt ein raumbeengender Prozeß im Wirbelkanal zwischen den beiden Punktionsstellen vor, steigt die Liquorsäule im Lumbalrohr nur verzögert oder gar nicht an und sinkt auch nur langsamer wieder ab als im zisternalen Röhrchen. Es kann ein *inkompletter Stop* oder ein *kompletter Stop* der *Liquorpassage* bestehen. Zum vollständigen Versuch gehört eine Kontrolle in der Form, daß nun der Leib durch eine Hilfsperson komprimiert wird. Die Stauung der Rückenmarksvenen führt wiederum zur Drucksteigerung im Liquorraum, diesmal im Lumbalbereich, der sich bei freier Passage gleichmäßig überträgt (gleicher Anstieg in beiden Röhrchen), bei einem Hindernis im Spinalraum aber zu verzögertem oder ausbleibendem Anstieg im zisternalen Röhrchen führt.

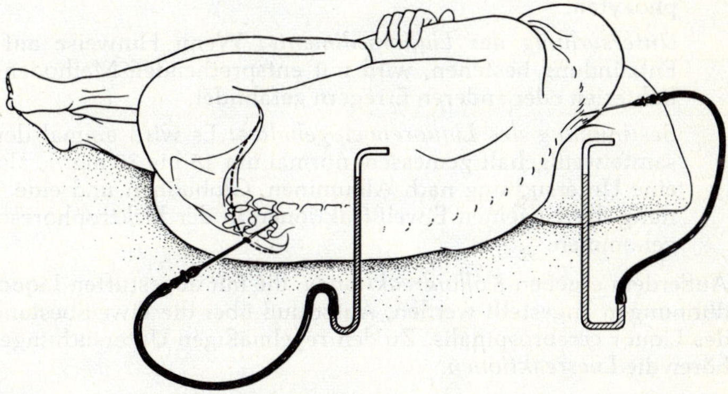

Abb. 8 Lagerung und Instrumentarium beim QUECKENSTEDTschen Versuch (nach MUMENTHALER, M.: Neurologie, 2. Aufl., Thieme, Stuttgart 1969).

Der Stand der Liquorsäule wird in kurzen Abständen während des Versuches zisternal und lumbal abgelesen und notiert, der Versuchsablauf danach graphisch dargestellt.

Der für Laboratoriumsuntersuchungen notwendige Liquor muß stets vor dem QUECKENSTEDT-Versuch abgenommen werden!

Liquorbefunde. Nicht selten ist bereits bei der Liquorentnahme Blut oder Eiter in der sonst *wasserklaren Flüssigkeit* erkennbar und damit ein wichtiger Schritt zur Diagnose getan. Läuft der Liquor klar ab, wird noch während der Entnahme eine orientierende Untersuchung auf den *Eiweißgehalt* vorgenommen. Einige Tropfen Liquor in einem Röhrchen mit PANDY-*Reagens* geben bei Eiweißvermehrung je nach ihrem Grade eine mehr oder minder starke Trübung.

Der aufgefangene Liquor sollte *möglichst unverzüglich* im Laboratorium untersucht werden. Für manche Untersuchungen ist sein Auffangen in sterilen Glasröhrchen geboten, für andere wird er in Gefäßen mit vorbereiteten Zusatzflüssigkeiten gesammelt.

Die Technik der weiteren Liquoruntersuchungen soll hier nicht beschrieben werden. Art und Bedeutung der einzelnen Liquorveränderungen werden im Zusammenhang mit den Krankheitsbildern besprochen. Genannt seien nur die *wichtigsten Liquoruntersuchungen:*

Bestimmung der Zellzahl: Im normalen Liquor finden sich bis zu 12 bis 15 Leukozyten.

Differenzierung der Zellen: Erythrozyten, Granulozyten, Lymphozyten.

Untersuchung des Liquorsediments: Wenn Hinweise auf eine Entzündung bestehen, wird mit entsprechenden Methoden nach Bakterien oder anderen Erregern gefahndet.

Bestimmung des Liquoreiweißgehaltes: Es wird einmal der Gesamteiweißgehalt gemessen, normal um 18 bis 30 mg‰, alsdann eine Untersuchung nach Albuminen, Globulinen und eine Trennung der einzelnen Eiweißfraktionen in der Elektrophorese vorgenommen.

Außerdem ergeben *Kolloidreaktionen,* die mit abgestuften Liquorverdünnungen angestellt werden, Aufschluß über die Eiweißbestandteile des Liquor cerebrospinalis. Zu den regelmäßigen Untersuchungen gehören die *Luesreaktionen.*

Unter bestimmten Fragestellungen sind weitere Liquoruntersuchungen angezeigt, etwa in einem Viruslaboratorium zum Nachweis einer Virusinfektion (z. B. Poliomyelitis) oder die Messung von Zuckergehalt, Chloriden und Mineralien.

Röntgenuntersuchungen

Bei vielen Erkrankungen des Nervensystems ist die *Röntgenuntersuchung des Schädels* von großer Bedeutung, da Veränderungen am Knochen oft Hinweise auf Sitz oder Art der Krankheit geben. Zeichen eines gesteigerten Schädelinnendrucks sind häufig zu erkennen. Neben den Aufnahmen im sagittalen und seitlichen Strahlengang sind je nach der Fragestellung Spezialaufnahmen notwendig zur gezielten Darstellung der Sella turcica, der Schädelbasis, der Felsenbeine oder des Hinterhauptsloches. Gelegentlich lassen sich erst auf Schichtaufnahmen feinere Veränderungen, so zum Beispiel Fissuren nach einer Schädelverletzung, erkennen.

Für die *Röntgenuntersuchung der Wirbelsäule* gelten im wesentlichen die gleichen Gesichtspunkte. Zunächst werden sagittale und seitliche Aufnahmen angefertigt, die dann ergänzt werden können durch Spezialaufnahmen (Schrägaufnahmen, ausgeblendete Aufnahmen und Schichtaufnahmen), wenn bestimmte Verdachtsdiagnosen hierzu Veranlassung geben.

Kontrastmittelverfahren

Zur Ergänzung der einfachen bisher genannten Röntgenuntersuchungen haben sich auch in der Neurologie *Kontrastmittelverfahren* seit langem bewährt.

Pneumenzephalographie. Die Pneumenzephalographie (= *Luftenzephalographie*) gestattet eine Darstellung der inneren und äußeren Liquorräume, vornehmlich der Ventrikel und des Subarachnoidealraumes. Abweichungen dieser Liquorräume von der normalen Form oder Lage lassen dann Rückschlüsse auf bestimmte Erkrankungen des Gehirns (Tumoren, Atrophie) zu, die im einzelnen im Zusammenhang mit den Krankheitsbildern besprochen werden. Die Darstellung der Liquorräume wird dadurch möglich, daß ein Teil des Liquor cerebrospinalis gegen Luft ausgetauscht wird. Auf den Röntgenbildern stellen sich die mit Luft gefüllten Anteile anders dar als die Umgebung. Durch Umlagerung des Kopfes kann die Luft nacheinander in die verschiedenen Abschnitte der Liquorräume bewegt werden, so daß auf einer Serie von Bildern dann die einzelnen Ventrikelabschnitte erkennbar sind. Die Abb. 9 zeigt, wie je nach Lagerung des Kopfes die Luft in die vorderen oder hinteren Anteile der Hirnkammern wandert und wie sich dies in den entsprechenden Röntgenaufnahmen dar-

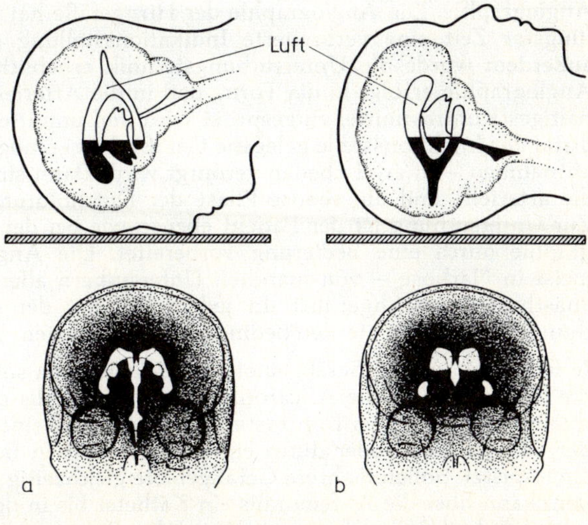

Abb. 9 Luftenzephalogramm. a) oben: Lagerung des Kopfes; unten: Darstellung der hinteren Ventrikelabschnitte. — b) oben: Lagerung des Kopfes; unten: Darstellung der vorderen Ventrikelabschnitte (nach MUMENTHALER, M.: Neurologie, 2. Aufl., Thieme, Stuttgart 1969).

stellt. Die Einbringung der Luft erfolgt durch Lumbal- oder Zisternalpunktion (s. S. 19). Durch die Kanüle wurden mit einer Spritze jeweils 1 bis 2 ml Liquor entnommen und durch Luft ersetzt. Meist genügen 20 bis 30 ccm Luft für eine beurteilbare Darstellung der Liquorräume. Der Kranke sollte zu der Untersuchung nüchtern sein. Er erhält vorher ein Sedativum und ein Antiemetikum. Außerdem ist ein Kreislaufmittel ständig bereitzuhalten, da die meist mit Kopfdruck und Brechreiz einhergehende Untersuchung auch zum Kollaps führen kann. Nach der Untersuchung rechtfertigen Kopfschmerzen und Übelkeit die Verordnung von schmerzstillenden und den Brechreiz dämpfenden Mitteln. Der Kranke sollte bis zum Abklingen der Beschwerden Bettruhe einhalten. Meist ist die Luft nach einigen Tagen resorbiert. Nachteilige Folgen oder länger anhaltende Beschwerden sind nicht zu erwarten.

Ventrikulographie. Beim Bestehen einer Stauungspapille ist ebenso wie die Liquorentnahme auch die Luftenzephalographie in der genannten Form nicht statthaft. Wenn sich dennoch die Füllung der Liquorräume für die Diagnose als notwendig erweist, werden vom Neurochirurgen durch okzipitale Bohrlöcher Kanülen direkt in die Ventrikel eingeführt zu einer auf diesem Wege erfolgenden Luftfüllung, einer Ventrikulographie. Dann erfolgt wiederum ein Luft-Liquor-Austausch und die Röntgenuntersuchung.

Angiographie. Die Angiographie der Hirngefäße hat insbesondere in jüngster Zeit eine verbreiterte Indikationsstellung gewonnen, und außerdem wurde die Untersuchungstechnik erheblich erweitert. Die Angiographie erfolgt in der Form, daß in die Arterien ein meist jodhaltiges Kontrastmittel eingespritzt wird und unmittelbar danach das distal der Injektionsstelle gelegene Gefäßgebiet — möglichst in Serienaufnahmen — in zwei Ebenen geröntgt wird. Dann sind nacheinander die arterielle und die venöse Phase der Durchblutung zu erkennen. Zur Untersuchung ist der Patient ebenso wie bei der Luftenzephalographie durch eine Sedierung vorbereitet. Die Angiographie wird meist in Narkose — von manchen Untersuchern allerdings in Lokalanästhesie — durchgeführt. In jedem Fall hat der ganze Untersuchungsablauf unter sterilen Bedingungen zu erfolgen.

Je nachdem, welche Gefäßgebiete beurteilt werden sollen, wird durch die Haut hindurch die A. carotis, die A. vertebralis oder die A. brachialis punktiert. Das Kontrastmittel wird durch eine Spritze entweder mit der Hand oder durch einen automatischen Injektionsapparat eingespritzt. Sollen mehrere Gefäßgebiete gleichzeitig dargestellt werden, kann über die A. femoralis ein Katheter bis in den Aortenbogen vorgeschoben und auf diesem Wege das Kontrastmittel eingebracht werden. Die letztere Methode wird zumeist dann angewendet, wenn es um die Beurteilung der großen extrakraniellen Gefäßabschnitte geht, die für die Hirndurchblutung wichtig sind. Dank der Erweiterung der operativen Technik ist es heute nämlich möglich, Verschlüsse oder Einengungen in diesen Gefäßen zu beseitigen oder zu umgehen und damit die Voraussetzungen für die Hirndurchblutung zu bessern.

Die Angiographie über die A. carotis am Hals dient der Darstellung der intrakraniellen Gefäße, vornehmlich für die vorderen und mittleren Hirnabschnitte; das Gebiet der hinteren Schädelgrube stellt sich bei der Angiographie der A. vertebralis dar, die entweder am Hals punktiert wird oder ihre Füllung erfährt bei der Gegenstromangiographie von der A. brachialis über die A. basilaris.

Die Angiographie ist nicht ganz gefahrlos, wenngleich die Komplikationsrate nicht sehr groß ist. Immerhin sind flüchtige oder bleibende Schäden und auch einmal ein tödlicher Ausgang der Untersuchung möglich. Eine akute allergische Reaktion auf das Kontrastmittel ist außerordentlich selten. Ihr Auftreten darf aber keinesfalls übersehen werden.

Nach Abschluß der Untersuchung ist darauf zu achten, daß es an der Injektionsstelle nicht zu einer Nachblutung kommt. Die Angiographie von Patienten, die unter einer Antikoagulantienbehandlung stehen, ist nur nach ganz besonderer Vorbereitung und unter erhöhter Vorsicht erlaubt.

Die Angiogramme der intrakraniellen Gefäße werden angefertigt zum Nachweis — oder zum Ausschluß — von Gefäßmißbildungen (Angiom, Aneurysma), Gefäßverschlüssen und von raumfordernden Prozessen im Schädelinnern, die aus der Abweichung vom normalen Gefäßverlauf geschlossen werden können. Ein normales Karotisangiogramm zeigt die Abb. 10.

Myelographie. Wenn sich im QUECKENSTEDT-Versuch der Hinweis auf einen raumfordernden Prozeß im Spinalkanal ergeben hat, wird mit Hilfe der Myelographie die Lage des Prozesses festgestellt. Durch zisternale oder lumbale Punktion werden jodhaltige Kontrastmittel oder Luft in den Spinalkanal eingebracht, und es folgen Röntgenaufnahmen in verschiedenen Positionen des Patienten (gegebenenfalls Schichtaufnahmen). Auf diesen Bildern läßt dann eine Einengung des Kontrastbandes oder ein *kompletter Stop* den Ort und manchmal die Ausdehnung des raumfordernden Prozesses erkennen.

Die Wahl des Kontrastmittels richtet sich nach der mutmaßlichen Lokalisation des raumfordernden Prozesses, ebenso die Entscheidung, ob das Kontrastmittel durch Lumbal- oder Zisternalpunktion eingebracht wird.

Die *Luftmyelographie* zeigt günstige Ergebnisse im Bereich der mittleren und unteren Brustwirbelsäule und der oberen Lendenwirbelsäule. Nach einer Luftmyelographie muß der Patient so gelagert wer-

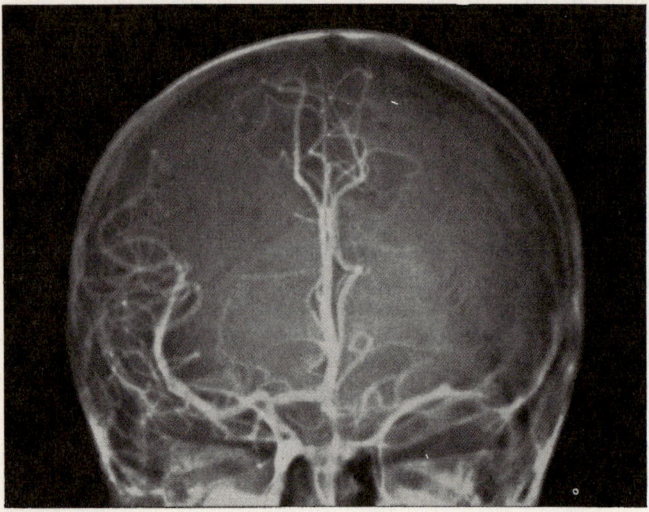

a

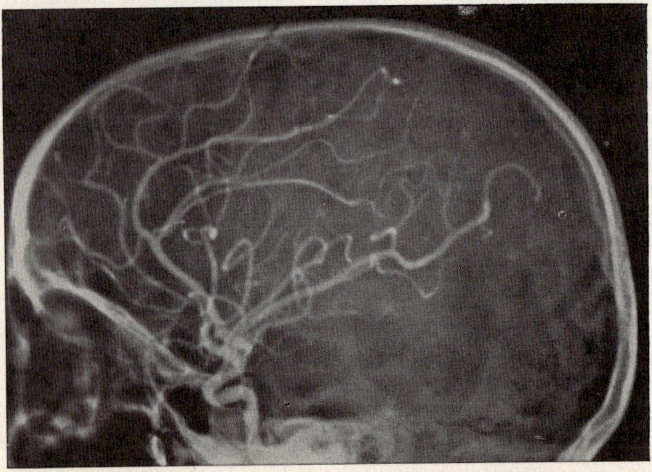

b

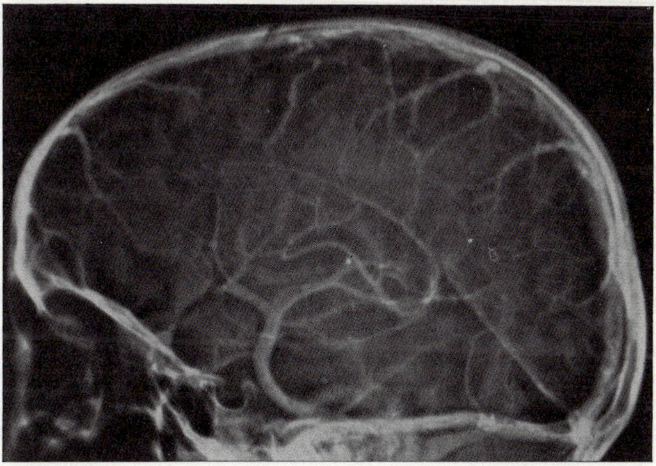

c

Abb. 10 Normales Karotisangiogramm. a) und b) Arterielle Phase, c) venöse Phase (aus Scheid, W.: Lehrbuch der Neurologie, 3. Aufl., Thieme, Stuttgart 1968).

den, daß die eingebrachte Luft nicht in das Schädelinnere aufsteigen kann: Kopf tief – Becken hoch. Es können sonst die gleichen Beschwerden auftreten wie nach einer Luftenzephalographie.

Die *Myelographie mit Abrodil* erfolgt bei Prozessen im Bereich der unteren Lendenwirbelsäule und des Kreuzbeines. Das Abrodil führt durch Reizung der Nervenwurzeln zu Schmerzen. Daher erfolgt die lumbale Abrodilmyelographie in Lumbalanästhesie. Wegen dieser Lumbalanästhesie muß der Patient während und auch nach der Untersuchung mehrere Stunden in halbsitzender Position bleiben, da sonst das Anästhetikum bis zum Rückenmark aufsteigen und zu folgenschweren Lähmungserscheinungen (Atemmuskulatur!) führen kann. Das wasserlösliche Abrodil wird vom Körper resorbiert. (Mancherorts wird neuerdings *Dimer-X* an Stelle des Abrodils als Kontrastmittel verwendet).

Das ölige Kontrastmittel *Pantopaque* darf bei jeder Lokalisation eines raumfordernden spinalen Prozesses verwandt werden. Da es jedoch vom Körper nicht resorbiert wird und sein Verbleib im Spinalkanal zu Verwachsungen führen kann, soll es entweder bei der an die Untersuchung angeschlossenen Operation wieder entfernt oder nach der Untersuchung abpunktiert werden.

Echoenzephalographie

Die *Echoenzephalographie* ist eine ungefährliche Untersuchung, die zudem am Krankenbett vorgenommen werden kann. Mit ihrer Hilfe können Hinweise auf einen raumfordernden Prozeß im Schädelinneren gewonnen werden. Der Prüfkopf des Gerätes sendet Ultraschallwellen aus, die je nach der Beschaffenheit des Stoffes, auf den sie treffen (Knochen, Gehirn, Liquor) mit unterschiedlicher Geschwindigkeit fortgeleitet und an den Grenzflächen zweier verschiedener Stoffe zurückgeworfen („Echo") werden. Die zurückgeworfenen Ultraschallwellen werden dann in elektrische Schwingungen umgewandelt und auf einem Oszillographen sichtbar gemacht. Wichtig ist vor allem das sogenannte *„Mittelecho"*, das durch die Reflexion am Interhemisphärenspalt, Corpus pineale, Septum pellucidum und dritten Ventrikel entsteht. Seine Verlagerung nach rechts oder nach links läßt auf einen raumfordernden Prozeß der Gegenseite schließen. Unter günstigen Bedingungen kann der Erfahrene zudem mit dem Echoenzephalogramm die Weite des dritten Ventrikels messen oder Hämatome lokalisieren.

Elektrische Untersuchungen

Jede Funktion der Nervenzellen geht mit elektrischer Aktivität einher. Diese Aktivität kann mit geeigneten Verfahren gemessen werden und gestattet dann Aussagen darüber, ob eine normale Funktion vorliegt, oder ob Hinweise für eine Störung gegeben sind. Die in der Neurologie angewandten Verfahren sind zum Teil der Elektrokardiographie (EKG) vergleichbar.

Elektroenzephalographie = EEG. Mit Hilfe der Elektroenzephalographie werden die Aktionsströme der Hirnrinde abgeleitet. Dazu setzt man je nach Größe des Elektroenzephalographen 8 bis 20 Elektroden auf die Kopfhaut. Die Ableitpunkte sind nach internationaler Vereinbarung einheitlich, so daß die Elektroenzephalogramme *(Hirnstrombilder)* von verschiedenen Untersuchern vergleichbar sind. Die Aktionsströme werden im Elektroenzephalographen verstärkt und auf einen Direktschreiber übertragen, der das Kurvenbild auf einem Papierstreifen aufzeichnet.

In halbsitzender oder liegender Stellung soll der Patient für die Ableitung möglichst entspannt und von äußeren Reizen abgeschirmt sein. Außerdem sollte darauf geachtet werden, daß zuvor *Kopfhaut und Haar entfettet* werden und *frei* sind *von Haarfestigern*, da hierdurch die Leitfähigkeit verändert und das EEG verfälscht werden kann. Auch ohne eine krankhafte Störung der Hirnfunktion können die Hirnstrombilder recht unterschiedlich aussehen. Das Kurvenbild ist einmal abhängig vom Reifungsgrad des Gehirns, also vom Alter des Patienten. Außerdem ändert sich der Kurvenverlauf im Zustand der Ermüdung und schließlich im Schlaf. Allgemeinveränderungen des EEG treten auf bei Sauerstoffmangel oder Vergiftungen. Selbst geringere Mengen eines Schlaf- oder Beruhigungsmittels können schon eine Abwandlung vom Normalbefund bewirken. Daher muß dem Untersucher bei der Ableitung eine voraufgegangene Medikation bekannt sein.

Seinen besonderen Wert hat das EEG beim Nachweis umschriebener Störungen der hirnelektrischen Aktivität, die sich in einer Änderung von Form, Amplitude und Frequenz der einzelnen Wellen zeigen. So kann häufig beim Fehlen neurologischer Symptome mit Hilfe der Elektroenzephalographie die erkrankte Hirnregion ermittelt werden, und der Untersucher bekommt einen Hinweis, welches Gefäßgebiet gegebenenfalls angiographisch darzustellen ist. Oft gestatten auch die Art und Lokalisation der Veränderungen Rückschlüsse auf die zugrundeliegende Störung. Allerdings läßt der EEG-Befund allein keine sicheren Aussagen zu, ob etwa ein Tumor oder eine Durchblutungsstörung vorliegt. Nicht selten aber kann das Hirnstrombild trotz einer Hirnerkrankung unauffällig sein. Bei entsprechendem Verdacht erfolgt dann die Ableitung nach *Provokationsmaßnahmen* (Hyperventilation = tiefe Atemzüge, Flackerlicht, Schlafentzug oder die Verabreichung bestimmter Medikamente). Diese Provokationsmaßnahmen machen die Veränderung der Hirnaktivität sichtbar und verstärken die in der Ruheableitung nur leichten Abwandlungen.

Eine besondere Bedeutung hat die Elektroenzephalographie bei der Krankheitsgruppe der *hirnorganischen Anfallsleiden*. Charakteristische Wellenformen und Wellenfolgen bestätigen oder begründen den Verdacht auf das Vorliegen einer Epilepsie. Die verschiedenen Epilepsieformen können durch die Art der EEG-Veränderungen gegeneinander abgegrenzt werden, und nicht zuletzt kann das EEG Aufschluß geben über den Erfolg einer medikamentösen Behandlung, unter deren Wirkung die Krampfbereitschaft des Gehirns herabgesetzt wird.

Elektrische Untersuchung der Muskeln und Nerven. Bei der *Elektromyographie (EMG)* werden die Aktionspotentiale der Muskulatur abgeleitet. Dazu werden entweder Elektroden – ähnlich wie beim EEG – auf die Haut über dem zu untersuchenden Muskelgebiet aufgesetzt oder Nadelelektroden direkt in den Muskel eingebracht. Die Ableitung erfolgt einmal in Ruhe und zum anderen während der Muskeltätigkeit. Abweichungen von den normalen Kurvenverläufen treten auf bei Lähmungen des Muskels, bei einer Änderung des Muskeltonus und bei den motorischen Reizerscheinungen. Aus dem EMG läßt sich ablesen, ob eine Lähmung die Folge einer Muskelerkrankung oder eine Störung der peripheren Nervenleitung ist, das heißt, ob es sich um eine *myogene* oder eine *neurogene* Parese handelt.

Motorische Reizerscheinungen wie Tremor und Rigor zeigen einen typischen Kurvenverlauf. Häufig wird das EMG zur Aufdeckung einer psychogenen Lähmung herangezogen.

Bei der *einfachen elektrischen Untersuchung* werden nicht die Aktionsströme vom Muskel abgeleitet, sondern der Muskel bzw. der periphere Nerv werden mit elektrischem Strom gereizt. Die Reaktion des Muskels läßt Schlüsse zu auf die Funktionstüchtigkeit des peripheren Nervs und des Muskels. Beim intakten Funktionssystem reagiert der Muskel auf einen Reiz mit *faradischem Strom.* Auf die Reizung mit *galvanischem Strom* erfolgt eine prompte Zuckung. Liegt eine Störung oder Unterbrechung des peripheren Funktionssystems vor, bleibt die Reaktion auf den faradischen Strom aus, und die Zuckungen nach galvanischer Reizung lassen eine veränderte Reaktion in Form verlangsamter, träger oder gar wurmförmiger Kontraktionen erkennen.

Die genannten Prüfungen gestatten keine exakte Messung, erlauben aber im Rahmen der Untersuchung einen wesentlichen Überblick über das Ausmaß der Schädigung und bei wiederholten Kontrollen im Verlauf einer Erkrankung über eine Besserung der elektrischen Erregbarkeit und damit die Rückbildung der Krankheit.

Genauere Werte über die elektrische Erregbarkeit liefert die Messung der *Chronaxie.* Hierbei wird die kürzeste Reizzeit gemessen, in der ein Strom von doppelter *Rheobase* eine Muskelzuckung erzielt. Die Rheobase ist diejenige Mindeststromstärke, mit der eine Muskelkontraktion erreicht werden kann.

Eine Kombination der Reizung mit elektrischem Strom und der Ableitung von Aktionspotentialen dient der Messung der *Nervenleitgeschwindigkeit.*

Bei dieser Messung können sowohl die motorischen als auch die sensiblen Fasern des Nerven untersucht werden. Zur Bestimmung der motorischen Leitgeschwindigkeit wird der Nerv proximal gereizt und das Aktionspotential weiter distal am Nerven oder am Muskel registriert und die Zeit zwischen Reizung und Aktionspotential gemessen. Die Zeit zwischen einem peripheren Reiz der sensiblen Fasern und den proximal am Nerven abgeleiteten Aktionspotentialen gibt Auskunft über die sensible Nervenleitgeschwindigkeit. Die Geschwindigkeit errechnet sich in beiden Fällen anhand der Formel: Abstand zwischen Reizpunkt und Ableitpunkt durch Zeit, und sie wird angegeben in Meter pro Sekunde. Die wiederholte Bestimmung der Nervenleitgeschwindigkeit gestattet Aussagen über eine Besserung der Funktion nach Schädigung eines peripheren Nerven. Typische Veränderungen der Nervenleitgeschwindigkeit können für die Diagnose bestimmter Nervenleiden wichtig sein.

Untersuchungen mit radioaktiven Isotopen

Spritzt man einem Patienten eine radioaktive Substanz in die Vene, so verteilt sich dieser Stoff im strömenden Blut. In bestimmten gefäßreichen Organen ist der radioaktive Stoff stärker angesammelt als in seiner Umgebung. Da gewisse Geschwulstarten mit einer besonderen Vermehrung der Blutzufuhr – und damit der Blutgefäße – einhergehen, kann bei der Registrierung der Radioaktivität mit geeigneten Geräten Aufschluß über das Vorhandensein und die Lage eines solchen Tumors erhalten werden. Die Abb. 11 zeigt den Befund einer Isotopenuntersuchung.

Die Hirndurchblutungsmessung mit radioaktiven Stoffen kann Auskunft geben über die Minderdurchblutung bestimmter Hirngebiete – etwa beim Verschluß einer der großen Hirnschlagadern –, auch wenn schwerwiegende Krankheitszeichen noch nicht erkennbar sind.

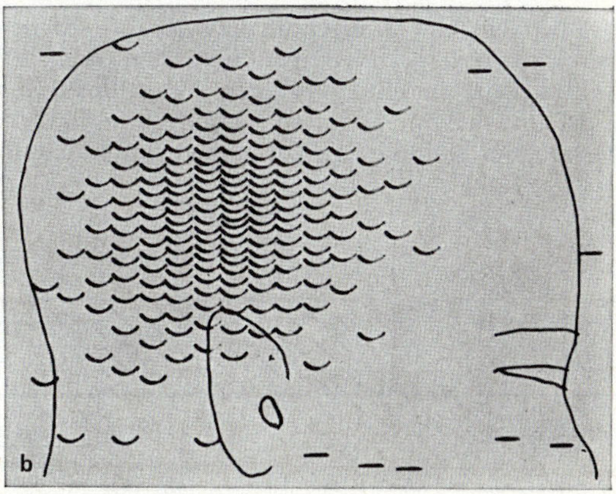

Abb. 11 Tumornachweis bei einer Isotopenuntersuchung. Die registrierte Radioaktivität ist durch die Markierung der einzelnen Impulse aufgezeichnet. Das Gebiet der vermehrten Aktivität entspricht dem Tumorsitz (aus Scheid, W.: Lehrbuch der Neurologie, 3. Aufl., Thieme, Stuttgart 1968).

Krankheiten des Gehirns und seiner Häute

Kreislaufbedingte Erkrankungen

Die Durchblutung des Gehirns ist wegen seiner Bedeutung als zentrales Steuerungsorgan und seines hohen Sauerstoffbedarfs besonders intensiv. In der Ruhe benötigt das Gehirn etwa 15 bis 20 % vom Sauerstoff des Gesamtorganismus. Die Blutversorgung erfolgt durch die beiden Halsschlagadern (Aa. carotes internae) und durch die in der Wirbelsäule aufziehenden Schlagadern (Aa. vertebrales), die sich an der Hirnbasis zum *Circulus arteriosus cerebri* vereinigen. Durch dieses Arteriennetz kann der Ausfall einer einzelnen Arterie zumeist noch ohne Schaden für das Gehirn kompensiert werden. Die Verschmelzung dieses Gefäßnetzes in der Embryonalentwicklung gelingt nicht immer vollständig. Dadurch bedingte Wandschwächen können unter der Einwirkung des Blutdrucks zu *Aussackungen (Aneurysmen)* und schließlich zu *Blutungen* führen. Störungen der Sauerstoffversorgung der Gehirnzellen entstehen sowohl durch derartige Mißbildungen als auch durch Erkrankungen der Hirngefäße selbst und schließlich durch Allgemeinschädigungen (Erkrankungen, Unfälle, Vergiftungen), die die Sauerstoffversorgung des Gehirns beeinträchtigen. Art und Umfang der neurologischen und psychopathologischen Ausfälle richten sich nach der Intensität, der Dauer und der Lokalisation des entstandenen Sauerstoffmangels.

Bei totalem Gefäßverschluß entwickeln sich in dessen Versorgungsbereich bereits nach wenigen Sekunden (Abb. 12) erste Störungen, die bald darauf in einen völligen Funktionsverlust ausmünden, wenn nicht in wenigen Minuten — noch innerhalb der Wiederbelebungszeit — über Kollateralen zumindest eine Sauerstoffminimalversorgung

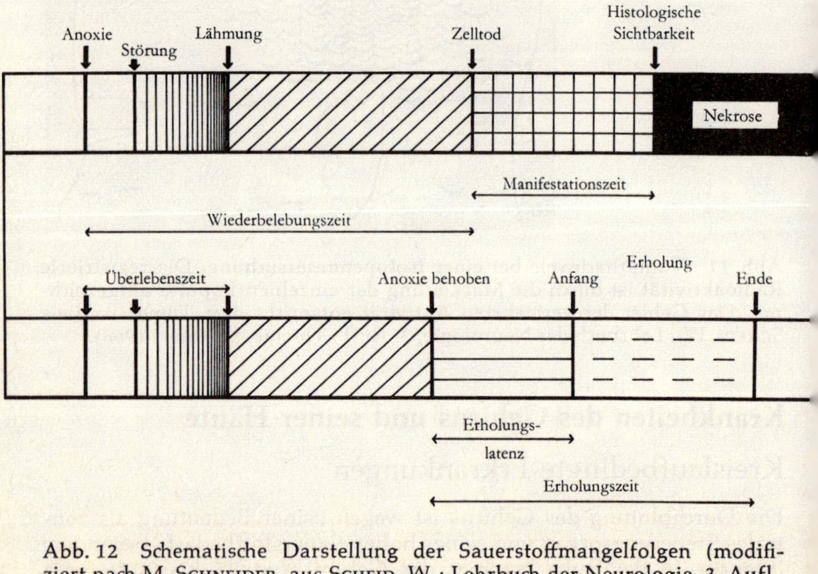

Abb. 12 Schematische Darstellung der Sauerstoffmangelfolgen (modifiziert nach M. Schneider, aus Scheid, W.: Lehrbuch der Neurologie, 3. Aufl., Thieme, Stuttgart 1968).

von 15 % des Normalbedarfs aufrechterhalten werden kann. Die Wiederherstellung der örtlichen Sauerstoffversorgung noch während der Wiederbelebungszeit läßt nach Ablauf der Erholungslatenz innerhalb der Erholungszeit eine vollständige Funktionsrückkehr erwarten. Diese Forschungsergebnisse der Physiologie und Pathophysiologie zeigen weitreichende Konsequenzen auch für die pflegerischen und therapeutischen Aspekte der im folgenden eingehender dargestellten kreislaufabhängigen Hirnerkrankungen.

Durchblutungsstörungen des arteriellen Systems

Die häufigsten Hirnfunktionsstörungen auf der Grundlage mangelnder Sauerstoffversorgung finden sich bei Menschen im höheren Lebensalter als Folge einer *umschriebenen Hirnerweichung (Enzephalomalazie).* Dabei ist die *Arteriosklerose* der Hirngefäße eine entscheidende Teilursache. Weit seltener führen *entzündliche Gefäßverschlüsse* oder *Embolien* zu gleichgearteten Ausfällen. Schließlich können auch Gesamtschäden des Herz- und Kreislaufsystems, zum Beispiel *der Herzinfarkt,* eine *umschriebene Durchblutungsstörung des Gehirns* bewirken. Das klinische Bild der *Enzephalomalazie* pflegt sich zuweilen durch flüchtige Vorbotensymptome anzukündigen; so wird manchmal über Kopfschmerzen und Schwindel oder über minutenlange Ungeschicklichkeit einer Hand geklagt. Häufig entwickelt sich die typische einseitige Körperlähmung — *Hemiparese* — jedoch ganz plötzlich teils mit, teils ohne merkliche Bewußtseinsveränderung. Der Laie spricht im Hinblick auf das Tempo der Syndromentwicklung gern vom *Schlaganfall,* von der *Apoplexie* oder vom *zerebralen Insult.*

Obwohl manchmal ungewöhnliche körperliche Anstrengungen oder seelische Belastungen der Lähmung unmittelbar vorausgehen, tritt die Mangeldurchblutung weitaus häufiger ohne Zusammenhang mit besonderen Ereignissen auf. Vielfach sind für die Manifestation relativ niedrige Blutdruckwerte in der Nacht und den frühen Morgenstunden als Teilursache von Bedeutung. Die Lähmungsverteilung richtet sich nach dem vorwiegend betroffenen Gefäßareal. Weitaus am häufigsten sind die von der A. cerebri media versorgten Anteile einer Durchblutungsminderung ausgesetzt. Dies entspricht einem bevorzugten Befall von Arm und Gesicht, während die Funktion des Beines von vornherein geringer betroffen ist oder sich rascher wieder erholt. Der *einseitig Gelähmte* wird dabei in der Regel wieder gehfähig, während die volle Handgeschicklichkeit lediglich von 10 % der Kranken wiedergewonnen wird. Bei *Rechtshändern* führt eine *linkshirnige Erweichung* mit *rechtsseitiger Lähmung* oft auch zu einer gemischten *Aphasie.* Die sensorische Komponente bildet sich zwar im allgemeinen wieder weitgehend zurück, so daß das Sprachverständnis dem Kranken wieder gelingt; die Wortfindung macht dagegen zumeist viel langsamere Fortschritte und verkargt den Wortschatz oft bis auf wenige Begriffe des täglichen Lebens. Seltener kommt es auf der gelähmten Seite auch zu einem *Sensibilitätsausfall* und zu einer gleichseitigen *Gesichtsfeldeinengung*.

Die Auswirkungen einer *Blutgerinnselembolie* unterscheiden sich nicht von der bereits beschriebenen Hirnerweichung durch örtlichen Gefäßverschluß. Der Embolus selbst stammt zumeist aus dem Herzen. Die Klärung des zugrundeliegenden Herzleidens und die kardiale Belastungsfähigkeit werden den Heilplan entscheidend bestimmen.

Fünfmal seltener als die Enzephalomalazie, aber noch doppelt so häufig wie die Hirnembolie kommt es im Rahmen des *Bluthochdruckleidens* mit Arteriosklerose zu *zerebralen Massenblutungen* durch Gefäßriß. Das unter arteriellem Druck austretende Blut wirkt durch Gewebezerstörung und Verdrängung auf das Hirngewebe ein und kann damit ähnliche bleibende Symptome verursachen wie der ischämische Gewebsuntergang (Gehirnerweichung). Im allgemeinen ist jedoch der Beginn der Massenblutung durch eine längere Bewußtlosigkeit wesentlich dramatischer und die Aussicht des Überlebens ist erheblich geringer.

Zu den seltenen Ursachen einer zerebralen Durchblutungsstörung zählen ferner die Fett- und Luftembolien. *Fettembolien* entwickeln sich zuweilen im Gefolge von Frakturen der großen Röhrenknochen und führen zunächst zu einer Lungenembolie. Im Verlauf einiger Stunden bis Tage kann es dann nach Durchtritt durch die Lungenkapillaren auch zur Hirnbeteiligung kommen. Führendes klinisches Symptom ist die Bewußtseinsveränderung von den Stadien deliranter Unruhe bis zum tiefen Koma. Der weitere Verlauf hängt entscheidend von der pflegerischen Sorgfalt während der Initialphase ab. Konnten Kreislauf und Atmung hinreichend stabilisiert werden, so weicht die Bewußtseinstrübung allmählich dem sogenannten *Durchgangssyndrom* (s. S. 217). Ob schließlich eine völlige Rückbildung eintritt oder eine organische Wesensänderung verbleibt, hängt zwar von der anfänglichen Ganglienzellzerstörung ab, ist aber erst nach etwa zwei Jahren zuverlässig abzuschätzen.

Zur *Luftembolie* des Gehirns kommt es, wenn größere Luftmengen plötzlich in den Kreislauf eindringen. Gefahr droht vor allem bei chirurgischen Eingriffen im Thoraxgebiet, selbst schon beim Nachfüllen eines Pneumothorax, wenn unter den örtlichen Unterdruckverhältnissen verletzte Venen die Luft aufnehmen und über das linke Herz in den großen Kreislauf abgeben. Die Venen des großen Kreislaufs können ebenfalls unter Druck stehende Luft aus Körperhöhlen und Hohlorganen aufnehmen. Zu nennen sind die Kontrastmittelfüllungen (Pneumoperitonaeum) oder auch Blasenspülungen und vor allem artifizielle Aborte. Bei schweren Luftembolien kommt es zur schlagartigen Bewußtlosigkeit, meistens verbunden mit generalisierten oder fokalen hirnorganischen Anfällen. Wird dieses alarmierende Initialstadium überlebt, so kommt es über Wochen und Monate zur vollständigen Rückbildung der psychopathologischen und neurologischen Symptomatik oder es verbleibt ein Defektsyndrom nach Art einer organischen Wesensänderung mit oder ohne Beeinträchtigung der Koordination und der Sehleistung.

Ähnlichkeiten im klinischen Ablauf zur Luftembolie finden sich bei plötzlichem *äußerem Sauerstoffabschluß* wie bei *Strangulationen*, bei *Verschüttungen im Sand*, bei *Lawinenunglücken* und beim *Ertrinken*.

Durchblutungsstörungen des venösen Systems

Das notwendige Durchströmungsvolumen des Gehirns wird auch beeinträchtigt, wenn der venöse Abfluß über Hirnvenen und Sinus behindert ist. Solche Hindernisse entstehen vor allem durch Thrombosen, die sich beispielsweise in Verbindung mit entzündlichen Nachbarschaftsprozessen der Nebenhöhlen, des Ohres, des Nasen-Rachen-Raumes oder der Zähne entwickeln oder die sich in zeitlichem Zusammenhang mit Schwangerschaft und Wochenbett manifestieren. Auch nach Schädeltraumen und Schädeloperationen oder in Verbindung mit allgemeinen Venenerkrankungen kann es zu *Hirnvenenthrombosen* kommen. Die Symptomatik ähnelt durchaus den arteriellen Gefäßprozessen. Dies ist nicht überraschend, weil durch Stauung, lokalisierte Blutung und Ödeme eine unmittelbare Rückwirkung auf die Sauerstoffversorgung der Ganglienzellen gegeben ist. Auch bei der Hirnvenenthrombose stehen eine zunehmende Bewußtseinstrübung, das Auftreten epileptischer Anfälle sowie die Entwicklung einer Nackensteifigkeit und motorische Lähmungen im Vordergrund der klinischen Symptomatik. Hirnvenenthrombosen sind außerhalb von Schwangerschaft und Wochenbett mit einer Letalität von fast 50 % belastet. Überlebende Patienten bleiben weiterhin für erneute Schübe gefährdet, obwohl sich die psychopathologischen und neurologischen Ausfälle auch nach Wochen und Monaten noch weitgehend oder völlig zurückbilden können.

Zur Therapie und Pflege bei kreislaufbedingten Erkrankungen des Gehirns

Die Darstellung der pathophysiologischen Bedingungen für Durchblutungsstörungen im arteriellen und venösen System läßt erkennen, daß Maßnahmen der Kausalbehandlung für den bereits manifestierten Schub in der Regel zu spät kommen. Sie können allenfalls zur Eindämmung der gefäßabhängigen Gewebsschädigung und zur Verhütung von Rezidiven beitragen. Kausal wirksame Methoden sind vor allem die Wiederherstellung einer ausreichenden Herzleistung in Verbindung mit einer Digitalisierung, die Verbesserung der Durchströmungsbedingungen durch operative Beseitigung von Gefäßverschlüssen oder durch medikamentöse Gefäßerweiterung (zum Beispiel Cosaldon, Euphyllin, Ronicol, Stutgeron u. a.). Gewichtiger für die Verhütung von Komplikationen während der ersten Tage und Wochen sind zweifellos die pflegerischen Maßnahmen und die gegen einzelne Symptome gerichteten therapeutischen Hilfen.

Den größten therapeutischen Aufwand erfordert das *zerebrale Koma.* Die besonderen Anforderungen an das pflegerische Können haben vielerorts dazu geführt, bewußtlose Kranke zur Betreuung in sogenannten *Intensivpflegestationen* zusammenzuziehen. Die in solchen Stationen jeweils praktizierte Verteilung von ärztlichen und pflegerischen Aufgaben hängt von dem Perfektionsgrad, der eingespielten Zusammenarbeit und dem jeweiligen Ausbildungs- und Erfahrungsstand der ärztlichen und pflegerischen Besetzung ab. Grundsätzliches Erfordernis bei der Betreuung Bewußtloser ist vor allem die Gewährleistung einer *unbehinderten Atmung.* Das Fehlen des Husten- und Schluckreflexes erleichtert die Sekretansammlung im Bronchialbaum und führt leicht zu bronchopneumonischen Infiltrationen. Regelmäßiges *Absaugen* des Sekrets durch einen Mund- oder Nasenkatheter unter sekrethemmender und antibiotischer Medikation kann diese Gefahr weitgehend bannen. Sind mechanische Atemhilfen erforderlich, wird man in der Regel für die assistierte Beatmung und die Freihaltung der Atemwege eine *Tracheotomie* vorausschicken müssen.

Besondere Bedeutung gerade bei zerebralen Zirkulationsstörungen als Ursache des Komas hat die Aufrechterhaltung des *Wasser- und Elektrolythaushaltes* erlangt. Flüssigkeitsmengen von 1,5 bis 2 l werden bei normaler Körpertemperatur täglich benötigt und müssen entweder durch eine Nasensonde oder als intravenöse *Infusionen* oder *Dauertropfinfusionen* verabfolgt werden. Bei länger anhaltender Bewußtlosigkeit muß auch auf den Kohlenhydrat- und Eiweißbedarf des Organismus bei der Infusionsbehandlung geachtet werden. Dies gelingt mit Hilfe einer Verweilsonde, die durch die Nase in den Magen gelegt wird. Der Eiweißmangel kann durch Plasma- oder Bluttransfusionen behoben werden.

Bei Fieberzuständen muß im Hinblick auf den erhöhten Sauerstoffbedarf möglichst bald eine Fiebersenkung erreicht werden. Dies gelingt zumeist durch Verabfolgung eines Breitspektrumantibiotikums in Verbindung mit einem Antipyretikum (Phenacetin, Pyramidon o. ä.). Hohe und anhaltende Fieberschübe bedürfen nach Ausschaltung der vegetativen Steuerungsmechanismen, beispielsweise mit Hilfe der lytischen Mischung (Megaphen-Atosil-Dolantin), einer physikalischen Abkühlung durch Abdecken, gegebenenfalls durch Anblasen des teilentblößten Körpers mit einem Ventilator.

Bewußtlose bedürfen auch der sorgfältigen Überwachung der *Harnausscheidung.* Am einfachsten gelingt diese Aufgabe durch Einführen eines abgestöpselten *Dauerkatheters,* der regelmäßig geöffnet wird und zugleich eine quantitative und qualitative Kontrolle des Harns zuläßt.

Während der Bewußtlosigkeit kann sich der Kranke aus eigener Kraft nicht bewegen. Die durch das Körpergewicht belastete Haut ist daher besonders an Stellen ungenügender Weichteilpolsterung in Gefahr, *Druckgeschwüre* zu entwickeln. Neben der allgemeinen *Hautpflege* durch Waschen, Abreibungen mit Franzbranntwein, Schutz gegen Feuchtigkeit durch Silikonspray etc. muß vor allem auf die zweistündliche Druckentlastung durch *Lagewechsel* geachtet werden. Zum Druckschutz der Fersen während der Bettlägerigkeit haben sich imprägnierte Schafwollschuhe besonders bewährt. Wichtig ist die Trokkenhaltung aller Hautpartien, die leicht der Einwirkung von Nässe ausgesetzt sind.

Unabhängig vom Ausmaß der Bewußtseinsstörung bedarf der Kranke mit Extremitätenlähmungen der sorgfältigen *Lagerung seiner Gliedmaßen* im Hinblick auf die Erhaltung der späteren Funktion. Besondere Gefahren einer *Kontrakturbildung* drohen im Schultergelenk, in den Fingergelenken, in den Hüft-, Knie- und Fußgelenken der paretischen Körperseite. Unabhängig von dem täglich notwendigen Durchbewegen aller Gelenke, das gleichzeitig der *Thromboseprophylaxe* dient, wird der gelähmte Arm zweckmäßigerweise in Abduktionsstellung gelagert und mit einem breiten Laken in dieser Stellung fixiert (Abb. 13).

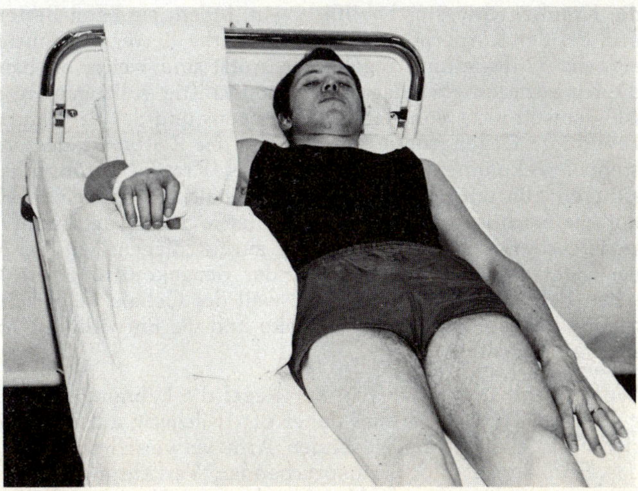

Abb. 13 Abduktionslagerung des gelähmten Arms.

Der Neigung zum trophischen Handrückenödem kann durch erhöhte Lagerung des Unterarms vorgebeugt werden. Der *Spitzfußneigung* muß durch Verwendung einer gepolsterten Bettkiste entgegengewirkt werden (Abb. 14). Beugekontrakturen im Bereich der Knie- und Hüftgelenke begegnet man durch stundenweise Fixierung des Oberschenkels in Streckstellung mit Hilfe eines beiderseits mit Sandsäcken beschwerten Gurtes.

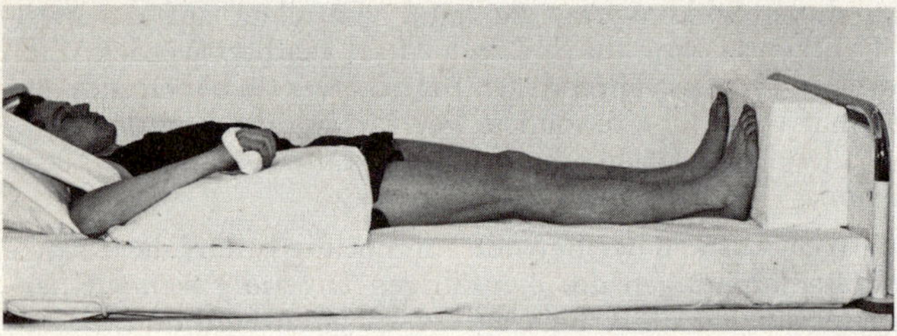

Abb. 14 Lagerung der Füße zur Verhinderung einer „Spitzfußstellung".

Sobald die ersten aktiven Bewegungsleistungen an der gelähmten Körperseite erkennbar werden, muß die Muskelkräftigung durch Widerstandsübungen einsetzen. Steht für diese Aufgabe eine geschulte *Krankengymnastin* nicht zur Verfügung, so kann ersatzweise auch die Krankenschwester behilflich sein, indem sie beim Betten, Füttern und bei der Körperpflege bereits mögliche Bewegungsmuster mit geeigneter Hilfestellung regelmäßig nutzt und weiter ausbaut. Sobald die Kniestreckung wieder ausreichend kräftig vollzogen werden kann, ist — soweit nicht von seiten des Herzens und der Kreislaufregulation gewichtige Gegengründe vorliegen — der Zeitpunkt des ersten Aufstehens gekommen. Zwar bedarf der Kranke anfänglich noch der sicheren Führung, gewöhnt sich aber bald auch an einen Handstock, um die wichtigsten Wege zur Toilette, zum Tagesraum und zum Untersuchungszimmer selbständig zurückzulegen. Mit der Aufnahme des Gehtrainings ist die Gefahr der Beugekontraktur im teilparetischen Bein weitgehend gebannt, weil der Gehakt selbst eine ausreichende Beanspruchung der Gelenke und die Entwicklung von Strecksynergien fördert.

Weniger günstig verläuft in der Regel die Lähmungsrückbildung im gelähmten Arm. Man muß daher oft frühzeitig auf die kompensatorische Hilfe durch den gesunden Arm verweisen und vor allem die das Feinhandgeschick beanspruchenden Verrichtungen des täglichen Lebens auf die gesunde Hand verlagern. Ob dabei die geschädigte Gliedmaße als Beihand ausreicht oder ob Einhänderhilfsmittel verwendet werden müssen, hängt vom Ausmaß der Lähmungsrückbildung ab.

Am Ende der stationären Behandlung sollten Patienten mit durchgemachten zerebralen Gefäßprozessen soweit verselbständigt sein, daß sie sich ohne fremde Hilfe in der eigenen Wohnung fortbewegen und die tägliche Körperpflege allein vollziehen können. Sie sollten einfache Mahlzeiten bereiten und ohne fremde Hilfe essen können. Das Erreichen dieses Zieles ist weniger vom Ausmaß der verbliebenen Lähmung, als vielmehr von den psychopathologischen Folgeerscheinungen des Gefäßprozesses abhängig. Bei mangelndem Antrieb und schlechter Merkfähigkeit bedarf es eines großen Maßes an geduldiger pädagogischer Führung, um ein zumindest für die Rückkehr in die Familie notwendiges Maß an Selbständigkeit zu erzielen.

Tumoren und andere raumfordernde Prozesse

Da die Schädelhöhle beim Erwachsenen eine feste Raumbegrenzung darstellt, muß eine Gewebsvermehrung innerhalb der Schädelkapsel notwendigerweise Rückwirkungen auf das Gehirn, die Liquorzirkulation und die Blutversorgung haben. Eine Behinderung des Blut- und Liquorabflusses beschleunigt die Symptome des sogenannten *Hirndrucks,* die schließlich bei einer *Einklemmung* des Gehirns am Tentoriumschlitz oder der Kleinhirntonsillen im Hinterhauptsloch zu dem bedrohlichen Syndrom der *Enthirnungsstarre* führen können.

Im Kindesalter ist insofern ein andersartiger Verlauf möglich, als vor der Verknöcherung der Schädelnähte noch ein Ausweichen der Schädelknochen möglich ist und daher raumfordernde zerebrale Prozesse mit einer Umfangszunahme des Schädels einhergehen. Bei Behinderung des Liquorabflusses kommt es daher im Kindesalter zu besonders ausgeprägter Erweiterung der inneren Liquorräume und der typischen Schädelform des sogenannten inneren *Wasserkopfes (Hydrozephalus internus occlusus).*

Langsam sich entwickelnde Drucksteigerungen im Bereich des Schädelinneren sind unschwer im Röntgenbild zu erkennen. Der Schädelknochen weist dann nämlich im Bereich des Türkensattels und der Kalotte typische Druckveränderungen auf. Die Untersuchung des Augenhintergrundes läßt vielfach eine sogenannte *Stauungspapille* erkennen. Die Symptomatik der akuten *intrakraniellen Drucksteigerung* ist durch heftige *Kopfschmerzen, Erbrechen, Schwindel* und eine zunehmende *Bewußtseinstrübung* gekennzeichnet.

Bei der Pulskontrolle findet sich häufig eine extreme Verlangsamung (Bradykardie), die auch als *Druckpuls* bezeichnet wird. Hält der Druck weiter an oder verstärkt er sich gar noch, wie beispielsweise bei einem intrakraniellen Hämatom, so entwickeln sich schließlich eine ausgesprochene *Nackensteife,* eine ein- oder beidseitige *Pupillenstarre* und Tonusschwankungen der Muskulatur mit einer Neigung zu *Streckkrämpfen* der Arme und Beine, die sich bei optischen, akustischen und taktilen Reizen zuweilen verstärken.

Bei langsam sich entwickelnden raumfordernden Prozessen wird in der Regel die klinische Diagnostik und Behandlung weit früher als im Stadium der beschriebenen Enthirnungsstarre einsetzen, weil sich der Erkrankungsprozeß ja zumeist Jahre oder zumindest Monate zuvor durch *Kopfschmerzen, morgendliches Erbrechen,* durch *hirnorganische Anfälle* oder durch leichte *seelische Auffälligkeiten* im Sinne eines Antriebsverlustes, einer Merkschwäche und einer Affektveränderung ankündigt. Die Dauer der Vorbotensymptome gibt bereits gewisse differentialdiagnostische Hinweise für die Artdiagnose des raumfordernden Prozesses (Tab. 1). Eine leidliche diagnostische Sicherung wird aber erst durch die Serienangiographie möglich. In der nachfolgenden Darstellung ist die Auswahl innerhalb der Hauptgruppen bewußt unter dem Gesichtswinkel des Verlaufs getroffen worden.

Gutartige Tumoren

Die von den Hirnhüllen ausgehenden Geschwülste werden *Meningiome* genannt. Sie werden zumeist erst im mittleren Lebensalter entdeckt, wachsen ausschließlich verdrängend und rufen zum Teil örtliche Reiz- oder Ausfallserscheinungen im Bereich des komprimierten Hirnabschnitts hervor; oft führen aber erst hirnorganische Anfälle oder leichte psychopathologische Auffälligkeiten zur Kontrastmitteldiagnostik (Angiographie) und damit auf die richtige Spur. Meningiome bedürfen in der Regel der operativen Behandlung, wenn vom Allgemeinzustand des Kranken her keine Gegenindikation besteht.

Die zweite Gruppe gutartiger Tumoren geht von den intrakraniellen Abschnitten der Hirnnerven aus. Sie werden als *Neurinome* bezeichnet und entwickeln sich weitaus am häufigsten im Kleinhirnbrückenwinkelgebiet, vom Gehörnerven ausgehend. Auch diese Tumorart wird zumeist erst spät erkannt, wenn nämlich stärkere Hörminderungen, Gleichgewichtsstörungen und schließlich psychopathologische Auffälligkeiten oder erste Hirndrucksymptome zur diagnostischen Klärung Anlaß geben.

Schließlich ist unter den gutartigen Tumoren noch das *Hypophysenadenom* zu erwähnen, das sich zunächst innerhalb des Türkensattels entwickelt, dann aber, je nach der Zellart, mehr oder weniger rasch aus dem Hypophysenlager herauswächst und bis zu Apfelgröße erreichen kann. Wenn die eosinophilen Zellen des Hypophysenvorderlappens das tumoröse Wachstum bestimmen, sind frühzeitig hormonale Veränderungen erkennbar (s. S. 132). Vor Abschluß des Wachstums

Tabelle 1 Einteilung und prozentuale Häufigkeit der Hirngeschwülste und der Gefäßmißbildungen
(Aus: Scheid, W.: Lehrbuch der Neurologie, 3. Aufl., Thieme, Stuttgart 1968)

	Nach Tönnis u. Zülch: %	Eigene Erfahrungen: (1350 Fälle) %		Nach Tönnis u. Zülch: %	Eigene Erfahrungen: (1350 Fälle) %
Neuroepitheliale Tumoren			Osteome	0,4	0,07
			Chordome	0,2	0,14
Medulloblastome	4,0	1,3	*Ektodermale Tumoren*		
Spongioblastome	7,1	2,2	Kraniopharyngiome	2,7	1,3
Oligodendrogliome	7,8	5,3	Hypophysenadenome	7,0	4,0
Astrozytome	7,1	5,3	Zylindromatöse Epitheliome	0,2	—
Glioblastome	13,3	20,0	*Mißbildungstumoren*		
Ependymome	4,6	0,9	Epidermoide	1,5	0,44
Plexuspapillome	0,5	0,07	Dermoide	0,1	0,07
Pinealome	0,4	0,22	Teratome	0,3	—
Neurinome	7,5	4,0	*Sonstige Formen*		
Gangliozytome	0,4	0,07	Unklassifizierbare Blastome	3,8	5,65
Mesodermale Tumoren			Metastasen	4,1	24,4
Meningiome	18,1	9,7	Angiome und Aneurysmen	2,1	11,0*)
Angioblastome	1,5	0,3	Verschiedenes	3,0	3,0
Fibrome	0,1	—			
Sarkome	1,9	0,5			
Chondrome	0,3	0,07			
Lipome	—	—			

*) Nur angiographisch oder durch die Sektion nachgewiesene Angiome und Aneurysmen

Abb. 15 Akromegalie bei eosinophilem Hypophysenadenom (aus SCHEID, W.: Lehrbuch der Neurologie, 3. Aufl., Thieme, Stuttgart 1968).

kommt es zum hypophysären Riesenwuchs, im Erwachsenenalter führt die übermäßige Hormonproduktion zur *Akromegalie* mit typischer Verplumpung der Hände, der Füße und des Gesichtes. Die Kranken selbst klagen oft frühzeitig über Kopfschmerzen, Störungen von Menstruation, Libido und Potenz sowie über Sehstörungen, die auf die Druckeinwirkung des Tumors auf die über das Hypophysenlager hinwegziehende Sehnervenkreuzung hinweisen (Abb. 15).

Bösartige Tumoren

Im Gegensatz zu den bisher beschriebenen Geschwülsten geht die größere Gruppe der Hirntumoren vom Hirngewebe selbst aus, und zwar von den sogenannten Gliazellen. Besonders rasch und dramatisch gestaltet sich der Krankheitsverlauf beim Vorliegen eines *Glioblastoms.* Zwischen den ersten Krankheitszeichen und dem unvermeidlich tödlichen Ausgang vergehen im Durchschnitt nur sechs Monate. Diese Geschwulstart wächst infiltrierend und kann daher auch nicht erfolgreich operiert werden. Die jeweils vorherrschende Symptomatik richtet sich nach dem Sitz des Tumors und dem Begleitödem, das früher oder später die Zeichen des Hirndrucks in den Vordergrund bringt und damit den ungünstigen Ausgang einleitet.

Hirnmetastasen

Als dritte Gruppe von Tumoren innerhalb der Schädelhöhle sind schließlich *Metastasen* zu erwähnen, die in der Regel als Absiedlungen eines *Karzinoms*, seltener eines *Sarkoms*, auf dem Blutwege in das

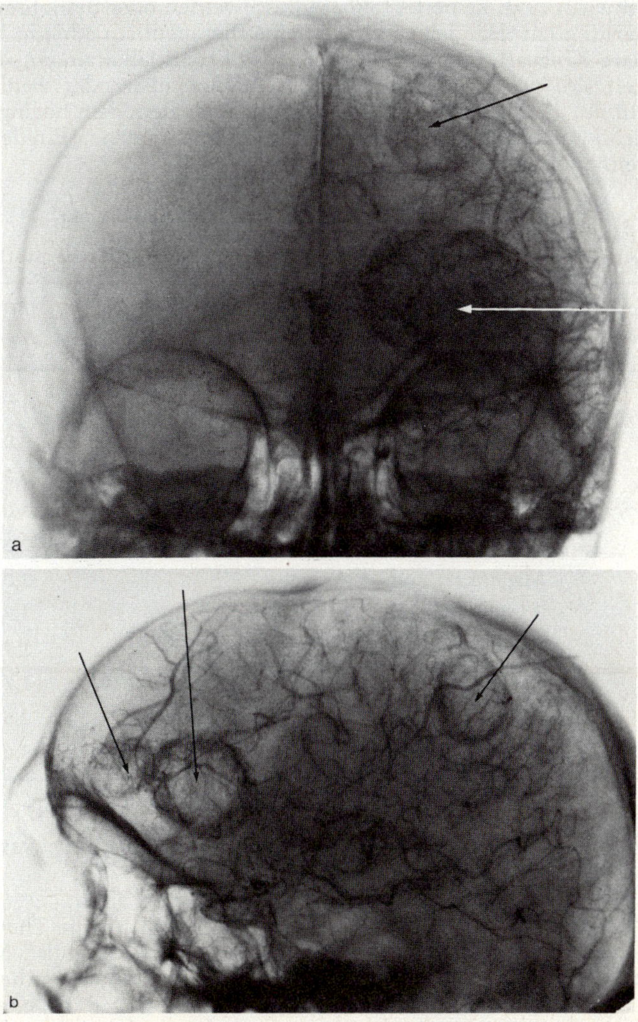

Abb. 16 a, b Hirnmetastasen im Karotisangiogramm, dargestellt im sagittalen und im seitlichen Strahlengang.

Gehirn eingeschleppt werden (Abb. 16 a und b). Unter den auslösenden Karzinomen steht das *Bronchialkarzinom* bei weitem an der Spitze. Es folgen an zweiter Stelle das *Mammakarzinom* und das *Nebennierenkarzinom (Hypernephrom)* (Tab. 2). Hirnmetastasen prägen zumeist den Krankheitsverlauf, auch wenn die Primärgeschwulst noch keinerlei faßbare Beschwerden oder Symptome hervorgerufen hat. Handelt es sich um eine therapeutisch schlecht beeinflußbare Krebsart, wie beispielsweise das Bronchialkarzinom, so entwikkelt sich neben neurologischen Ausfällen mehr oder weniger rasch ein durch die Metastasen selbst und das Begleitödem bedingter Hirndruck, der schließlich unter den bereits beschriebenen Einklemmungszeichen zum Tode führt.

Tabelle 2 **Die Herkunft der Karzinommetastasen des Gehirns**

(Aus: Scheid, W.: Lehrbuch der Neurologie, 3. Aufl., Thieme, Stuttgart 1968)

(Prozentwerte errechnet auf Grund von 300 eigenen Beobachtungen)	%
Bronchialkarzinom	51,7
Mammakarzinom	9,0
Hypernephrom	5,3
Genitalkarzinome der Frau	3,0
Rektumkarzinom	2,3
Magenkarzinom	2,0
Schilddrüsenkarzinom	1,7
Mediastinalkarzinom	1,7
Prostatakarzinom	1,7
Andere Karzinome	2,6
Primärtumor nicht gesichert	19,0

Zur Therapie und Pflege bei raumfordernden intrakraniellen Prozessen

Die für den Krankheitsverlauf und damit auch für die Therapie entscheidende Frage ist die der Operabilität der Geschwulst. Man wird daher stets zur Operation raten müssen, wenn die Wahrscheinlichkeit oder zumindest die ernsthafte Möglichkeit besteht, durch einen operativen Eingriff die Geschwulst vollständig zu beseitigen. Wo diese Möglichkeit wegen der Art oder des Sitzes der Geschwulst nicht gegeben ist, treten ersatzweise symptomatische Maßnahmen in den Vordergrund, die der raschen Geschwulstvergrößerung und damit dem Einsetzen des Hirndrucks entgegenwirken sollen.

An erster Stelle ist hier die *Röntgenbestrahlung* zu erwähnen, die heute als Pendelbestrahlung ohne stärkere Schädigung der oberflächlichen Haut- und Knochenanteile eine erhebliche Zielgenauigkeit aufweist. Röntgenbestrahlungen erbringen bei bösartigen Geschwülsten und Hirnmetastasen vielfach zumindest eine Lebensverlängerung von einigen Monaten.

Die übrigen therapeutischen und pflegerischen Maßnahmen richten sich auf das jeweils im Vordergrund stehende Syndrom. Besonders wichtig ist das Bemühen um eine *Entquellung des den Hirntumor begleitenden Ödems.* Dazu ist zunächst eine Flüssigkeitsbeschränkung auf 800 ml/Tag bei salzarmer Diät erforderlich. Die Wasserausschwemmung kann ferner mit den Saluretika (zum Beispiel Diamox, Hydromedin, Hygroton, Lasix) erheblich gefördert werden.

Bei hartnäckigem *Erbrechen* wird man zusätzlich Antiemetika benötigen und im übrigen die Nahrungs- und Flüssigkeitszufuhr auf dem Wege der Tropfinfusion durchführen müssen.

Nach Möglichkeit sollte der Kranke durch die Anwendung geeigneter Medikamente schmerzfrei sein. Die Sorge um die Gewöhnung an Schmerzmittel darf hier zurückstehen.

Eine wichtige therapeutische Aufgabe ist ferner die Unterdrückung hirnorganischer Anfälle, die ja bei zahlreichen Tumorkranken vorkommen. Die Behandlungsprinzipien und die besondere pflegerische Verantwortung bei Anfallskranken und Anfallsgefährdeten ist im Epilepsiekapitel eingehend dargestellt und braucht daher hier nur als Merkhilfe erwähnt zu werden (s. S. 270).

Schließlich bietet der Tumorkranke häufig psychopathologische Auffälligkeiten, die eine besonders sorgfältige Überwachung auch während der Nachtzeit notwendig machen. Kritiklosigkeit, Unsauberkeit oder Apathie sind zumeist nicht charakterliche Mängel, sondern Krankheitssymptome, die einen festgefügten pflegerischen Ordnungsrahmen fordern und kaum jemals durch einfache Ermahnungen und Belehrungen auszugleichen sind.

Erhebliche neurologische Ausfälle, aber auch stärkere Grade der Bewußtseinstrübung zwingen zu einer Intensivierung der pflegerischen Hilfen nach den gleichen Gesichtspunkten, wie sie bezüglich der Verhütung von Komplikationen bei den zerebralen Gefäßprozessen dargestellt wurden (s. S. 35).

Nach der Operation oder Röntgenbestrahlung wird man sich, ähnlich wie bei den Durchblutungsstörungen des Gehirns, bemühen müssen, den voraussichtlich verbleibenden Defekt abzuschätzen, um alle Möglichkeiten zur frühzeitigen Verselbständigung des Kranken zu nutzen. Im statistischen Durchschnitt überwiegen allerdings bei Hirntumoren die psychopathologischen Auffälligkeiten gegenüber den neurologischen Ausfällen, es sei denn, bei der Operation mußte ein größeres Gefäß durch Clip verschlossen werden. Die Rückbildung solcher psychischer Auffälligkeiten ist aber erst zwei bis drei Jahre nach der Operation abgeschlossen, so daß vorübergehend stärkere Ausfälle in mehrmonatigem Abstand einer wiederholten Überprüfung bedürfen. Oft gelingt schließlich die Einordnung in die familiäre Gemeinschaft doch noch überraschend gut, wenn der bescheidene Pflichtenkreis des Kranken hinreichend genau auf das geistig-seelische und das körperliche Leistungsvermögen abgestimmt und bei Kontrolluntersuchungen überprüft wurde.

Traumatische Schäden des Gehirns

Die moderne technische Welt hat nicht nur im Zusammenhang mit kriegerischen Auseinandersetzungen, sondern vor allem infolge erheblicher Beschleunigung des Verkehrs eine erhöhte Unfallgefährdung hervorgerufen, die sich ganz besonders an dem beängstigenden Anstieg der Kopfverletzungen ablesen läßt. Obwohl exakte Statistiken im Hinblick auf die Vielschichtigkeit des Gesundheitswesens in der Bundesrepublik Deutschland fehlen, lassen sorgfältig vorgenommene Schätzungen etwa 200 000 im Krankenhaus behandelte Kopfverletzte pro Jahr vermuten. Davon bestehen bei etwa 30 000 schwere Verletzungsfolgen, 16 000 bedürfen wegen intrakranieller Hämatome neurochirurgischer Behandlung und 13 000 Kopfverletzte sterben entweder an den Folgen der Hirnschädigung oder an den gleichzeitig erlittenen Begleitverletzungen. Die Klassifizierung der Schädelverletzungen bereitet einige Schwierigkeiten, weil sich die pathologisch-anatomischen Befunde nur mit einem gewissen Wahrscheinlichkeitsgrad zu den klinischen Befunden und Verläufen in Beziehung setzen lassen. Die in der Mitte des vorigen Jahrhunderts von Bruns geschaffene Einteilung in *Commotio, Contusio* und *Compressio cerebri* findet sich heute noch in den meisten Lehrbüchern der Unfallchirurgie. Davon möchten wir mit mancherlei Reserve nur noch die Begriffe *Commotio* und *Contusio* übernehmen, während die Compressio cerebri, der Hirndruck, zumeist nicht durch die Hirnschädigung selbst, sondern durch die zusätzlichen intrakraniellen Hämatome hervorgerufen wird. Es hat sich ferner als notwendig erwiesen, auch *Schädelprellungen und -frakturen* ohne Hirnbeteiligung kurz darzustellen und in einem weiteren Abschnitt auf offene Hirnverletzungen und ihre Besonderheiten einzugehen.

Schädelprellungen und -frakturen

Gewalteinwirkungen auf den Schädel müssen keinesfalls regelmäßig auch eine Hirnbeteiligung auslösen. Riß-, Platz- und Quetschwunden, ja selbst *Frakturen des Schädeldaches und der Basis* sind zwar als Indizien für das Ausmaß der wirksamen Kräfte von Bedeutung, ein Rückschluß auf eine eventuelle Hirnbeteiligung ist aus diesen äußeren Verletzungszeichen nicht möglich. In diesen Zusammenhang reihen sich auch periphere Hirnnervenverletzungen ein, die zumeist im Gefolge von Schädelbasisbrüchen beobachtet werden. Eine Ausnahme macht lediglich die Störung des Geruchssinns, die häufig durch Abscherung der Riechfasern im Bereich der Siebbeinzellen entsteht. Hingegen sind Schädigungen des N. facialis, des N. trigeminus, des N. oculomotorius und des N. abducens, ebenso wie der Blut- und Liquorabfluß aus dem Ohr oder das sogenannte Brillenhämatom recht zuverlässige Kennzeichen der Basisfraktur. Besondere Schwierigkeiten in der Behandlung der unkomplizierten Schädelprellung und -fraktur sind kaum gegeben. Selbst ausgedehnte Wunden im Gesicht und im Bereich des behaarten Kopfes heilen nach chirurgischer Versorgung im allgemeinen primär, da die ausgezeichnete Durchblutung einer sekundären Wundinfektion wenig Entwicklungsmöglichkeiten bietet. *Impressionsfrakturen* müssen frühzeitig gehoben werden, da die reaktiven Heilungsvorgänge sonst die Gefahr der *posttraumatischen Epilepsie* begünstigen. Die Prognose der Hirnnervenausfälle hängt von ihren Entstehungsbedingungen ab. Unmittelbar nach dem Trauma bereits manifeste Hirnnervenlähmungen sind zumeist echte Frakturfolgen, während sich erst langsam ausbreitende Paresen und Gefühlsstörungen im Versorgungsgebiet einzelner Hirnnerven dem begleitenden Hämatom zuzuordnen sind; diese pflegen sich nach dem Resorptionsstadium rasch zurückzubilden. Auch die bei Basisfrakturen keineswegs seltenen Trommelfelleinrisse pflegen ohne therapeutische Maßnahmen bald zu vernarben. Verbleibende Hörstörungen können, sofern es sich um eine Mittelohrschwerhörigkeit handelt, relativ gut durch eines der modernen Hörgeräte kompensiert werden.

Schädelverletzungen mit Hirnbeteiligung

Commotio cerebri. Die Annahme einer *Hirnerschütterung* ist ausschließlich an die typische Kombination klinischer Zeichen gebunden und ist nur dann begründet, wenn das Achsensymptom, die *Bewußtseinsstörung,* eindeutig erkennbar ist und alle sonstigen Befunde unter Einschluß von Liquor und EEG keine substantielle Hirnschädigung erkennen lassen. Solche nur flüchtigen Betriebsstörungen des Gehirns hinterlassen keine anatomischen Veränderungen. Lediglich die zerebrale Durchblutung ist zunächst häufig beeinträchtigt. Die Dauer der initialen Bewußtseinsveränderung kennzeichnet den Schweregrad der erlittenen Hirnerschütterung. Während in den typischen Fällen die zunächst völlige Bewußtlosigkeit sich langsam aufhellt und einem affektiv-amnestisch gefärbten Durchgangssyndrom Platz macht, kann die initiale Bewußtseinstrübung auch sehr bescheiden sein und dem oberflächlichen Beobachter lediglich als gereizte Verstimmung erscheinen. Derartige geordnete Dämmerzustände werden von dem Verletzten selbst nicht erinnert und können manchmal, etwa im Zusammenhang mit Fahrerfluchtdelikten, rechtlich bedeutsam werden. Die Erinnerungslücke überdauert stets den Zeitabschnitt der Bewußtseinsstörung, löscht aber zuweilen auch noch die Erinnerungseindrücke vor dem Unfallereignis. Man spricht in diesen Fällen von einer *retrograden Amnesie.* Nach Abklingen der Bewußtseinsstörungen beherrschen vegetative Regulationsstörungen das klinische Bild. *Kopfschmerzen, Schwindel* und *Erbrechen* werden selten vermißt. Neurologische Herdzeichen gehören nicht zum Bild der Commotio, lediglich eine vorübergehende Neigung zum Spontannystagmus — zumeist nach Art des Endstellnystagmus — läßt sich noch in das Syndrom einer reversiblen Betriebsstörung des Hirnstamms zwanglos einordnen. Unter den selten fehlenden vegetativen Zeichen sind die *Störung des Schlaf-Wach-Rhythmus,* die *Neigung zu vermehrtem Schwitzen,* der rote *Dermographismus* und die *orthostatische Kreislaufinsuffizienz* zu nennen. Bei der unkomplizierten Commotio cerebri bilden sich sowohl die Bewußtseinsveränderungen im akuten Schockstadium als auch die oft mit erheblichen Krankheitsgefühlen verbundenen vegetativen Beschwerden in den ersten acht bis vierzehn Tagen weitgehend zurück, sofern keine besonderen Anforderungen an die Verletzten gestellt werden. Neben der Bettruhe wird vor allem der Spaziergang an frischer Luft außerordentlich geschätzt, während geistige Belastungen im Sitzen, schwere körperliche Arbeit und besonders das häufige Bücken mit einer Verstärkung oder dem Wiederauftreten von Kopfschmerzen, Übelkeit und Schwindel verbunden sind. Auch gegen Genußmittel, insbesondere gegen Alkohol, besteht in den ersten Wochen eine besondere Empfindlichkeit.

Contusio cerebri. Bei erheblicheren Gewalteinwirkungen auf den Schädel entstehen neben den anatomisch nicht faßbaren Betriebsstörungen im Stammhirnbereich häufig umschriebene blutige Prellungsherde über den Kuppen der Hirnwindungen, die die Diagnose der *Hirnkontusion* rechtfertigen. Sie sind bevorzugt an den Hirnpolen und an der Basis der Stirn- und Schläfenlappen zu finden, weil hier das Liquorpolster sehr viel dünner ist als etwa über der Konvexität oder über den basalen Zisternen. Je nach der Richtung und Stärke des Stoßes sind Hirnrindenprellungen am Orte der Gewalteinwirkung selbst oder am gegenüberliegenden Pol erkennbar. Nach Resorption der Blutung verbleiben meist bräunlich pigmentierte Narben, die nicht ganz selten als belanglose Residuen eines durchgemachten Hirntraumas zufällig bei der Sektion gefunden werden, ohne daß zu Lebzeiten klinische Symptome vorhanden waren. Der anatomische Hirndauerschaden ist also keineswegs mit einem klinischen Defektsyndrom identisch.

Neben diesen oberflächlichen Hirnrindenprellungen kommt es bei *schweren gedeckten Hirnschädigungen* auch zu tiefer gelegenen *Marklagerblutungen, Ödemnekrosen* und *traumatischen Zysten,* die mit erheblichem Substanzschwund verbunden sind und sowohl im anatomischen Bild als auch im Enzephalogramm einseitige oder beidseitige Ventrikelerweiterungen erkennen lassen. Derartig ausgedehnte Hirnnarben hinterlassen in der Regel auch neurologische und psychopathologische Dauerfolgen. Das klinische Bild der Hirnkontusion ist einmal von Dauer und Tiefe der initialen Bewußtlosigkeit geprägt und zum anderen durch die psychopathologischen und neurologischen Ausfälle im weiteren Ablauf gekennzeichnet. So können entweder unmittelbar nach dem Trauma oder im Verlauf der nächsten Tage *Gliedmaßenlähmungen, Sensibilitätsausfälle, Sprachstörungen,* generalisierte oder herdbetonte *Krampfanfälle* auftreten; es kann sich auch eine tage- oder wochenlang anhaltende *Bewußtseinstrübung* mit erheblicher psychomotorischer *Unruhe* entwickeln, die schließlich in mehr amnestisch-affektiv gefärbte Durchgangssyndrome überzugehen pflegt und dabei psychopathologische Bilder entwickelt, wie KORSAKOW sie bei Alkoholpsychosen beschrieben hat. Zuweilen füllen die Verletzten die *Gedächtnislücken* mit lebhaften *Konfabulationen* aus oder erscheinen durch stets wiederholte patzige oder aggressive Bemerkungen disziplinär untragbar, bis die genauere psychiatrische Untersuchung den Umfang der klinischen Auffälligkeiten zutage treten läßt.

Gelegentlich vergehen einige Stunden bis Tage zwischen dem Trauma und der Entwicklung erheblicherer neurologischer und psychischer Krankheitszeichen. Zwar taucht bei derartigen freien Intervallen stets der Gedanke einer Komplikation im Sinne des *intrakraniellen Hämatoms* auf, aber auch die nach Kontusionen keineswegs seltenen *Hirnschwellungen* können zunächst zu einer Zunahme der hirnorganischen Ausfälle führen. Sie bilden sich aber in der Regel wesentlich besser zurück als etwa nach gefäßbedingten Hirnschädigungen. Ausgeprägte Hemiparesen werden seltener beobachtet und lassen stets den Verdacht einer zusätzlichen Enzephalomalazie aufkommen, wobei der ursächliche Zusammenhang mit dem Trauma von Fall zu Fall sorgfältig erwogen werden muß. Die sogenannte *traumatische Spätapoplexie* ist sicherlich eine ausgesprochene Rarität und läßt stets einen Vorschaden des Gefäßsystems vermuten.

Wesentlich langsamer als die Paresen pflegen sich die posttraumatischen psychischen Auffälligkeiten und die vegetativen Störungen zurückzubilden. Manche Verletzte erreichen nach ein bis zwei Jahren sowohl in körperlicher wie in seelischer Hinsicht wieder ihre volle Leistungskraft, andere bleiben mit subjektiven Kontusionsfolgen aus dem vegetativen Formenkreis behaftet. Wieder andere bieten, insbesondere nach schweren diffusen Hirnschäden, bleibende Zeichen einer *organischen Wesensänderung*, die für die berufliche und soziale Zukunft ungleich schwerer wiegen als bescheidene Lähmungen oder eine Entgleisung der vegetativen Funktionen.

Offene Hirnverletzung. Durch erhebliche Gewalteinwirkung vermögen kleinkalibrige Fremdkörper nicht nur die Kalotte nach Art der Impressionsfraktur einzudrücken, sondern sie dringen oft mit der Eröffnung der Dura in das Hirngewebe selbst ein. Man spricht in diesem Falle von einer offenen Hirnverletzung. Am häufigsten werden derartige Verletzungen bei der Verwendung von Schußwaffen angetroffen. Dabei können selbst vollständige Durchschüsse ohne faßbare Beeinträchtigung des Bewußtseins erfolgen. Schon bei gründlicher Inspektion der sichtbaren Ein- und Ausschußwunden weist der Austritt von Liquor oder Hirnbrei auf die stattgehabte Hirnverletzung hin. Ob unmittelbar nach der Verletzung neurologische Ausfälle auftreten, hängt ganz vom anatomischen Sitz des Schadens ab. Durchschüsse durch sogenannte stumme Regionen, wie etwa das Frontalhirn, können bemerkenswert symptomarm verlaufen. Trotzdem ist in derartigen Fällen eine rasche neurochirurgische Hilfe dringend erforderlich. Wegen der drohenden Infektionsgefahr für das Hirngewebe selbst und für die Hirnhäute muß die operative Wundversorgung, bei der auch eine plastische Deckung der Duralücke angestrebt wird, innerhalb von acht Stunden erfolgen. Bei Beachtung dieser Zeitregel und unter energischer antibiotischer Behandlung sind eitrige Komplikationen, insbesondere Verhaltungen und Frühabszesse, weitgehend vermeidbar. Schließlich muß im Hinblick auf deren Bedeutung noch auf die wichtigsten Komplikationen bei traumatischen Schädelverletzungen eingegangen werden.

Intrakranielle Hämatome. Unter den intrakraniellen Blutungen soll hier zunächst das *epidurale Hämatom* besprochen werden. Die häufigste Quelle dieser Blutung ist die Verletzung der A. meningea media bei Frakturen der Schläfenschuppe. Aus diesem Grunde finden sich die epiduralen Hämatome zumeist in der Temporalregion bis hinunter zum Temporalpol. Der Nachweis einer entsprechenden Fraktur im Schädelübersichtsbild muß stets die Aufmerksamkeit auf die Möglichkeit eines Blutergusses in die Schädelhöhle richten. Ist die Initialschädigung nur relativ leichter Natur gewesen und hat sie nicht zu einem stärkeren Kommotionssyndrom geführt, so erweckt ein sogenanntes *freies Intervall* bis zur erneuten *Eintrübung des Bewußtseins* den Verdacht auf das Vorliegen eines Hämatoms. Der Verlauf der unter der Blutung eintretenden Hirnkompression ist oft recht dramatisch. Eine zumeist homolateral auftretende *einseitige Pupillenstarre* leitet in das Syndrom der Enthirnungsstarre über, das nur noch eine kurze Überlebenszeit ankündigt, wenn nicht sofort neurochirurgisch eingegriffen wird.

Auch das *akute subdurale Hämatom* entwickelt sich im engen zeitlichen Zusammenhang mit einem vorausgegangenen Trauma. Bei seiner Entstehung ist stets eine Verletzung der Hirngefäße und eine Ruptur der Arachnoidea zu unterstellen. Die Entwicklung des akuten subduralen Hämatoms hat also in der Regel eine gleichzeitig entstandene erhebliche Hirnkontusion zur Voraussetzung. Aus diesem Grunde ist eine Abgrenzung der durch die Compressio cerebri bedingten Bewußtseinsstörung von der initialen Schädigung im Sinne eines freien Intervalls oft besonders schwierig. Man wird sich daher bei länger als 24 Stunden bestehender tiefer Bewußtlosigkeit vielfach entschließen, mit Hilfe der Echoenzephalographie, des EEG und der Angiographie den Verdacht oder die Möglichkeit eines subduralen Hämatoms auszuschließen.

Gelegentlich kommt es bei kontusionellen Hirnschädigungen auch zu größeren, als raumfordernde Prozesse wirkenden *Blutungen in das Hirngewebe* selbst. Diese haben ihren Sitz fast immer temporal und frontotemporal. Die klinischen Zeichen ähneln denen des akuten subduralen Hämatoms. Das aus diesem Grund angefertigte Angiogramm deckt dann zuweilen einen großen gefäßfreien Bezirk auf, während die abgedrängten Gefäße die Blutungshöhle umschließen.

Derartige Blutungen können nur in den mit neurochirurgischer Kenntnis vertrauten Spezialabteilungen operativ behandelt werden.

Weit weniger dramatisch als die Entwicklung des epiduralen, des akuten subduralen und des intrazerebralen Hämatoms stellt sich die Entstehung des *chronischen subduralen Hämatoms* dar. Das oft recht harmlos erscheinende Trauma ist vielfach bei Beginn erster klinischer Erscheinungen bereits vergessen und wird in der Anamnese gar nicht besonders hervorgehoben. Erst auf näheres Nachfragen treten einige Brückensymptome, zumeist hartnäckige Kopfschmerzen, zutage, die einen losen zeitlichen Kontakt mit dem Trauma herzustellen vermögen. Erste klinische Erscheinungen eines solchen chronischen subduralen Hämatoms sind *selten vor einigen Wochen bis Monaten* erkennbar; sie sind zunächst durch ein affektiv-amnestisches *Durchgangssyndrom* gekennzeichnet, das unter zunehmendem Antriebsverlust schließlich bis in leichtere oder gar erheblichere Stadien der *Bewußtseinstrübung* übergeht. Zu diesem Zeitpunkt ist dann die diagnostische Klärung vielfach unter dem Verdacht eines Hirntumors eingeleitet worden. Die bei typischem Angiogramm eindeutige Diagnose muß rasch zum entlastenden operativen Eingriff führen.

Während eine Verletzung der großen Gefäße im Gehirn selbst zu den Seltenheiten gehört, finden sich gelegentlich bei Schädelbasisfrakturen Einrisse der A. carotis interna im Bereich des Sinus cavernosus. Ein solcher *arteriovenöser Kurzschluß* hat zur Folge, daß das venöse Abflußgebiet eines oder beider Augen unter arteriellen Druck gerät und damit das unverwechselbare Bild des *pulsierenden Exophthalmus* entsteht. Die Stellungsänderung der Bulbi gibt häufig zu *Doppelbildern* Anlaß, zuweilen wird auch über *Sehstörungen* geklagt. Kaum je fehlen die auch an den Lidern und am Fundus erkennbaren erheblichen Venenstauungen und ein *pulssynchrones Rauschen* bei der Auskultation des Schädels. Die Behandlung dieser Störung besteht zumeist in der einseitigen Karotisunterbindung.

Schließlich kommt es bei Basisfrakturen häufiger auch zum *Liquorabfluß aus dem Ohr,* der meist spontan unter entsprechenden Schutzmaßnahmen mit sterilen Verbänden und Antibiotika zum Stehen kommt. Dagegen können *Liquorfisteln zum Nasen-Rachen-Raum* und in die Nebenhöhlen hinein durchaus fortbestehen und einen intermittierenden Liquorabfluß aus der Nase aufrecht erhalten. Diese Kommunikation der Hirnhäute mit der Außenwelt bedeutet eine ständige Gefahr hinsichtlich der Invasion von Eitererregern und damit der Entwicklung einer fortgeleiteten *Meningitis.*

Zur Therapie und Pflege der traumatischen Schäden des Gehirns

In der Behandlung schwerer kontusioneller Hirnschäden sind in den letzten Jahren bedeutsame Verbesserungen erzielt worden. Der wesentlichste Fortschritt liegt in der modernen *Schockbekämpfung,* die unter Führung der Anästhesisten ein eigenes Forschungsgebiet geworden ist. Der Zustand der Frischverletzten im sogenannten *Schock* ist außerordentlich bedrohlich; der *Puls ist klein* und bei sonst völliger *Reflexlosigkeit* weist nur die schnappende, später *flach werdende Atmung* darauf hin, daß ärztliche Hilfe noch nicht zu spät kommt. Die Haut ist trocken, grauweiß und kalt; dieser Zustand ist bereits die erste Abwehrmaßnahme des Körpers auf den Schock hin, nämlich die *Zentralisation des Kreislaufs.* Sie kann nur auf begrenzte Zeit von Organismen aufrecht erhalten werden.

Steht sachgemäße Hilfe nicht zur Verfügung, kommt es unter dem charakteristischen *Temperaturanstieg* in diesen schweren Fällen zum Entspannungskollaps, und bald darauf tritt der Tod ein. Die Erklärung für diesen Ablauf liegt darin, daß Stoffwechselprodukte in der Peripherie die Zentralisation des Kreislaufs aufheben. Aus diesen Erfahrungen geht die moderne Therapie einen recht einfachen und überraschend wirksamen Weg. Am ersten und zweiten Tag nach dem Trauma steht die *Behandlung der Atem- und Kreislaufstörungen ganz im Vordergrund.* Seit Einführung der Ganglioplegika gelingt es durchweg mit Hilfe von großen Infusionen und mit einer Unterbrechung der Eigenregulation des Kreislaufs durch Hydergin-, Novocain- oder Megaphengaben, den Blutdruck in ausreichender Höhe zu halten und die gefürchtete Hyperthermie durch Abdecken, gegebenenfalls durch zusätzliches Anblasen mit dem Ventilator zu beseitigen.

Natürlich müssen hier auch die sonstigen Voraussetzungen für die Pflege bewußtloser Kranker beachtet werden. Lassen sich die Atemwege durch den Nasenkatheter nicht ausreichend freihalten, wird man zuweilen zur *Tracheotomie* gezwungen sein. Auch für eine regelmäßige *Entleerung der Blase* und *häufiges Umlagern des Kranken* ist Sorge zu tragen, um Sekundärschäden zu verhindern. Nach Ablauf der ersten beiden Tage im Stadium der Hirnschwellung ist vor allem auf den Eiweiß- und Mineralhaushalt zu achten; regelmäßige Infusionen und drastische Entwässerungsmaßnahmen mit Saluretika, zuweilen auch mit hochprozentigen Traubenzuckerlösungen, zeigen überraschend gute Wirkungen und vermögen bedrohliche Hirndruckzeichen schon in wenigen Stunden entscheidend zu bessern. Unabdingbar sind Kontrollen des Mineralhaushaltes und der Sauerstoffsättigung im Blut.

Mit dem Ende der ersten Woche muß man bei anhaltend komatösen Patienten auch auf die Gefahr der Nebenniereninsuffizienz achten und gegebenenfalls mit Substitutionsmaßnahmen zur Hand sein.

Nach Aufhellung der Bewußtseinsstörung kann mit den allgemeinen Nachbehandlungsmaßnahmen begonnen werden, die bei leichteren Kommotionen bereits unmittelbar nach dem Trauma einsetzen sollten. Im Gegensatz zu der Darstellung in vielen Lehrbüchern ist es nämlich *keineswegs notwendig*, eine *zeitlich fest normierte Bettruhe* einhalten zu lassen. Bei Fehlen von Hirnschwellungszeichen ist eine wesentlich raschere Mobilisation durchaus erfolgreich. Mit einer stufenweisen Belastung kann schon nach Stunden bis zu wenigen Tagen nach dem Trauma begonnen werden. Bei diesem Vorgehen kann oft dem für die Rückbildung vegetativer Störungen besonders hinderlichen Trainingsverlust und den psychologischen Fehlentwicklungen am besten vorgebeugt werden. Eine verständnisvolle und doch hinreichend energische Trainingspartnerin findet der Verletzte in der geschulten *Krankengymnastin*, deren Mitwirkung von Anfang an in Anspruch genommen werden sollte. Medikamentöse Maßnahmen sind stets als ausgesprochene Übergangshilfen anzusehen. Die laufende Medikation der üblichen Mischanalgetika in selbstgewählter Dosierung „nach Bedarf" führt sonst leicht und rasch zur Gewöhnung und zum Mißbrauch! Während in den ersten Tagen Analgetika unbedenklich und kaum entbehrlich sind, wird man sich während der Übungsbehandlung der Sympathikolytika (Gynergen, Dihydergot) und Sedativa (Bellergal etc.) bedienen und im übrigen die Gesichtspunkte beachten, die bei der Behandlung vegetativer Störungen eingehender Erwähnung finden (s. S. 134). Solche medikamentösen Hilfen erleichtern die planmäßige Fortführung des Trainings durch die einzelnen Behandlungsstufen hindurch bis zur Wiedereingliederung in eine zunächst wenig belastende und zeitlich begrenzte Berufsarbeit. Je nach der Schwere des Initialsyndroms sowie den körperlichen und charakterlichen Konstitutionsmerkmalen des Verletzten klingt das postkommotionelle Syndrom in wenigen Monaten bis zu längstens zwei Jahren weitgehend ab; belangvolle Dauerbeschwerden haben zumeist andere Gründe, unter denen die chronische Arzneimittelvergiftung und abnorme Verarbeitungsweisen des Traumas und seiner Folgen als häufigste Faktoren zu erwähnen sind. Bei einer großen Zahl von *kontusionellen Hirnschädigungen* verbleibt eine leichte vegetative Anpassungsschwäche, die eine gewisse Ordnung des Lebensablaufes auf die Dauer erforderlich macht.

Zu den *bleibenden Defekten* nach schweren Hirnverletzungen sind insbesondere psychische Auffälligkeiten im Sinne der *organischen Wesensänderung,* leichte *Koordinationsstörungen,* gelegentlich auch ausgeprägte *Paresen* und *hirnorganische Anfälle* zu rechnen, die hinsichtlich der therapeutischen Aufgaben im Epilepsiekapitel näher erwähnt werden (s. S. 270).

Entzündliche Erkrankungen

Unter *Meningitiden* und *Enzephalitiden* werden Krankheitsbilder sehr unterschiedlicher Herkunft zusammengefaßt, bei denen teils bekannte Erreger aus der Gruppe der *Bakterien,* der *Pilze* oder *Viren* ursächlich beteiligt sind, teils jedoch der Entstehungsprozeß bisher in seiner Pathogenese weitgehend ungeklärt blieb. Wenngleich unter Würdigung pathologisch-anatomischer Befunde eine strenge Trennung zwischen entzündlichen Erkrankungen der Hirnhäute und der Hirnsubstanz selbst kaum gelingt, so wird die Unterscheidung im folgenden durch den jeweiligen Schwerpunkt der klinischen Symptomatik getroffen. Sind im klinischen Bild Zeichen der Meningitis und der Enzephalitis nebeneinander vertreten, so soll dies durch den Begriff *Meningoenzephalitis* verdeutlicht werden.

Die eitrigen Meningitiden

Die *eitrige Meningitis* ist stets ein alarmierendes Krankheitsbild, das ohne rasche ätiologische Diagnose und energische Therapie eine ernste Lebensgefahr für den Kranken bedeutet. Die diagnostischen Überlegungen müssen zunächst auf die Erregerart abzielen und danach das Ausbreitungsmuster der bakteriellen Infektion einschließen. Bei *hämatogener Aussaat* genügt in der Regel eine entsprechende antibiotische Medikation, während bei sogenannten *Nachbarschaftsprozessen* im Bereich der Nebenhöhlen, der Ohren oder des Kiefers gleichzeitig die chirurgische Hilfe erforderlich sein kann.

Eine früher recht häufige und daher auch jetzt noch meldepflichtige epidemische Form ist die *Meningokokkenmeningitis*, die übertragbare Genickstarre, die Menschen aller Altersgruppen befallen kann und vor der Sulfonamidära in allen Kontinenten zu kleineren oder größeren Gruppenerkrankungen geführt hatte. Die Sterblichkeit betrug vor der modernen Behandlungsmöglichkeit zwischen 30 und 70 %. Der in der Regel im Liquor cerebrospinalis nachweisbare Erreger, ein Diplococcus intracellularis mengitidis oder einfach Meningokokkus genannt, kann sich längere Zeit auf den Schleimhäuten des Nasen-Rachen-Raumes aufhalten. Träger solcher inapparenten Infektionen spielen sicher bei der Übertragung der Seuche eine bedeutsame Rolle. Bei der hämatogenen Aussaat entwickelt sich zuweilen im Kindesalter, seltener bei Erwachsenen, eine Meningokokkensepsis mit ausgedehnten Hautblutungen. Sie wird als WATERHOUSE-FRIDERICHSEN-Syndrom bezeichnet. Gemeinhin kommt es dagegen vorwiegend zur Organmanifestation im Bereich der Meningen. Die Inkubationszeit beträgt zwischen ein bis fünf Tagen. Nach einem kurzen Prodromalstadium mit allgemeinem Krankheitsgefühl tritt oft schon nach wenigen Stunden das Vollbild der Meningitis mit *Kopfschmerzen, Erbrechen, Nackensteifigkeit* und einer rasch zunehmenden *Bewußtseinstrübung* ein. Zuweilen entstehen im weiteren Verlauf *Ausfälle im Bereich der Hirnnerven,* insbesondere des N. oculomotorius, des N. abducens, des N. facialis und durch entzündliche Affektionen des Labyrinthes eine beidseitige Ertaubung.

Während der akuten Meningitis finden sich bei hohem *Fieber* im *Blutbild* und in der *Blutsenkungsgeschwindigkeit* deutliche *Zeichen der akuten Entzündung.* Der frisch entnommene *Liquor* ist *eitrig-trüb,* zuweilen sogar flockig. Der Erregernachweis kann im Ausstrichpräparat solcher eitriger Flocken oft unmittelbar geführt werden, sicherheitshalber sollte aber zusätzlich der kulturelle Nachweis angestrebt werden. Der Krankheitsverlauf hat sich durch die modernen therapeutischen Möglichkeiten entscheidend verändert. Während früher ein erheblicher Prozentsatz der Kranken unter den Zeichen eines zunehmenden Hirndrucks verstarb, ein weiterer Teil nach mehrwöchigem Fieber hirnorganische Dauerschäden davontrug, sind heute bei unverzüglicher Behandlung mit Sulfonamiden und einem Breitbandantibiotikum zumeist schon nach wenigen Tagen entscheidende Wendungen zur Besserung erkennbar. Damit mindert sich auch die Gefahr dauerhafter Erkrankungsfolgen.

Durch ein ähnlich dramatisches Entwicklungstempo ist auch der Verlauf der *Pneumokokkenmeningitis* gekennzeichnet. Oft kommt es schon innerhalb von Stunden zu einer schweren *Bewußtseinstrübung* mit allen typischen Symptomen der Meningitis. Keineswegs selten ist die Keimbesiedlung der Meningen nicht auf dem Blutwege, etwa im Zusammenhang mit einer Pneumonie, erfolgt, sondern durch einen *entzündlichen Nachbarschaftsprozeß* entstanden. Traumatische oder idiopathische *Liquorfisteln, Basisfrakturen* mit Einbruch des Nebenhöhlendachs, des Siebbeins oder der Paukenhöhle begünstigen die Entwicklung von Meningitiden, deren bakteriologische Aufklärung zumeist ebenfalls schon im Ausstrichpräparat gelingt. Der *eitrige Liquor* enthält nämlich *extrazellulär gelegene Diplokokken;* auch in diesen Fällen ist eine kulturelle Sicherung der Ergebnisse aus dem Liquor vor dem Beginn der Therapie wünschenswert.

Der Verlauf wird nicht allein von dem frühzeitigen Beginn einer sachgemäßen Behandlung her bestimmt, sondern auch vom Alter und Kräftezustand des Kranken. Ältere, wenig widerstandsfähige Patienten sterben unter dem Ansturm der Infektion zuweilen schon innerhalb von zwölf Stunden. Antibiotika, ergänzt meist noch durch Sulfonamide, müssen ausreichend hoch und anhaltend lang verabfolgt werden. Entzündliche Infektionen im Bereich des Ohres und der Nebenhöhlen bedürfen des operativen Eingreifens. Trotzdem liegt die Letalität noch bei etwa 25 % der bakteriologisch gesicherten Pneumokokkenmeningitiden.

Seltenere meningitische Syndrome finden sich auf dem Wege der hämatogenen Ausbreitung auch durch *Bacterium coli* und auf dem Wege der Fortleitung, insbesondere bei Schußverletzungen, durch *Streptokokken* und *Staphylokokken.* Frühzeitige Wundversorgung und antibiotische Behandlung entscheiden auch in diesen Fällen über das weitere Schicksal des Verletzten.

Besondere Bedeutung hat schließlich sowohl im Kindesalter als auch bei Erwachsenen die *tuberkulöse Meningitis* erlangt, die sich inzwischen dank der spezifischen modernen Therapie von einer früher absolut tödlichen zu einer behandlungsfähigen Erkrankung gewandelt hat. Auch der Befall der Hirnhäute durch Tuberkelbakterien findet in der Regel im Rahmen einer miliaren Streuung statt und zwingt zu einer besonders raschen und energischen Therapie. Bei verspätetem Einsatz bilden sich nämlich vorwiegend an der Hirnbasis ausgebreitete sulzige Narbengewebe, in denen Gefäße und Hirnnerven eingeengt werden und vor allem die Tuberkelbakterien selbst gegenüber den Heilmitteln unangreifbar werden. Tuberkelbakterien können mit speziellen Techniken zuweilen in den durch den hohen Eiweißgehalt des Liquors entstehenden *Spinnengewebsgerinnseln* nachgewiesen werden. Zur Sicherung sind jedoch Kultur und Tierversuch unabdinglich. Auch vor Erhalt der bakteriologischen Untersuchungsergebnisse muß auf den ernsthaften Verdacht hin die kombinierte Behandlung mit Streptomyzin, INH (Isonikotinsäurehydrazid) und PAS (Paraaminosalizylsäure) bereits einsetzen, damit nicht wertvolle Zeit verabsäumt wird. Anfängliche Ausfälle im basalen Hirnnervengebiet und im Bereich des Rückenmarks nach Art flüchtiger medullärer Kompressionen können sich oft nach Wochen erstaunlich gut zurückbilden.

Nichteitrige Meningitiden

Nichteitrige Meningitiden sind keine einheitliche Gruppe, sondern stellen nur eine weniger dramatische Reaktionsweise der Hirnhäute auf Fremdreize dar. Darunter sind vielfach auch Infektionserreger, die zur Gruppe der Viren gehören. Ein harmloser *meningitischer Reiz* entsteht bereits nach *diagnostischen Eingriffen im Liquorraum*, nämlich bei der einfachen Lumbalpunktion und in intensiverem Maße bei der Enzephalographie. Die auf diese Weise entstandene *Zellvermehrung* (Pleozytose) ist jedoch in der Regel nach acht bis zehn Tagen wieder verschwunden. Auch eitrige Nachbarschaftsprozesse, die im Kapitel der Pneumokokkenmeningitis bereits erwähnt wurden, können, bevor es zum Bakterieneinbruch in den Liquorraum selbst kommt, zunächst eine sogenannte *sympathische Meningitis* hervorrufen. Am häufigsten wird man aber bei serösen Hirnhautentzündungen mit oder ohne mäßiger Eiweißvermehrung und einer leichten bis mittelgradigen Zellzahlerhöhung — bis zu einigen 100/3 Zellen — eine Erregerkrankheit vermuten müssen. Es würde den Rahmen der Darstellung sprengen, hier eine vollständige Übersicht der durch *Viren* und *Leptospiren* bedingten Meningitiden auszubreiten. Vielmehr sollen einige häufige und typische Krankheitsbilder dargestellt werden, die teils als Epidemien oder Endemien in Erscheinung treten, teils als „Komplikation" sonst harmloser Kinderkrankheiten vorkommen.

Ein Beispiel für eine Begleitmeningitis einer typischen Kinderkrankheit ist die *Mumpsmeningitis*. Zuweilen beginnen Kopfschmerzen, Fieber, leichte Nackensteifigkeit und Erbrechen schon vor der Speicheldrüsenmanifestation, so daß die ätiologische Einordnung zunächst schwerfällt und entweder mit Hilfe serologischer Befunde versucht werden muß oder durch das typische Bild der beidseitigen Parotitis sich von selbst klärt. Seltene zerebrale Symptome weisen auf eine Mitbeteiligung tiefergelegener Hirnanteile hin und müssen korrekterweise als *Meningoenzephalitis* klassifiziert werden. Folgeerscheinungen der Mumpsmeningitis sind nicht zu erwarten.

Eine Reihe von serösen Meningitiden läßt zwar durch Anamnese und Befund gewisse Verdachtsmomente über den vermutlichen Erreger aufkommen, eine sichere Zuordnung gelingt hingegen nur durch die modernen Laboratoriumsbefunde. Hierzu zählen die durch *Coxsackie-Viren der Gruppe A und B* und die durch *Echo-Viren* bedingten Erkrankungen. Weitere Besonderheiten bieten die durch Tiere übertragenen Meningitiden. Ein gutes Beispiel bietet die *lymphozytäre Choriomeningitis*, hervorgerufen durch eine auf Hausmäusen endemische Virusart, die in besonderen Endemiegebieten entweder über Mäuseexkremente oder durch Biß den Menschen infizieren kann. Manche Infektionen sind lediglich durch grippeähnliche Verläufe geprägt. Oft kommt es jedoch zu einem bei Viruskrankheiten häufigen biphasischen Fieberverlauf und zu einer meningitischen oder meningoenzephalitischen oder gar myelitischen Mitbeteiligung bei dem zweiten Fieberanstieg. Auch bei dieser Infektion bietet nur die Antikörperbestimmung im Serum des Kranken zuverlässige Hinweise auf die Ätiologie.

Schließlich bedürfen noch die *Leptospirosen* der Erwähnung, die ebenfalls von tierischen Wirtsorganismen übertragen werden und neben den mehr oder weniger ausgeprägten *meningealen Zeichen* erhebliche Organmanifestationen, insbesondere in der Leber und in den Nieren, erkennen lassen. Die Leptospirosen zeigen häufig ebenfalls einen typischen biphasischen Krankheitsverlauf und werden zum Teil von Ratten und Mäusen, zum Teil von Haustieren, nämlich von Hunden, Rindern und Schweinen, übertragen. Leptospirosen können durch eine frühzeitige Tetrazyklinanwendung im Krankheitsverlauf günstig beeinflußt werden. Die differentialdiagnostische Klärung gegenüber den vorgenannten Viruserkrankungen wird bereits zu Beginn durch die starke Senkungsbeschleunigung erleichtert, gelingt aber erst zuverlässig durch entsprechende serologische Untersuchungen.

Wird das Krankheitsbild über die meningealen Zeichen hinaus durch eine erhebliche Bewußtseinstrübung, das Auftreten epileptischer Anfälle oder durch zentrale Lähmungen geprägt, so wird man auch hier besser den Begriff der Meningoenzephalitis benutzen.

Enzephalitiden

Alle bisher erwähnten Erregergruppen können also bei schwererem Verlauf gelegentlich auch das Syndrom der *Enzephalitis* hervorrufen. Unter den bakteriellen Infektionen ist insbesondere in diesem Zusammenhang die *embolische Herdenzephalitis* nachzutragen, die auf dem Wege der Mikroembolien im Rahmen der *Endocarditis lenta* auftritt. Als Erreger ist häufig der *Streptococcus viridans* beteiligt. Im Hinblick auf die ungünstigen Durchblutungsverhältnisse an den Herzklappen muß der Antibiotikaspiegel extrem hoch getrieben werden. Vor der antibiotischen Ära verlief auch diese Erkrankung absolut tödlich.

Unter den Viruserkrankungen mit spezieller Hirnbeteiligung ist ferner die *Herpesenzephalitis* zu nennen. Obwohl das Herpesvirus gemeinhin, wie etwa bei rezidivierendem Lippenherpes, eine Symbiose mit dem Wirtsorganismus eingeht, kommt es gelegentlich bei Kindern und Erwachsenen zu schweren septischen Verläufen mit einer hämorrhagisch-nekrotisierenden Enzephalitis. Nicht tödlich endende Herpesinfektionen des Zentralnervensystems sind nur vereinzelt beobachtet worden.

Zu einer ebenfalls schweren zentralnervösen Erkrankung kommt es bei der Infektion mit *Lyssa-(Rabies-)* oder *Tollwutviren*. Die Ansteckung erfolgt zumeist durch Biß eines tollwütigen Hundes, Dachses, Schakals oder Fuchses. Der Verlauf endet ohne therapeutische Maßnahmen ausnahmslos tödlich. Nach einem Inkubationszeitraum zwischen zehn Tagen und acht Monaten klagen die Kranken zumeist über Abgeschlagenheit, Kopfschmerzen und hartnäckige Schlafstörungen; allmählich entwickeln sich starker Speichelfluß und anfallsweise Krämpfe der Schlundmuskulatur. Schließlich kommt es zu episodischen Erregungszuständen mit Toben, Schreien, Spucken und zu schlaffen Lähmungen der Augenmuskeln, der Extremitäten- und Stammuskulatur, nach deren Eintreten die Kranken in wenigen Tagen sterben.

Als eine zumindest vor einigen Jahrzehnten besonders wichtige Enzephalitis ist schließlich noch die *Encephalitis epidemica* (v. ECONOMO) zu erwähnen, die gegen Ende des ersten Weltkrieges in Mitteleuropa und in den USA in großen Epidemien auftrat und vielfach als Defektsyndrom postenzephalitische Parkinsonsyndrome (s. S. 62) zurückgelassen hat.

In unmittelbarem zeitlichem Zusammenhang mit *Masern, Varizellen, Röteln* und mit der *Pockenschutzimpfung* beobachtet man zuweilen *Enzephalitiden*, die als *parainfektiöse Enzephalitis* vorerst eine Deutung gefunden haben. Auch diese Hirnentzündungen hinterlassen zumeist keine erheblichen Restsymptome, nur vereinzelt kommt es zur Entwicklung eines Anfallsleidens, zu bleibenden psychopathologischen Ausfällen oder zu geringen neurologischen Störungen. Soweit diese Dauerschäden auf eine vorausgegangene Impfung zu beziehen sind, werden Entschädigungen nach dem Bundesseuchengesetz geleistet.

Um noch einige seltenere Erregerkrankheiten zu nennen, sei hier an die *Fleckfieberenzephalitis* erinnert, die während des zweiten Weltkrieges durch die Verlausung der Armeen im Osten Bedeutung erlangte. Als kongenitale Infektionen sind inzwischen solche mit *Listerien* und mit *Toxoplasmen* bekannt geworden. Die Abgrenzung von frühkindlichen Hirnschäden anderer Genese ist verständlicherweise schwierig. Entscheidend ist der Verlauf, insbesondere die Zunahme der Krankheitssymptome in den ersten Jahren der frühkindlichen Entwicklung. Selbst durch Befall mit *Schweinebandwurm* kann es gelegentlich zu einer Enzephalitis kommen. Die Larven der *Zystizerken* werden nicht nur in Muskulatur und subkutanes Fettgewebe ausgeschwemmt, sondern können sich auch auf der Hirnoberfläche ansiedeln. Erste klinische Symptome sind zumeist hirnorganische Anfälle. Im Liquor findet sich häufig eine anhaltende Zellvermehrung.

Schließlich verbleibt eine Reihe von anatomisch wohldefinierten, im Krankheitsverlauf eindeutig gekennzeichneten Enzephalitiden, bei denen ein Erregernachweis bisher nicht gelang und bei denen andere ätiologische Faktoren zumindest erwogen werden müssen. Hierzu gehört die *Subakute sklerosierende Leukenzephalitis,* die zumeist im *Schulalter* beginnt und zunächst durch *psychische Auffälligkeiten* gekennzeichnet ist. Die Kinder weisen einen deutlichen Leistungsknick auf und fallen durch *Antriebsschwäche* und erhöhte *Reizbarkeit* auf. Nach Monaten treten auch *neurologische Störungen* ins Blickfeld, die Sprache wird eintönig und gequetscht, schließlich fallen *extrapyramidale Bewegungsstörungen* auf, die oft nach Art eines rhythmischen Zusammenzuckens ablaufen, manchmal sind aber auch mehr choreoathetotische Bewegungsabläufe führend. Erst nahe vor dem vielfach ungünstigen Ausgang kommt es zu einer Bewußtseinstrübung. Vereinzelt ist auch ein Stillstand, sogar eine Rückbildung der Symptome beobachtet worden. Kausal wirksame Behandlungsmaßnahmen sind nicht bekannt.

Akute Enzephalitisformen ohne erkennbare Erregerursache sind häufiger im Kindesalter anzutreffen. Sie eröffnen zumeist differentialdiagnostische Überlegungen im breitesten Umfang. Bleibt eine entzündliche Affektion als plausible Erklärung des Krankheitsbildes zurück, so richtet sich die Behandlung nach dem vorhandenen Syndrom, also nach der Bewußtseinslage und den neurologischen Auffälligkeiten. Zuweilen bleiben auch nach zunächst leicht erscheinenden Verläufen erhebliche intellektuelle Defekte und grobe Verhaltensstörungen zurück.

Zur Therapie und Pflege der Meningitiden und Enzephalitiden

In der Gruppe der Meningitiden und Enzephalitiden ist die pflegerische Verantwortung besonders groß, weil die sorgfältige Durchführung der notwendigen Kausalbehandlung (Antibiotika, Sulfonamide) sich mit den Vorsorgemaßnahmen gegenüber einer Ausbreitung der Infektion auf Mitpatienten und Pflegepersonal verbindet und schließlich die jeweils vom Syndrom bestimmten Pflegemaßnahmen in gleicher Weise wie bei den schon beschriebenen Hirnprozessen einsetzen müssen. Der notwendige *Erregernachweis* einschließlich der *Resistenzbestimmung* erfordert rasches und zuverlässiges *steriles Arbeiten bei Abnahme und Transport des Untersuchungsmaterials.* Irrtümer oder Nachlässigkeiten können im Hinblick auf die folgenden therapeutischen Konsequenzen das Leben des Kranken gefährden. Mit den Maßnahmen der *Isolierung* ist stets bei der speziellen Erregergruppe an die wesentlichen Ausscheidungswege und an den Übertragungsmodus zu denken, um das generelle Verhalten bei Infektionskrankheiten auf die speziellen Belange einzustellen. Diese Gesichtspunkte sind besonders wichtig, wenn etwa ein Kranker mit einer tuberkulösen Meningitis auf einer geschlossenen psychiatrischen Station gepflegt wird oder wenn bei der Pflege eines Meningitiskranken auf einer offenen neurologischen Station die Möglichkeit einer Poliomyelitisinfektion zunächst noch nicht ausgeschlossen wurde. Die wesentlichen Viruskrankheiten, die nicht über tierische Wirtsorganismen auf den Menschen übertragen werden, verlängern die Infektionskette entweder auf dem Wege der *Tröpfcheninfektion* oder auf dem Wege der *Schmierinfektion* insbesondere durch Stuhl und Urin. Es ist daher wichtig, durch *Desinfektion* der Ausscheidung, durch Mundschutz und durch gesonderte Kittel bei allen pflegerischen Verrichtungen die Weitergabe von Keimen entscheidend einzuschränken.

Im übrigen gelten bezüglich der pflegerischen Maßnahmen bei Bewußtseinstrübung und bei neurologischen Herdstörungen die bereits bei Gefäßprozessen und Traumen dargelegten Gesichtspunkte (s. S. 35 u. S. 52).

Hirnabszesse

Ebenso wie in anderen Körperorganen kommen auch im Gehirn umschriebene und abgekapselte Entzündungen vor. Diese *Hirnabszesse* entstehen entweder auf metastatischem Wege über die Blutbahn, oder die Erreger werden von entzündlichen Prozessen in der Nachbarschaft (Ohren, Nebenhöhlen) fortgeleitet, oder sie gelangen durch offene Schädel-Hirn-Verletzungen ins Gehirn.

Die Symptome können die gleichen sein wie bei einer Meningitis; häufig aber herrschen die Erscheinungen des raumfordernden Prozesses vor. Insbesondere bei älteren und abgekapselten Abszessen sind oft die Hinweise auf eine Entzündung nur gering ausgeprägt oder fehlen ganz. Krampfanfälle, Hemiparesen, Stauungszeichen und Bewußtseinsstörungen lenken dann den Verdacht auf einen Tumor im Schädelinneren und geben Veranlassung zu den entsprechenden Untersuchungsmaßnahmen. Der Hirnabszeß wird vom Neurochirurgen operiert. Nachbehandlung und Pflege erfolgen in gleicher Weise wie bei anderen raumfordernden intrakraniellen Prozessen oder nach traumatischen Schäden des Gehirns.

Degenerative Erkrankungen

Die degenerativen Erkrankungen des Gehirns, also jene Störungen, die auf einen Abbau oder einen Funktionsverlust der Hirnsubstanz zurückgehen, beginnen in verschiedenen Altersklassen, schreiten mehr oder minder schnell fort und machen dort, wo die psychischen Veränderungen im Vordergrund stehen, oft schon sehr frühzeitig eine Anstaltspflege notwendig.

Pick-Krankheit

Die PICK-Krankheit beginnt meist zwischen dem 50. und 60. Lebensjahr. Es kommt zu einer *Hirnatrophie (Hirnschwund)*, die vornehmlich die vorderen Hirnanteile (Stirn- und Schläfenlappen) betrifft. Im Luftenzephalogramm sind die Ventrikel erweitert, grobstrichige und fleckige Luftansammlungen in den Windungsfurchen weisen auf die Atrophie der Hirnwindungen hin. Neurologische Ausfallserscheinungen gehören in der Regel nicht zum Bild der PICK-Krankheit. Die Kranken bieten eine organische Wesensänderung und eine Demenz, die hier schon vor Erreichung des Greisenalters einsetzen kann und ebenso wie bei der ALZHEIMER-Krankheit zum Begriff der *„präsenilen Demenz"* geführt hat. Eine erfolgreiche Behandlung ist nicht bekannt. Die Kranken bedürfen schon sehr bald der gleichen Pflege wie die Alterskranken (s. S. 226).

Alzheimer-Krankheit

Die ALZHEIMER-Krankheit, die schon früher einsetzen kann als die PICK-Krankheit, ist gekennzeichnet durch eine mehr diffuse *Atrophie der Hirnrinde,* die wiederum im Luftenzephalogramm sichtbar wird. Neben Wesensänderung und Demenz treten bei ihr auch häufig die Zeichen einer Aphasie, einer Alexie, einer Akalkulie und einer Apraxie auf. Das Leiden führt ebenfalls im weiteren Verlauf zur Pflegebedürftigkeit (s. S. 226).

Parkinson-Syndrom

Das PARKINSON-Syndrom, auch *Schüttellähmung* oder *Paralysis agitans* genannt, ist eine sehr häufige neurologische Erkrankung. Es ist einzuordnen in die Gruppe der *degenerativen Prozesse,* die mit sogenannten *extrapyramidalen Bewegungsstörungen* einhergehen. Ohne hier auf Einzelheiten der zum Teil auch noch nicht einmal bekannten Funktionszusammenhänge eingehen zu wollen, kann man etwa sagen, daß an bestimmten Stellen im Zusammenspiel des motorischen Systems ein Regulationsmechanismus ausfällt, der für den ungestörten harmonischen Ablauf der willkürlichen und automatischen Bewegungen notwendig ist.

Die Ursache für das PARKINSON-Syndrom ist nicht einheitlich. Häufig sind Enzephalitiden vorausgegangen, aber die Erkrankung tritt auch ohne Vorkrankheiten auf. Meist betrifft die Störung beide Körperhälften, oft aber beginnt sie auf einer Seite und bleibt lange Zeit (bis zu Jahren) auf diese eine Seite beschränkt.

In seiner typischen Ausprägung zeigt das PARKINSON-Syndrom eine allgemeine *Bewegungsverarmung.* Kopf und Rumpf sind nach vorn geneigt, Knie- und Ellenbogengelenke werden gebeugt gehalten. Die Kranken gehen langsam mit kleinen, schlürfenden Schritten; sie lassen die übliche pendelnde Mitbewegung der Arme beim Gehen vermissen. Es gelingt ihnen manchmal schwer, im Gehen innezuhalten oder die Richtung zu wechseln; durch die „Propulsionen" drohen sie zu stürzen. Die als *Hypokinese* bezeichnete Bewegungsverarmung betrifft auch die mimische Muskulatur, so daß die Kranken einen starren Gesichtsausdruck bekommen. Die Sprache wird monoton, leise, ist schließlich oft kaum noch verständlich.

Neben der Hypokinese gehören der *Rigor* und der *Tremor* zum PARKINSON-Syndrom. Die rigorartige Erhöhung der Muskelspannung setzt der passiven Bewegung den als *Zahnradphänomen* beschriebenen Widerstand entgegen. Versucht der Untersucher etwa den Arm des Kranken zu beugen oder zu strecken, so gelingt dies nur schwer und ruckartig wie bei schlecht ineinandergreifenden Zahnrädern.

Der Tremor, als *Antagonistentremor* gekennzeichnet, ist in der Ruhe sehr ausgeprägt, kann bei seelischen Erregungen ganz erheblich zunehmen und schwindet häufig bei Willkürbewegungen. Oft sind Zunge und Lippen neben den Extremitäten auch von diesem Tremor befallen. Der Vergleich mit dem „Münzenzählen" trifft recht genau den typischen Tremor der Hände und Finger. Das Elektromyogramm zeigt charakteristische Veränderungen.

Schließlich treten *vegetative Störungen* beim Parkinsonkranken auf. Es kommt zu vermehrtem *Speichelfluß*, zu verstärkter *Talgsekretion* (man spricht dann häufig vom *„Salbengesicht")*, und es tritt eine Neigung zu stärkerem Schwitzen auf. Anfallsartig können zudem *Blickkrämpfe* beobachtet werden, bei denen die Augen in bestimmte Richtung gedreht werden, oder es kommt zum *Blepharospasmus*, zu einem unwillkürlichen krampfhaften Zukneifen der Augen.

Störungen der Sensibilität und des Reflexverhaltens bestehen nicht. Der Liquor ist normal, und auch die übrigen Zusatzuntersuchungen bringen für die Diagnose des PARKINSON-Syndroms keine wesentlichen Erkenntnisse.

Für die *Behandlung des Parkinson-Syndroms* steht eine Anzahl von Medikamenten zur Verfügung, und in den letzten Jahren haben außerdem operative Maßnahmen — *stereotaktische Eingriffe* am Gehirn — zu Erfolgen geführt.

Die Behandlungsmaßnahmen vermögen jedoch meist nur die Symptome zu mildern und selbst das manchmal lediglich für kurze Zeit. Daher ist die *Krankengymnastik* gerade beim Parkinsonkranken von besonderer Bedeutung, weil sie ihm dazu verhilft, die verbliebenen Fähigkeiten so gut wie möglich auszunutzen und ständig zu trainieren.

Diese Gesichtspunkte sollten auch bei der *Pflege* und *Betreuung* der Kranken ganz im Vordergrund stehen. Im Rahmen seiner Fähigkeiten muß der Patient immer wieder zur Übung aufgefordert und angeregt werden. Auch wenn manches Hantieren mühsam, mancher Weg etwas beschwerlich ist, darf die Behinderung des Kranken nicht Anlaß sein, ihm jedwede Tätigkeit abzunehmen. Notwendige Hilfen müssen natürlich gegeben werden. Hat das Fortschreiten der Störungen — insbesondere Hypokinese und Rigor — zur Bettlägerigkeit geführt, droht bei den unbeweglichen Kranken vor allem das Dekubitalgeschwür.

Der Kranke soll über die chronische Natur seines Leidens aufgeklärt werden, damit er an die Behandlungsmaßnahmen keine ungerechtfertigten oder übertriebenen Hoffnungen knüpft. Für den Behandlungsplan ist seine Mitarbeit unabdingbare Voraussetzung. Wichtig ist eine stetige aktive Übung, die durch Bäder oder Massagen nicht ersetzt werden kann. Eine gut verständliche Anleitung für solche Übungen kann dem Kranken und seinen Angehörigen empfohlen werden (W. Umbach u. H. Teirich-Leube: ABC für Parkinsonkranke, Thieme, Stuttgart 1967).

Echte psychotische Phänomene sind beim Parkinson-Syndrom selten (manchmal Medikamentenfolge); Verstimmung, Reizbarkeit und Mißtrauen sind meist Reaktion auf die zunehmende Hilflosigkeit. Vor allem die Verkennung der starren Mimik als Zeichen mangelnder geistiger Regsamkeit durch die Umgebung ist sehr oft der verständliche Grund für die depressiven Reaktionen der Patienten.

Chorea Huntington

Zur Gruppe der degenerativen Erkrankungen, die mit extrapyramidalen Symptomen einhergehen, gehört als seltenere Krankheit die *Chorea Huntington,* nach dem ersten Beschreiber des Leidens mit dem Eigennamen bezeichnet. Sie tritt auf um das 40. Lebensjahr, ist erblich und zeigt im allgemeinen eine *Hirnatrophie* (im Luftenzephalogramm erkennbar). Die Bewegungsabläufe der choreatischen *Hyperkinesen* sind regellos, unsystematisch, sehr rasch und ausfahrend. Grimassieren und Schmatzen sind Folge einer Beteiligung der mimischen Muskulatur. Nur einzelnen Kranken gelingt es, manche der unbeherrschbaren Bewegungen willkürlich umzuwandeln in ein scheinbar beabsichtigtes Wischen, Zurückstreichen der Haare oder sonstige Verlegenheitsbewegungen. Die *Sprache* wird zunehmend *dysarthrisch* und schließlich unverständlich. Im fortgeschrittenen Stadium ist der Kranke in einer anhaltenden stürmischen Bewegung und bedarf starker medikamentöser Dämpfung.

Längst vor Beginn der Hyperkinesen können bei der Chorea bereits *psychische Veränderungen* in Form echter körperlich begründbarer

Psychosen auftreten, meist als zunehmende Wesensänderung und Demenz.

Eine erfolgreiche Behandlung der Chorea HUNTINGTON ist nicht bekannt.

Bewegungsstörungen vom Typ der *choreatischen Hyperkinesen* treten selten einmal bei jungen Menschen im Zusammenhang mit rheumatischen Erkrankungen auf, dann als *Chorea minor* (SYDENHAM) bezeichnet. Diese Bewegungsstörungen klingen nach einiger Zeit wieder ab, ebenso wie bei der *Chorea gravidarum*, die in der Schwangerschaft oder im Wochenbett auftreten kann.

Torticollis spasticus, Torsionsdystonie und andere extrapyramidale Bewegungsstörungen

Zur Vervollständigung der Reihe extrapyramidaler Störungen müssen noch der Torticollis spasticus und die Torsionsdystonie genannt werden, daneben der sehr seltene Hemiballismus, die Athetose und die Degeneratio hepatolenticularis (WILSON).

Der *Torticollis spasticus* und die *Torsionsdystonien* zeigen einander verwandte unwillkürliche *Hyperkinesen.* Es kommt zu langsamen, drehenden, schraubenden Bewegungen, die bei der Torsionsdystonie Gesicht, Rumpf und die Extremitäten ergreifen, beim Torticollis spasticus *(spastischer Schiefhals)* auf die Hals- und Schultermuskulatur beschränkt sind; vornehmlich befallen sind dabei der M. sternocleidomastoideus und der M. trapecius. Oft verharrt der Kopf längere Zeit in einer extremen Stellung. Bei der Behandlung der Störungen wird versucht, mit dämpfenden Medikamenten diese Bewegungsabläufe zu unterbinden. Stützapparate, die den Kopf fixieren, wirken oft den Bewegungen entgegen. Stereotaktische Operationen oder eine Durchtrennung des N. accessorius, der den M. sternocleidomastoideus und M. trapecius versorgt, sind bei schweren Fällen zu erwägen.

Meist einseitig als *Hemiballismus* tritt das *ballistische Syndrom* auf. Die Kranken schleudern mit Wucht die Extremitäten in weitem Bogen, und der ganze Körper wird mitgerissen. Die Kraft dieser Schleuderbewegungen birgt die Gefahr in sich, daß die Patienten sich verletzen. Deshalb ist neben einer intensiven Sedativbehandlung die Lagerung der Kranken wichtig! Am Bett müssen Seitengitter ein Herausgeschleudertwerden vermeiden, und alle Teile des Bettes sind dick zu polstern. Der Hemiballismus kann sehr rasch zum Tode führen.

Athetotische Hyperkinesen, sehr häufig Folge eines frühkindlichen Hirnschadens, sind langsam, wurmförmig drehend und befallen meist nur die Extremitätenenden, wo häufig Gelenkveränderungen als Folge der abnormen Bewegungen auftreten. Hier findet sich dann die typische „Bajonettstellung" der Finger. Die Willkürbewegungen sind durch die Hyperkinesen gestört, die Sprache ist oft undeutlich bis zur Unverständlichkeit.

Bei einer erblichen Störung im Kupferhaushalt des Körpers entwickelt sich die *Degeneratio hepatolenticularis* (WILSON). Die meist vor dem 20. Lebensjahr beginnende Erkrankung führt zu einer *Leberzirrhose,* zu einer *Pigmentablagerung in der Hornhaut* des Auges und zu *extrapyramidalen Bewegungsstörungen.* Die *Hyperkinesen* dieser Krankheit sind nicht einheitlich; manchmal ähneln sie den choreatischen oder athetotischen Formen, in anderen Fällen sind sie den zerebellaren Bewegungsstörungen vergleichbar oder dem PARKINSON-Syndrom.

Psychische Störungen nach Art einer körperlich begründbaren Psychose können die Erkrankung begleiten.

Die Behandlung, die in der Verordnung einer strengen Diät und gezielt wirkender Medikamente besteht, setzt besondere Kenntnis der Stoffwechselstörung voraus.

Frühkindliche Hirnschädigungen und Mißbildungen des Gehirns

Während der Entwicklung des Kindes im Mutterleib können mannigfache Schädigungen auftreten, die unter anderem auch die Entwicklung des Gehirns beeinträchtigen. Schwere Schäden führen oft bereits zur Fehlgeburt oder zur Totgeburt, Teilschädigungen, die noch mit dem Leben vereinbar sind, hinterlassen mehr oder weniger ausgeprägte Defekte, die sowohl die körperliche als auch die geistig-seelische Entwicklung beeinträchtigen. Einen Überblick über die Schäden und Schädigungsmöglichkeiten während der *intrauterinen Entwicklung, unter der Geburt und in der frühen Kindheit* vermittelt Tab. 3.

Die erschwerte psychische Entwicklung bei den angeborenen und früherworbenen Störungen des Gehirns und ihre Auswirkungen auf die soziale Integration ist im psychiatrischen Teil dieses Buches eingehend dargestellt (s. S. 185). Hier soll im folgenden nur über die körperlichen Symptome berichtet werden.

Mißbildungen des Gehirns

Unter den verschiedenen *Mißbildungen* fallen durch Abweichung des Größenwachstums des Gehirns vor allem die *Mikrenzephalie* und *Megalenzephalie* auf. Schon die besonders kleine oder große Schädel-

Tabelle 3 **Wichtigste Schädigungen des Nervensystems vor der Geburt und während der ersten Lebensjahre**
(Aus: Scheid, W.: Lehrbuch der Neurologie, 3. Aufl., Thieme, Stuttgart 1968)

Ursachen		*Folgen*
Röntgen- und Radiumstrahlen, Mutationen unbekannter Herkunft		1. *Erbschäden* (Chromosomen- und Genveränderungen in der Aszendenz)
Anoxie (Störungen des mütterlichen, des plazentaren oder fetalen Kreislaufs) Hormon- und Stoffwechselstörungen Mangelzustände Röntgen- und Radiumstrahlen Schwangerschaftstoxikosen Intoxikationen Abtreibungsversuche Mechanische Schädigungen	Genitale Erkrankungen und Rückbildungsvorgänge	2. *Pränatale (intrauterine) Schädigungen* a) *Gametopathien* (Schädigung der Gameten während der Entwicklung bis zur Befruchtung)
	Röteln und andere Virusinfektionen, Toxoplasmose, Zytomegalie	b) *Embryopathien* (Schädigung während der ersten 3 bis 4 Schwangerschaftsmonate)
	Toxoplasmose, Lues, Listeriose, Tuberkulose, Malaria, Zytomegalie	c) *Fetopathien* (Schädigung während der letzten 5 bis 6 Schwangerschaftsmonate)
Anoxie, mechanische Schädigungen (Tentoriumriß, epi- und subdurales Hämatom, Rißblutung der großen Venen), Stauungsblutung in die Hirnsubstanz		3. *Schädigungen durch die Geburt*
Kernikterus, Infektionen (Meningitis, Enzephalitis, Keuchhustenenzephalopathie), Hirnembolie, Intoxikationen, alimentäre Schäden, Röntgen- und Radiumstrahlen, Schädel-Hirntraumen		4. *Postnatale Schädigungen* (bis zum 3. bis 4. Lebensjahr)

form läßt bei der Begegnung mit diesen Kindern einen entsprechenden Verdacht aufkommen. Die Leistungseinschränkungen liegen vorwiegend auf intellektuellem Gebiet.

Bei den Spaltbildungen des Schädels können Anteile der Hirnhöhlen oder auch des Gehirns außerhalb der Schädelkapsel liegen *(Zephalozelen)*. Größere Hirnbrüche führen zu Lähmungen und oft auch zu epileptischen Anfällen. Zumeist wird man bei solch einem *Hirnvorfall* rasche neurochirurgische Hilfe in Anspruch nehmen müssen.

Die zerebrale Kinderlähmung

Je nach dem Zeitpunkt des Schadenseintritts und der Lokalisation entstehen recht unterschiedliche Defektsyndrome, deren Gemeinsamkeit nur darin liegt, daß das sich noch entwickelnde Gehirn betroffen wurde. Daraus ergeben sich unter anderem Besonderheiten in der motorischen Entwicklung.

Das klinische Bild. Bei umschriebener Schädigung einer Hirnhälfte entsteht die *hemiplegische Form*, die eine weitgehende Ähnlichkeit mit der *Hemiparese* der Erwachsenen erkennen läßt. Auf die frühkindliche Entstehung weisen jedoch ein *Wachstumsrückstand der geschädigten Seite* und eine weitgehende Funktionsübernahme durch die gesunde Körperseite hin.

Wesentlich häufiger findet sich die schon von dem englischen Kinderarzt W. Little beschriebene *paraplegische Form* mit starker spastischer Gehbehinderung und leidlichem Handgeschick, auch als *zerebrale Kinderlähmung* oder *Diplegia spastica infantilis* bezeichnet. Außerordentlich behindert sind Kinder mit ausgedehnten beiderseitigen Schäden im Sinne der *tetraplegischen Form*. Sie bedürfen oft über viele Jahre hinweg erheblicher pflegerischer Hilfen und erlernen die üblichen Kulturtechniken nur spät und unvollständig.

Als besonderes Bewegungsmuster bei frühkindlichen Hirnschädigungen sind schließlich *Athetosen* und *choreatische Hyperkinesen* zu erwähnen, die teils in Verbindung mit spastischen Lähmungen, teils ohne wesentliche Spastik die Koordinationsleistungen der Kinder erheblich verschlechtern und im Hinblick auf die Beteiligung der mimischen Muskulatur auch das Ausdrucksvermögen weitgehend prägen (Abb. 17).

Neben dem allgemeinen Entwicklungsrückstand und der verzögerten motorischen Entwicklung finden sich bei frühkindlichen Hirnschädigungen häufig zusätzlich Einschränkungen der Sinnesleistungen, der Sprachentwicklung und eine Neigung zu epileptischen Anfällen.

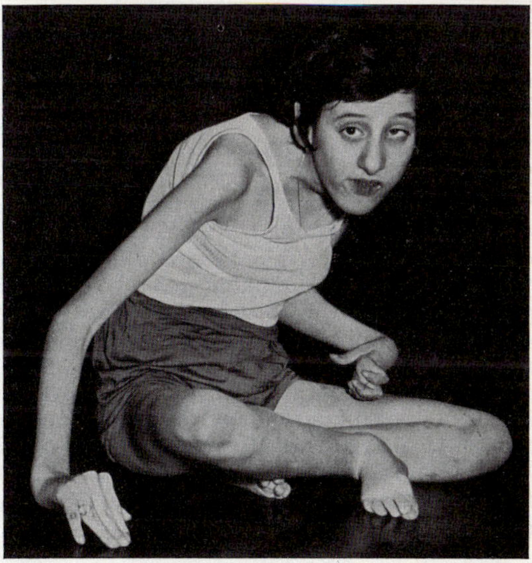

Abb. 17 Beidseitige Athetose nach frühkindlicher Hirnschädigung (aus Scheid, W.: Lehrbuch der Neurologie, 3. Aufl., Thieme, Stuttgart 1968).

Zur Therapie und Pflege bei frühkindlichen Hirnschädigungen

Im Hinblick auf die entstandenen Hirnnarben ist eine Kausalbehandlung nicht möglich. Neurochirurgische Eingriffe sind lediglich bei einer Liquorzirkulationsstörung (Hydrocephalus internus occlusus) und bei anderweitig unbeherrschbaren epileptischen Anfällen angezeigt. Mit Hilfe stereotaktischer Eingriffe lassen sich manche Formen der Athetose günstig beeinflussen.

Bei erheblichen spastischen Kontrakturen muß zuweilen durch Sehnenverlängerung sowie durch Muskel- und Nervendurchtrennung eine statisch günstigere Ausgangssituation für Steh- und Gehübungen erreicht werden.

Die entscheidende Behandlung liegt jedoch heute in der Kombination neurophysiologisch orientierter Bewegungsübungen und heilpädagogischer Förderung in Sonderkindergärten und Sonderschulen.

Bezüglich der Anfallsbehandlung kann auf S. 270 verwiesen werden.

Krankheiten von Hirn und Rückenmark

Die Poliomyelitis

Die *Poliomyelitis anterior acuta,* auch *spinale Kinderlähmung* oder HEINE-MEDIN-Krankheit genannt, ist, wie wir seit den Übertragungsversuchen von POPPER und LANDSTEINER aus dem Jahre 1908 wissen, eine *Viruserkrankung.* Die Verbreitung dieser Krankheit umfaßt offenbar die ganze Welt. Während im Altertum und im Mittelalter vorwiegend Einzelerkrankungen und kleinere Epidemien beobachtet wurden, sind Ende des vorigen Jahrhunderts zunächst in Nordeuropa, dann auch in den USA und Mitte des 20. Jahrhunderts im Mittelmeerraum, in Südamerika, Afrika und Asien *große Epidemien* vor allem im Spätsommer aufgetreten, deren Ausbreitungsbedingungen trotz intensiver Bemühungen undurchschaubar blieben. Erst mit der erfolgreichen Übertragung der Erreger auf Gewebekulturen durch den Nobelpreisträger JOHN F. ENDERS gelang es, das Durchseuchungsmuster in den verschiedenen Erdteilen aufzuklären und wirksame Vorbeugungsmaßnahmen zu entwickeln.

Die Erreger der Poliomyelitis

Die zahlreichen *Isolierungen von Polioviren* aus dem Stuhl und aus dem Zentralnervensystem lassen sich in drei jeweils in immunologischer Hinsicht zusammengehörige Prototypen einordnen. Die *natürliche oder künstliche* (Schluckimpfung) *Immunisierung gegen Stamm I, II und III* gewährt erst hinreichend Schutz gegen den Ausbruch der gefürchteten Seuche. Während in tropischen und subtropischen Ländern unter primitiven hygienischen Verhältnissen auch heute noch Kinder zumeist in den ersten Lebensjahren durch Schmutz- und Schmierinfektionen mit allen drei Stämmen in Verbindung kommen und sich somit ohne ernstere Krankheitssymptome spontan immunisieren, ist in den Ländern mit hohem Zivilisationsstand die Begegnung mit Polioviren nicht mehr so regelmäßig im frühen Kindesalter gegeben. Dieser Sachverhalt hat auch die wachsende Seuchengefahr in Nordeuropa und in den USA vor der Entwicklung einer wirksamen Immunisierung bedingt. Sowohl Wildviren als auch die über Tier- und Gewebekulturpassagen „gezähmten" Poliostämme vermehren sich zunächst in der Regel in der Darmschleimhaut und werden über mehrere Wochen unter Entwicklung einer *bleibenden Immunität* vom Wirtsorganismus mit dem Stuhl ausgeschieden (inapparente Infektion). Nur ausnahmsweise gelingt den Wildviren der *Einbruch in die Blutbahn (Virämie);* die damit verbundenen apparenten Erkrankungszeichen können einem harmlosen *grippalen Infekt* entsprechen oder aber auch, bei Befall des Zentralnervensystems, *meningeale*

Reizerscheinungen und schließlich *schlaffe Lähmungen* hervorrufen (Abb. 18). Erst mit der Entwicklung des *paralytischen Krankheitsbildes* ist die klinische Diagnose der Poliomyelitis auch ohne Hilfe des Laboratoriums möglich.

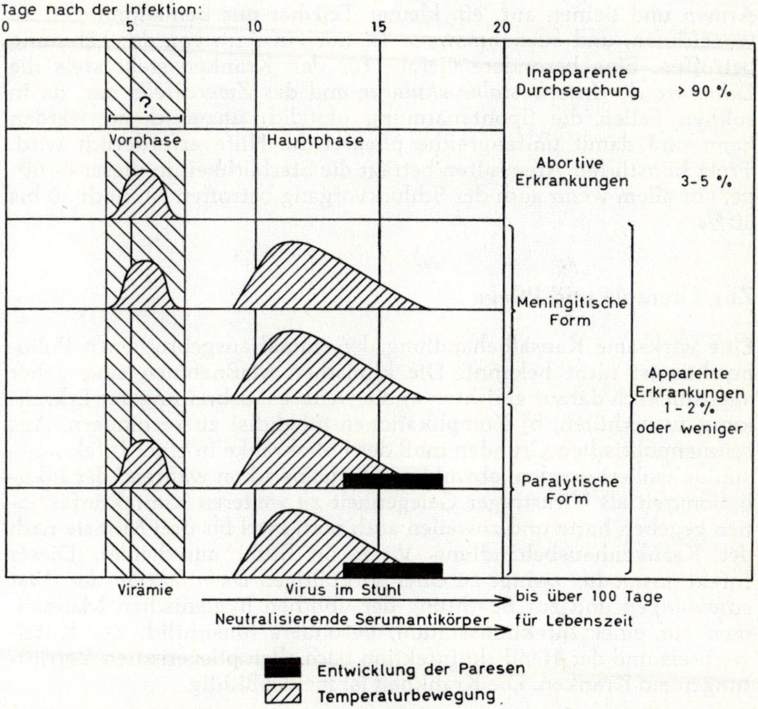

Abb. 18 Die Auseinandersetzung des Organismus mit dem Poliomyelitisvirus (Schema modifiziert nach J. R. PAUL, aus SCHEID, W.: Lehrbuch der Neurologie, 3. Aufl., Thieme, Stuttgart 1968).

Das klinische Bild

Nach einer *Inkubationszeit* von 5 bis 35 Tagen, im Durchschnitt zwischen 7 und 14 Tagen, beginnt die erkennbare Erkrankung häufig mit *katarrhalischen Erscheinungen* im Bereich des Nasen-Rachen-Raums oder des Intestinaltrakts, mit *Übelkeit und Erbrechen oder Durchfällen.* Eine leichte *Nackensteifigkeit* leitet vielfach zu allgemeinen *Muskelschmerzen* über, die als Reizsymptom den Beginn der diffusen oder lokalisierten *schlaffen Lähmung* überdauern. Bald nach Einsetzen der

Lähmung pflegt das Fieber abzuklingen, die Ausbreitung der Lähmung kann jedoch den Fieberabfall bis zu drei Tagen überdauern. Die in diesem Stadium vorgenommene *Liquoruntersuchung* zeigt in der Regel eine mäßige *Zellvermehrung* und eine *geringe Eiweißerhöhung*. Die Mehrzahl der gelähmten Patienten weist muskuläre Ausfälle an Armen und Beinen auf, ein kleiner Teil hat nur Beinlähmungen zu verzeichnen, und ausnahmsweise ist nur ein Arm von der Lähmung betroffen. Eine besondere Gefahr für den Kranken stellt stets die *Lähmung der Interkostalmuskulatur* und des *Zwerchfells* dar, da in solchen Fällen die Spontanatmung plötzlich unzureichend werden kann und damit umfangreiche pflegerische Hilfe erforderlich wird. Trotz künstlicher Atemhilfen beträgt die Sterblichkeit in dieser Gruppe, vor allem wenn auch der Schluckvorgang betroffen ist, noch 30 bis 50 %.

Zur Therapie und Pflege

Eine wirksame Kausalbehandlung der einmal ausgebrochenen Poliomyelitis ist nicht bekannt. Die klinischen Maßnahmen sind daher ausschließlich darauf gerichtet, a) die weitere Ausbreitung der Erkrankung zu verhüten, b) Komplikationen möglichst zu verhindern. Aus seuchenpolitischen Gründen muß der Poliokranke in einer Infektionsstation isoliert werden, obwohl er zweifellos schon während der Inkubationszeit als Virusträger Gelegenheit zu weiteren Kontaktinfektionen gegeben hatte und zuweilen auch noch zwei bis drei Monate nach der Krankenhausbehandlung Viren im Stuhl ausscheidet. Dieser Infektionsmodus zwingt zu einer sorgfältigen *Desinfektion der Ausscheidungen* und zur Beachtung der üblichen hygienischen Maßnahmen auf einer Infektionsstation, besonders hinsichtlich des Kittelwechsels und der Händedesinfektion nach allen pflegerischen Verrichtungen am Kranken. Die Krankheit ist meldepflichtig.

Die individuelle Therapie hat einmal die zum Teil heftigen *Muskelschmerzen* zu berücksichtigen; zumeist genügen Phenothiazine in kleinen Dosen und milde Analgetika. Nur in seltenen Fällen werden die von Sister Kenny empfohlenen heißen Packungen noch erforderlich.

Eine große Bedeutung für das spätere Schicksal des Kranken hat die von vornherein *richtige Lagerung der gelähmten Gliedmaßen*. Bei Lähmungen der Schultermuskulatur empfiehlt sich eine Abduktionslagerung zumindest für einige Stunden am Tage, weil die Gefahr einer bleibenden Kontraktur im Schultergelenk besonders groß ist. Weiter ist für die spätere Gehleistung die Verhütung des Spitzfußes und einer Beugekontraktur im Knie- und Hüftgelenk wichtig.

Wenn in modernen Kliniken die erforderliche *krankengymnastische Behandlung* schon unmittelbar an die akute Krankheitsphase anschließt, wird das tägliche Durchbewegen der Gelenke von vornherein die Gefahr einseitiger Lagerung erheblich einengen. Stehen Krankengymnastinnen jedoch nicht zur Verfügung, müssen die allgemeinen pflegerischen Aufgaben gleichzeitig genutzt werden, die Durchblutung der Gliedmaßen zu unterstützen und durch Lagewechsel die Gelenkfunktionen weitgehend zu erhalten. So wird die Schwester beim Betten, beim Waschen oder bei sonstigen Maßnahmen die Gelenke wenigstens einmal am Tage bewegen.

Wenn bei schwerem Krankheitsverlauf mit Beeinträchtigung der Interkostalatmung *Atemhilfen* erforderlich werden, so bieten sich, je nach dem Ausmaß der bulbären Beteiligung und den vorhandenen apparativen Möglichkeiten, die Methoden der Unterdruckbeatmung *(Eiserne Lunge)* und der Überdruckbeatmung *(Poliomat, Bird-Assistor)* an. Die sorgfältige Überwachung der Atemwege, der Blutgase und des Kreislaufs verlangt eine spezielle Ausbildung und Arbeitsbedingungen, wie sie heute auf sogenannten Intensivpflegeabteilungen gegeben sind. Die Verlegung in eine solche Abteilung ist in der Regel unter ärztlicher Überwachung mit dem Notarztwagen möglich.

Weiterer Krankheitsverlauf und Nachsorge

Über das Ausmaß der verbleibenden Lähmungen kann man zumeist schon sechs bis acht Wochen nach Erkrankungsbeginn eine grobe Aussage treffen. Muskelgruppen, die zu diesem Zeitpunkt noch völlig ohne Funktion sind, werden erheblich geschädigt bleiben, während Muskeln mit teilweise erhalten gebliebener Muskelkraft sich innerhalb eines Zeitraumes von zwei Jahren noch ganz erheblich kräftigen können. Dieser Zeitraum muß durch Übungsmaßnahmen, durch Versorgung mit *orthopädischen Hilfsmitteln* und mit *Berufsförderungsmaßnahmen* so gut wie möglich genutzt werden. Operative Muskelverpflanzungen oder Gelenkversteifungen werden in der Regel erst nach Abschluß der Rekonvaleszenz geplant.

Obwohl frische Erkrankungen durch die Schluckimpfung selten geworden sind, werden insbesondere unter dem Aspekt der Nachbehandlung vermutlich noch zahlreiche Patienten aus früheren Epidemien der gezielten klinischen Hilfe bedürfen.

Vorbeugung

Mit Einführung der *Schluckimpfung* ist die Poliomyelitis schlagartig zurückgegangen. Bei der Schluckimpfung werden *abgeschwächte* Poliomyelitisviren aller drei Stämme eingenommen und bewirken im Körper eine *aktive Immunisierung.* Ein solcher Impfschutz kann nur dann vollständig sein, wenn jeder — möglichst in den ersten Lebensjahren — an der Schluckimpfung teilnimmt.

Die Gürtelrose (Zoster)

Der *Zoster* ist eine Viruserkrankung, deren Erreger mit dem *Varizellenvirus* identisch ist. Bevorzugt befallen werden Menschen des mittleren und höheren Lebensalters. Die Einordnung dieser Bläschenerkrankung der Haut und Schleimhäute unter die Nervenkrankheiten ist durch die entzündliche Affektion der Spinalganglien des Rückenmarks und der das Mark umgebenden Häute gerechtfertigt.

Das klinische Bild

Die Erkrankung kündigt sich zumeist durch nur geringfügige *Störungen des Allgemeinbefindens* und durch eine leichte *Temperaturerhöhung* an. Es folgen oft recht heftige, reißende oder brennende *Schmerzen im Versorgungsgebiet der befallenen Nervenwurzel* (Segment), selten in mehreren benachbarten Segmenten. Innerhalb von Stunden oder wenigen Tagen schießen dann *Bläschen* in kleinen Gruppen auf, die mit einer klaren Flüssigkeit gefüllt sind. Nach Eintrübung des Bläscheninhalts bildet sich schließlich über dem Epitheldefekt Schorf, der später abfällt und eine weißliche Narbe hinterläßt. Häufig ist der Zoster im Bereich der Brustsegmente lokalisiert, seltener sind Arme oder Beine betroffen; besonders unangenehm ist die Zosterlokalisation im Bereich der Hirnnerven. So kommt es bei einem Bläschenbefall im Versorgungsgebiet des 1. Trigeminusastes oft zu einer Mitbeteiligung des Auges im Sinne der *Keratitis,* der *Iritis* oder einer *Neuritis nervi optici.* Der *Zoster oticus* mit oft nur geringfügigem Bläschenausschlag im äußeren Gehörgang geht zumeist mit *Gleichgewichtsstörungen,* einer *Hörminderung,* heftigem *Ohrensausen* und einer *Fazialislähmung* einher.

Selbst nach Abheilung der Hauterosionen verbleiben manchmal *motorische Ausfälle und Sensibilitätsstörungen* als Folge einer Zosterneuritis viele Wochen. Am hartnäckigsten sind, vor allem bei älteren Patienten, segmental begrenzte neuralgische Schmerzen, die nicht selten zu langfristigen medikamentösen Maßnahmen zwingen und die Gefahr der Betäubungsmittelsucht in sich bergen.

Zur Therapie und Pflege

Während des akuten Bläschenstadiums des Zoster sollte eine Sekundärinfektion schon aus kosmetischen Gründen möglichst vermieden werden. Ein steriler Schutzverband oder die Verwendung eines Sulfonamidgels genügen zumeist völlig. Schwieriger ist die Beurteilung des Ausmaßes der verbliebenen Schmerzen. Hier ist eine sorgfältige Verhaltensbeobachtung unter verschiedenen Formen analgetischer Behandlung für den Arzt eine wichtige Hilfe.

Tetanus

Der Wundstarrkrampf *(Tetanus)* ist nicht nur in der Kriegschirurgie eine gefürchtete Komplikation bei verschmutzten und mit ausgedehnten Gewebszerfetzungen verbundenen Verwundungen, sondern kann sich auch nach harmlos erscheinenden Stichverletzungen und Schrunden entwickeln. Selbst nach Aborten und Spontangeburten sind Starrkrampfinfektionen beobachtet worden. Der Erreger, das *Clostridium tetani,* ist vor allem im Erdreich, besonders im Humus zu finden und vermehrt sich im Wundbereich unter Sauerstoffabschluß. Das *Tetanustoxin* dringt auf dem Blutwege in das Nervensystem ein und führt dort zu einer Erregbarkeitssteigerung an den Schaltstellen der motorischen Nerven.

Das klinische Bild

Nach einer Inkubationszeit von acht Stunden bis mehreren Wochen treten zunächst *uncharakteristische Allgemeinerscheinungen* in Form von *Mattigkeit, Kopfschmerzen, Erbrechen* und *Schwitzen* auf. Die für die Erkrankung typischen *Muskelkrämpfe* beginnen häufig im Bereich des Kiefers und der Halsmuskulatur. Die Verkrampfung der Gesichtsmuskeln führt zu einer Veränderung des mimischen Ausdrucks, der als *Risus sardonicus* bezeichnet wird. Die Krämpfe in der Nacken- und Rückenmuskulatur *(Opisthotonus),* in der Muskulatur des Stammes und der Extremitäten vervollständigen das Krankheitsbild, das allerdings erhebliche Intensitätsschwankungen aufweist. Schon geringfügige Außenreize verstärken oft die Muskelkrämpfe, so daß unter bretthiarter Spannung der Interkostalmuskeln und der Bauchdecke die Atmung erheblich erschwert ist. Die Letalität konnte durch die verbesserten pflegerischen Maßnahmen von über 50 % auf 30 bis 40 % gesenkt werden.

Zur Therapie und Pflege

Eine überzeugende Kausalbehandlung des ausgebrochenen Wundstarrkrampfes ist nicht bekannt. Dennoch wird eine *Wundausschneidung* zumeist gefordert, um die weitere Ausschwemmung von Toxinen zu verhindern. Manche Autoren empfehlen in den ersten Krankheitstagen hohe *Tetanusantitoxingaben* von 10 000 bis 15 000 IE pro kg Körpergewicht. Wichtig ist die *Simultanimpfung,* bei der gleichzeitig *Tetanusserum und Tetanusimpfstoff* verabfolgt werden. Die Pflege des Tetanuskranken sollte möglichst in einem ruhigen, abgedunkelten Einzelzimmer oder in einer abtrennbaren Abteilung der Intensivpflegestation erfolgen. Eine Einzelwache ist sowohl am Tage als auch im Nachtdienst zumeist erforderlich.

Die entscheidende Therapie besteht in einer der Krampfneigung angepaßten *Sedierung* mit Phenothiazinen; bei schwereren Verläufen sind im Krampf zusätzlich Muskelrelaxantien oder Kurznarkotika erforderlich. Dabei muß zuweilen auf eine künstliche Beatmung mit einem Bird-Assistor zurückgegriffen werden. Die Gefahr der Druckgeschwürbildung bei starker Sedierung ist besonders groß, und ihr muß durch Schaumgummiunterlagen und regelmäßigen Lagewechsel vorgebeugt werden.

Die Krankheitsdauer bei den Überlebenden schwankt zwischen zwei und sieben Wochen; Kranke in jüngerem Lebensalter und mit relativ langer Inkubationszeit haben die günstigere Prognose. Wer je Gelegenheit hatte, den dramatischen Kampf auf Leben und Tod am Bett eines Tetanuskranken mitzuerleben, wird sicherlich den einzig möglichen Schutz, die *rechtzeitige aktive Immunisierung,* umgehend bei sich selbst verwirklichen!

Die luischen Erkrankungen des Nervensystems

Seit Entdeckung der *Spirochaeta pallida* als Erreger der *Lues (Syphilis)* durch Schaudinn und Hoffmann im Jahre 1905 und der Einführung der *Wassermann-Reaktion* im Jahre 1906 ist es gelungen, die Vielfalt der Manifestationen dieser chronischen Geschlechtskrankheit an Haut und Schleimhäuten, an den inneren Organen, am Skeletsystem und im Bereich des Zentralnervensystems zu ordnen und die inneren Beziehungen zwischen den einzelnen Stadien in Abhängigkeit von der Immunitätslage zu durchdringen. Es hat sich als nützlich erwiesen, folgende Stadien zu unterscheiden:

1. *Primärperiode* (Ausbildung des *Primäraffektes* mit Beteiligung der Lymphbahnen sechs Tage bis sieben Wochen nach der Infektion);
2. *Sekundärperiode* (Auftreten des Exanthems und einer generalisierten Lymphknotenbeteiligung acht bis zwölf Wochen nach der Infektion);
3. *Tertiärperiode* (chronische Hautulzerationen, Granulationsbildung im Bereich des Gefäßsystems, der inneren Organe, des Skelets und des Zentralnervensystems drei Monate bis zu vielen Jahren nach der Infektion);
4. *Spätstadium* (chronische Entzündung des Gehirns und/oder des Rückenmarks — Paralyse, Tabes — zwischen acht und 20 Jahren nach der Infektion, ausnahmsweise früher).

Der Eintrittsort der Spirochäten ist häufig im Haut-/Schleimhaut-Gebiet der Genitalien zu suchen, jedoch sind auch andere Übertragungswege als der des Geschlechtsverkehrs zuverlässig beschrieben. So kann beispielsweise keimhaltiges Sekret auf die Haut des Gesichts oder die Schleimhaut der Mundhöhle übertragen werden. Die Möglichkeit zu einer derartigen Infektion verpflichtet zu sorgfältiger Beachtung der hygienischen Grundregeln bei der Pflege Lueskranker. Eine Übertragung aus dem strömenden Blut ist außerordentlich selten, weil die Keimdichte, verglichen mit Sekreten, recht bescheiden ist. Trotzdem sind bei Blutübertragungen immer wieder Einzelfälle und kleine Endemien beschrieben worden. Ebenfalls auf dem Blutwege über den Fetalkreislauf kann es bei einer luesinfizierten Mutter zur Entwicklung einer *konnatalen Syphilis* kommen. Kinder mit einer derartigen chronischen Infektion bedürfen der raschen diagnostischen Klärung und der sorgfältigen Behandlung, damit ernstere Dauerschäden möglichst vermieden werden.

Die Frühdiagnose im Primärstadium gelingt nur aus Abstrichen vom *Primäraffekt.* Von der 6. Woche an wird man mit einer routinemäßigen Überprüfung der *Komplementbindungsreaktion* (WaR) bei jedem stationären Krankenhausaufenthalt mit hoher Wahrscheinlichkeit die Träger einer latenten Infektion entlarven können und den Weg für die weitere Differentialdiagnose öffnen.

Unter dem Aspekt der Beteiligung des Zentralnervensystems ist vor allem stets eine *Liquoruntersuchung* erforderlich, um jene Anwärter auf eine neurologische Spätkomplikation rechtzeitig zu entdecken, bei denen drei bis fünf Jahre nach der Infektion noch eine Zell- und Eiweißvermehrung sowie eine positive WaR im Liquor die Aktivität des chronisch-infektiösen Prozesses verdeutlichen. Eine solche nur durch Blut- und Liquorbefund belegbare Lueserkrankung nennen wir eine *Lues latens liquorpositiva.* Der latente Krankheitsprozeß bedarf der energischen Behandlung und kann in der Regel im Verlauf mehrerer Penicillinkuren völlig ausgeheilt werden.

Die frühsyphilitische Meningitis

Schon in der Sekundärperiode der Lues, bei der es ja nach Durchbruch der Lymphschranke zu einer generellen hämatogenen Aussaat des Erregers kommt, können auch die Meningen, die Hirnnerven und die Hirnrinde befallen werden. Das klinische Bild weist im allgemeinen bei recht stürmischem Verlauf *Fieber, Kopfschmerzen* und *Nackensteifigkeit* auf, zuweilen kommt es zu zerebralen Reiz- und Ausfallserscheinungen, manchmal finden sich *hirnorganische Anfälle,* in anderen Fällen *Augenmuskelstörungen, Hörstörungen, Sehstörungen* oder *Lähmungen der Gesichtsmuskulatur.* Ein ausgedehnterer Hirnbefall kann zu einer *Halbseitenlähmung* führen. Eine mäßige *Erhöhung der Zell- und Eiweißwerte im Liquor* und eine stets *positive WaR* klären die Zugehörigkeit des Krankheitsbildes zum Formenkreis der Lues.

Behandlung. Die rasche Einleitung einer intensiven Penicillinbehandlung bessert das Krankheitsbild oft schon in wenigen Tagen und führt in der Regel zu einer defektfreien Heilung. Nur ausnahmsweise bleiben Hirnnervenausfälle oder eine Halbseitenschwäche zurück.

Die Lues cerebrospinalis

In der Tertiärperiode werden recht unterschiedliche neurologische Krankheitsbilder beobachtet. Sie lassen sich nach den wesentlichen Syndromen in drei Gruppen einteilen, nämlich die *meningitische Form,* die *vaskuläre Form* und die *granulomatöse* Form.

Die meningitische Form. Das klinische Bild der meningitischen Form entwickelt sich in der Regel schleichend, häufig unter den Symptomen der *intrakraniellen Drucksteigerung.* Kopfschmerzen, Erbrechen und Schwindel sind vielfach mit psychopathologischen Auffälligkeiten im Sinne des Antriebsverlustes und der Affektlabilität gekoppelt. Das Auftreten von Stauungszeichen am Augenhintergrund, von Gesichtsfeldausfällen durch Druck auf die Sehnervenkreuzung und von endokrinen Störungen durch eine Beeinträchtigung des Hypophysen-Zwischenhirn-Systems sowie Hörstörungen, Lähmungen der mimischen Muskulatur und der Augenmuskeln deuten auf eine vorwiegend an der Hirnbasis gelegene chronische Entzündung der Hirnhäute hin. Schließlich kann auch eine durch diesen Prozeß eingeengte Blutversorgung zu umschriebenen Ausfällen der Motorik, der Sensibilität und der Sprache Anlaß geben.

Die vaskuläre Form. Die vaskuläre Form der Lues cerebrospinalis beginnt oft recht dramatisch mit einer plötzlichen *Halbseitenlähmung* als Folge eines einseitigen entzündlichen Verschlusses der A. cerebri media. Das klinische Bild unterscheidet sich im Prinzip nicht von einem durch einen arteriosklerotischen Gefäßverschluß bedingten Durchblutungsschaden (s. S. 33), betrifft aber zumeist Menschen im jüngeren oder mittleren Lebensalter. Selten werden mehrere Gefäßabschnitte so massiv gleichzeitig befallen, daß es zu schweren beidseitigen Lähmungen kommt. Auch ohne spezifische Therapie bilden sich die Ausfälle zuweilen rasch zurück, neigen aber zum Wiederauftreten, bis aufgrund der eindeutigen Liquorbefunde mit positiver WaR die Ursache geklärt wird und die Kausalbehandlung einsetzen kann.

Zur Therapie und Pflege. Auch die vaskuläre Form der Lues reagiert prompt auf eine hochdosierte Penicillinkur. Wieweit sich die entstandenen neurologischen Ausfälle zurückbilden, hängt vom Umfang der eingetretenen Zellschädigung ab. Die erforderlichen pflegerischen Maßnahmen entsprechen im übrigen dem Behandlungsplan bei zerebralen Durchblutungsstörungen anderer Genese (s. S. 35).

Die granulomatöse Form. Bei der granulomatösen Form der Lues cerebri führt die Entwicklung eines spezifischen Granulationsgewebes (Gumma) innerhalb der Schädelkapsel im klinischen Bild zu ähnlichen Auffälligkeiten, wie sie bereits im Kapitel über die Hirntumoren dargestellt wurden (s. S. 39). Vereinzelt ist daher bei unzureichender serologischer Diagnostik die Artdiagnose des raumfordernden intrakraniellen Prozesses erst vom Neurochirurgen bei der Operation gestellt worden. Wenn jedoch der sich meist langsam entwickelnde *Hirndruck* hinreichend Zeit zur vollständigen Liquordiagnostik läßt, führen die üblichen medikamentösen Maßnahmen zu einer raschen Einschmelzung des Granulationsgewebes und damit auch zur Rückbildung der klinischen Erscheinungen.

Behandlung. Wie bei den bisher beschriebenen luischen Prozessen des Zentralnervensystems hat sich auch bei der granulomatösen Form die Penicillinbehandlung bewährt. Wieviel Kuren zur Sanierung des Liquors erforderlich sind, kann nur bei der notwendigen regelmäßigen Kontrolle des Liquors ermittelt werden, die sich in der Regel über einige Jahre erstrecken muß.

Spinale Formen der Lues der Tertiärperiode

Zuweilen kommt es bei grundsätzlich gleichen pathologisch-anatomischen Veränderungen in der Tertiärperiode zu einem isolierten Befall der Rückenmarkshäute und der das Mark versorgenden Blutgefäße. Die neurologischen Ausfälle treten oft in wenigen Stunden oder Tagen in Form eines *Querschnittssyndroms* auf und unterscheiden sich in der klinischen Symptomatik nicht von anderen entzündlichen oder vaskulären Schäden des Rückenmarks und der Kauda. Bei unvollständigen Markschäden ist oft noch das vornehmlich betroffene Gefäßgebiet erkennbar. So kann beispielsweise bei einem Verschluß der A. spinalis anterior vor allem eine spastische Lähmung mit Ausfall des Schmerz- und Temperaturempfindens auftreten, während die Hinterstrangssensibilität (Berührungs- und Lageempfinden) intakt bleibt.

Zur Therapie und Pflege. Sobald durch die Liquoruntersuchung die Genese der Rückenmarksschädigung aufgehellt wurde, muß die schon mehrfach erwähnte Penicillinkur eingeleitet werden. Manchmal bildet sich unter dieser Kausalbehandlung das Querschnittssyndrom überraschend gut zurück, bleibende Ausfälle durch die zu Beginn der Erkrankung entstandenen anoxämischen Zellschäden sind jedoch häufig. Die pflegerische Aufgabe richtet sich in den ersten Tagen und Wochen vor allem auf die Verhütung der *typischen Komplikationen bei Querschnittslähmungen*, nämlich auf die Vermeidung von Druckgeschwüren, Harnwegsinfektionen und Kontrakturen. Die hierzu erforderlichen Maßnahmen sind bei der traumatischen Rückenmarkschädigung (s. S. 99) eingehend beschrieben.

Die Spätstadien

Bei ungünstiger Immunitätslage kann sich aus der Lues latens liquorpositiva sowohl nach konnataler (angeborener) als auch nach individueller Infektion eine spezifische Enzephalitis oder Myelitis entwikkeln, die wir bei vornehmlichem Rückenmarksbefall als *Tabes,* bei vorwiegendem Hirnbefall als *Paralyse* und bei gemischten Krankheitszeichen als *Paralyse mit Hinterstrangerscheinungen* bezeichnen. Die Entwicklungsdauer dieser Erkrankungen nimmt oft Jahrzehnte in Anspruch. Selbst bei stürmischen Verläufen sind eindeutig klassifizierbare Krankheitsbilder nicht früher als drei Jahre nach der primären Infektion beobachtet worden.

Die Tabes. Seit der Entdeckung von Spirochäten im Rückenmark von Tabeskranken im Jahre 1913 ist die bunte Vielfalt der Symptomatik hinsichtlich ihrer Genese hinreichend sicher geklärt. Dennoch ist für die eindeutige Diagnose zumindest die Kopplung von drei typischen klinischen Zeichen unerläßlich, weil gerade die sonst so wichtigen Blut- und Liquorbefunde bei einem Drittel der Tabeskranken nicht erhoben werden können.

Eintrittspforte des Erkrankungsprozesses ist die Hinterwurzel mit Ausbreitungstendenz der Degeneration im Bereich der Hinterstränge. Die häufigsten diagnostisch wichtigen Symptome sind die *Pupillenstörung* und der *Verlust der Sehnenreflexe* an den unteren Gliedmaßen. Vom Kranken selbst werden demgegenüber zunächst vielfach heftige, sogenannte *lanzinierende Schmerzen* bemerkt, die meist anfallsweise auftreten und an verschiedenen Stellen lokalisiert sind. Ferner bemerkt der Kranke das Auftreten einer *Gangunsicherheit (Ataxie),* die sich durch die entstandene Lagesinnsstörung erklärt, und schließlich fällt bei manchen Patienten eine Neigung zur *Harnverhaltung* auf, die oft fälschlicherweise bei Männern auf eine Prostatahypertrophie bezogen wird. Unter den selteneren Krankheitszeichen sind die *Sehnervenatrophie* und schwere Veränderungen der Gelenke im Sinne der *tabischen Arthropathie* zu erwähnen. Über die Häufigkeitsverteilung tabischer Symptome unterrichtet Abb. 19.

Die Paralyse. Die für den Kranken einschneidendste luische Spätererkrankung ist zweifellos die durch Spirochäten bedingte *Enzephalomeningitis, die Paralyse.* Während in der Mehrzahl der Fälle vor allem das Stirnhirn von den entzündlich-degenerativen Veränderungen betroffen ist, findet sich bei dem sogenannten LISSAUER-*Typ* auch ein stärkerer Befall des Schläfenhirns und bei den angeborenen Formen eine ausgeprägte Kleinhirnbeteiligung.

Das *klinische Bild* beginnt oft schleichend mit einem *geistigen und körperlichen Leistungsabfall,* seltener mit *epileptischen Anfällen* oder flüchtigen *Halbseitenlähmungen.* Im weiteren Verlauf ist der *Ver-*

fall des sprachlichen Ausdrucks (Dysarthrie) recht charakteristisch. Schwierige Testsätze können nicht mehr fehlerfrei artikuliert werden. Während ein Teil der Kranken zunehmend im Antrieb verarmt und schließlich teilnahmslos herumsitzt, fallen andere ihrer Umgebung durch eine großsprecherische Umtriebigkeit auf, die zum Teil zu leichtfertigen Rechtsgeschäften Anlaß gibt und aufgrund von unkritischen *Größenideen* mit einer völligen Fehleinschätzung der eigenen Kräfte und Möglichkeiten verbunden ist.

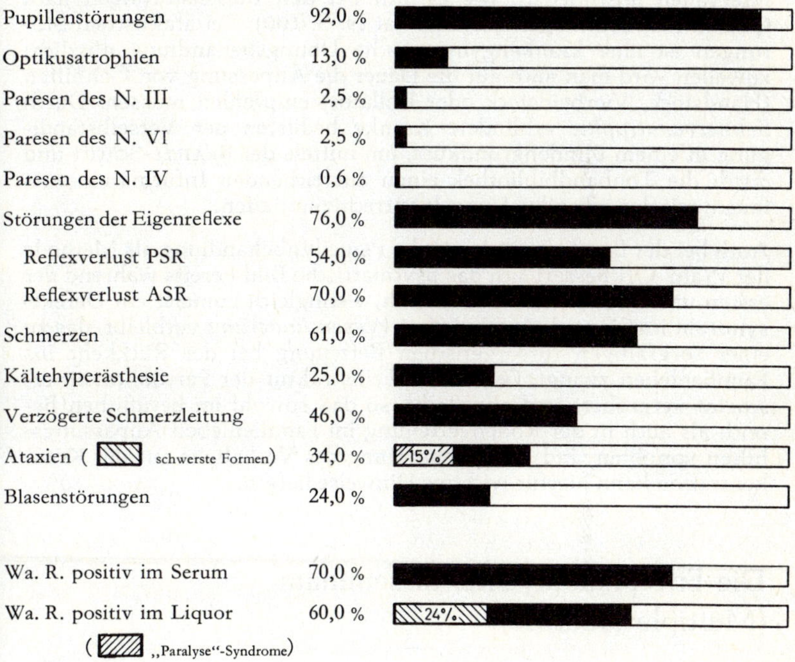

Abb. 19 Häufigkeit einiger Symptome bei der Tabes (aus Scheid, W.: Lehrbuch der Neurologie, 3. Aufl., Thieme, Stuttgart 1968).

Unter den neurologischen Zeichen ist die schon bei der Tabes erwähnte *Pupillenstörung* bei der Hälfte der Fälle von besonderem diagnostischem Wert. Für die Diagnose entscheidend ist wiederum die positive WaR in Blut und Liquor. Unbehandelt führte die Paralyse früher über eine zunehmende Auszehrung zum Tode. Mit Hilfe der von Wagner v. Jauregg entwickelten Malariabehandlung konnte der weitere Krankheitsverlauf zumeist aufgehalten werden.

Zur Therapie und Pflege bei Tabes und Paralyse. Wie bei den bereits besprochenen luischen Erkrankungsformen steht auch bei der *Tabes* die Kausalbehandlung an erster Stelle. Sie muß bis zur Sanierung des Liquors fortgesetzt werden. Die übrige Behandlung und Pflege richtet sich nach den führenden Symptomen. Besondere Aufmerksamkeit muß der *Blasenstörung* zugewendet werden. Um eine Überdehnung des Blasenmuskels zu vermeiden, wird man zunächst regelmäßig unter sterilen Bedingungen katheterisieren müssen und an diese Notversorgung ein Blasentraining mit normierten Trinkzeiten und Entleerungsintervallen anschließen, wie es sich bei den Blasenstörungen nach Querschnittslähmungen bewährt hat (s. S. 100). Bei ataktischen Störungen ist eine krankengymnastische Übungsbehandlung nützlich; zuweilen wird man auch auf die Dauer die Anpassung von Gehhilfen (Handstock, Vierbeinstock oder Rollator) empfehlen müssen. Durch *Sehnervenatrophie* erblindete Kranke bedürfen der Verselbständigung in einem Blindengrundkurs, um mittels der BRAILLE-Schrift und durch die Tonbandbibliothek einen ausreichenden Informationsaustausch mit der sehenden Umwelt aufrechtzuerhalten.

Auch bei der *Paralyse* gilt heute die Penicillinbehandlung als Methode der Wahl. Oft bessert sich das psychiatrische Bild bereits während der ersten und zweiten Kur beträchtlich, wenngleich zumeist ein Defektsyndrom im Sinne der *organischen Wesensänderung* verbleibt, das zu einer sorgfältigen fürsorgerischen Betreuung bei der Rückkehr ins Familienleben zwingt. Gerade die Feinstruktur der Persönlichkeit erscheint vergröbert und abgeflacht, so daß sowohl im beruflichen Bereich als auch in der Rollenverteilung im Familienleben Anpassungshilfen vonnöten sind. Die Beobachtung des Verhaltens auf der Krankenstation kann hierfür wichtige Hinweise liefern.

Die Encephalomyelitis disseminata (Multiple Sklerose)

Obwohl die Encephalomyelitis disseminata zu den häufigsten organischen Nervenkrankheiten zählt, ist unsere Kenntnis über ihre Entstehungsbedingungen noch sehr begrenzt. Leidlich gesicherte Angaben liegen lediglich hinsichtlich der Altersverteilung und der geographischen Verbreitung vor. So sind vor allem jüngere Erwachsene von der Erkrankung betroffen, während ein Befall im Kindesalter und jenseits des 60. Lebensjahres nur ausnahmsweise beobachtet wird. Die *geoneurologische Forschung* hat eine besondere Häufung der Erkrankung in den USA und in Europa, vor allem in den nördlichen Regionen ermitteln können, während in Ostasien und in den südlichen Ländern Europas und Amerikas entsprechende Krankheitsbilder sehr viel seltener aufzutreten pflegen. Selbst in einem Lande mit erheblichem Einwandererzustrom (Israel) erkranken Zuwanderer aus nördlichen Ländern signifikant häufiger als die Einwanderer aus Südeuropa, Afrika und Südamerika. Welche Ursachen dieses eigenartige Verteilungsmuster bedingen, ist bisher unbekannt geblieben. Die unbestreitbare Ähnlichkeit mit der Poliomyelitisverteilung könnte eine Stütze für die *Infektionstheorie* sein, obwohl bisher ein zweifelsfreier Nachweis von Erregern oder Antikörpern nicht gelungen ist. Auch die *Allergietheorie* hat bisher selbst in tierexperimentellen Modellversuchen keine ausreichende Stütze erhalten, weil eine der menschlichen Erkrankung entsprechende schubweise Entmarkung nicht in Gang gebracht werden konnte.

Unabhängig von den Hypothesen zur Krankheitsentstehung sind noch einige Beobachtungen berichtenswert, die die Auslösung akuter Schübe betreffen. So können nach Schiffsunglücken mit langer Durchnässung und Durchkühlung zuweilen akute Krankheitszeichen auftreten oder sich abrupt verschlimmern. Ähnliche plötzliche Verschlechterungen treten im Einzelfall auch einmal in der frühen Schwangerschaft auf, so daß bei erneuter Gravidität die Frage des Abbruchs erörtert werden muß.

Weitgehend sklerotisch vernarbte Entzündungsherde haben zu der Bezeichnung *Multiple Sklerose* Anlaß gegeben, die vor allem in den verschiedenen Laienorganisationen namensgebend geworden ist. Im klinischen Alltag werden beide Bezeichnungen synonym gebraucht.

Das klinische Bild

Die Entwicklung der *Encephalomyelitis disseminata* läßt keine strengen Gesetzmäßigkeiten in ihren klinischen Erscheinungen erkennen. Alle in Frage kommenden Symptome können als erste Krankheitszeichen erscheinen, können allein auftreten, oder sie können gleichzeitig vorhanden sein. Einzelne Symptome mögen bereits abklingen, während andere noch fortschreiten.

Häufige Erstsymptome sind *Mißempfindungen,* Kribbelparästhesien an den Extremitätenenden, aber auch ein Schnür- oder Bandagegefühl oder eine *Hypästhesie.*

Zu stärkerer Behinderung können Bewegungsstörungen führen, die einzelne oder mehrere Gliedmaßen befallen und als *spastische Paresen* mit Tonuserhöhung und Reflexsteigerungen einhergehen. — Recht früh sind oft die *Bauchhautreflexe erloschen.*

Eine zerebellare Beteiligung bewirkt *Koordinationsstörungen,* zu denen auch der typische *Intentionstremor* gehört.

Außerordentlich belästigend werden *Blasenstörungen* empfunden, die als Inkontinenz oder als Retention auftreten.

Die wichtigsten Ausfälle im Bereich der Hirnnerven sind das *„Schleiersehen"* und *Gesichtsfeldstörungen* bei einer Schädigung des N. opticus, *Doppeltsehen* infolge Augenmuskellähmungen sowie *Lähmungen der mimischen Muskulatur.*

Wesentlicher Baustein für die Diagnose ist die in der Mehrzahl der Fälle nachweisbare *Veränderung des Liquor cerebrospinalis.* Es kommt zu einer leichten Erhöhung der Zellzahl bis zu etwa 100/3 Zellen und zu einer Abwandlung in der Zusammensetzung der Eiweißbestandteile bei meist nur geringer Vermehrung des Gesamteiweißgehaltes.

Bei ausgedehnten Hirnherden stellen sich psychische Auffälligkeiten im Sinne der *organischen Wesensänderung* ein, die auch die Einsicht des Kranken in die Schwere der Behinderung vernebeln. Solche Endzustände heiterer Gleichgültigkeit (Euphorie) erleichtern sicher das Abfinden mit dem Leiden, schwächen andererseits die Aktivität, die Leistungseinschränkung durch eigene Anstrengungen unter Verwendung der verfügbaren technischen Hilfsmittel auszugleichen.

Unter den verschiedenen Krankheitsentwicklungen heben sich drei Verlaufstypen ab, die die individuelle Prognose bestimmen:

Eine kleine Gruppe von etwa 15 % bietet nach einem oder mehreren entzündlichen Schüben eine ausgesprochen günstige Gesamtentwicklung. Die klinischen Zeichen bilden sich nach Wochen oder Monaten weitgehend zurück und hinterlassen nur bescheidene Narbensymptome, die keine wesentliche Funktionsbeeinträchtigung bedeuten und allenfalls rückblickend noch die diagnostische Einordnung gestatten. Eine weitere Gruppe verschlechtert sich in Schüben schließlich soweit, daß nach 10 bis 15 Jahren noch erhebliche spastisch-zerebellare Ausfälle verbleiben, die pflegerische Hilfen notwendig machen. Die dritte Gruppe verschlechtert sich oft langsam und kontinuierlich, bis nur noch das Leben im Rollstuhl oder sogar eine dauernde Bettlägerigkeit übrig bleiben.

Völlig bettlägerig gewordenen Kranken drohen die gleichen *Komplikationen,* welche im Kapitel über die traumatischen Querschnittslähmungen dargestellt werden (s. S. 98), nämlich die Entwicklung von *Druckgeschwüren, spastischen Kontrakturen* und *Harnwegsinfektionen.* Diese Komplikationen sind meist auch die Todesursache bei ungünstigem Verlauf.

Zur Therapie und Pflege bei der Encephalomyelitis disseminata

Im Hinblick auf die unzureichende Kenntnis über die Ätiologie der Enzephalomyelitis disseminata ist auch eine wirksame Kausalbehandlung nicht bekannt. Die Therapie kann daher nur auf die Symptome gerichtet sein. Im akuten Schub können zuweilen *Kortikosteroide* oder *Pyramidon* die Entzündungserscheinungen eindämmen. Während der frisch entzündlichen Phase wird im allgemeinen Bettruhe angeordnet, um den erkrankten Organismus in eine möglichst günstige Abwehrlage zu versetzen. Dabei sind bei ausgedehnten zerebralen oder medullären Lähmungen die Gesichtspunkte der *Dekubitusprophylaxe* und der *Verhütung von Gelenkkontrakturen* zu beachten. Sofern *krankengymnastische Hilfen* verfügbar sind, wird man auch schon in dieser Phase die Gelenke regelmäßig durchbewegen.

Aber auch bei ausschließlich pflegerischer Versorgung kann die Abduktionslagerung der Arme die Schultergelenkskontraktur verhüten und die Verwendung einer Bettkiste der Spitzfußneigung entgegenwirken. Die Behandlung der Blasenstörungen bedarf der gleichen Sorgfalt wie bei traumatischen Rückenmarkschädigungen. Wenn irgend möglich, sollte man auf die Einlegung eines Dauerkatheters verzichten und frühzeitig durch genormte Entleerungsintervalle das systematische *Training der Reflexblase* anstreben. Nach drei bis vier Wochen wird man, gleichgültig ob es zu einer Remission gekommen ist oder nicht, mit den Maßnahmen der Aktivierung beginnen.

Schwere zerebellare Störungen zwingen ebenso wie eine schwere medulläre Lähmung zur Gewöhnung an den Zimmerfahrstuhl. So mobilisierte Kranke lernen allmählich wieder, den verbliebenen Bewegungsraum zu nutzen und die notwendigen Verrichtungen des täglichen Lebens selbst zu übernehmen.

Der berechtigten Frage des Kranken nach dem voraussichtlichen weiteren Verlauf seiner Krankheit kann man schwerlich auf die Dauer ausweichen. In Absprache mit dem Arzt bewährt sich dabei die Formulierung, daß man das Ausmaß der Rückbildung und eines möglicherweise verbleibenden Defekts nicht voll übersieht, aber sicherheitshalber sich auf die Ausfälle einzustellen lernt, um sich von einer weiteren Besserung positiv überraschen zu lassen.

Vor der Entlassung von MS-Kranken ist stets die häusliche Situation sorgfältig zu überprüfen, um die Wiedereingliederung in das berufliche und familiäre Leben in materieller und psychologischer Hinsicht optimal vorzubereiten. Schlecht vorgeplante Entlassungen aus der Klinik führen sonst erfahrungsgemäß zur alsbaldigen Wiederaufnahme in ein anderes Krankenhaus und beschleunigen damit den Zerfall familiärer Bindungen und eine resignierte Hingabe in das scheinbar unvermeidliche chronische Siechtum.

Die spinozerebellaren Heredoataxien

Die *Heredoataxien* bilden eine Gruppe, aus der sich zwei Haupttypen, nämlich die rezessiv vererbte *Friedreich-Erkrankung* und die dominant vererbte *Nonne-Marie-Krankheit*, herausheben. Allerdings lassen beide Haupttypen auch als Krankheitseinheit noch zahlreiche Varianten und Übergänge erkennen, so daß die Einordnung ohne Kenntnis der Familienanamnese oft schwerfällt. Das unerbittliche Fortschreiten solcher degenerativen Leiden bedeutet für den Kranken selbst und für die unmittelbare Umgebung eine sehr starke seelische Belastung, und es ist oft schwierig, für die zumeist noch recht jungen Menschen eine der schweren Behinderung angepaßte persönliche Lebenszielsetzung zu entwickeln.

Bei massiver familiärer Häufung sieht man zuweilen die gesamte Geschwisterreihe von der gleichen Krankheit betroffen, ein Anlaß, zumindest in vorsichtiger Form die Krankheitswahrscheinlichkeit weiteren Nachwuchses mit den Eltern klar anzusprechen.

Das klinische Bild der Friedreich-Krankheit

Zuweilen entwickeln sich bei der *spinalen Heredoataxie* schon in frühester Kindheit, meist aber zwischen dem 8. und 14. Lebensjahr, *Gleichgewichtsstörungen* und eine *Ungeschicklichkeit beim Gehen und Hantieren,* die sowohl auf eine Störung der sensiblen Bewegungskontrolle als auch der Steuerung des Kleinhirnsystems zurückgehen und außerdem durch *spastische Paresen* bedingt sein können. Häufig erfährt auch die *sprachliche Artikulation* eine deutliche Beeinträchtigung. Im weiteren Verlauf können solche Kinder nur an der Hand geführt oder im Rollstuhl fortbewegt werden. In fortgeschrittenen Stadien entwickelt sich zumeist auch eine *organische Wesensänderung* in Verbindung mit einem Abbau der intellektuellen Fähigkeiten. Nach Jahren oder wenigen Jahrzehnten sterben die Kranken an interkurrenten Infekten.

Neben diesen progredienten Verläufen finden sich zuweilen auch Abortivformen mit nur angedeuteten Krankheitszeichen und geringfügiger Tendenz zur Verschlechterung. Sehr typisch ist die *Hohlfußbildung.*

Das klinische Bild der Nonne-Marie-Krankheit

Die ersten Symptome dieses Erbleidens – der *spinocerebellaren Heredoataxie* – manifestieren sich in der Regel erst im vierten Lebensjahrzehnt; führend sind dabei die Zeichen der *zerebellaren Unsicherheit* im Gangbild und in der *Gliedmaßenkoordination.* Frühzeitig wird auch die bei allen zerebellaren Prozessen typische *Sprachveränderung* beobachtet. *Spastische Paresen* können sich entwickeln. Oft stellen sich zusätzlich *Hör-* und *Sehstörungen* ein, regelmäßig zeigt sich bald auch ein fortschreitender Abbau der intellektuellen Leistungen. Die Ausfälle schreiten in mehreren Jahren unaufhaltsam fort, und die Kranken sterben zumeist im Zustand weitgehender Hilflosigkeit an interkurrenten Infekten.

Zur Therapie und Pflege. Eine eigentliche Behandlung der Heredoataxien ist nicht möglich. Die pflegerischen Maßnahmen richten sich jeweils nach der Schwere der Ausfälle. Besonders wichtig für die Erhaltung der verbleibenden Leistung ist die schrittweise Verstärkung der pflegerischen Hilfen und die Herauszögerung der dauernden Bettlägerigkeit durch die Nutzung der verbliebenen Aktivität vom Rollstuhl aus. Kann der Behinderte im häuslichen Milieu ausreichend betreut werden, so bieten geschützte Werkstätten und beschäftigungstherapeutisch orientierte Tagesstätten oft eine wirksame Entlastung für die Angehörigen. In anderen Fällen muß zur Sicherung der pflegerischen Minimalforderungen und einer dem Leiden angepaßten Beschäftigung die Hilfe eines Pflegeheimes in Anspruch genommen werden.

Krankheiten des Rückenmarks

Ohne an dieser Stelle vertraute anatomische Kenntnisse wiederholen zu wollen, sei noch einmal kurz auf die Unterscheidung der Strukturen des Nervensystems verwiesen, die für die Besprechung der neurologischen Krankheitsbilder wichtig ist. Die Länge des Rückenmarkes ist erheblich geringer als die der Wirbelsäule. Das Rückenmark endet in Höhe der unteren Brustwirbelsäule und läuft dann kegelförmig im *Conus medullaris* aus. Unterhalb davon, also von der Höhe des 1. Lendenwirbels ab, verlaufen in einem Bündel – vielleicht einem Pferdeschweif vergleichbar – als *Cauda equina* die zum Teil schon weit oberhalb aus dem Rückenmark ausgetretenen Nervenwurzeln durch den Wirbelkanal bis zu ihren jeweiligen Austrittsstellen (Abb. 20). Die Erinnerung an diese Verhältnisse ist deshalb bedeutsam, weil sie die Unterschiede verständlich macht, die zwischen einer Querschnittslähmung als Folge einer Rückenmarksschädigung und einer Konus- oder Kauda-(=Cauda equina-)läsion bestehen.

Kreislaufbedingte Erkrankungen

Im Vergleich zu den verschiedenen Durchblutungsstörungen des Gehirns und ihren Folgen sind die *vaskulären Rückenmarksschäden* sehr viel seltener.

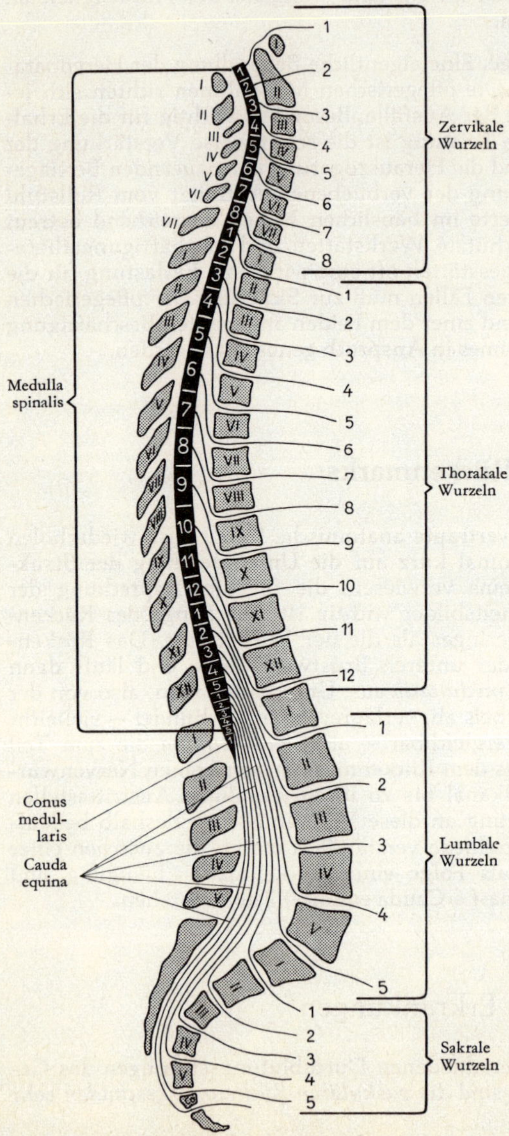

Abb. 20 Beziehung zwischen Wirbelkörpern, Rückenmark und Nervenwurzeln (nach J. TANDLER, aus SCHEID, W.: Lehrbuch der Neurologie, 3. Aufl., Thieme, Stuttgart 1968).

Myelomalazien

Den Minderdurchblutungsfolgen am Gehirn (Enzephalomalazie) vergleichbar, kommt es bei einer Unterbrechung der Blutzufuhr zum Rückenmark zur *Myelomalazie.* Ursache ist meist eine Arteriosklerose der Aorta oder der von ihr zum Rückenmark führenden Blutgefäße, seltener eine Embolie, eine Thrombose oder der Befall dieser Gefäßabschnitte von einem generalisierten Gefäßleiden. Bei der lumbalen Grenzstrangblockade oder der Sympathektomie kann ein Gefäßverschluß oder eine Gefäßverletzung zur Myelomalazie führen. Das allzu schnelle Auftauchen aus großen Wassertiefen führt bei der sogenannten *„Taucherkrankheit"* zur Entwicklung kleiner Gasbläschen im strömenden Blut, die bei entsprechender Größe ein zum Rückenmark führendes Gefäß blockieren und damit eine Rückenmarkserweichung bewirken können.

Folge der *Myelomalazie* ist die *Querschnittslähmung.* Ihre Entwicklung kann plötzlich sein oder auch über mehrere Stunden verlaufen, erfolgt aber in der Regel sehr viel schneller als vergleichsweise bei einem raumfordernden spinalen Prozeß. Die Erscheinungen der *Querschnittslähmung* sind an anderer Stelle ausführlich beschrieben (s. S. 98). Die Rückbildungsneigung der neurologischen Ausfälle nach einer Myelomalazie ist gering. Je nach dem Ausmaß der Erweichung braucht die Querschnittslähmung nicht immer komplett zu sein. Motilitätsreste oder sensible Teilfunktionen können erhalten bleiben.

Ein hervorgehobenes Krankheitsbild ist das *„Syndrom der A. spinalis anterior".* Die an der Vorderseite des Rückenmarks verlaufende A. spinalis anterior versorgt die frontalen Anteile des Rückenmarks. Bei ihrem Ausfall kommt es unterhalb der Schädigungsstelle zur *spastischen Parese* der Beine und zur *dissoziierten Empfindungsstörung.* Temperatur- und Schmerzempfinden sind aufgehoben bei weitgehend erhaltenem Empfinden für Berührung und ungestörtem Lagesinn.

Das Syndrom der Querschnittslähmung und die Richtlinien seiner Behandlung werden im Anschluß an das Kapitel über die traumatischen Schädigungen des Rückenmarks und der Kauda besprochen (s. S. 99).

Rückenmarks- und Kaudaschädigungen durch Gefäßmißbildungen

Häufigste *Gefäßmißbildungen* sind die *Angiome* im Bereich der unteren Rückenmarksabschnitte und der Cauda equina, die als Gefäßknäuel dem betroffenen Gebiet anliegen. Die Symptome der durch sie hervorgerufenen Durchblutungsstörungen setzen meist im mittleren Lebensalter ein, können sich anfänglich auf uncharakteristische Schmerzen beschränken, im weiteren Verlauf — je nach Lokalisation —

Lähmungen und Sensibilitätsstörungen hervorrufen und schließlich zur kompletten *Querschnitts-* oder *Kaudalähmung* führen.

Während bei der *Myelomalazie* die rasche Entwicklung der Symptome schon die Annahme einer Durchblutungsstörung wahrscheinlich macht, kann die Diagnose der Gefäßmißbildungen an Rückenmark und Kauda wegen der häufig über einen längeren Zeitraum verlaufenden Ausbildung der Symptome sehr viel schwieriger sein. Bei der *Röntgenuntersuchung* ist die Wirbelsäule normal, der *Liquor* ist unauffällig und gleichfalls oft der QUECKENSTEDT-*Versuch*. Bei der *Myelographie* hebt sich allerdings häufig das Gefäßknäuel vom Kontrastmittel in charakteristischer Weise ab. Manchmal aber erkennt man erst bei der Operation die Gefäßmißbildung.

Zu den Seltenheiten gehören Gefäßmißbildungen im Inneren des Rückenmarks, die zur Minderdurchblutung führen oder aus denen es zu einer Blutung in das Rückenmark *(Hämatomyelie)* kommt. Folgen dieser Erkrankungen sind gleichfalls mehr oder weniger vollständige Querschnittslähmungen.

Raumfordernde spinale Prozesse

Die größte Gruppe der *raumfordernden spinalen Prozesse* bilden zweifellos die sogenannten *„Rückenmarkstumoren"*. Daneben aber führen auch einige weitere Erkrankungen zu Druckerscheinungen auf Rückenmark und Cauda equina und müssen hier kurz genannt werden, wenngleich sie im Zusammenhang mit anderen Krankheitserscheinungen abgehandelt werden. Dies ist einmal der *epidurale Abszeß*, der in der Gruppe der entzündlichen spinalen Prozesse erscheint, zum anderen der *Bandscheibenvorfall*, dessen Gesamtbesprechung in das Kapitel über die „Krankheiten der peripheren Nerven und der Muskeln" verlegt wurde, weil seine hauptsächlichen Folgen ja die *„Wurzelschäden"* sind, und schließlich das *spinale Angiom*, das in die Gruppe der kreislaufbedingten Erkrankungen eingefügt wurde, weil es zumeist eher zu Durchblutungsstörungen als zur Kompression am Rückenmark führt.

Die eigentlichen *spinalen Tumoren* haben wir nach ihren aus Herkunft und Wachstumsart — und damit schon ein wenig auch aus ihren Heilungsaussichten — abgeleiteten Merkmalen unterteilt in die sogenannten „gutartigen" und „bösartigen" Tumoren und die Metastasen. Daß Übergänge zwischen gutartigen und bösartigen Geschwülsten bestehen und auch gutartige Tumoren sich einmal in bösartige umwandeln, soll erwähnt, aber nicht weiter diskutiert werden. Es werden außerdem nur die wichtigsten, nicht aber die selteneren Tumorarten genannt, denn die Symptome und Folgen sind gleich oder doch sehr ähnlich.

Die weitgehende Gleichartigkeit der Symptomatik und des Untersuchungsablaufes läßt es demnach auch ratsam erscheinen, die klinischen Bilder für die verschiedenen Gruppen gemeinsam zu besprechen.

Zu Beginn der Erkrankung werden Beschwerden und Ausfälle bestimmt vom Sitz des Tumors. Dabei kann einmal die *Druckwirkung* auf die vom Rückenmark ausgehenden *Nervenwurzeln* im Vordergrund stehen, wie sie im Kapitel über den Bandscheibenschaden beschrieben ist, zum anderen die *Druckwirkung* auf das *Rückenmark* oder die Zerstörung des Markes als Folge des Tumorwachstums und schließlich die ebenso wie eine direkte Markschädigung wirkende Folge einer spinalen Durchblutungsstörung, die der Kompression eines zum Rückenmark führenden Blutgefäßes durch den Tumor folgt.

Erstes Symptom eines *raumfordernden spinalen Prozesses* ist meist ein Schmerz im betroffenen Wirbelsäulenabschnitt, der oft durch Druck oder Beklopfen verstärkt wird. Manchmal strahlt der *Schmerz gürtelförmig* entlang dem Hautareal der zugehörigen Rückenmarkswurzel aus, möglicherweise gesellt sich eine *radikuläre Sensibilitätsstörung* hinzu. Gleichzeitig können sich *Lähmungen* im motorischen Versorgungsbereich einer oder mehrerer im Tumorbereich entspringender Wurzeln einstellen. Greift der Druck oder das Tumorwachstum auf das Rückenmark über, so werden die langen Leitungsbahnen erfaßt. Mehr oder minder hochgradige *spastische Paresen* mit *Reflexsteigerungen* treten unterhalb der Schädigunsgstelle auf, und *querschnittsmäßig begrenzte Sensibilitätsstörungen* in Form von Reiz-, später ausschließlich von Ausfallserscheinungen reichen vom betroffenen Gebiet abwärts. Hinzu kommen *Störungen der Blasen- und Darmfunktion.* Je nach Art und Sitz des Tumors ist das *Entwicklungstempo* sehr unterschiedlich und reicht von Tagen bis zu mehreren Jahren. Im Interesse des Kranken und seiner möglichst vollständigen Heilung liegt die frühzeitige Diagnose des *Rückenmarkstumors,* zu deren Sicherung einige *Hilfsmethoden der Neurologie* angewandt werden, nachdem zuvor der exakte neurologische Befund erhoben worden ist. Manchmal zeigen schon *Röntgenaufnahmen der Wirbelsäule* am Knochen Veränderungen, die den Tumorverdacht nahelegen. Der *Lumballiquor* bietet bei Rückenmarkstumoren meistens eine deutliche *Eiweißvermehrung,* die dann noch gewichtiger wird, wenn der *Zisternalliquor* normal ist. Beim QUECKENSTEDT-*Versuch* ist die teilweise oder vollständige *Passagebehinderung* Beweis für einen raumfordernden Prozeß im Spinalkanal. Die *Myelographie* wird diesen raumfordernden Prozeß bestätigen und — für die Operation wichtig — seine genaue Lage erkennen lassen (Abb. 21). Über Operabilität oder sonstige Behandlungsmaßnahmen wird gemeinsam mit dem Neurochirurgen entschieden.

Schwerste Folge des unbehandelten oder nicht erfolgreich behandelbaren Rückenmarkstumors ist die vollständige *Querschnittslähmung*, die sich bei manchen raumfordernden Spinalprozessen schon sehr frühzeitig entwickeln kann. Über ihre Behandlung wird im Zusammenhang mit den traumatischen Schädigungen des Rückenmarks gesprochen.

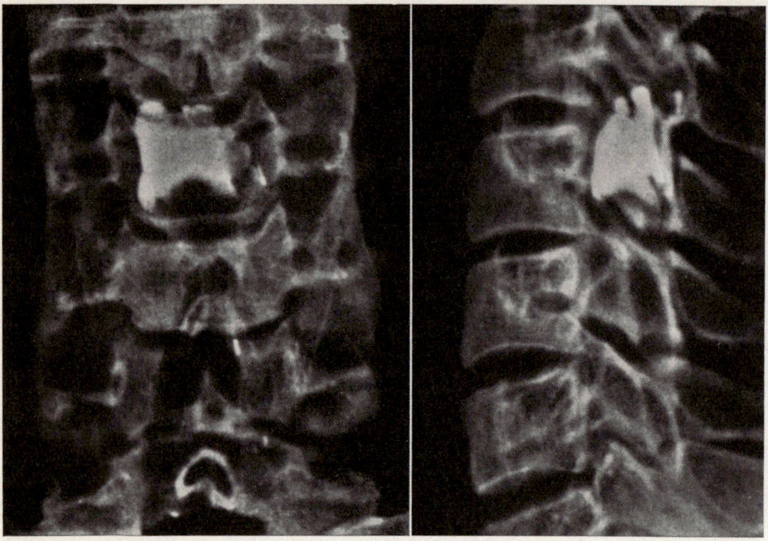

Abb. 21 Neurinom in Höhe des 4. Halswirbelkörpers. Myelogramm mit Pantopaque von vorn und von der Seite gesehen. Kompletter Kontrastmittelstop, der die obere Tumorbegrenzung erkennen läßt (aus SCHEID, W.: Lehrbuch der Neurologie, 3. Aufl., Thieme, Stuttgart 1968).

Gutartige Tumoren

Hauptvertreter der *gutartigen Tumoren* im Bereich des Spinalkanals sind die *Meningiome* und die *Neurinome*; es folgen mit einigem Abstand *Ependymome* und *Spongioblastome* vor weniger häufigen Tumorarten. Die Bezeichnung „gutartig" gilt auch für diese Tumoren nur in einem beschränkten Umfang. Gemeint ist damit — ebenso wie ganz allgemein in der Lehre von den Geschwülsten —, daß das Tumorwachstum langsam erfolgt und die umgebenden Gewebe verdrängt, nicht aber in sie eindringt und sie zerstört. Gutartig bedeutet zugleich — und das soll besonders betont werden! —, daß die rechtzeitige operative Entfernung einer solchen Geschwulst dem komprimierten Rükkenmark und den geschädigten Wurzeln auch dann noch eine gute Erholungsaussicht läßt, wenn die Ausfallserscheinungen schon recht fortgeschritten sind (vielleicht sogar schon bis zu einer vollständigen Querschnittslähmung). Natürlich ist für die Operationsmöglichkeiten der Sitz des Tumors innerhalb des Wirbelkanals wichtig. Die außerhalb der Dura gelegene Geschwulst ist leichter und mit geringerem Risiko anzugehen als die zwischen Dura und Rückenmark. Der im Rückenmark entwickelte – *intramedulläre – Tumor* wird selten erfolgreich zu operieren sein. Daß bei entsprechender Ausdehnung des Tumors und bei über lange Zeit bestehendem Druck auf das Rückenmark auch der gutartige Tumor zu katastrophalen Folgen führt, bedarf keiner besonderen Betonung.

Nach ihrer Herkunft eher gutartig aber in den Folgen — weil kaum operabel — als bösartige raumfordernde spinale Prozesse müssen Wirbelhämangiome und die Wirbeltuberkulose gelten.

Bösartige Tumoren

Die *bösartigen Tumoren* des Spinalkanals gehören nach ihrer Gewebeart meist der Gruppe der *Gliome* an. Sie bieten dem Operateur wenig Chancen, und auch die Erfolge einer Bestrahlung sollten nicht zu hoch eingeschätzt werden. Hinzurechnen wollen wir dieser Gruppe die *bösartigen Wirbeltumoren*, vornehmlich Sarkome, die entweder durch ihre Ausdehnung das Rückenmark komprimieren oder infolge der Zerstörung des Wirbelknochens zu seinem Zusammenbruch führen und dadurch das Mark schädigen.

Metastasen

Metastasen jedweder Herkunft können sich zu raumfordernden spinalen Prozessen entwickeln. Sie können – einzeln oder in Mehrzahl – innerhalb des Rückenmarks liegen, zwischen Rückenmark und Dura oder extradural wachsen und sich gleichfalls in den Wirbeln bilden und von dort auf das Mark drücken. Eine besondere Form der Metastasierung sind die *Meningitis carcinomatosa* und die *Meningitis sarcomatosa*, bei denen sich sowohl im Schädelinnern als auch im Wirbelkanal zahlreiche kleine Metastasen an den Hirn- und Rückenmarkshäuten ansiedeln können.

Entzündliche spinale Prozesse

Aus der Gruppe der *entzündlichen spinalen Prozesse* sind bereits jene besprochen, die mit gleichzeitiger Entzündung des Gehirns einhergehen, insbesondere die *luischen Erkrankungen*, die *Enzephalomyeli-*

tis disseminata und die *Poliomyelitis anterior acuta,* die spinale Kinderlähmung, die gerade nach jüngsten Erfahrungen wieder vermehrt aufgetreten ist.

Myelitis

Die *Entzündung des Rückenmarks — Myelitis* — ist, soweit sie nicht einer der oben genannten Gruppen zugehört, eine seltene Erkrankung. Sie kommt vor als Komplikation bei *bakteriellen Erkrankungen* infolge hämatogener Streuung, bei *Virusinfektionen* und nach *Pokken-, Typhus- oder Tollwutschutzimpfung.* Außerdem kann eine Entzündung der umgebenden Häute auf das Rückenmark übergreifen. Die Entwicklung der Ausfallserscheinungen kann plötzlich erfolgen oder sich über mehrere Wochen erstrecken, ihr Grad von leichtesten Lähmungen und Ausfällen der Sensibilität bis zur vollständigen Querschnittslähmung reichen. Sind die anfänglichen Störungen nicht sehr ausgeprägt, darf mit einer völligen oder weitgehenden Heilung gerechnet werden. Schwerere Ausfälle im Beginn oder komplette Querschnittslähmungen haben eine schlechtere Prognose und bedürfen frühzeitig jener Maßnahmen, die im Kapitel über die Behandlung der Querschnittslähmung dargestellt sind.

Epiduralabszeß

Ohne Zweifel gehört auch der *Epiduralabszeß* zu den *entzündlichen spinalen Erkrankungen,* wenngleich er mit gleicher Berechtigung dem Kapitel über die *raumfordernden spinalen Prozesse* zugeordnet werden könnte. Sein Auftreten führt sowohl zur Tumorsymptomatik als auch zu den Zeichen einer Entzündung, meist in einer typischen Kombination. Rückenschmerzen in der Umgebung des Abszesses sind oft die ersten Erscheinungen. Der Wirbel, innerhalb dessen Bogen der Abszeß liegt, ist außerordentlich klopf- und druckempfindlich, und der Kranke vermeidet ängstlich jede Bewegung, die zur Reizung der betroffenen Stelle führen könnte. Sensible Reiz- und Ausfallserscheinungen und Paresen können im Versorgungsbereich der benachbarten Nervenwurzel auftreten. Dazu bestehen Fieber und bei den Blutuntersuchungen die Zeichen einer Entzündung. — Längst nicht immer läßt sich auch der Entzündungsherd (z. B. ein Furunkel) entdecken, von dem die Erreger ausgingen.

Die Behandlung besteht in einer alsbaldigen Operation, bevor der zunehmende Druck auf das Rückenmark zu irreparablen Schäden (Querschnittslähmung) oder einem Durchbruch des Prozesses in den Subarachnoidealraum und damit zur Meningitis führt.

Traumatische und mechanische Schädigungen des Rückenmarks und der Kauda

Wenngleich Einzelbeobachtungen über traumatische Schäden der Medulla spinalis schon im Altertum bekannt waren, so ist die gründliche wissenschaftliche Bearbeitung vieler Teilfragen erst aufgrund der Erfahrungen des ersten Weltkriegs möglich gewesen. Große Neurologen wie Babinski, Foerster, Guillain und Barrée, Oppenheim, Trömner und viele andere, haben Kasuistik, neurologische Syndrome und pathologisch-anatomische Befunde zu einem Gesamtbild ergänzt, das in seiner Vielfalt auch die physiologischen Vorstellungen über die Leistungen des zentralen, peripheren und vegetativen Nervensystems beträchtlich bereichert hat. Die Auswirkungen vollständiger und teilweiser Durchtrennungen des Marks konnten in klinischer und pathologisch-anatomischer Hinsicht studiert und bestimmte Gesetzmäßigkeiten aufgefunden werden. Die Bedeutung gleichzeitiger Knochenverletzungen und sekundärer Durchblutungsstörungen sind damals von O. Foerster schon treffend und in heute noch gültiger Form dargestellt worden.

Inzwischen hat auch die technische Entwicklung und vor allem die Motorisierung des Straßenverkehrs die Unfallquote außerhalb kriegerischer Verwicklungen so erheblich anwachsen lassen, daß uns die von der Kriegsmedizin gewonnenen Erfahrungen im klinischen Alltag recht nützlich sind und keineswegs nur historisches Interesse beanspruchen.

Ursachen und Höhenlokalisation wechseln je nach den sozialen Gegebenheiten und den vorherrschenden Gefahrenquellen. Während die offenen Verletzungen durch Schuß- oder Stichwaffen in Friedenszeiten in den Industrieländern zahlenmäßig weit zurücktreten, sind vor allem die schweren stumpfen Gewalteinwirkungen mit Frakturen oder Luxationen der Wirbelsäule in fast der Hälfte der Fälle mit Rückenmarksschäden verbunden. *Halsmarkkontusionen* entstehen besonders häufig beim Kopfsprung in flaches Wasser, kommen aber nicht selten auch unter weit harmloser erscheinenden Gewalteinwirkungen zustande, so daß die traumatische Genese hin und wieder erst mit einiger Mühe aus der Vorgeschichte rekonstruiert werden muß. Zuweilen genügt selbst ein ungewöhnlicher Muskelzug in reflektorischer Abwehr eines drohenden Sturzes oder erhebliche Druckschwankungen in der unmittelbaren Nachbarschaft (Explosion), um eine kontusionelle Schädigung des Rückenmarks herbeizuführen (Abb. 22). Schließlich sollen auch die Elektrounfälle wegen der ähnlichen Folgen auf das Rückenmark im gleichen Abschnitt ihren Platz finden.

Offene Schädigungen des Rückenmarks und der Kauda durch Schuß- oder Stichverletzungen

Die vor 20 Jahren noch nahezu aussichtslos schlechte Prognose der sogenannten Querschnittsläsionen hat leider gerade die pathologisch-anatomischen Kenntnisse im akuten, subakuten und Spätstadium sehr bereichert. So finden sich nach *totaler Markdurchtrennung* ober- und unterhalb der eigentlichen Trümmerzone mehr oder weniger nach oben und unten sich ausdehnende stecknadelkopfgroße Blutungen und Ödeme, die für den Wechsel klinischer Erscheinungen in den ersten Tagen nach der Verletzung verantwortlich sind. Sekundäre Durchblutungsstörungen nach Art von Thrombosen mit nachfolgenden Markerweichungen, aber auch Blutungen durch Gefäßeinrisse sind sowohl bei experimentellen Studien als auch beim Menschen häufig beobachtet worden. Sie kennzeichnen das Stadium des *spinalen Schocks* mit seinen zunächst schwer verständlich erscheinenden, über die eigentliche Lokalschädigung weit hinausgreifenden klinischen Symptomen. Das Ausmaß der Ausfälle richtet sich nach dem Umfang der Markzerstörung und nach der Höhe der Schädigung. Zuweilen können eingedrungene Fremdkörper zusätzlich zu einer Entzündung des Marks und seiner Hüllen sowie zu epidural gelegenen Abszessen Anlaß geben. Die typische Komplikation der kompletten Rückenmarksschädigung ist im Abschnitt Querschnittslähmung (s. S. 98) dargestellt.

Gedeckte Schädigungen des Rückenmarks und der Kauda

Als häufigste Ursache von Rückenmarksläsionen sind die bei erheblicher Gewalteinwirkung auf die Wirbelsäule auftretenden *Frakturen* und *Luxationen* der Wirbelkörper und -bögen zu nennen. Bevorzugt sind hier die *untere Halswirbelsäule* und die *Brustwirbelsäule* betroffen, während Brüche der unteren Lendenwirbelsäule sehr viel seltener sind. Unter den Ursachen sind vor allem Abstürze aus großer Höhe, Kopfsprünge in flaches Wasser und Verkehrsunfälle zu nennen. Zuweilen tritt der Zusammenbruch des Wirbelkörpers auch bei recht bescheidenen traumatischen Einwirkungen auf. Ein solches Ereignis wirft die Frage auf, ob eine *entzündliche Wirbeldestruktion* bereits vorausging und das angeschuldigte Trauma nur als Gelegenheitsursache hinzutrat. Auch bei *hochgradiger Osteoporose* können Wirbelbrüche ohne erhebliche Gewalteinwirkung auftreten.

Die klinischen Syndrome der Kompressionsfrakturen und Luxationen der Wirbelsäule unterscheiden sich nicht von den Querschnittsbildern nach offenen Verletzungen. Das Ausmaß des Markschadens und damit auch die Prognose ist nicht von den im Röntgenbild imponierenden Veränderungen bestimmbar. Selbst schwerste Luxationsfrakturen mit erheblicher Verschiebung der Bruchstücke brauchen keineswegs zu einer totalen Kontinuitätsdurchtrennung geführt zu haben. Andererseits finden sich irreversible komplette Markschäden zuweilen ohne jede erkennbare Knochenveränderung. Bestimmend sind vor allem die bei der Markquetschung eingetretenen *Zirkulationsstörungen* und *Blutungen*.

Bei *Halsmarkschädigungen* stehen oft die Klagen über *heftigste Brennschmerzen* in beiden Armen, die bei Berührung durch Hand oder Bettdecke unerträglich werden, ganz im Vordergrund. Die Lähmungsverteilung kann Schulterheber und Beuger an den Oberarmen intakt lassen, während die zu den unteren Halssegmenten gehörigen Beuger und Strecker am Unterarm bereits ausgefallen sind.

Bei *Kontusionen des Brustmarks* sitzt die Schmerzzone meist gürtelförmig in Höhe der oberen Begrenzung der Ausfälle. Hinsichtlich der Trophik und der Blasen- und Mastdarmstörungen besteht weitgehende Übereinstimmung mit den offenen Rückenmarksverletzungen. Häufiger als bei diesen bilden sich jedoch die Sensibilitätsausfälle ganz oder teilweise zurück, während die atrophischen Lähmungen nur eine geringe Besserungstendenz erkennen lassen.

Die leichtesten gedeckten Rückenmarksschädigungen werden als *Commotio spinalis* bezeichnet. Kenntnisse über die zugrundeliegenden anatomischen Veränderungen sind äußerst dürftig und spekulativ. Es ist aber zu vermuten, daß flüchtige Zirkulationsstörungen in Analogie zur Commotio cerebri das klinische Bild prägen. Rasch sich zurückbildende, segmental begrenzte Paresen und Sensibilitätsstörungen sowie Blasen- und Mastdarmstörungen entsprechen den Befunden bei leichten spinalen Kontusionen. Die rasche und vollständige Heilung innerhalb von ein bis zwei Tagen läßt jedoch einen Substanzschaden mit hinreichender Sicherheit ausschließen. Derartige Krankheitsbilder sind sowohl bei Gewalteinwirkungen auf die Wirbelsäule als auch bei Druckverschiebungen durch Granateinschläge, Explosionen usw. in unmittelbarer Nähe des Verletzten häufiger beschrieben worden.

Rückenmarksschäden bei Elektrounfällen

Elektrounfälle bei niederen Stromstärken und höheren Spannungen bis zu 1000 V haben überraschenderweise nicht selten zu umschriebenen Schäden des Rückenmarks in Höhe des Stromdurchtritts Anlaß gegeben. Bei beidarmigem Hantieren an elektrischen Leitungen und Geräten sind daher Halsmarkläsionen beobachtet worden; bei Stromdurchfluß durch beide Beine wies das Lumbalmark entsprechende Schäden auf. Die pathologisch-anatomischen Befunde sind durch Blutungen und Erweichungen gekennzeichnet, die bevorzugt das Vorderhorngebiet betreffen. Diese Lokalisation erklärt auch das häufige Auftreten atrophischer Lähmungen neben den spastischen Zeichen.

Die Querschnittslähmung

Das Syndrom der Querschnittslähmung

Je nach dem Schädigungsort tritt im Gefolge einer plötzlichen Markschädigung zunächst eine *schlaffe Lähmung* aller Muskeln auf, deren zugehörige motorische Vorderhornzellen unterhalb der Schadensstelle gelegen sind. Die *Blasen- und Mastdarmentleerung* ist im Sinne der Verhaltung (Retention) gestört. Auch die *Sensibilität* ist häufig mit einer hyperästhetischen oder hyperpathischen Randzone unterhalb der betroffenen Segmente für alle Qualitäten aufgehoben. Zunächst fehlen vielfach auch die klassischen Zeichen der Spastik. Mit der Rückbildung des Ödems und mit der Anpassung der Zirkulation nimmt das Rückenmark seine Eigentätigkeit unterhalb der Läsion wieder auf, die Sehnenreflexe kehren zurück, und es entwickeln sich oft mit der *Steigerung der Muskeleigenreflexe* und mit dem Auftreten der sogenannten *Pyramidenbahnzeichen spinale Automatismen.* Auch eine spontane Harnentleerung kann bei völliger Durchtrennung des Marks wieder einsetzen, indem der Füllungsreiz der Blase das sakrale Blasenzentrum zu reflektorischer Kontraktion des Blasenmuskels anregt. *Trophische Störungen* der Haut sowie Veränderungen der Blut- und Lymphzirkulation begünstigen das Auftreten von *Druckgeschwüren,* insbesondere, wenn die noch an anderer Stelle darzustellende pflegerische Aufgabe nicht mit der notwendigen Sorgfalt durchgeführt werden kann. Gefährdet sind vor allem die mit nur geringen Muskelpolstern ausgestatteten Regionen über dem *Kreuzbein,* den *Trochanteren* und den *Fersen.* Im Schockstadium genügen zumeist schon einige Stunden gleichbleibender Lagerung, um den Untergang des Unterhautbindegewebes mit anschließendem Absterben der darüber gelegenen Hautpartien zu bewirken. Ebenso gefürchtet sind aufsteigende *Infektionen der Harnwege,* die infolge mangelnder Sorgfalt beim täglichen Katheterisieren, besonders leicht aber nach Anlage eines Dauerkatheters mit hohen Fieberschüben zur *Sepsis* führen können. Solche Komplikationen verschlechtern nicht nur den Allgemeinzustand, sondern schädigen oft auch die spätere Blasenfunktion empfindlich. Derartige Fieberschübe begünstigen ihrerseits wieder das Auftreten von Dekubitalgeschwüren und leiten zu dem früher als unvermeidlich angesehenen Auszehrungszustand des Kranken über, dessen Prognose stets sehr ernst ist. Schließlich ist der Krankheitsverlauf zuweilen durch die Entwicklung *spastischer Beugekontrakturen* geprägt, die anfänglich noch überwindbar sind, langsam aber zu Gelenkversteifungen führen. Bestehen derartige Kontrakturen, oft verbunden mit wechselnd intensiven Schmerzen, so ist die Pflege bereits erheblich erschwert, und das Behandlungsziel, die Erlangung einer weitgehenden Unabhängigkeit, rückt zunächst in unerreichbare Ferne. Hat das ursprüngliche Trauma nicht zu einer völligen Markdurchtrennung geführt, so können Teilfunktionen nach einigen Wochen bis zur Jahresfrist wiederkehren. Die Anordnung der langen motorischen und sensiblen Bahnen innerhalb des Rückenmarksquerschnitts macht beispielsweise bei Halsmarkläsionen sehr eigentümliche Lähmungsverteilungen an den oberen und unteren Gliedmaßen erklärlich. Einseitige Stichverletzungen hinterlassen zuweilen ein mehr oder weniger ausgeprägtes BROWN-SEQUARD-*Syndrom;* darunter wird ein motorischer Ausfall auf der einen — verletzten — Körperseite und eine Beeinträchtigung des Schmerz- und Temperaturempfindens auf der anderen Körperseite verstanden.

Da bei einer akut eingetretenen hohen Halsmarkschädigung oft nicht nur die *Interkostalmuskulatur* und das *Zwerchfell* mitbetroffen sind, sondern durch sekundäre Zirkulationsstörungen im Bereich des verlängerten Marks auch die *Herz- und Kreislauffunktion* in Mitleidenschaft gezogen ist, gelingt in diesen Fällen die Überwindung des Schockstadiums keineswegs regelmäßig. Trotz aller therapeutischen Bemühungen tritt nicht selten schon nach wenigen Tagen unter hohem Fieberanstieg der Tod ein. Grundsätzlich sind jedoch auch vollständige Durchtrennungen des Hals-, Brust- und Lendenmarks sowie der Cauda equina durchaus mit dem Leben vereinbar.

Spastische Paresen, die noch ein Jahr nach der Verletzung bestehen, müssen als bleibender Defekt angesprochen werden, während rükkenmarksnahe Wurzelschädigungen und Kaudalähmungen bis zu eineinhalb Jahren noch spontane Rückbildungstendenzen erkennen lassen.

Therapie der traumatischen Rückenmarksschäden

Während vor zwei Jahrzehnten noch 80 % aller Querschnittsgelähmten mit vollständigem Ausfall der Motilität innerhalb einiger Jahre an den typischen Komplikationen — Harnwegsinfektionen und ausgedehnten Druckgeschwüren — verstarben, ist mit einer systematischen Verbesserung der Pflegebedingungen und durch die Einführung der Sulfonamide und Antibiotika eine grundsätzliche Wandlung eingetreten. Vor allem Sir LUDWIG GUTTMANN hat die in dem von ihm geleiteten ehemaligen britischen Speziallazarett Stoke Mandeville gewonnenen Erfahrungen immer wieder publiziert und in organisatorischer Hinsicht nutzbar gemacht.

Operative Maßnahmen. Operative Maßnahmen können bei den offenen Verletzungen indiziert sein, wenn Fremdkörper und Knochensequester unmittelbar in das Mark eingedrungen sind. Bei gedeckten

Verletzungen stellt die Laminektomie aber eine zusätzliche Belastung dar, die nicht ohne Zwang in Kauf genommen werden sollte. Meist reichen auch bei Luxationen die schonenden unblutigen Repositionen unter gleichzeitigem Zug völlig aus, um eine befriedigende Stellung der Wirbelsäule zu erreichen.

Lagerung des Querschnittsgelähmten. Im Schockstadium muß Tag und Nacht in zweistündlichem Rhythmus eine Umlagerung vom Rükken auf die linke Seite und auf die rechte Seite erfolgen. Die Bettenauflage und alle übrigen zur Stellungskorrektur der Wirbelsäule und der Gelenke benötigten Stützen dürfen nur mit starken Schaumgummipolstern verwendet werden. Gipsverbände sollten selbst bei Kompressionsbrüchen besser durch *Extensionsmaßnahmen* und *redressierende Schaumgummiquader* ersetzt werden. Der regelmäßige Lagewechsel kann, insbesondere wenn Mangel an Pflegekräften besteht, auch mit einigen technischen Hilfsmitteln erleichtert werden. Bewährt hat sich das sogenannte *Pack-Bett,* bei dem der Kranke auf verschiebbaren Schaumgummiquadern gelagert wird, oder das in England entwickelte *maschinelle Drehbett.*

Dekubitusschutzverhalten. Ebenso wie für die Kranken mit kreislaufbedingten Schädigungen des Gehirns gelten für den Querschnittsgelähmten die zur Vermeidung eines Dekubitalgeschwürs schon früher genannten Maßnahmen einer sorgfältigen Hautpflege. Sie sind hier häufig noch von größerer Bedeutung, weil oftmals nicht mit einer Rückbildung der Querschnittslähmung gerechnet werden darf. Zumeist wird die Behandlung der Querschnittsgelähmten zwar in Spezialabteilungen erfolgen. Die Gefahren der Druckschädigung jedoch drohen bereits in den ersten Stunden, so daß von Anbeginn der Behandlung auf richtige Lagerung, ausreichende Polsterung, Pflege der Haut durch Abhärtung und Schutz vor Feuchtigkeit sowie die sachgemäße Versorgung bereits vorhandener Hautschäden geachtet werden muß.

Das Beispiel ist nicht übertrieben: schon durch das Liegen auf einem ungepolsterten Röntgentisch während einer längeren Röntgenuntersuchung kann der Weg für ein hartnäckiges Druckgeschwür gebahnt werden.

Versorgung der Harnwege. Die anfängliche Harnretention soll nicht unmittelbar mit einem Dauerkatheter versorgt werden. Empfehlenswert ist vielmehr die drei- bis viermal täglich vorzunehmende Entleerung der Blase mittels eines Einmalkatheters unter sterilen Bedingungen. Erst wenn nach mehreren Wochen eine Spontanentleerung nicht einsetzt, darf ein abgestöpselter Dauerkatheter verwendet werden, der zweimal wöchentlich gewechselt werden muß. Der Tag des Wechsels gibt jeweils Gelegenheit, die Rückkehr einer Spontanentleerung, evtl. mit Hilfe eines Parasympathikolytikums (Doryl, Tonaton), zu überprüfen. Ziel der Blasenbehandlung ist die Aufrechterhaltung eines normalen Fassungsvermögens unter Vermeidung der Überdehnung und der Schrumpfung. Sobald Kontraktionen der Blasenmuskulatur erkennbar sind, beispielsweise durch Einnässen neben dem liegenden Dauerkatheter, besteht berechtigte Aussicht auf eine Spontanentleerung in größeren Intervallen von drei bis vier Stunden nach Art einer gut funktionierenden *Reflexblase.* Ausreichende Trinkmengen (4 l pro Tag) und frühzeitiges Aufstehen sowie energische Bekämpfung der Harnwegsinfektionen gehören zu den wirksamsten Mitteln gegen die stets drohende Steinbildung in den ableitenden Harnwegen. Bei Kaudaläsionen ist zwar eine reflektorische Blasenentleerung nicht mehr zu erhoffen, aber auch mit einer gut trainierten *autonomen Blase* kann mit manueller Nachhilfe eine ausreichende Spontanentleerung erreicht werden.

Neben den speziellen Behandlungsmaßnahmen gegen die wichtigsten Komplikationen ist auch die Allgemeinbehandlung von großer Bedeutung. Eiweißreiche und vitaminreiche Kost sowie häufige *Bluttransfusionen* haben sich als wichtige Hilfsmittel erwiesen und geben bisweilen den Ausschlag bei der Abwehr septischer Fieberschübe.

In der Nachbehandlung erhält zunächst die *krankengymnastische Therapie* die führende Rolle. Bei *atrophischen Lähmungen,* insbesondere nach Kaudaläsionen, ist eine tägliche *Elektrotherapie* indiziert. Hingegen liegt bei *spastischen Lähmungen* das Schwergewicht auf der Erhaltung der *Gelenkfunktionen* und der Verhütung der gefürchteten Beugekontrakturen. Schon nach drei bis vier Monaten können traumatische Wirbelbrüche schrittweise belastet werden. Erste *Steh- und Gehübungen* gelingen mit Hilfe von *Gipsschalen* oder provisorischen *Schienenschellenapparaten,* mit deren Hilfe die Gelenke fixiert werden können. Entscheidend für den Weg der weitgehenden Unabhängigkeit ist die *Kompensationsschulung der Arm-, Schulter- und Rückenmuskulatur.* Nur der „Oberkörperathlet“ kann schließlich bescheidene Gangleistungen unter Verwendung von Gehböckchen oder Unterarmstützen bewältigen. Wichtigstes Verkehrsmittel bleibt zwar bei ernsthaften Dauerdefekten der *Rollstuhl,* die regelmäßigen Gehübungen erleichtern aber die selbständigen Verrichtungen des Alltages und halten Muskulatur, Gelenke, Kreislauf und Nierenfunktion auf dem wünschenswerten Trainingsstand.

Behandlung der Spastik. Ist es nach Überwindung des Schocks zu einer hochgradigen Spastik mit häufigen spinalen Automatismen oder gar zu durch physikalische Maßnahmen nicht mehr beherrschbaren Beugekontrakturen gekommen, so wird man sich aus vitaler Indikation nach sorgfältiger Abschätzung des Risikos und des konkreten Rehabilitationsziels zu weiteren chirurgischen Maßnahmen gezwungen sehen. Die beim LITTLE-Syndrom üblichen orthopädischen Operationen, die Tendotomien und Durchschneidungen peripherer Nerven, reichen zumeist nicht aus, um die elementaren Automatismen genügend zu bremsen. Daher sind immer wieder Vorschläge zur Unterbrechung des spinalen Reflexbogens unterbreitet worden. Hierzu gehören beispielsweise die Durchtrennung der vorderen Wurzeln, Durchtrennung der hinteren Wurzeln und neuerdings die *longitudinale Myelotomie.* Weniger mit chirurgischer Technik vertraute Autoren haben zu *Alkoholinjektionen* in den Lumbalkanal gegriffen und auch damit gute Erfolge erzielt. Nach klinischer Prüfung steht seit kurzer Zeit das Präparat *Lioresal* zur medikamentösen Behandlung zur Verfügung.

Organisatorische Voraussetzungen für die Wiedereingliederung. Wenn die hier nur kurz skizzierten therapeutischen Bemühungen, die selbst unter günstigsten Voraussetzungen, je nach Höhe der Querschnittslähmung, acht bis zwölf Monate klinischer Behandlung erfordern, bleibenden Erfolg zeitigen sollen, so sind hierfür einige Voraussetzungen vonnöten. Besonders wichtig ist die rasche Überführung Querschnittsgelähmter in hinreichend ausgerüstete und mit der Pflege vertraute Spezialabteilungen. Das Auftreten ernster Komplikationen unter unzureichenden Behandlungsbedingungen gefährdet das Leben des Verletzten, zumindest aber einen optimalen Rehabilitationserfolg. Ferner muß sich die Planung der Heilmaßnahmen auch auf das häusliche Milieu und die berufliche Zukunft erstrecken. Nur wenn bei der pflegerischen Betreuung in der Wohnung alle — manchmal unwesentlich erscheinenden — Einzelheiten bis zu den Details der Katheterausrüstung bedacht sind, wenn der Kranke mit seinem Schienenschellen-

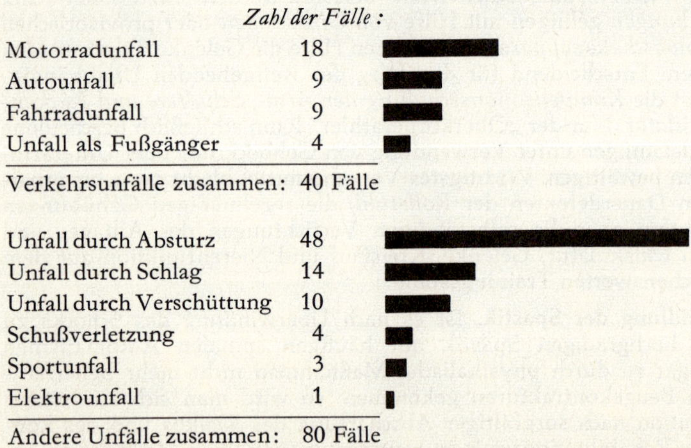

Abb. 22 Herkunft traumatischer Rückenmarks- und Kaudaschäden: 120 Fälle (aus Scheid, W.: Lehrbuch der Neurologie, 3. Aufl., Thieme, Stuttgart 1968).

apparat, mit seinem Faltfahrer selbständig umzugehen vermag und auch seine wirtschaftliche Lage, möglichst durch Wiedereingliederung in ein lohnbringendes Beschäftigungsverhältnis, gesichert erscheint, kann das in der Klinik erreichte Trainingsniveau gehalten und weiter ausgebaut werden. Dies ist aber für den Querschnittsgelähmten von lebenswichtiger Bedeutung, wenn er der „Matratzengruft" und damit ständiger Lebensgefahr dauerhaft entrinnen will.

Degenerative und stoffwechselbedingte Erkrankungen

Zu den Krankheiten des Rückenmarks gehören nicht nur jene Prozesse, die mit ihrem Fortschreiten ohne Unterscheidung der verschiedenen Fasersysteme das ganze Mark zerstören und letztlich zur Querschnittslähmung führen, sondern auch die Erkrankungen, die vornehmlich oder ausschließlich bestimmte der im Rückenmark in Längsrichtung angeordneten, voneinander unterschiedenen Stränge (oder die in ihnen liegenden Nervenzellen) befallen und daher zu anderen Ausfallserscheinungen führen. Einige von ihnen, wie etwa die sich an der motorischen Vorderhornsäule des Rückenmarks abspielende *Poliomyelitis anterior acuta* oder die *neurale Muskelatrophie* und die *spinozerebellaren Heredoataxien* sind aus mancherlei Gründen an anderer Stelle abgehandelt. Die verbleibenden Krankheiten haben ihre Gemeinsamkeit nicht in ihrer Ursache und Symptomatik, sondern allein in ihrer Lokalisation im Rückenmark. Bei der Typik der Krankheitsbilder stehen sie daher ohne weitere Erklärungen nebeneinander.

Die Syringomyelie und der spinale Gliastift

Die Ursache der *Syringomyelie* ist eine Entwicklungsstörung während der Bildung des Neuralrohres im Embryonalstadium. Eine Abweichung vom normalen Verschluß des Neuralrohres führt dazu, daß späterhin im ausgereiften Rückenmark in unmittelbarer Nähe des Zentralkanals eine Höhle besteht. Häufig sind diese Hohlräume von Gliafasern, also dem Bindegewebe des Nervensystems, durchzogen; gelegentlich überwiegt die Gliawucherung, so daß ein Hohlraum nicht mehr zu erkennen ist. Daher trägt diese aus Fehlbildung und fast tumorartig überschießendem Gewebewachstum gemischte Krankheit sowohl die auf die Höhlenbildung bezogene Bezeichnung *Syringomyelie* als auch den von der Gliawucherung abgeleiteten Namen *Spinale Gliose* oder *Gliastift*.

Unterschiede der Krankheitserscheinungen zwischen *Syringomyelie* und *Gliastift* bestehen nicht. Ort der Störung ist in den meisten Fällen das Halsmark und die oberen Anteile des Brustmarks. Von einer *Syringobulbie* wird gesprochen, wenn der Prozeß bis in die unteren Anteile des Hirnstamms hinaufreicht.

Die *ersten Erscheinungen* treten in der Regel zwischen dem 20. und 40. Lebensjahr auf. Zumeist schreitet das Leiden sehr langsam fort, kann über lange Jahre verlaufen oder ganz zum Stillstand kommen. Charakteristische *Symptome* sind, je nach Lage des Prozesses innerhalb des Rückenmarks — einseitig betont oder nahezu symmetrisch —, eine *dissoziierte Empfindungsstörung* und *atrophische Paresen* in Höhe der betroffenen Rückenmarkssegmente und schließlich *spastische Paresen* mit *Reflexsteigerungen* in den darunter gelegenen Abschnitten. Die *dissoziierte Empfindungsstörung* beruht darauf, daß die Leitungsbahnen für Schmerz und Temperatur nahe am Zentralkanal des Rückenmarks zur anderen Körperseite kreuzen und deshalb von den krankhaften Veränderungen am ehesten befallen werden. In den betroffenen Körpersegmenten können dann Berührungssinn und Lagegefühl unbeeinträchtigt bleiben, während Schmerzen nicht wahrgenommen und Temperaturen nicht unterschieden werden. So können sich die Kranken schwere Verletzungen oder Hautverbrennungen zuziehen, ohne sie als unangenehm zu empfinden, manchmal sogar ohne sie zu bemerken. Man findet deshalb als Folge bei den Patienten nicht selten ausgedehnte *Verbrennungsnarben* und *Verstümmelungen.* Da auch bei Knochenbrüchen und abnormen Gelenkstellungen keine Schmerzen auftreten, sind *Deformierungen der Extremitäten und Gelenke* (meist an den Armen) nicht selten.

Greift der Krankheitsprozeß auf das Vorderhorngebiet im Rückenmark über, so kommt es zu *atrophischen Paresen,* die entsprechend dem bevorzugten Sitz der Krankheit vor allem die kleinen Handmuskeln, aber auch die Arme betreffen. Wird das Gebiet der „Pyramidenbahnen" mit einbezogen, findet man *Reflexsteigerungen* und auch *spastische Paresen,* die in der Regel an den Beinen auftreten. Schließlich kann eine Einbeziehung der im Seitenhorn des Rückenmarks verlaufenden vegetativen Bahnen zu wechselnd stark ausgeprägten *vegetativen Erscheinungen* führen, zu Veränderungen der Schweißsekretion und *trophischen Störungen* der Haut, die oft verdickt erscheint und schlecht heilende Geschwüre aufweisen kann, zur Knochenentkalkung mit der Gefahr von Spontanfrakturen und einer Verbiegung *(Kyphoskoliose)* der Wirbelsäule.

Bei der *Syringobulbie* befallen Sensibilitätsstörungen das Versorgungsgebiet des N. trigeminus und Paresen die Mm. trapezius und sternocleidomastoideus, Schlund-, Kehlkopf- und Zungenmuskulatur und seltener auch die mimischen Muskeln.

Eine wirksame *Behandlung* der Syringomyelie und des spinalen Gliastiftes ist bis heute nicht bekannt. Alle Maßnahmen haben den Schutz der schmerzunempfindlichen Hautbezirke und Gelenke zum Ziel und — bei stärkerer Körperbehinderung durch eine Spastik — die Besserung des Gehvermögens sowie schließlich eine Kompensation der funktionsuntüchtigen Handmuskeln.

Degenerationen des zentralen und peripheren motorischen Neurons

Degenerativer Art sind die Veränderungen, die zu den im folgenden besprochenen Leiden führen. Zum Teil ist die Erblichkeit gesichert, zum Teil muß sie angenommen werden. Befallen wird nicht nur das Rückenmark, aber die Auswirkungen sind hier besonders ausgeprägt und die Erscheinungen den Rückenmarkskrankheiten am stärksten verwandt. Ihre Bezeichnung als *Systematrophien* gründet sich auf die Tatsache, daß bestimmte Funktionssysteme des Nervensystems befallen sind.

Spastische Spinalparalyse. Es degenerieren die Pyramidenbahnen vom Gyrus praecentralis an. *Symptome* sind *spastische Tonuserhöhung und Paresen,* die in den Beinen beginnen, teilweise zu sehr ausgeprägten *spastischen Kontrakturen* führen und — ohne Sensibilitätsstörungen — allmählich fortschreiten. Das Hinzutreten von Kau-, Sprach- und Schlucklähmungen führt oft im Spätstadium zur tödlichen Komplikation der Pneumonie.

Spinale Muskelatrophie. Bei der spinalen Muskelatrophie führen degenerative Veränderungen an den motorischen Vorderhornzellen des Rückenmarks zu *atrophischen Paresen,* vornehmlich an den kleinen Handmuskeln, aber in manchen Fällen auch an den Unterarmen. Es zeigen sich *faszikuläre Zuckungen,* die *Eigenreflexe* können *erlöschen.*

Eine Sonderform dieser Erkrankung ist die *infantile progressive spinale Muskelatrophie* (WERDNIG-HOFFMANN), die schon im frühesten Kindesalter beginnt und meist innerhalb einiger Monate oder weniger Jahre mit dem Befall der Atem- und Schluckmuskulatur zum Tode führt.

Amyotrophische Lateralsklerose. Sowohl die Symptome der *spastischen Spinalparalyse* als der *spinalen Muskelatrophie* sind vereinigt im Erscheinungsbild der amyotrophischen oder myatrophischen Lateralsklerose. Der *Erkrankungsbeginn* liegt meist jenseits des 40. Lebensjahres. Erste *Lähmungen* und *Atrophien* stellen sich an den kleinen Handmuskeln (Daumenballen!) ein und greifen langsam rumpfwärts auf Unter- und Oberarme sowie die Hals-, Schulter- und Atemmuskeln über. Aber auch andere Verlaufstypen kommen vor, bei denen zuerst etwa der Deltamuskel oder die Zehenheber von den Atrophien und Lähmungen überfallen werden. An den oft lange von Atrophien verschonten unteren Extremitäten zeigen sich *spastische Reflexsteigerungen.* Selten fehlen *faszikuläre Muskelzuckungen.* Im qualvollen Endzustand des *unbeeinflußbar* innerhalb weniger Jahre *zum Tode führenden Leidens* ist die mimische Muskulatur ebenso gelähmt wie die Zunge und die für das Kauen, Schlucken und Sprechen benötigten Muskeln. Ausnahmsweise können die zuletzt genannten Erscheinungen oft auch einmal die Krankheit einleiten. – Die Patienten liegen dann hilflos, abgemagert, von Atemnot und Erstickungsangst gequält darnieder und sind andauernd hilfsbereiter *Fürsorge* bedürftig. In ungelenken Schriftzügen versuchen sie manchmal, mit den gelähmten Fingern ihrer Not und andererseits der Dankbarkeit für jede Hilfe Ausdruck zu geben. Wachen Geistes erleben sie ihren Zustand und ahnen ihr Schicksal. Eine Bewußtseinsstörung gehört nicht zu dieser Krankheit. Die Fähigkeit zur Pflege dieser Kranken verlangt neben der Sachkenntnis das große Geschick, notwendige Hilfen unauffällig zu leisten und tröstende Zuversicht ohne unpassenden Optimismus zu geben.

Funikuläre Spinalerkrankung

Bei einer Behinderung der Resorption von Vitamin B_{12} kommt es zu einer Stoffwechselstörung, die auf dem Gebiet der inneren Medizin zur *megaloblastischen Anämie* oder *perniziösen Anämie* führt. Neben dieser Blutkrankheit mit ihren Folgen können bei der *Vitamin B_{12}-Resorptionsstörung neurologische* und *psychische* Krankheitszeichen auftreten.

Die neurologische Krankheit ist die *funikuläre Spinalerkrankung,* auch *funikuläre Myelose* genannt. Die Namensgebung beruht darauf, daß lange Nervenfaserbündel im Rückenmark befallen werden, und zwar von degenerativen Veränderungen. Vordringlichstes *Symptom* ist eine Störung der *Sensibilität.* Die Kranken klagen über „Kribbeln", ein „elektrisierendes Gefühl" oder andere *Parästhesien,* die teilweise als recht unangenehm und schmerzhaft geschildert werden. Hinzu kommen sehr ausgeprägte *Lagesinnsstörungen,* die eine *ataktische Gangstörung* zur Folge haben können, manchmal bis zur Gehunfähigkeit. Vornehmlich die Beine, aber auch die Arme werden überwiegend an den Extremitätenenden befallen. *Spastische Reflexsteigerungen* und auch *Paresen* können hohe Grade erreichen und ihrerseits eine Gehbehinderung begründen. Im Beginn der Erkrankung können die *Eigenreflexe* allerdings auch fehlen.

Abweichende Liquorbefunde sind nicht sehr häufig. Zur Diagnose tragen das typisch veränderte *Blutbild, fehlende Magensäure* und vor allem die *verminderte Ausscheidung im Urinexkretionstest mit radioaktivem Vitamin B_{12}* (SCHILLING-*Test)* bei. Den Blutbildveränderungen kann die *funikuläre Spinalerkrankung* allerdings um Jahre vorauseilen. Die *Behandlung* verlangt intramuskuläre Verabreichung hoher Dosen von Vitamin B_{12}.

Bei der *pflegerischen Betreuung* gelten ähnliche Richtlinien wie für die Polyneuritis. Bei spastischen Zeichen ist vor allem zu achten auf ein regelmäßiges Durchbewegen der Gelenke und eine Lagerung, die der Muskelverkürzung entgegenwirkt. Nach Möglichkeit sollten stets Rat und Unterstützung einer *Krankengymnastin* bei der Behandlung eingeholt werden. Die *psychischen Veränderungen* auf dem Boden einer Vitamin B_{12}-Resorptionsstörung — auch *Perniziosa-Psychose* genannt — gehören in die Gruppe der körperlich begründbaren Psychosen in ihren verschiedenen Formen. Auch sie können sich schon lange vor den typischen Veränderungen im Blutbild einstellen.

Fehlbildungen

Ebenso wie Schädel und Gehirn können auch Wirbelsäule und Rükkenmark angeborene *Fehlbildungen* aufweisen. Neugeborene mit schweren Mißbildungen am Rückenmark sind meist nicht lange lebensfähig.

Genannt seien hier nur die wichtigsten Formen der Fehlbildungen. Die Spaltung eines oder mehrerer Dornfortsätze ist ohne krankhafte Bedeutung. Auch der unvollständige Zusammenschluß einzelner Wirbelbögen — unter der intakten Haut und Muskulatur von außen nicht erkennbar —, die *Spina bifida occulta,* kann ohne neurologische Ausfallserscheinungen bestehen. Wölbt sich Hirnhaut durch den Wirbeldefekt nach außen vor, spricht man von einer *Meningozele.* Eine *Meningomyelozele* enthält neben der Hirnhaut auch noch Rückenmarkssubstanz, und bei der *Meningomyelozystozele* ist in dem Bruchsack außerdem Flüssigkeit enthalten. Je nach dem Ausmaß der Rükkenmarksschäden können komplette Querschnittslähmungen bestehen, die — von der Höhe der Mißbildung abhängig — die Beine oder alle vier Extremitäten betreffen.

Spaltungen des Rückenmarkes — *Diastomyelie* — können symptomlos sein, können aber auch mit Fußdeformitäten und Blasenstörungen einhergehen. Meist liegen gleichzeitig andere Fehlbildungen vor.

Eine Ausweitung der operativen Behandlungsmöglichkeiten bei Fehlbildungen der Wirbelsäule und des Rückenmarks in den letzten Jahren hat die Überlebenschancen der Betroffenen erhöht; Betreuung und Versorgung der Kranken erfolgt nach den Richtlinien, die bei der Behandlung einer Querschnittslähmung gelten.

Krankheiten der peripheren Nerven und der Muskeln

Zum Fachgebiet der Neurologie gehören neben den Erkrankungen des Zentralnervensystems (Gehirn und Rückenmark) als weitere wichtige Gruppe die Schädigungen der *Nervenwurzeln,* der *Plexus,* der *peripheren Nerven* und der *Muskeln.*

Das periphere Nervensystem beginnt mit den Nervenwurzeln, die vom Rückenmark ausgehen. Vom Vorderhorn des Rückenmarks zweigen die motorischen Wurzeln ab, vom Hinterhorn die sensiblen. Diese beiden Wurzelanteile vereinigen sich nach ihrem Austritt aus dem Rückenmark zu *Spinalnerven,* die als Wurzeln des peripheren Nervensystems zunächst noch innerhalb des Wirbelkanals verlaufen. Jeweils zwischen zwei Wirbeln treten die *Spinalnervenwurzeln* durch die Zwischenwirbellöcher aus dem Wirbelkanal aus. Sie werden nach den ihnen benachbarten Wirbeln bezeichnet, und zwar im Bereich der Halswirbelsäule nach dem darunterliegenden Wirbel. Die Zervikalwurzeln C 1 bis C 7 treten also oberhalb der Halswirbel 1 bis 7 aus. Eine Ausnahme macht die Wurzel C 8. Sie tritt zwischen dem letzten Hals- und dem ersten Brustwirbel aus. In den tieferen Abschnitten wird die *Wurzel* nach dem darüberliegenden Wirbel benannt, sowohl im Thorakal- als auch im Lumbal- und Sakralbereich. Die Abb. 20 stellt die Verhältnisse schematisch dar.

Anteile dieser Nervenwurzeln verbinden sich nun nach dem Austritt aus der Wirbelsäule mit benachbarten Wurzeln zu einem Nervengeflecht, einem *Plexus,* in dem dann für eine kurze Wegstrecke mehrere periphere Nerven vereint sind. Erst im weiteren Verlauf zweigen die größeren und kleineren *peripheren Nerven* ab und ziehen zu ihrem Versorgungsgebiet, wo sie sich in feinste Endäste aufteilen.

Alle Verletzungen und Erkrankungen, die die genannten Strukturen treffen, haben eine Schädigung des peripheren Nervensystems zur Folge. Wenn unter dem gleichen Kapitel neben den umschriebenen Schädigungen und den Polyneuritiden auch noch eine Gruppe — zum Teil recht verschiedener — *Muskelerkrankungen* abgehandelt wird, so geschieht dies einmal, weil diese Erkrankungen sehr lange tatsächlich als neurologische Krankheiten angesehen wurden und zum anderen, weil ihre Erscheinungen gerade denen peripherer neurologischer Symptome sehr ähnlich sind.

Umschriebene Schädigungen

Wurzelschädigungen

Wie bei der Querschnittslähmung aus der Grenze der Sensibilitätsstörungen und aus der Verteilung der Lähmungen ziemlich genau der Ort der Rückenmarksschädigung erschlossen werden kann, so gestatten der segmentale Aufbau des Rückenmarks und seine Wurzelabgänge einen Schluß auf die Schädigungsstelle, wenn Sensibilitätsstörungen und Lähmungen an einer Extremität in ganz bestimmter Verbindung auftreten. Grundsätzlich kann jede einzelne Nervenwurzel — in der Klinik und auch im folgenden kurz *„Wurzel"* genannt — geschädigt werden. Dieser Schädigung entspricht dann eine Sensibilitätsstörung im zugehörigen Versorgungsbereich (Abb. 4 und 5) und eine teilweise Lähmung jener Muskeln, die von der betroffenen Wurzel motorisch versorgt werden. Bei Muskeln, deren Versorgung aus mehreren Wurzeln kommt, wird die Lähmung nur gering sein, bei einem Muskel jedoch, der überwiegend von einer Wurzel seine motorischen Impulse erhält, kann es zur hochgradigen Parese kommen.

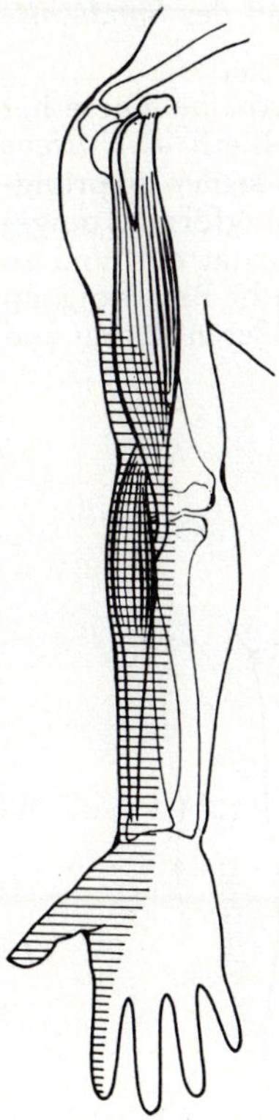

Abb. 23

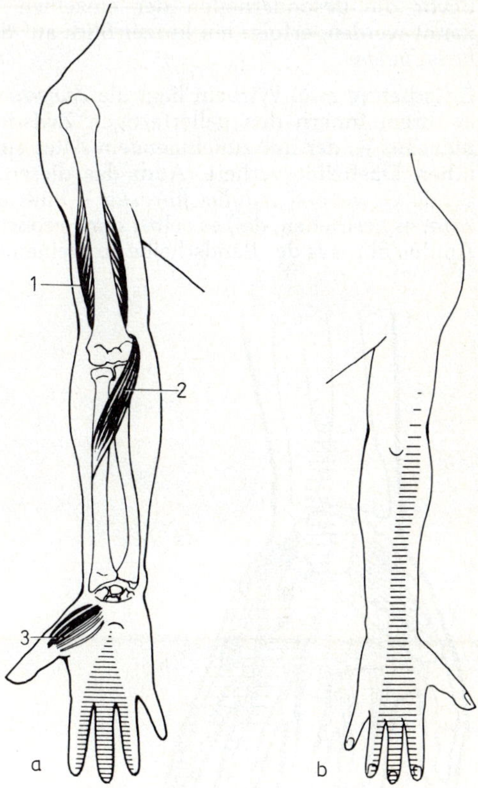

Abb. 24 a) Beugeseite b) Streckseite

Abb. 23 Schädigung der Wurzel C 6. Kennmuskeln. M. biceps brachii und M. brachioradialis. Sensibilitätsstörungen im schraffierten Bereich (aus Mumenthaler, M., und H. Schliack: Läsionen peripherer Nerven, Thieme, Stuttgart 1965).

Abb. 24 Schädigung der Wurzel C 7. Kennmuskeln: M. triceps brachii (1), M. pronator teres (2), Daumenballenmuskeln (3). Sensibilitätsstörungen in den schraffierten Bereichen (nach Mumenthaler und Schliack).

Häufigste und wichtigste Ursache der Wurzelschädigungen ist der *Bandscheibenvorfall.* Als „Ischias", „Ischiasneuritis" und unter vielen weiteren Namen verbirgt sich jenes Krankheitsbild, das in den verschiedensten Stadien als *„Wurzelschädigung bei Bandscheibenschaden"* in die neurologischen, neurochirurgischen oder orthopädischen Kliniken kommt.

Bevor die Besonderheiten der einzelnen Wurzelschädigungen genannt werden, erfolgt ein kurzer Blick auf den Begriff des *Bandscheibenschadens.*

Zwischen je zwei Wirbeln liegt die *Zwischenwirbelscheibe.* Diese hat in ihrem Innern den gallertartigen Zwischenwirbelkern – *Nucleus pulposus* –, der mit zunehmendem Alter einen Teil seiner ursprünglichen Elastizität verliert. Auch das diesen Kern ringförmig umgebende Gewebe – *Anulus fibrosus* – büßt an Elastizität ein, und so kann es geschehen, daß es selbst ohne große körperliche Belastung am Anulus fibrosus der Bandscheibe zu kleinen oder größeren Rissen und

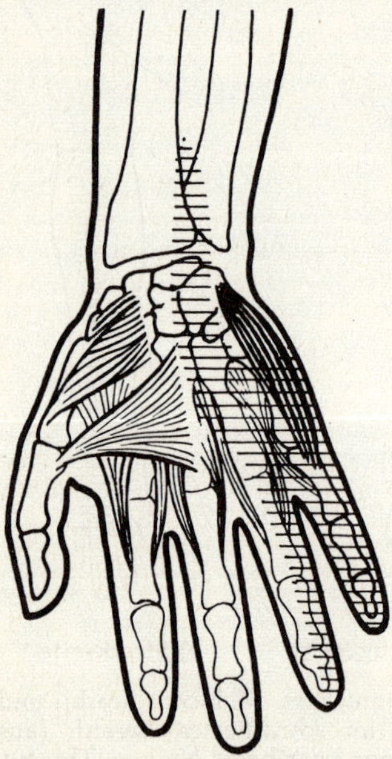

a

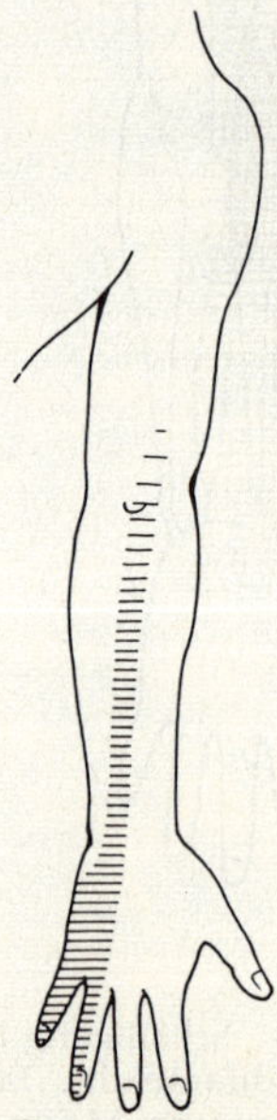

b

Abb. 25 Schädigung der Wurzel C 8. Kennmuskeln: Kleinfingerballenmuskeln und Mm. interossei. Sensibilitätsstörungen in den schraffierten Bereichen (aus MUMENTHALER, M. und H. SCHLIACK: Läsionen peripherer Nerven, Thieme, Stuttgart 1965).

Dehnungen kommt, in die sich der Nucleus pulposus vorwölbt. Diese Verlagerungen im Inneren der Bandscheibe können zu Schmerzen führen, die Beweglichkeit der Wirbelsäule an dieser Stelle wird eingeschränkt, die benachbarten Muskeln verkrampfen sich und der bekannte „steife Hals" oder „Hexenschuß" sind die Folge. Kommt es jedoch zu einem teilweisen oder vollständigen Durchtritt des Nucleus pulposus durch den Faserring, dann liegt in Form einer *Protrusion* oder eines *Prolaps* ein manifester *Bandscheibenschaden* vor. Auch hier ist das führende *Symptom* der *Schmerz,* dessen radikuläre — d. h. dem sensiblen Versorgungsbereich der Wurzel entsprechende — Ausbreitung geradezu charakteristisch ist. Den Schmerz als einer *Reizerscheinung des sensiblen Wurzelanteils* begleiten (oder sie folgen ihm nach) die *Ausfallserscheinungen der sensiblen Funktion* als *Hypästhesie* oder *Anästhesie.* Die Störung der motorischen Anteile führt zu Lähmungen. In den Abb. 23 bis 27 sind die Symptomkombinationen dargestellt, die für die typische Schädigung einer bestimmten Wurzel charakteristisch sind. Genannt ist die geschädigte Wurzel. Eingezeichnet sind jene Muskeln *(Kennmuskeln),* in denen eine Lähmung zu erwarten ist, und schraffiert wurden die Hautgebiete, in denen eine Sensibilitätsstörung auftritt. Die hier dargestellten Wurzeln wurden gewählt, weil sie die weitaus am häufigsten geschädigten und damit für die Klinik wichtigsten sind.

Natürlich zeigen nicht alle Wurzelschädigungen das typische Ausfallsmuster. Je nach dem Grad oder dem Stadium der Schädigung können die motorischen und sensiblen Störungen weniger deutlich ausgeprägt sein. Nicht ganz selten kommt es auch einmal zur Schädigung zweier oder mehrerer benachbarter Wurzeln. Die dargestellten Muskeln und schraffierten Hautgebiete lassen sich dann unschwer aus den Skizzen addieren (Ursachen und Entstehung der Wurzelschäden s. S. 108, Behandlung S. 119).

Plexusschäden

Die Schädigungen der *Nervenplexus* sind seltener als die Wurzelschäden oder die Schädigung eines peripheren Nerven. Betroffen werden der

Plexus brachialis oder *Armplexus*

und der

Plexus lumbosacralis oder *Beinplexus.*

Der Plexus brachialis setzt sich aus Anteilen der Wurzeln C 4 bis TH 1 (4. Zervikalwurzel bis 1. Thorakalwurzel) zusammen, der Plexus lumbosacralis aus den Wurzeln TH 12 bis S 4 (12. Thorakalwurzel, Lumbalwurzeln und den Sakralwurzeln 1 bis 4).

Über die Entstehung der Plexusschäden wird im Kapitel über Ursachen und Entstehung der umschriebenen peripheren Nervenschäden gesprochen. Die Ausfallserscheinungen lassen sich nicht aus der Summe der am Plexus beteiligten Wurzeln addieren, weil nicht alle Wurzelanteile in den Plexus einmünden und auch nicht immer aus der Summe der aus ihm hervorgehenden peripheren Nerven, da häufig nicht der Plexus in seiner Gesamtheit geschädigt wird. Eine genaue Zuordnung erlaubt stets nur die exakte neurologische Untersuchung.

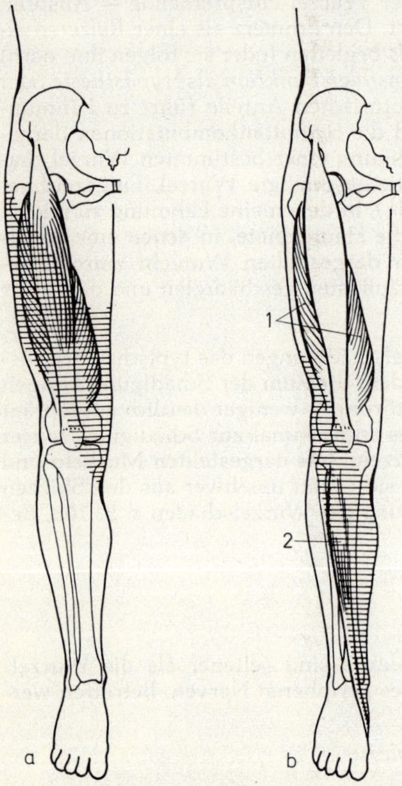

Abb. 26 a) Schädigung der Wurzel L 3. Kennmuskel: M. quadriceps femoris. Sensibilitätsstörungen im schraffierten Bereich. — b) Schädigung der Wurzel L 4. Kennmuskeln: Teile des M. quadriceps femoris (1), vor allem M. tibialis anterior (2). Sensibilitätsstörungen im schraffierten Bereich (nach Mumenthaler, M. und H. Schliack: Läsionen peripherer Nerven, Thieme, Stuttgart 1965).

Am *Plexus brachialis* treten außer der kompletten Armplexuslähmung eine obere oder eine untere Plexusschädigung auf. Die *obere Plexusschädigung* (Erb-*Lähmung*) betrifft die Wurzeln C 5 und C 6. Paretisch sind dann hauptsächlich die Abduktoren und Außenrotatoren des Oberarms, Beuger und Innenrotatoren des Unterarms und gelegentlich ein Teil der Handstrecker. Wenn die Sensibilität mitbetroffen ist, besteht eine Hypästhesie über dem Deltamuskel sowie an der Radialseite des Unterarms.

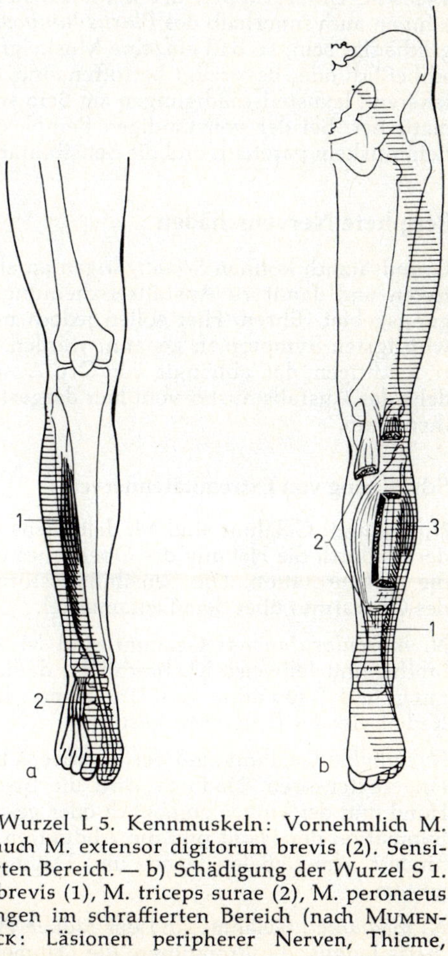

Abb. 27 a) Schädigung der Wurzel L 5. Kennmuskeln: Vornehmlich M. extensor hallucis longus (1), auch M. extensor digitorum brevis (2). Sensibilitätsstörungen im schraffierten Bereich. — b) Schädigung der Wurzel S 1. Kennmuskeln: M. peronaeus brevis (1), M. triceps surae (2), M. peronaeus longus (3). Sensibilitätsstörungen im schraffierten Bereich (nach Mumenthaler, M., und H. Schliack: Läsionen peripherer Nerven, Thieme, Stuttgart 1965).

Von der *unteren Plexuslähmung* (KLUMPKE-*Lähmung*) werden die Wurzeln C 7 bis T 1 betroffen. Gelähmt sind vornehmlich die kleinen Handmuskeln, die Hand- und Fingerbeuger und zuweilen auch die Unterarmstrecker. Eine Hypästhesie kann an der Ulnarseite von Unterarm und Hand bestehen. – Je nach dem Ausmaß und dem Ort der Plexusläsion kommen vielfältige Abweichungen vom typischen Bild vor. Bei der *vollständigen Armplexuslähmung* ist der ganze Arm mit Hand und Fingern gelähmt und hyp- oder anästhetisch.

Typische Untergruppen der *Beinplexuslähmung* gibt es nicht. Zwar können auch innerhalb des *Plexus lumbosacralis* verschiedene Anteile geschädigt sein, so daß einzelne Muskelgruppen und Hautareale ausschließlich oder bevorzugt betroffen sind, aber die insgesamt viel selteneren Plexusteilschädigungen am Bein sind vielfältiger und unsystematischer. Bei der vollständigen Beinplexuslähmung sind Hüft- und Beinmuskeln paretisch und die Sensibilität ist am ganzen Bein gestört.

Periphere Nervenschäden

Grundsätzlich können *Schädigungen* an allen *peripheren Nerven* auftreten und damit zu Ausfallserscheinungen im zugehörigen Versorgungsgebiet führen. Hier sollen jedoch nur die häufigsten mit ihren wichtigsten Symptomen genannt werden. Dabei ist wiederum zu berücksichtigen, daß abhängig von Ort, Ausmaß und Stadium des Schadens das Ausfallsmuster vom hier dargestellten typischen Bild abweichen kann.

Schädigung von Extremitätennerven

N. axillaris: Gelähmt sind M. deltoideus und M. teres minor, behindert dadurch die Hebung des Oberarmes nach vorn und zur Seite und die Außenrotation. Die Sensibilitätsstörung betrifft die Außenseite des Oberarmes über dem Deltamuskel.

N. musculocutaneus: Gelähmt sind M. coracobrachialis, M. biceps brachii und teilweise M. brachialis; dadurch behindert werden Beugung und Supination des Unterarms. Die Sensibilität ist auf der Radialseite des Unterarms gestört.

N. radialis: Gelähmt sind der M. triceps brachii sowie die Hand- und Fingerextensoren. Dadurch wird die Streckung des Unterarms, der Hand und der Finger unmöglich oder geschwächt. Außerdem sind die Supination der Hand und die Abduktion des Daumens teilweise behindert. Am radialen Hand- und Daumenrücken ist die Sensibilität gestört.

N. medianus: Gelähmt sind der radiale Handbeuger und der M. palmaris longus, die Pronatoren, die Daumenbeuger, die oberflächlichen

Fingerbeuger, die tiefen Beuger des 2. und 3. Fingers sowie die Mm. abductor pollicis brevis und opponens pollicis und schließlich die Mm. lumbricales 1 und 2. Die Sensibilität ist gestört auf der daumenwärts gelegenen Hälfte der Handinnenfläche und der Beugeseite der Finger 1 bis 3 sowie der daumenwärts gelegenen Hälfte der Beugeseite am Ringfinger.

N. ulnaris: Gelähmt sind der ulnare Handbeuger, die tiefen Fingerbeuger 4 und 5 und der M. palmaris brevis, die Kleinfingermuskeln, die Mm. interossei sowie am Daumenballen der M. adductor pollicis und ein kleiner Anteil der Daumenbeuger. Die Sensibilitätsstörung umfaßt etwa die Hälfte der kleinfingerwärts gelegenen Handinnenfläche sowie die Beugeseite des Kleinfingers und die ihm zugewandte Hälfte der Beugeseite am 4. Finger.

N. femoralis: Die wichtigste Funktionsstörung ist die Lähmung des M. quadriceps femoris. Die Sensibilitätsstörung betrifft die Vorderseite des Ober- und die Innenseite des Unterschenkels.

N. ischiadicus: Seine Schädigung führt zur Lähmung der Beuger am Oberschenkel und der gesamten Unterschenkelmuskulatur sowie zur Sensibilitätsstörung an der Außen- und Rückseite des Unterschenkels und am Fuß. – Die beiden Hauptäste des N. ischiadicus sind der N. tibialis und der N. peronaeus.

N. tibialis: Sein Ausfall bewirkt in erster Linie die Lähmung der Fuß- und Zehenbeuger und eine Sensibilitätsstörung an der Rückseite des Unterschenkels und an der Fußsohle.

N. peronaeus: Der typische Peronaeusausfall zeigte eine Lähmung der Fuß- und Zehenheber und eine Störung der Sensibilität an der Außenseite des Unterschenkels und auf dem Fußrücken.

Ein peripherer Nervenschaden kann auch an den Hirnnerven auftreten. Hier sind die wichtigsten Krankheitsbilder die Fazialislähmung und die Trigeminusneuralgie.

Fazialislähmung. Meist ohne erkennbare Ursache entwickelt sich innerhalb von Stunden oder ein bis zwei Tagen eine Parese der vom *N. facialis* versorgten, also der gesamten mimischen Muskulatur einer Gesichtsseite. Eine solche Lähmung kann auch Folge einer traumatischen Fazialisschädigung sein, etwa in Form einer Nervenzerreißung oder Dehnung bei einem Schädelbruch oder durch den Druck einer Geschwulst. Willkürliche Bewegungen der Gesichtsmuskeln sind nicht mehr möglich, die Stirnfalten sind auf der gelähmten Seite verstrichen, das Auge kann nicht mehr geschlossen werden und der Mundwinkel hängt herab, so daß Schwierigkeiten beim Sprechen und vor allem beim Trinken entstehen. Auf den vorderen zwei Dritteln der Zunge kommt es zu einer Geschmacksstörung. Eine zuverlässige Behandlungsmethode der auch als „rheumatisch" oder „idiopathisch" bezeichneten Fazialisparese ist nicht bekannt. Bei Tumordruck oder Dehnung an einer Knochenstufe wird man die Beseitigung der Ursache versuchen. Im übrigen wird ebenso wie bei der Lähmung anderer peripherer Nerven während des vollständigen Funktionsausfalls die Muskulatur elektrisch gereizt und später dann durch regelmäßige Übung — zur Kontrolle der Wirkung vor dem Spiegel — trainiert.

Trigeminusneuralgie. Auch für die Trigeminusneuralgie kann man in den meisten Fällen keine Ursache angeben. Manchmal wird sie durch Tumordruck oder durch die Folgen eines Schädelbasisbruches ausgelöst.

Ganz unvermittelt kommt es zu heftigsten Schmerzen im Versorgungsbereich eines, zweier oder aller drei Hautgebiete, wie sie den einzelnen Trigeminusästen entsprechen (Abb. 3). Der typische Schmerz tritt in sekundenlang andauernden qualvollen Attacken auf, die häufig rasch aufeinander folgen. Oft werden sie schon von leichten Bewegungen beim Sprechen oder beim Kauen ausgelöst, manchmal genügt eine leise Berührung oder ein kühler Lufthauch. Die Schmerzattacken können sich über Monate oder Jahre wiederholen. Die Kranken vermeiden das Sprechen, essen nur unzureichend, gelegentlich treibt die Verzweiflung über das Leiden einen Patienten zum Selbstmord. Gleichzeitige Verordnung von Schmerz- und Beruhigungsmitteln ist die heute noch häufigste Behandlungsmethode der Trigeminusneuralgie. Alkoholinjektionen in den Nerven, operative Teilentfernung der Nervenäste, die Durchschneidung einzelner Äste oder von Nervenbahnen im Gehirn sowie stereotaktische Operationen sind nicht ohne Risiko und keineswegs immer erfolgreich.

Ursache und Entstehung der wichtigsten umschriebenen Schädigungen

Ganz zweifellos gilt der *Bandscheibenschaden* als wichtigste Ursache eines radikulären Syndroms, also des auf die *Schädigung* einer Nervenwurzel zurückzuführenden Symptomenkomplexes. Seine Entstehung wurde zu Beginn des Kapitels über die Wurzelschädigungen dargestellt. Daneben aber gibt es eine Reihe von anderen Erkrankungen und Verletzungen, die zum charakteristischen Bild der *Wurzelschädigung* führen und die gleichfalls das Gebiet der Hals- und der Lendenwirbelsäule bevorzugt betreffen.

Eine sehr häufige Ursache für das Syndrom der zervikalen oder lumbalen Wurzelschädigung ist die *Osteochondrose* der Wirbelsäule. Aufgrund von Altersveränderungen an den Wirbeln und an den Wirbelgelenken sowie am Bandapparat der Wirbelsäule kommt es zu Verschiebungen von zwei Wirbeln gegeneinander mit veränderter Beweglichkeit der Wirbelsäule, Einengung der Zwischenwirbellöcher usw. Dabei können dann die Wurzelnerven in gleicher Weise beeinträchtigt werden wie beim Bandscheibenvorfall. Eine Unterscheidung wird oft dadurch möglich, daß die Folgen des Bandscheibenschadens plötzlich einsetzen, während sich die Auswirkungen der Osteochondrose auf die Wurzelnerven mehr schleichend entwickeln. *Tumoren des Wirbels* oder *Tumoren im Wirbelkanal,* vom Rückenmark oder seinen Häuten ausgehend, auch *Metastasen* oder *Abszesse* können einzelne Nervenwurzeln komprimieren. Schließlich kommen seltenerweise einmal Tumoren an den Nervenwurzeln selbst vor.

Verletzungen verschiedener Art können zur Wurzelschädigung führen. Bei Schuß- oder Stichverletzungen kann eine Wurzel völlig durchtrennt werden. Der komplette Ausriß einer oder mehrerer Nervenwurzeln ist manchmal Folge eines heftigen Schleudertraumas bei Auffahrunfällen mit dem Kraftwagen oder beim Sturz vom Zweirad oder vom Pferd. Meist treten bei dieser Art der Verletzung jedoch außerdem Schäden am Rückenmark auf, die dann zu vielfältigen und vordringlicheren Symptomen führen.

Nicht selten einmal kommt es ganz unbemerkt zu Verletzungen der Nervenwurzeln, bei denen dann zwar die Wurzel nicht durchtrennt, wohl aber so erheblich gedehnt wird, daß ihre Funktionsfähigkeit Schaden nimmt. Dies geschieht, wenn ein Patient in Narkose bei der Lagerung oder beim Transport so heftig und unphysiologisch bewegt wird, daß an den Nervenwurzeln durch den nach hinten oder zur Seite geschleuderten Kopf oder eine nicht ausreichend gehaltene und deshalb herabfallende Extremität gezerrt wird. Bei ungünstiger Lagerung auf Operationstischen (gynäkologische Operationsstühle!) kann eine längere Zeit wirksame Dehnung von Nervenwurzeln den gleichen Effekt haben. Sogleich nach Abklingen der Narkose wird der Schaden offenkundig. Zum frühestmöglichen Zeitpunkt sollte die Ursache der Wurzelschädigung aufgeklärt sein, um durch sachkundige Behandlung Dauerfolgen zu vermeiden. Die genaue neurologische Untersuchung gestattet meist schon einen Schluß auf den Ort der Schädigung. Die Anamnese weist häufig auf die Art der Erkrankung hin. Röntgenuntersuchung, Myelographie und Liquoruntersuchung sind zumeist bei der Diagnostik einer Wurzelschädigung notwendig.

Die *Plexusschäden* gehen in den meisten Fällen auf *Verletzungen* zurück. Vor allem der Plexus brachialis ist durch seine oberflächliche Lage am Hals besonders gefährdet und wird auch viel häufiger als der Plexus lumbosacralis von traumatischen Schäden betroffen. Die Verletzungen entstehen beim Sturz auf Kopf und Schulter oder durch starken Zug am Arm. Eine folgenschwere Dehnung des Armplexus kommt gleichfalls bei falscher Lagerung eines Patienten auf dem Operationstisch vor. Auch bei der Geburt kann es zur Dehnung des kindlichen Armes kommen mit nachfolgendem Plexusschaden, als *„Ge-*

burtslähmung" bekannt. Neben weiteren — selteneren — Ursachen für die Armplexusschädigung müssen die Tumoren genannt werden, die als Primärtumoren oder Metastasen in der Nähe wachsen und zunehmend auf den Plexus drücken können. Traumatische Beinplexuslähmungen können bei Beckenfrakturen vorkommen. Auch bei Beinplexusschäden ist an das Vorliegen eines Tumors mit fortschreitendem Druck auf den Plexus zu denken.

Die Ursachen *peripherer Nervenschäden* sind sehr vielfältiger Natur. Verletzungen durch Schnitt, Stich oder Schuß können den peripheren Nerven ganz oder teilweise durchtrennen. An den Kanten eines gebrochenen Knochens kann der Nerv zerrissen werden oder bei Verletzungen an den Extremitäten gedehnt und gezerrt werden.

Ein nicht unwesentlicher Teil peripherer Nervenschäden kommt jedoch im Zusammenhang mit therapeutischen Maßnahmen vor und bedarf daher besonderer Erwähnung. Sicher können manche peripheren Lähmungen vermieden werden, wenn die Art ihrer Entstehung bekannt ist und die ersten Hinweise auf den Schaden beachtet werden. Hier ist vor allem an die *Drucklähmungen* zu denken. Bewußtlose oder weitgehend gelähmte Kranke sind besonders gefährdet. Durch unveränderte Lage können vor allem der N. ulnaris am Ellenbogen und der N. peronaeus am Wadenbeinköpfchen unterhalb des Kniegelenkes solche Druckschäden erleiden. Schnürende Bandagen oder Gipsverbände drücken oftmals den Nerven gegen benachbarte Knochen. Bei bewußtlosen und bewegungsunfähigen Kranken ist deshalb häufiger Lagewechsel anzustreben. Klagen über Taubheitsgefühl oder Kribbeln — jedermann bekannt als Gefühl des „eingeschlafenen Beines" bei übereinandergeschlagenen Knien — sollten Anlaß sein, Lagerung oder Verbände zu überprüfen. Auch durch Bettkanten oder eine Schiene dürfen die Gliedmaßen Bewußtloser oder Gelähmter nicht gedrückt werden. — Bekannt als „Parklähmung" oder „Tiergartenlähmung" ist die Drucklähmung des N. radialis am Oberarm bei Schlafenden oder Betrunkenen, wenn der Oberarm einer harten Kante aufliegt.

Nicht ganz selten sind auch die als *„Spritzenschäden"* bekannten Paresen peripherer Nerven infolge einer Injektion. Bei keiner intramuskulären Injektion sollten die gültigen Regeln vernachlässigt werden. Besonders gefährdete Gebiete (in denen große periphere Nerven verlaufen) dürfen niemals als Ort für eine intramuskuläre Spritze gewählt werden. Eigentlich mehr zum Gebiet der allgemeinen Krankenpflege als in das Fachgebiet der Neurologie gehört der Hinweis, daß bei Spritzen ins Gesäß der obere äußere Quadrant aufzusuchen und daß die Nadel senkrecht zur Hautoberfläche und nicht nach unten und medial zu richten ist. Aber auch bei sachgerechter Einführung der Injektionskanüle kann einmal ein peripherer Nerv geschädigt werden, weil er an atypischer Stelle verläuft. Solche Zwischenfälle lassen sich niemals ganz vermeiden. Um so wichtiger scheint die Regel, Mißempfindungen, Taubheitsgefühl, Schmerzen oder Lähmungen in unmittelbarem Zusammenhang mit einer Spritze sofort dem Arzt mitzuteilen, um alsbaldige Behandlung zu ermöglichen. Der Gedanke an das Wohl des Kranken sollte vor der Erwägung der Verantwortlichkeit stehen!

Zur Vorbeugung und Behandlung der wichtigsten umschriebenen Schädigungen

Beste Vorbeugung für Menschen, die bereits einmal eine *Wurzelschädigung bei Bandscheibenschaden* gehabt haben, ist ein regelmäßiges Körpertraining (z. B. Schwimmen), das durch die Kräftigung der Rumpfmuskulatur den Halteapparat der Wirbelsäule stabilisiert.

Ruhe und Wärmeanwendung sind die zu ergreifenden Maßnahmen bei den Veränderungen innerhalb der Bandscheibe, die zum sogenannten „Hexenschuß“ oder „steifen Hals“ geführt haben. Liegt eine Wurzelschädigung infolge eines Bandscheibenschadens vor, bestehen also Sensibilitätsstörungen und Paresen, so richtet sich das weitere Vorgehen nach dem Ausmaß und der Dauer der Ausfälle.

Beim frischen Bandscheibenschaden wird eine Lagerung angestrebt, die dem Kranken keine oder zumindest die wenigsten Schmerzen bereitet. Dies kann eine vollständige Streckung oder auch eine leichte Beugung der Wirbelsäule sein. Ein Brett unter der Matratze des Bettes gewährleistet die Flachlagerung. Mit einer Rolle im Nacken wird der Kopf — und damit die Halswirbelsäule — leicht nach hinten gebeugt; ein zusätzliches Polster unter dem Hinterkopf führt zur leichten Beugung nach vorn. Die Beugung der Lendenwirbelsäule gelingt ohne Schwierigkeiten, wenn man ausreichend dicke Polster unter die Unterschenkel des liegenden Kranken legt, so daß Hüft- und Kniegelenke nahezu rechtwinklig gebeugt sind.

In der Vorstellung, daß ein sich vorwölbender und auf die Nervenwurzel drückender Nucleus pulposus noch in seine normale Lage zurückgleiten kann, darf ein leichter Zug auf die Wirbelsäule ausgeübt werden. Im Schlittenextensionsbett wird bei zervikalen Bandscheibenschäden der Kopf, bei lumbalen Schäden das Becken fixiert, und bei Hochstellung des Kopf- oder Fußendes zieht das Eigengewicht des Körpers an der Wirbelsäule und dehnt dabei die Zwischenwirbelräume. Hand in Hand mit den genannten Methoden geht die Verordnung von ausreichenden Dosen beruhigender und schmerzlindernder Mittel, damit eine Beseitigung des Schmerzes erzielt wird. Wichtig ist vor allem die konsequente Durchführung dieser Behandlung. Schon kleine Wege zur Toilette und zum Waschtisch oder das Aufstehen zum Essen können das Behandlungsziel gefährden. Außerdem muß sehr genau darauf geachtet werden, daß bei der langdauernden Lagerung nicht Druckstellen entstehen, die neben Druckgeschwüren auch Druckschäden am peripheren Nerven hervorrufen können (S. 118). Schon während der Ruhigstellung hilft eine fachkundige leichte Massage durch die Krankengymnastin bei der Lockerung der verspannten Muskeln. Nach Abklingen der Schmerzen kommen im Rahmen des krankengymnastischen Trainings zu den Massagen passive und aktive Bewegungen der Muskulatur zur Kräftigung ungeübter oder gelähmter Muskelgruppen (in manchen Fällen ist vielleicht auch die Behandlung mit der bekannten GLISSON-*Schlinge* erfolgreich).

Bleibt aber unter der konservativen Behandlung nach einer begrenzten Zeit der Erfolg aus, nehmen die Ausfallserscheinungen zu oder stellen sich alarmierende Symptome wie eine Blasenstörung ein, so sind die Voraussetzungen für eine operative Therapie des Bandscheibenschadens gegeben.

Für die Behandlung der Wurzelschädigung bei Osteochondrose der Wirbelsäule gelten weitgehend ähnliche Richtlinien. Eine Operation wird hier allerdings kaum Heilung bringen können.

Tumoren des Wirbels oder im Wirbelkanal verlangen die Operation oder Strahlenbehandlung. Bei den Verletzungsfolgen richten sich die Behandlungsmaßnahmen nach dem Einzelfall. Eine durchtrennte Wurzel ist nicht mehr reparabel, die Funktion der zugehörigen Muskelanteile kehrt nicht zurück und die Sensibilität im entsprechenden Versorgungsgebiet bleibt gestört.

Die *Therapie der Plexuslähmungen,* soweit es sich um einen Ausriß des Plexus aus dem Rückenmark oder um einen Abriß handelt, ist sehr wenig erfolgversprechend. Ist der Druck von Tumoren oder Metastasen auf den Plexus die Ursache für seine Schädigung, werden die Behandlungsmaßnahmen — und die Prognose — vom Grundleiden bestimmt. Bei nur flüchtigen Dehnungsfolgen oder Plexusteilschäden gelten die gleichen Richtlinien, die für die Behandlung peripherer Nervenschäden maßgeblich sind. Sie können deshalb hier in ihren Grundzügen gemeinsam abgehandelt werden.

Vor der Erörterung aller weiteren *Behandlungsmaßnahmen* ist sogleich bei Feststellung einer peripheren Nervenschädigung darauf zu achten, daß die gelähmte Gliedmaße oder ihr betroffener Teil so gelagert wird, daß nicht durch Zug oder Druck weitere Nervenschädigungen verursacht werden. Jede Dehnung ist zu vermeiden! Außerdem muß die *Lagerung* unter den Gesichtspunkten einer möglichst günstigen Durchblutung erfolgen, damit die für den Nerv bestehenden Erholungsmöglichkeiten nicht durch unzureichende Blutversorgung — etwa Stauung am ständig herabhängenden Arm — eingeschränkt werden. Da die nicht bewegten Gelenke oft sehr rasch versteifen, ist die frühzeitige, regelmäßige und mehrfach tägliche *Bewegung* der Gelenke wichtig.

Die speziellen Behandlungsmaßnahmen hängen von Art und Ausmaß der Schädigung ab. Knochensplitter, Tumoren oder Einschnürungen werden operativ entfernt. Der vollständig durchtrennte Nerv kann unter Umständen genäht werden, doch ist damit allein die Gewähr für eine Wiederkehr der Funktion nicht gegeben.

Wichtigster Teil der Behandlung aller peripheren Nervenschädigungen ist die *krankengymnastische Therapie*. Sie richtet sich schrittweise nach dem Ausmaß der Störung. Bei einem vollständig bewegungsunfähigen Muskel ersetzt die Behandlung mit elektrischen Reizen die Nervenimpulse mit dem Ziel, die Muskelfasern funktionstüchtig zu halten und die Durchblutung zu verbessern. Leichte Massagen zielen gleichfalls auf eine Durchblutungsförderung ab. Sobald eine willkürliche Bewegung wieder möglich ist, wird die Elektrobehandlung durch regelmäßige Spannungs- und Dehnungsübungen ersetzt. Diese gelingen anfangs im Wasser sehr viel leichter. Mit zunehmender Kraft kann das Training verstärkt und die Übung der Geschicklichkeit ausgebaut werden. Tritt auch nach vielmonatiger Elektrobehandlung eine Willkürbewegung nicht ein, so ist ein Behandlungserfolg nicht mehr zu erwarten, man muß die Benutzung orthopädischer Hilfsmittel empfehlen und gegebenenfalls eine berufliche Umschulung einleiten.

Polyneuritiden

Das Krankheitsbild der Polyneuritis

Mit dem Begriff *Polyneuritis* sollen jene Erkrankungen erfaßt werden, bei denen — oft aus ganz verschiedenen Ursachen — mehrere periphere Nerven (und häufig zugleich mit ihnen die Überleitungsstellen an den Erfolgsorganen) erkranken und zu mehr oder minder typischen Ausfallserscheinungen führen. Die Bezeichnung *„Polyneuritis“* ist umstritten, weil nur ein Teil der Polyneuritiden die Voraussetzungen bietet, die sonst an die Endung „. . .itis“ gebunden sind. Längst nicht alle Polyneuritiden sind entzündliche Krankheiten. Manche Forscher bevorzugen deshalb den Ausdruck *„Polyneuropathie“*, weil er umfassender ist. Wenn wir dennoch im folgenden von Polyneuritis sprechen, so nicht deshalb, weil die Argumente für den Begriff Polyneuropathie nicht überzeugten, sondern weil Polyneuritis heute noch der in der Klinik gebräuchliche Name ist.

„Die Polyneuritis" gibt es nicht, sondern der Oberbegriff umschließt vielfältige Bilder mit verschiedenen Ursachen, unterschiedlicher Ausprägung und Verteilung der Ausfälle und mancherlei Verlaufstypen. Die gleichsam als Familienähnlichkeit anzusehende Verwandtschaft der Symptome gestattet es aber trotzdem, vom *Krankheitsbild der Polyneuritis* zu sprechen. Wichtigste Symptome sind Störungen der Motilität, der Sensibilität und des Reflexverhaltens.

Bei der Polyneuritis kommt es zu *schlaffen Lähmungen*, die nach längerem Bestehen auch zur Atrophie in den betroffenen Muskelgruppen führen. Diese *atrophischen Paresen* sind meist etwa symmetrisch angeordnet und können je nach dem Polyneuritistyp einmal mehr die rumpfnahen — proximalen — Muskelgruppen ergreifen, bei anderen Fällen überwiegend die — distalen — Muskeln der Extremitätenenden befallen. Alle quergestreiften Muskeln können beteiligt sein, also auch die von den Hirnnerven versorgte Muskulatur, Rumpf- und Atemmuskeln. Jene selteneren Polyneuritiden, bei denen wahllos und unsymmetrisch einzelne Muskeln gelähmt sind, werden als *Multiplex-Typ* der Polyneuritis bezeichnet.

Die *Eigenreflexe* sind je nach dem Grad der Paresen abgeschwächt oder erloschen. Reflexsteigerungen oder spastische Reflexe gehören nicht zum Krankheitsbild der Polyneuritis.

Die *Sensibilität* kann auf verschiedene Weise von der Krankheit gestört werden. Häufig treten *Mißempfindungen*, meist in Form von Kribbeln oder andersartigen *Parästhesien* auf. Aber auch heftige Schmerzen, Schnür- oder Bandagegefühl werden angegeben. Oft können die Kranken sehr plastisch und eindrucksvoll die veränderte Empfindung beschreiben („wie in Eis" oder „wie in Watte gepackt", „Hände und Füße als seien sie aus Holz" oder „aus Blei", „gehen wie auf Sand" oder „wie auf Nadeln"). Neben diesen *Reizerscheinungen* können zusätzlich oder ausschließlich *Ausfallserscheinungen* die Sensibilitätsstörungen prägen, *Hypästhesien* und *Anästhesien, Hyp-* oder *Analgesien* kommen vor, und in mannigfaltigen Kombinationen werden die einzelnen Sinnesqualitäten vermindert oder gar nicht mehr wahrgenommen.

Störungen der Motilität und der Sensibilität treten bei der Polyneuritis meist gemeinsam auf; dabei können aber sehr ausgeprägte Lähmungen mit nur geringfügigen Sensibilitätsstörungen vergesellschaftet sein und umgekehrt; es kommen seltenerweise auch sogenannte rein motorische und rein sensible Polyneuritiden vor.

Die Symptomenverbindung allein läßt nur gelegentlich einen Schluß auf die Ursache der Polyneuritis zu. Wichtig ist auch ihr Verlauf und der Nachweis von Erkrankungen oder Vergiftungen, die zu einem polyneuritischen Syndrom führen können. Letztere kann man oft aus zusätzlichen Symptomen beweisen oder ableiten. Ist eine *Periarteriitis nodosa* bekannt oder eine *Porphyrie,* so wird man den Zusammenhang mit der Polyneuritis unschwer herstellen. Die in ihrem Verlauf ganz typische Polyneuritis, die im zeitlichen Zusammenhang mit einer Diphtherie steht, gestattet die Diagnose einer *Diphtheriepolyneuritis.* Ein ausschließlicher oder überwiegender Befall der Hirnnerven zugleich mit Kopfschmerz, Schwindel, Mundtrockenheit und Verdauungsstörungen legt die Annahme der *Botulinuspolyneuritis* nahe. Fallen alsbald nach Beginn der Polyneuritis die Haare aus, werden besonders starke Schmerzen in den Muskeln angegeben und eine Tachykardie sowie ein pathologischer Urinbefund festgestellt, so darf eine *Thalliumpolyneuritis* angenommen werden, auch wenn von zuvor geäußerten Selbstmordabsichten nichts berichtet wurde. Die voraufgegangene Einnahme von *Isoniazid, Furadantin* oder *Contergan* und auch *Zytostatika* läßt an eine *toxische Polyneuritis* denken.

Ursachen der Polyneuritis

Über die Vorgänge im Körperinnern, die letztlich das Krankheitsbild der *Polyneuritis* bewirken, also über die Pathogenese, ist bisher nur wenig bekannt. Für die Einteilung der Ursachen hat man eine Reihe von Ordnungsprinzipien gesucht, immer aber verbleiben einige Polyneuritisformen, die im jeweiligen Schema nicht ganz zufriedenstellend unterzubringen sind.

Wir folgen einer weitgehend gebräuchlichen Einteilung und gruppieren die Polyneuritiden nach ihrer *Ursache (Ätiologie)* folgendermaßen:

1. *Polyneuritiden im Zusammenhang mit Infektionskrankheiten:*

Diphtherie, Botulismus, Ruhr (seltener Typhus, Fleckfieber, Lues).

2. *Polyneuritiden bei exogenen Vergiftungen:*

Thallium, Arsen, Blei, Schwefelkohlenstoff, Trikresylphosphat; Isoniazid, Nitrofurantoin, Zytostatika, Uliron, Salvarsan; Serumgaben; Alkohol.

3. *Polyneuritiden bei Stoffwechselstörungen:*

Diabetes mellitus, Porphyrie, Urämie (nach Dialysebehandlungen?).

4. *Polyneuritiden bei Gefäßleiden und Tumoren:*

Periarteriitis nodosa, Karzinom, Sarkom.

5. *Idiopathische Polyneuritis:*

Hierbei handelt es sich um eine Erkrankung, für die bis heute eine Ursache noch nicht bekannt ist, die jedoch eine recht große Gruppe in der Gesamtzahl der Polyneuritiden darstellt und deren gemeinsame Benennung durch sehr ähnliche Symptomatik und gleichen Verlauf gerechtfertigt wird.

Zur Behandlung der Polyneuritis und ihrer Folgen

Für einige Polyneuritiden sind aus der Kenntnis ihrer Ursache schon die wesentlichsten Behandlungsrichtlinien abzuleiten. Die weitere Zufuhr der exogenen Gifte muß unterbunden werden. Infektionskrankheiten und Stoffwechselstörungen sind sachkundig zu behandeln. Schon dadurch allein klingt manchmal die Polyneuritis wieder folgenlos ab, wie etwa in einem überschaubaren Zeitraum nach der Diphtherie oder auch bei leichteren Formen exogen-toxischer Polyneuritiden. Häufig aber bleiben die polyneuritischen Symptome etwa trotz konsequenter Alkoholentziehung, nach nur einmaliger und nicht einmal reichlicher Thalliumzufuhr oder auch bei einem befriedigenden Ausgleich der diabetischen Stoffwechsellage sehr hartnäckig bestehen, und Krankheitsverläufe über viele Monate und auch Jahre sind durchaus keine Seltenheit; selbst Dauerschäden kommen vor. Hier gilt, da keine spezifischen Maßnahmen gegen die Polyneuritis zu ergreifen sind, die Hauptaufmerksamkeit der geduldigen und fachkundigen Pflege. Der gelähmte Kranke braucht vielfältige und tägliche Hilfen selbst bei den einfachsten Verrichtungen. — Daß bei Beeinträchtigung der Atemmuskulatur Beatmungshilfen unter ständiger Kontrolle der Kreislauf- und Stoffwechselfunktionen notwendig werden, bedarf keiner besonderen Erwähnung. —

Hand in Hand mit den erforderlichen Hilfen für den Kranken geht die Übungsbehandlung unter Anleitung einer *Krankengymnastin.* Je nach dem Grad der Lähmung erfolgt, wie bei den Folgen der umschriebenen peripheren Nervenschäden, die *Elektrotherapie,* die *Massage* und schließlich das *Training* einzelner Muskeln bis hin zur Übung zusammengesetzter Bewegungen, wie sie für das Hantieren, Gehen und Stehen notwendig sind. Allzu forsches Vorgehen kann eher zum Schaden gereichen; wichtig ist die Regelmäßigkeit der physikalischen Maßnahmen.

Der Kranke mit ausgedehnten Lähmungen liegt ausschließlich oder überwiegend im Bett. Seiner *Lagerung* ist besondere Sorgfalt zuzuwenden. Häufiger *Lagewechsel* ist vor allem dann wichtig, wenn neben den Paresen auch Sensibilitätsstörungen bestehen und der Patient den Druck einer Kante, einer Falte im Bettuch oder Schlafanzug nicht spürt und dann der Gefahr eines Dekubitalgeschwürs ausgesetzt ist. Das Umlagern muß vorsichtig geschehen, weil die längere Zeit nicht belasteten Knochen an Stabilität verlieren und leichter brechen. Besonders gefährdete Stellen bedürfen eines zusätzlichen Polsters, um die Haut zu schonen aber auch, um periphere Nerven vor zusätzlichen *Druckschäden* zu bewahren. Zur richtigen Lagerung gehört außerdem eine Stellung der Gelenke, die *Versteifungen* (Spitzfuß!) und eine Überdehnung des schlaff gelähmten Muskels verhindert. Zudem sollte die richtige Lagerung eine bestmögliche *Blutzirkulation* ermöglichen. Vollständige Lähmungen an den Extremitäten bringen die Gefahr der Blutstauung und damit der *Thrombose* mit sich. Einen gewissen Schutz hiergegen bieten regelmäßige Massagen und das Umwickeln mit elastischen Binden. Beide Maßnahmen sind nur dem damit Vertrauten erlaubt. Die medikamentöse *Thrombosevorbeugung* mit *Antikoagulantien* (z. B. Marcumar) wird mehr und mehr genutzt und bewahrt sicher manchen Kranken vor der früher häufigen Komplikation einer Lungenembolie, die sich aus einer Thrombose entwickelte. Selten erwähnt, aber keineswegs von minderer Bedeutung ist die *Ernährung* des Polyneuritiskranken. Das „iß ordentlich, damit Du zu Kräften kommst!" gilt nur in Grenzen. Selbstverständlich braucht der Körper zum Wiederaufbau der atrophischen Muskulatur ausreichend Nährstoffe. Durch lange Bettruhe und geringe Bewegung geförderter Fettansatz jedoch kann dazu führen, daß die sich gerade wieder entwickelnde Muskelkraft vor unnötig schwere Aufgaben gestellt wird.

Zum außergewöhnlichen schwierigen Problem kann die Behandlung sensibler Reizerscheinungen werden. Der bewegungslos im Bett liegende Kranke empfindet das Kribbeln, Stechen, Brennen und die Schmerzen intensiver, als wenn er sich in Bewegung und Tätigkeit Ablenkung verschaffen könnte. Hier ist die Verordnung von beruhigenden und schmerzstillenden Mitteln mit besonderer Verantwortung belastet. Über allem steht das Ziel, die Beschwerden auf ein erträgliches Maß zu beschränken. Dabei dürfen aber die Gefahren nicht übersehen werden, die sich ergeben können aus der Gewöhnung an ein Mittel bis zur Sucht und aus der Sedierung des Patienten bis zu einem Ausmaß, in dem ihm die für sein Training notwendige Aktivität verlorengeht. Zudem hat gerade die jüngere Vergangenheit schmerzlich gelehrt, daß ein Schlaf und Beruhigung bringendes Arzneimittel selbst Ursache einer Polyneuritis sein kann.

Myopathien und verwandte Prozesse

Die unter diesem Kapitel zusammengefaßten Erkrankungen gehören auch in der nervenärztlichen Praxis zu den Ausnahmen. Wenn innerhalb des Kapitels dann einige von ihnen besonders genannt und andere der Überschrift „Seltenere Muskelerkrankungen" zugeordnet werden, so ist diese Einteilung weitgehend willkürlich und könnte mit einiger Begründung auch etwas anders erfolgen. Die für diese Gliederung maßgeblichen Überlegungen mögen aus der Darstellung hervorgehen und nicht besonders erläutert werden.

Neurale Muskelatrophie

Diese Erkrankung könnte mit gutem Grunde auch noch im vorangegangenen Kapitel über die Polyneuritis stehen, da ihre Symptome sehr viel Ähnlichkeit mit der Polyneuritis aufweisen.

Die Lähmungen entwickeln sich allerdings außerordentlich langsam und können über Jahre fortschreiten. Erste Ausfälle treten meist im Kindes- oder Jugendalter auf, kommen aber auch in späteren Jahren vor. Von den Paresen bevorzugt werden die rumpffernen Muskelgruppen, also die Extremitätenenden, und es entstehen hochgradige Atrophien. Deformierungen der Gelenke durch die atrophischen Paresen führen häufig zum Hohlfuß. Stets sind die Beine stärker betroffen. Die Ausfälle der Sensibilität sind meist gering. Das sehr seltene Leiden ist erblich, betrifft Männer häufiger als Frauen. Eine erfolgreiche Behandlung ist nicht bekannt. Bei stärkerer Gehbehinderung können orthopädische Hilfen notwendig werden.

Myasthenie

Die *Myasthenia gravis pseudoparalytica,* wie sie vollständig heißt, ist aus mehreren Gründen besonders wichtig. Einmal können sich ihre Symptome oft so schnell entwickeln — und auch wieder zurückbilden —, daß es selbst dem Kranken nicht ganz leicht fällt, die Ausfallserscheinungen zutreffend zu beschreiben; zum anderen werden die Ausfälle — es handelt sich um Lähmungen — häufig lange Zeit von der Umgebung als psychogene oder hysterische Erscheinungen mißdeutet und dem Kranken damit zu Unrecht als Fehlverhalten vorgeworfen. Schließlich gelingt es in den meisten Fällen, durch eine medikamentöse Behandlung die Krankheitszeichen zum Schwinden zu bringen oder doch auf ein gut erträgliches Maß zu begrenzen.

Das hervorstechende Symptom der *Myasthenie* ist eine *krankhafte Ermüdbarkeit der Muskulatur.* Oft schon nach kurzdauernder Belastung werden kleinere oder größere Muskelgebiete schwächer und stellen ihre Funktion schließlich ganz ein. Nach einigen Minuten oder Stunden der Erholung kehrt die Kraft zurück. Oft berichten die Kranken über eine ungestörte Muskelleistungsfähigkeit am Morgen, die dann mit zunehmender Tätigkeit nachläßt, sich nach einem Mittagsschlaf oder in der Nacht jedoch vollständig wiederherstellt. Die Verteilung der Lähmungen ist manchmal, aber keineswegs immer, symmetrisch. Vor allem im Beginn werden häufig die Augenmuskeln oder die von den übrigen Hirnnerven versorgten Muskeln betroffen. Die Augenlider können nicht oder nur mühsam gehoben werden, die Beweglichkeit der Bulbi ist beeinträchtigt. Es kann zu ausgeprägten Kau-, Schluck- und Sprachstörungen kommen. Beim Befall der Extremitäten werden meist die rumpfnahen Muskeln stärker ergriffen, die

Arme können nicht gehoben, Treppen nicht mehr erstiegen werden. Die gleichfalls mögliche Lähmung der Atemmuskulatur führt nicht selten zu bedrohlichen Situationen. Bei Extremitätenparesen können die Reflexe schwinden; spastische Zeichen treten nicht auf. Sensibilitätsstörungen gehören nicht zum Bild der Myasthenie. Charakteristische Veränderungen zeigt das Elektromyogramm.

Die Erkrankung kann einen sehr wechselhaften Verlauf nehmen. Bei manchen Patienten treten die Erscheinungen nur periodenweise auf, bei anderen folgt einem monate- oder jahrelangen Stillstand eine schubförmige Verschlechterung, und bei einer weiteren Gruppe ergreift die Krankheit zwar sehr langsam aber stetig immer weitere Muskelgruppen. Wegen dieser unberechenbaren Verlaufsmöglichkeiten verlangen Kranke mit einer Myasthenie ganz besonders aufmerksame Beobachtung.

Aus der Kenntnis, daß an den motorischen Endplatten, den Übergängen vom Nerven zum Muskel, das für die Muskelaktivierung notwendige Acetylcholin blockiert wird, leitet sich das therapeutische Vorgehen ab. Da das Acetylcholin durch das Ferment Cholinesterase zerstört wird, gibt man dem Patienten Cholinesterasehemmer in Form von Tabletten oder Spritzen und stellt dadurch die Funktion wieder her. Dabei ist es wichtig, daß die verordneten Medikamente (Mestinon, Prostigmin, Mytelase) in der richtigen Dosierung und ganz regelmäßig zugeführt werden. Zu geringe Dosierung führt nicht zum gewünschten Erfolg; Überdosierungen können zu verstärktem Schwitzen, zu Stuhldrang, Erbrechen, Unruhe, Angst und Muskelzuckungen führen. Dies ist ein weiterer Grund für die Forderung nach besonderer Aufmerksamkeit bei einer Myasthenie.

Muskeldystrophien

Die *Dystrophia musculorum progressiva* ist die wichtigste Gruppe in der inzwischen recht großen Reihe der *Muskeldystrophien*. Die auch unter dem Namen ERB-*Dystrophie* bekannte Krankheit tritt im Kindes- und Jugendalter auf und ist zurückzuführen auf degenerative Veränderungen im Muskel. Die Erkrankung ist erblich, der Erbgang wohl bei den einzelnen Formen unterschiedlich. Als besondere Typen werden Gruppen innerhalb der progressiven Muskeldystrophie unterschieden, die sich durch die Verteilung der Krankheitserscheinungen gegeneinander abgrenzen lassen. Beim *„Schultergürteltyp"* ergreifen Muskelschwund und Lähmungen vornehmlich die Muskulatur der Schultern und Oberarme, erst sehr viel später Unterarme, Rumpf und Becken. Demgegenüber steht der *„Beckengürteltyp"*, bei dem die Hüft- und Oberschenkelmuskulatur zuerst betroffen wird, erst im weiteren Verlauf auch die anderen Muskeln.

Teils nach ihrer Verlaufsform, teils nach mikroskopischen und biochemischen Befunden wurden weitere Muskeldystrophien bekannt, die aber wegen ihrer Seltenheit hier nicht im einzelnen aufgeführt werden sollen.

Besondere Erwähnung aber verdient wegen ihrer nicht ganz so großen Seltenheit und einiger hervorstechender Merkmale innerhalb der Gruppe der Muskeldystrophien die *Dystrophia myotonica.* Diese vorwiegend das männliche Geschlecht befallende Erbkrankheit kann in jedem Lebensalter beginnen und führt zu langsam fortschreitenden Lähmungen und Atrophien. Die mimische Muskulatur und die Muskeln an Hals und Nacken sind oft besonders stark befallen. Zu der Dystrophie der Muskulatur gesellt sich die *myotone Reaktion.* Nach willkürlicher Anspannung, elektrischer Reizung oder Beklopfen eines Muskels klingt die Muskelspannung nur sehr verzögert wieder ab. Dadurch können die Kranken etwa einen einmal ergriffenen Gegenstand nur mühsam und langsam wieder loslassen. Der plötzliche Beginn einer Bewegung gelingt ihnen schwer und wird erst nach mehrfacher Wiederholung leichter. Kälteeinfluß kann die myotone Reaktion verstärken. Da schließlich die gesamte Muskulatur vom dystrophischen Prozeß ergriffen ist, wirken die Kranken kraftlos und bewegen sich nur schwerfällig. Eine *Linsentrübung* und hormonelle Veränderungen mit *Hodenatrophie* und *Menstruationsstörungen* gehören zum Bild der myotonen Dystrophie. Außerdem entwickelt sich sehr früh eine ausgeprägte *Stirnglatze,* die zusammen mit den erschlafften Gesichtszügen in einem typischen Bild (Facies myopathica) den Kranken fast so etwas wie eine Familienähnlichkeit gibt.

Seltene Muskelerkrankungen

Der myotonen Dystrophie des voraufgegangenen Kapitels verwandt ist die *Myotonia congenita* (Thomsen). Das Leiden ist gleichfalls erblich und wird geprägt durch die *myotone Reaktion* des Muskels. Alle Bewegungen gelingen erst nach längeren Bemühungen; die Kranken gewöhnen sich daran, vor rasch notwendigen Bewegungen ihre Muskulatur sozusagen „in Gang" zu bringen. Nach einem kräftigen Händedruck oder dem Umgreifen eines Gegenstandes lösen sich die Finger erst allmählich wieder.

Ähnliche Bewegungsbehinderungen, die auf einen Kältereiz zurückzuführen sind und über Stunden anhalten können, bilden das Krankheitsbild der *Paramyotonia congenita.*

Die *Myatonia congenita* (Oppenheim) tritt in der frühesten Kindheit auf. Durch herabgesetzten Muskeltonus ist die Kraft verringert, die Bewegung gemindert. Kraftlos wie „Hampelmannglieder" hängen

Arme und Beine herab. Im Verlauf der weiteren Entwicklung können sich die Bewegungsstörungen zurückbilden. Wahrscheinlich ist die Myatonia congenita die für das frühe Kindesalter charakteristische einheitliche Symptomenkombination verschiedener Erkrankungen.

Gleichfalls erblich ist das Krankheitsbild der *paroxsysmalen Lähmung.* Häufig mit einer Herabsetzung des Blutkaliumgehaltes einhergehend, entwickeln sich anfallsweise während einiger Stunden schlaffe Lähmungen der Extremitäten- und Rumpfmuskulatur, die zu völliger Bewegungsunfähigkeit mit Sprach-, Schluck- und Atemlähmungen führen können. Die Eigenreflexe erlöschen. Zu Sensibilitätsstörungen kommt es nicht. Nach Stunden oder einigen Tagen gehen die Lähmungen restlos zurück; bis zum nächsten Anfall können Wochen, Monate oder auch Jahre vergehen. Gelegentlich führen die Anfälle nur zu leichter Schwäche, so daß die mit den Erscheinungen vertrauten Kranken gar nicht erst den Arzt aufsuchen, sondern das Abklingen der Störungen mit häuslicher Bettruhe oder weitgehender Schonung abwarten. Kaliumzufuhr in Tablettenform oder als Infusion kann die Besserung bei den mit Kaliummangel einhergehenden Formen der Krankheit beschleunigen.

Polymyositis

Ähnlichkeiten mit der Polyneuritis oder den verschiedenen Formen der Myopathie hat die *Polymyositis.* Hierbei handelt es sich jedoch nicht um eine Erkrankung am peripheren Nerven oder eine degenerative Muskelschädigung, sondern um eine echte Entzündung der Muskulatur. Sichere Angaben über die Ursache der Myositiden, die wegen oft gleichzeitig bestehender Hautveränderungen auch als „Dermatomyositis" beschrieben werden, gibt es noch nicht. Die Polymyositis kommt in jedem Lebensalter vor. Die Häufigkeit der Diagnose hat sicher zugenommen mit der vermehrten histologischen Untersuchung von Muskelexzisionsstücken bei Krankheiten, die mit Muskellähmungen einhergehen. Gestützt wird die Diagnose auf den mikroskopischen Befund.

Akute Erkrankungen beginnen oft mit Fieber, starken Muskelschmerzen und Veränderungen der Haut. Der häufigere chronische Verlaufstyp zeigt vornehmlich Lähmungen, die an eine Polyneuritis denken lassen, seltener Hauterscheinungen und nur hin und wieder Sensibilitätsstörungen. Die Eigenreflexe bleiben auffallend lange erhalten.

Die pflegerische Betreuung entspricht weitgehend der bei einer Polyneuritis. Gegen den entzündlichen Prozeß werden Kortikoide verordnet. Noch wenig bekannt ist bisher über längere Verläufe und andauernde Behandlungserfolge.

Selbständige endokrine Störungen

Störungen der inneren Sekretion fallen zwar im allgemeinen in das Aufgabengebiet der inneren Medizin, sie geben aber häufig aus differentialdiagnostischen Gründen Anlaß zur zeitweiligen Beobachtung auf neurologischen und psychiatrischen Abteilungen und sollen daher in einem Abschnitt dieses Buches gesondert besprochen werden.

Störungen der Schilddrüse

Der Jodmangelkropf. Die sichtbaren und tastbaren Größenverhältnisse der Schilddrüse bieten keinen Hinweis auf ihre Über- oder Unterfunktion. Dies gilt vor allem für die zumeist in Alpenländern gehäuft auftretenden diffusen oder *knotigen Kropfbildungen.* Diese zeigen eine unverkennbare Abhängigkeit von der Jodzufuhr in Nahrung und Trinkwasser. Endokrine Störungen sind mit diesen Jodmangelkropfbildungen nur sehr selten verbunden.

Die Hyperthyreose. Wesentlich weicher und gefäßreicher ist die Schilddrüsenvergrößerung (Struma) bei der *Hyperthyreose,* zu deren weiteren Kardinalsymptomen der *Exophthalmus* und die *Tachykardie* zählen. Die Krankheit tritt vorwiegend bei Frauen zwischen dem zweiten und vierten Lebensjahrzehnt auf und läßt in der Häufigkeitsverteilung ebenfalls einen Einfluß der Bodenbeschaffenheit, insbesondere des Jodgehaltes, erkennen. Der so charakteristische Exophthalmus kann ausgesprochen einseitig ausgebildet sein, bei einem Drittel der Fälle fehlt er gänzlich. Weitaus wichtiger sind die Klagen über *Gewichtsverlust, Neigung zu Durchfällen, Schlafstörungen, Tremor* und *abnorme seelische Erregbarkeit.* Die selten vermißte Tachykardie führt bei längerer Dauer der Störungen zu einer Hypertrophie und Dilatation der Herzkammern. Für die Zuordnung ist die Bestimmung des Grundumsatzes, neuerdings das Ergebnis vielfältiger nuklearmedizinischer Methoden entscheidend. Bei schweren, zuweilen durch Therapiefehler beschleunigten Verläufen können *Verwirrtheitszustände, Bewußtseinstrübungen,* ja sogar *Komata* auftreten. Die Behandlung der leichteren Fälle wird heute allgemein mit Thyreostatika durchgeführt; die früher so wichtige chirurgische Behandlung ist vor allem bei älteren Menschen zum Teil durch die Isotopentherapie verdrängt worden.

Das Myxödem. Auch die Unterfunktion der Schilddrüse bei Erwachsenen führt zu einem klar umrissenen Krankheitsbild, dem *Myxödem.* Wegweisend für die Diagnose ist eine typische *Austrocknung der Haut* mit Neigung zur Schuppenbildung. Hände und Füße sind oft tatzenähnlich verplumpt, das Gesicht erscheint gedunsen und zeigt eine blaßgelbliche Farbe. Nicht selten wird auch über starken Haarausfall geklagt. Die Pulsfrequenz ist oft erheblich verlangsamt, die Herzfigur erscheint verbreitert und auseinandergeflossen. Eine *Senkung der Körpertemperatur* auf 35 ° ist durchaus nicht selten. Menstruationsstörungen und Libidoverlust sind häufig. Die psychischen Abläufe sind verlangsamt und eingeengt.

Die Therapie besteht in der vorsichtig eingeleiteten Substitution mit synthetischem Schilddrüsenhormon. Erfolge sind oft schon nach zwei bis drei Wochen sichtbar.

Störungen der Epithelkörperchen

Strumiprive Tetanie. In voller Übereinstimmung mit tierexperimentellen Erfahrungen pflegt auch beim Menschen schon einige Tage nach operativer Schädigung der Epithelkörperchen eine Neigung zu tetanischen Muskelkrämpfen aufzutreten. Es handelt sich um oft recht schmerzhafte *tonische Krämpfe* mit *Pfötchenstellung* der Hände und Streckstellung der Füße und Zehen. Der Anfall beginnt oft mit *Beklemmungsgefühlen, Kribbelparästhesien* um den Mund und im Bereich der Finger- und Fußspitzen. Selten werden auch echte *hirnorganische Anfälle* mit Bewußtseinsverlust beobachtet. Im Intervall findet sich eine Erregbarkeitssteigerung des peripheren Nervensystems auf mechanische Reize. Bei länger bestehenden *strumipriven Tetanien* finden sich auch trophische Störungen des *Nagel- und Haarwachstums* sowie *Linsentrübungen* nach Art des Kernstars.

Vegetativ-tetanische Störungen. Umstritten ist dagegen die sogenannte *idiopathische Tetanie* als selbständiges Krankheitsbild. Trotz vielfacher Bemühungen hat sich die Abgrenzung eines solchen Krankheitsprozesses von konstitutionell bedingten Neigungen zu *vegetativtetanischen Anfällen* nicht durchsetzen können. Nur bei echten strumipriven Tetanien ist eine Therapie mit *Parathormon* sinnvoll. Einfacher ist die perorale Gabe von *bestrahltem Vitamin D* (AT 10). Auch durch intravenöse Injektionen von Kalksalzen kann ein tetanischer Anfall unterbrochen werden. Es handelt sich dabei aber um eine nur recht flüchtige symptomatische Maßnahme, die sich leider auch bei tetanischen Anfällen nach Hyperventilation eingebürgert hat. Derartige Überatmungskrämpfe erlangen ja durch die „Therapie“ erst subjektiven Krankheitswert. Zumeist gelingt es allein durch Aufforderung zum flachen Atmen und zu kräftiger Muskelarbeit, die abgehauchte Kohlensäure im Blut wieder aufzufüllen und damit die den tetanischen Anfall begünstigende *Alkalose* zu beseitigen. Manchmal kann auch eine entsprechende Kostform oder die Verordnung von Mixtura solvens, Salmiakpastillen o. ä. die notwendige Ansäuerung erheblich fördern und das erneute Auftreten der geschilderten vegetativ-tetanischen Anfälle oder ihrer Vorboten ganz verhindern.

Störungen der Hypophyse

Die Akromegalie. Bei der *Akromegalie* entwickelt sich langsam die charakteristische Vergrößerung und Vergröberung des gesamten Skelets, aber auch der Weichteile. Am ausgeprägtesten sind diese Veränderungen am Hals, an der Zunge, an den Ohren, Händen und Füßen zu beobachten. Der Nachweis einer entsprechenden *Sellaerweiterung* im Röntgenbild führt rasch zur richtigen Diagnose. Der Akromegalie liegt in der Regel ein Hypophysentumor (eosinophiles Adenom) zugrunde. Eine chirurgische Behandlung ist meist wegen der Gefahr für den Sehnerven erforderlich, während die endokrinen Störungen durch den Eingriff nicht beseitigt werden können (s. S. 40).

Das Cushing-Syndrom. Ebenfalls auf eine Geschwulstbildung im Bereich des Hypophysenvorderlappens kann das Auftreten eines *Cushing-Syndroms* hinweisen. Das Krankheitsbild wird vorwiegend bei jungen Menschen beiderlei Geschlechts beobachtet; eine ausgeprägte *Stammfettsucht* mit Entwicklung von *roten Striae* am Gesäß und an den Hüften und eine mäßige bis deutliche *Blutdruckerhöhung* kennzeichnen das voll ausgeprägte Syndrom. Weniger regelmäßig sind auch Störungen des Wasserhaushaltes, die Neigung zu Hautblutungen und eine Behaarungszunahme bei Frauen und Knaben im Gesicht und am Rücken zu beobachten. Bei Krankheitsbeginn sind die Klagen oft noch recht uncharakteristisch, wechselnde Rückenschmerzen, Leibbeschwerden, abnorme Ermüdbarkeit und Kopfschmerzen fehlen selten. Zuweilen werden auch *Potenzstörungen* und *Unregelmäßigkeiten der Menstruation* angegeben.

Erfahrungsgemäß ist die Ursache dieser Veränderungen häufig ein *chromophobes Adenom,* das aber nur ausnahmsweise zur Erweiterung der Sella führt. Die Abgrenzung von einer mit gleichen klinischen Erscheinungen einhergehenden *Nebennierenhypoplasie* ist oft unmöglich.

Die hypophysäre Magersucht. Die *hypophysäre Magersucht* als eindeutig hormonal bedingte Störung gehört sicher zu den allergrößten Seltenheiten. Hingegen verpflichten die bei jungen Mädchen und Frauen immer wieder zu beobachtenden extremen Gewichtsabnahmen dazu, der Frage einer hypophysären oder psychogenen Störung ernsthaft nachzugehen. Häufig handelt es sich um intellektuell recht gut begabte, eigenbrötlerische, egozentrische junge Mädchen, die mit oder ohne vordergründiges Motiv ihre Nahrungsaufnahme immer mehr einschränken und schließlich die medizinischen Zeichen einer schweren Fehlernährung bieten. Unter disziplinärem Druck und Psychopharmaka, manchmal sogar unter Sondenfütterung, läßt sich der körperliche Verfall aufhalten, wenngleich die Patientinnen oft versuchen, einen Teil der widerwillig aufgenommenen Speisen wieder herauszuwürgen. Für ein trotzdem entwickeltes elementares Hungergefühl mag sprechen, daß einzelne ihren Bettnachbarn heimlich Süßigkeiten entwenden.

Weitere hypophysäre Störungen. Auch bei der *Fettsucht* muß zunächst an eine hypophysäre Störung gedacht werden, obwohl die *Dystrophia adiposogenitalis* sich nur bei einer Zerstörung des Infundibulums der Hypophyse im Kindesalter zu entwickeln pflegt. Bei Schädigungen des Hypophysenhinterlappens finden sich Wasserhaushaltsstörungen nach Art des *Diabetes insipidus* (Wasser-Harnruhr). Vorherrschend ist ein quälendes Durstgefühl, das sich nicht nur am Tage, sondern auch nachts bemerkbar macht. Es veranlaßt die Patienten, bis zu 20 l Flüssigkeit am Tage zu sich zu nehmen und ebenso große Mengen durch den Harn wieder auszuscheiden. Gelegentliche Störungen dieser Art nach Schädeltraumen oder nach operativer Ausräumung der Hypophyse können durch Schnupfen von *Hypophysenhinterlappenhormon* leidlich ausgeglichen werden.

Störungen der Keimdrüsen

Im Erwachsenenalter macht sich eine Minderung der Keimdrüsenaktivität bei Frauen insbesondere im Klimakterium oder nach Totaloperationen bemerkbar. Über körperliche Mißempfindungen nach Art lebhafter vegetativer Beschwerden, Hitzewallungen, Kopfdruck, Schlafstörungen und vermehrte Reizbarkeit wird in wechselnder Intensität geklagt und je nach der charakterlichen Struktur und Lebenssituation die Verarbeitung dieser Beschwerden sachlich und distanziert oder ängstlich-depressiv vollzogen. Bei klimakterischen Beschwerden hat sich die Verordnung von *Östrogenen* ausgezeichnet bewährt.

Das Rückbildungsalter des männlichen Geschlechts ist weniger deutlich von hormonalen Ausfällen geprägt.

Eindrucksvolle Veränderungen durch Keimdrüsenverlust sieht man hingegen nach Tumoroperationen und nach doppelseitigen traumatischen Schädigungen der Hoden. Führend sind hier *Antriebsveränderungen* und eine Neigung zum *Fettansatz*.

Keimdrüsenausfälle im Kindesalter haben weit stärkere Auswirkungen. Bei ausgesprochenem Hypogenitalismus findet sich wie bei Frühkastraten ein *eunuchoider Hochwuchs* mit recht spärlicher Entwicklung sekundärer Geschlechtsmerkmale. Die bei dieser Störung eigentümliche Fettverteilung und die Veränderungen des Skelets, insbesondere des Schädels und der Beckenform, hat man bei der Sekte der Skopzen genau analysieren können. Auch der Schildknorpel bleibt unverknöchert, der sogenannte Adamsapfel fehlt.

Einer ausgesprochenen Frühentwicklung der sekundären Geschlechtsmerkmale begegnen wir in der sogenannten *Pubertas praecox* bei Geschwülsten der Epiphyse (Pinealom).

Störungen der Nebennierenrinde

Erhebliche Grade der Abmagerung, verbunden mit einer bräunlichen Pigmentierung der Haut und Schleimhäute sind als *Addison-Krankheit* für einen Ausfall der Nebennierenrinde kennzeichnend. Zu 90 % liegt dieser Störung eine Tuberkulose zugrunde. Die Ausfallserscheinungen können durch Substitution mit Desoxykortikosteron über längere Zeit kompensiert werden. Wieweit auch weniger ausgeprägte Formen allgemeiner körperlicher Schwäche und Kreislauflabilität einer umschriebenen endokrinen Störung, insbesondere einer Insuffizienz der Nebennierenrinde, zur Last zu legen sind, konnte bisher nicht überzeugend geklärt werden.

Die pluriglandulären Störungen

Bieten endokrine Störungen nicht die klassischen Zeichen eines bestimmten Drüsenausfalls und finden sich Mischbilder, die bei der engen Verflochtenheit des endokrinen Systems über die übergeordneten Zentren des Hypophysen-Zwischenhirn-Systems keineswegs selten vorkommen, so hat sich der Begriff der *pluriglandulären Insuffizienz* eingebürgert. Solche Störungen wurden bei Frauen nach Röntgenkastration häufiger beobachtet. Allerdings ist es bei derartig verwaschenen Krankheitsbildern besonders schwierig, erworbene Störungen von solchen in der Konstitution gelegenen Normvarianten sicher abzugrenzen.

Die häufigsten Formen der vegetativen Regulationsstörung

Allgemeine vegetative Störungen

Die Aufgabe der ständigen Anpassung des lebenden Organismus an die verschiedensten Umweltanforderungen erfolgt unwillkürlich mit Hilfe des vegetativen Nervensystems. Dazu dienen die selbständigen und lediglich in der Endverzweigung miteinander eng verknüpften Fasersysteme des Sympathikus und des Parasympathikus. Bei gesunden Menschen läßt sich über Tage eine *Leistungsphase (ergotrope Phase)* von der *Erholungsphase (trophotrope Phase)* — bei Nacht — abgrenzen, die ihren Gipfel im Tiefschlaf aufweist. Flüchtige Abweichungen von dieser Normalsteuerung bezeichnen wir als *vegetative Reaktion.* Solche Reaktionen lassen sich am Herzschlag, an der peripheren Durchblutung, aber auch an Fehlfunktionen des Magen-Darmkanals und der Unterleibsorgane ablesen. Auslösend können körperliche Reize, aber auch starke emotionale Spannungen sein (Ohnmacht durch Schreck, Examensdurchfall usw.).

Anhaltende und gleichsam selbständig gewordene Fehlsteuerungen der vegetativen Regulation bezeichnen wir als *vegetative Dystonie.* Solche Veränderungen lassen sich zumeist zeitlich gut abgrenzen. Aus der Vorgeschichte zeichnet sich der Beginn oft durch eine *körperliche Erkrankung,* ein *Unfallereignis,* eine *akute oder chronische Vergiftung* oder eine *augenfällige körperliche oder seelische Überforderung* ab. Die engen Wechselbeziehungen zwischen seelischen Belastungen und vegetativen Abläufen zwingen bei allen derartigen Beschwerdebildern zu einer besonders sorgfältigen psychiatrischen Exploration, weil gerade Sorge und Angst, verbunden mit dem Gefühl der Ausweglosigkeit über die Brücke der vegetativen Innervation subjektive und zuweilen auch objektive Funktionsstörungen auslösen können. Verbindungsglieder in dieser pathogenetischen Kette sind *autosuggestive Einflüsse,* die, wie wir aus den umfangreichen Hypnoseversuchen wissen, in erheblichem Maße an der vegetativen Steuerung beteiligt sind.

Unabhängig von der pathogenetischen Zuordnung hat sich die genaue Analyse der *Entgleisungsrichtung* für alle therapeutischen Folgerungen als außerordentlich hilfreich erwiesen.

Kennzeichnend für die *Entgleisung in ergotroper Richtung* ist die Einschlafschwierigkeit und das mangelnde Durchschlafvermögen, verbunden mit nervöser Reizbarkeit über Tage, schlechtem Appetit und einer langsamen Reduktion des Körpergewichtes. Solche Entwicklungen sind u. a. als Überforderungssyndrome oder als sogenannte Managerkrankheit außerordentlich verbreitet. Zumeist wird vom Arzt erwartet, daß er mit medikamentösen Hilfen die Lücke zwischen Leistungsvermögen und Leistungsanforderungen auszugleichen vermag. Dies ist sicher aber nur für eine kurze Zeitspanne möglich und gelingt bestenfalls in Form des Zudeckens der Symptome, ohne daß hiermit eine wirkliche Harmonisierung erreicht werden kann. Solche medikamentöse Hilfen sollten also nur für die Überbrückung kurzer Anforderungsgipfel, etwa als Trainingshilfe bei der Rekonvaleszenz oder als Beihilfe zu Examensvorbereitungen gewährt werden. Im übrigen wird man gut daran tun, den Tagesablauf der Patienten bis ins einzelne durchzusprechen, damit dort, wo der Arbeitsrhythmus am Fließband oder im üblichen industriellen Schichtwechsel keine Umstellungen erlaubt, ein neuer angemessener Arbeitsplatz gesucht wird. Oft genügt bei vorwiegend geistig Tätigen die richtige Einteilung der notwendigen Erholungspausen und die Ordnung abendlicher Entspannungshilfen unter Berücksichtigung des stets notwendigen körperlichen Trainings.

Bei *Entgleisungen in trophotroper Richtung* stehen die Symptome der ständigen Müdigkeit bei ausreichenden oder gar überreichlichen Schlafzeiten, der mangelnde Schwung, der übermäßige Appetit, die Zunahme des Geschlechtstriebes und des Körpergewichts im Vordergrund. Solche Fehlsteuerungen werden nicht selten im Anschluß an die Schwangerschaft oder auch im Rückbildungsalter beobachtet. Durch konsequente diätetische Maßnahmen, energischen Leistungssport und richtig dosierte Stimulierung mit Genußmitteln gelingt es meist, einen normalen Rhythmus wieder zu formen.

Die schwierigste Gruppe ist die der *vegetativen Erschöpfungszustände*, bei denen weder der Schlaf- noch der Tagesrhythmus ausreichend entwickelt ist. Die Klagen der Patienten beziehen sich daher auf beide Schenkel der Tageskurve, ein unzureichender Nachtschlaf hinterläßt Leistungslücken auch am Tage mit mangelndem Antrieb und rascher Erschöpfbarkeit. Liegt die Ursache der vegetativen Dystonie nicht in einer unzweckmäßigen Gestaltung des Tagesablaufs, in einer gerade überstandenen Unfallschädigung oder Krankheit, sind keine Genußmittel- oder Arzneimittelintoxikationen nachweisbar, so ist die Suche nach einschneidenden *Konflikten* dringlich. Solche, die Vitalschicht des Menschen betreffenden seelischen Erlebnisse sind vorwiegend im *familiären Bereich* oder im *Arbeitsbereich* zu suchen. Zu ihrer Aufdeckung sind nur ausnahmsweise langfristige psychoanalytische Verfahren notwendig, in der Regel stößt man schon in einem längeren Gespräch im Rahmen der üblichen psychiatrischen Untersuchung auf aktuelle Schwierigkeiten, deren Bewältigung dem Kranken nicht von selbst gelungen ist. Die ärztliche Mitwirkung dabei kann nicht darin liegen, bestimmte Ratschläge in ihrer Überwindung zu erteilen und in unangemessener Weise „Schicksal zu spielen", sondern vorwiegend darin, hinausgeschobene Entscheidungen zu beschleunigen, die früher oder später ohnehin gefällt werden müssen. Vor jedem Versuch der medikamentösen, physikalischen oder psychologischen Behandlung ist eine Klärung der Ursache dringend erforderlich, um noch wirksame Faktoren zu beseitigen, die den gesamten Behandlungsplan gefährden würden. Die Behandlung selbst sollte alle wirksamen Mittel in gebührender Weise berücksichtigen und kombinieren; dabei dürfen stimulierende und sedierende Drogen nur in einem relativ kurzen Wirkzeitraum von einigen Wochen benutzt werden. Medikamentöse Dauerbehandlungen bergen die Gefahr der Gewöhnung in sich und werden damit als chronische Arzneimittelvergiftung von sich aus wieder mögliche Ursache erneuter Fehlsteuerung. Unter den psychologischen Hilfen sind vor allem auch die *Hypnose* und das *autogene Training* von großer Bedeutung, mit dessen Erlernung dem Kranken entscheidende Möglichkeiten zur willkürlichen Beeinflussung der vegetativen Steuerung in die Hand gegeben sind.

Die lokalisierten vegetativen Reizsyndrome

Nach der Beschreibung der allgemeinen vegetativen Fehlsteuerung muß noch auf einige lokale Schmerzphänomene eingegangen werden, die ebenfalls in enger Abhängigkeit von der vegetativen Steuerung stehen.

Hierzu gehört zunächst der *vegetative Oberflächenschmerz*, der im Gegensatz zu anderen Schmerzformen einen besonderen Charakter und ein besonderes Ausbreitungsmuster erkennen läßt. Der Kranke kann dieses Schmerzbild meist nur schwer schildern. Von dumpfem Druck bis zum ausgesprochenen Brennschmerz wird eine ganze Skala von Mißempfindungen wiedergegeben, die wellenförmige Intensitätsschwankungen unter dem Einfluß von Affekten, von Kälte und Zugluft oder von mechanischem Druck enthält. Je nach der Lokalisation des Schmerzes haben sich unterschiedliche Begriffe eingebürgert, die hier nur kurz erwähnt werden sollen.

Der *sympathische Gesichtsschmerz* wird als *Prosopalgie* bezeichnet und findet seine Erklärung nicht selten in entzündlichen Erkrankungen oder Neubildungen im Bereiche des Schädels, insbesondere der Nebenhöhlen und des Gebisses.

Vegetative Reizzustände am Rumpf und an den Extremitäten neigen zur Ausbreitung auf ausgedehntere Körperabschnitte, oft umfassen sie ein ganzes Körperviertel *(Quadrantensyndrom)*. Dabei ist vielfach auch die Hautsensibilität verändert, anfänglich zumeist im Sinne der Überempfindlichkeit, im weiteren Verlauf im Sinne der Unterempfindlichkeit. Bei Erkrankungen der inneren Organe findet man allerdings auch innerhalb der Quadrantensyndrome oft noch eine segmentale Betonung der tiefen muskulären Schmerzüberempfindlichkeit mit ausgesprochen schmerzhaften Maximalpunkten. Große Schwierigkeiten bereitet eine Abgrenzung der Ursachen bei derartigen Schmerzen, denn sie sind oft bei Durchblutungsstörungen des Herzens in ganz ähnlicher Weise zu beobachten, wie etwa bei Verschleißerscheinungen im Bereich der Halswirbelsäule und des Schultergelenkes. Zuweilen kann sich aus einem Quadrantensyndrom bei anhaltenden Schmerzen eine schmerzhafte Schultersteife und schließlich unter den Zeichen der Entzündung eine vorwiegend trophisch bedingte Schwellung und Bewegungsbehinderung der Hand entwickeln. Bei voller Ausprägung kommt es auch zu einer fleckigen Entkalkung des Handskelets im Sinne der *Sudeck-Dystrophie*. Jede grobe physikalische Behandlung dieser Störung ist als Kunstfehler anzusehen.

Als Sonderform eines vegetativen Schmerzzustandes ist die *Mastodynie* im Bereich der Brust zu nennen, im Gebiet des Dammes werden ähnliche Beschwerden als *Kokzygodynie* bezeichnet, schließlich gehört auch die sogenannte *Kausalgie* nach Amputationen oder Nervenverletzungen an den Extremitäten zum vegetativen Schmerzzyklus.

Eine weitere Gruppe von vorwiegend durch die vegetative Steuerung hervorgerufenen, meist auch *schmerzhaften Zirkulationsstörungen* kann mehr oder weniger ausgeprägten Krankheitswert erlangen. Die nur flüchtigen und harmlosen Durchblutungsstörungen an Fingern und Zehen bezeichnen wir als *Akrozyanose* oder *Digiti mortui* (Totenfinger), in den gleichen Bereich gehört auch die Neigung zu roten Flecken an den Unterschenkeln junger Mädchen.

Von erheblichen Schmerzen begleitet sind anhaltende *Arteriolenkrämpfe* an Händen und Füßen, wie sie unter dem Begriff der *Raynaud-Krankheit* zusammengefaßt werden. Tagelang anhaltende Gefäßkrämpfe führen schließlich zu Geschwürsbildungen und zum Gewebsuntergang.

Eine weitere Gruppe umschließt die vasomotorischen Kopfschmerzen, deren markantestes Syndrom die *Migräne* ist. Führendes Kennzeichen dieses Kopfschmerztyps ist ein anfallsweises Auftreten und die ausgesprochene Halbseitigkeit. Oft sind die Schmerzen schon morgens beim Erwachen vorhanden oder entwickeln sich im Laufe des Vormittags, häufig tritt ein Wechsel der Seite von Anfall zu Anfall auf, zuweilen ist jedoch eine Kopfseite sehr viel häufiger als die andere betroffen. Vielfach wird der Anfall mit starkem Augenflimmern eingeleitet, dann schließt sich zuweilen ein sogenanntes *Flimmerskotom* an. Bei vielen Patienten entwickelt sich im weiteren Verlauf ein heftiges *Übelkeitsgefühl* mit Neigung zum *Erbrechen*. Oft besteht auch eine ausgesprochene *Lichtscheu* und Empfindlichkeit gegenüber Gerüchen und Geräuschen. Vereinzelt werden nach dem Anfall große Mengen von wasserklarem Urin entleert oder auch dünnflüssige Stühle beobachtet.

Auch der beidseitige *habituelle Kopfschmerz* ohne besondere Akzentuierung in bestimmten Regionen des Schädels ist maßgeblich von der Vasomotorensteuerung abhängig. Witterungsschwankungen, Ermüdung und Vergiftung mit Genußmitteln oder Medikamenten pflegen ihn zu verstärken, während geregelte, die vegetative Steuerung günstig beeinflussende Lebensbedingungen auch die Kopfschmerzneigung zumeist spürbar lindern. Entsprechende Hilfen sind schon im vorigen Abschnitt angedeutet worden.

Von großer praktischer Bedeutung sind schließlich die vasomotorisch bedingten *Angina-pectoris-Anfälle*, die sich durch einen dumpfen, brennenden Schmerz in der Umgebung des Herzens, vorwiegend links und unterhalb des Brustbeines, auszeichnen. Die Kranken klagen zumeist über gleichzeitig ausstrahlende Schmerzen bis in die Schulter oder in den linken Arm, zuweilen werden solche Ausstrahlungen in der linken Schläfenregion, im Oberkieferbereich oder auch im linken Oberbauch beschrieben. Ein wichtiger diagnostischer Hinweis für das pektanginöse Syndrom ist schließlich das mit Todesangst einhergehende Beklemmungs- und Vernichtungsgefühl, das keineswegs mit der echten Gefährdung des Kranken immer übereinstimmen muß, sondern auch bei den funktionellen Durchblutungsstörungen des Herzens in gleicher Weise wie bei der Arteriosklerose auftreten kann.

Behandlung und pflegerische Maßnahmen

Bei allen akuten Erregungszuständen, insbesondere wenn sie mit erheblichen Verkrampfungen oder Schmerzen verbunden sind, empfiehlt sich eine milde medikamentöse Dämpfung, die Abschirmung von äußeren Reizen und die Anwendung milde dosierter physikalischer Maßnahmen. Warme Umschläge auf den Leib, Wadenwickel oder eine Rotlichtbestrahlung wirken oft rascher und durchgreifender auf örtliche Schmerzphänomene als starke Analgetika. Nach Abklingen des akuten Beschwerdebildes wird man möglichst rasch jene Gesichtspunkte einer rhythmusgerechten körperlichen Belastung über Tage und Entspannung in der Nacht in den Heilplan einführen müssen, um auf diesem äußeren Wege von der Anforderung her allmählich eine physiologische Steuerung der vegetativen Funktionen wieder zu erzwingen.

PSYCHIATRIE

Einleitung

Psychiatrie ist die Lehre von den psychischen Krankheiten und ihrer Behandlung. Die in der Psychiatrie vorkommenden Krankheiten äußern sich in vorwiegend psychischen Symptomen, wobei selbstverständlich auch körperliche Krankheitserscheinungen vorkommen können. Diese stehen jedoch nicht im Vordergrund, obwohl gerade körperliche Veränderungen oft die Ursache für das Auftreten psychischer Symptome sind.

Mit der Beschreibung, Klassifizierung und Ordnung psychischer Symptome, Krankheiten und Abnormitäten befaßt sich eine Teildisziplin der Psychiatrie, die *Psychopathologie.* In unserer Darstellung halten wir uns im großen und ganzen an die Psychopathologie von KURT SCHNEIDER, die allgemeine Anerkennung gefunden hat. Aus ihr haben wir auch die psychiatrische Systematik entnommen, die auf Seite 170 näher erläutert wird.

Bevor wir den Untersuchungsgang in der Psychiatrie und einzelne Krankheitsbilder besprechen, soll auf einige Grundprobleme eingegangen werden, die für das Verständnis seelischer Krankheiten und Abnormitäten von ausschlaggebender Bedeutung sind. Über das Gebiet der Psychologie unterrichtet: H. REMSCHMIDT, Psychologie für das Krankenpflegepersonal. Thieme, Stuttgart 1972.

Das Leib-Seele-Problem

Der Begriff Seele hat in der Psychiatrie nichts mit dem religiösen Seelenbegriff zu tun. Aussagen über Unsterblichkeit oder Weiterleben der Seele nach dem Tode liegen jenseits der Reichweite einer empirischen Wissenschaft (Erfahrungswissenschaft). In der Psychiatrie umfaßt Seele oder Psyche die Gesamtheit der psychischen Abläufe und Reaktionen (z. B. Denken, Wahrnehmen, Fühlen usw.). Auch die beiden Ausdrücke seelisch und psychisch sind synonym (= gleichwertig). Über die Beziehung zwischen Leib und Seele hat man sich zu allen Zeiten Gedanken gemacht, was zu einer Reihe von Theorien führte, deren wichtigste kurz angedeutet werden sollen:

Der psychophysische Parallelismus. Nach dieser Ansicht laufen körperliche und seelische Vorgänge nebeneinander ab, ohne sich gegenseitig zu beeinflussen. Diese Theorie widerspricht der alltäglichen Erfahrung.

Die Identitätslehre. Sie sieht Körper und Psyche nur als zwei Seiten ein und derselben Wirklichkeit an. Man hat eine Reihe von Modellen zur Veranschaulichung dieser Lehre angeboten, wie z. B. einen Kreisbogen, der auf der einen Seite konvex, auf der anderen konkav ist. Die Identitätslehre ist sehr abstrakt und fordert noch eine Zusatzannahme über die Natur der oben genannten „Wirklichkeit", die meist als Materie aufgefaßt wird.

Der empirische Dualismus. Unsere Erfahrung lehrt, daß wir Körperliches und Seelisches trennen können. Einen Gedanken z. B. oder eine Erinnerung betrachten wir als einen rein psychischen, die Herztätigkeit oder die Funktion der Niere als rein körperlichen Vorgang. Gleichzeitig aber wissen wir ebenfalls aus unserer Erfahrung, daß psychische Phänomene, etwa Gefühle (z. B. Angst, Schreck, Trauer, Wut) mit deutlichen körperlichen Erscheinungen einhergehen und umgekehrt körperliche Vorgänge und Veränderungen (z. B. Vergiftungen oder Entzündungen des Gehirns) von psychischen Symptomen begleitet werden. Der empirische Dualismus läßt also einerseits eine getrennte Betrachtung von körperlichen und seelischen Vorgängen zu und bezieht andererseits auch ihre gegenseitige Wechselwirkung ein. Dadurch kommt er der Realität am nächsten. Wir legen ihn deshalb unserer Darstellung zugrunde.

Das Anlage-Umwelt-Problem

Bei vielen psychischen Erkrankungen müssen wir uns die Frage vorlegen, ob sie anlagebedingt oder umweltbedingt sind. Innerhalb der Anlagefaktoren läßt sich zumeist eine erbliche Komponente abgrenzen. Als *Umwelt* bezeichnen wir den uns umgebenden Raum mit all seinen Einflüssen, wobei wir nach JASPERS die *physische Umwelt*, die primär auf den Leib wirkt (z. B. Verletzungen, Entzündungen) von der *bedeutungstragenden Umwelt* (Erlebnisse), die primär auf die Psyche wirkt, unterscheiden können.

Bei den meisten Erkrankungen spielen Anlage und Umwelt zusammen, wobei der Anteil eines der beiden Faktoren überwiegt. Die Bedeutung des *Erbeinflusses* kann man am besten an *eineiigen Zwillingen*, die das gleiche Erbgut besitzen, feststellen. In Tab. 4 ist die Erkrankungswahrscheinlichkeit für zwei der wichtigsten psychiatrischen Erkrankungen, für die Schizophrenie und die Zyklothymie wiedergegeben (nach KALLMANN).

Aus der Tabelle 4 geht hervor, daß bei beiden Erkrankungen die vererbte Anlage eine überragende Rolle spielt. Eineiige Zwillinge zeigen eine hohe Übereinstimmung (Konkordanz). Andere psychische Krankheiten und Abnormitäten, wie die körperlich begründbaren Psychosen (S. 215) oder die abnormen psychogenen Reaktionen (S. 207) sind in hohem Maße umweltbedingt.

Tabelle 4 **Erkrankungswahrscheinlichkeit für Schizophrenie und Zyklothymie**

Personen	Erkrankungswahrscheinlichkeit in %	
	Schizophrenie	Zyklothymie
Durchschnittsbevölkerung	0,9	0,4
Verwandte von Patienten		
Eltern	9,3	23,4
Geschwister	14,2	23,0
Zwillinge (ZZ)	14,5	26,3
Zwillinge (EZ)	86,2	95,7

Die Unterscheidung zwischen vorwiegend anlagebedingten und vorwiegend umweltbedingten Krankheiten hat auch wichtige Konsequenzen für die Behandlung, denn Umwelteinflüsse (z. B. Bakterien oder auch traumatische Erlebnisse) lassen sich bekämpfen, während an den Anlagen nichts zu ändern ist. Das bedeutet jedoch nicht, daß man den vorwiegend anlagebedingten Krankheiten machtlos gegenübersteht. Darauf werden wir noch zu sprechen kommen.

Das Problem der Normalität

Die Psychiatrie befaßt sich nicht nur mit Krankheiten, sondern auch mit den Varianten (Spielarten) seelischen Wesens. Diese Varianten sind Abweichungen von einer uns vorschwebenden Durchschnittsbreite, wobei sich die Abweichungen auf bestimmte psychische Funktionsbereiche, wie Intelligenz, Persönlichkeit oder Erlebnisweise beziehen. Am besten läßt sich die Bedeutung des Normalitätsbegriffs an psychischen Funktionen verdeutlichen, die, wie die Intelligenz, einer Messung zugänglich sind. Untersucht man bei sehr vielen Menschen mit Hilfe eines Tests die Intelligenz und zeichnet die Häufigkeit der verschiedenen Intelligenzquotienten (Abb. 28) in einem Diagramm auf, so erhält man die bekannte Kurve der Gauss-Normalverteilung.

Die Kurve zeigt, daß die überwiegende Mehrzahl der untersuchten Personen sich hinsichtlich ihres Intelligenzquotienten in dem Abschnitt zwischen 80 und 120 bewegt, wobei der durchschnittliche Intelligenzquotient (IQ) 100 beträgt. Den Abschnitt zwischen 80 und 100 sowie zwischen 100 und 120 bezeichnen wir als Streuung. Als Spielbreite der Intelligenz sehen wir nun den Bereich der Intelligenzquotienten von 100 ± 20 an; er umfaßt gleichzeitig die meisten untersuchten Personen. Wir können also sagen, unser Normalitätsbegriff ist an der statistischen Häufigkeit orientiert.

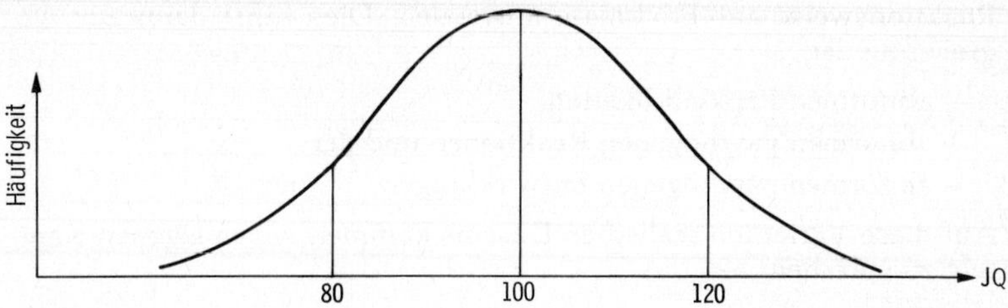

Abb. 28 Verteilung der Intelligenzquotienten eines großen Kollektivs (Normalverteilung).

Als *Minusvarianten* (der Ausdruck wird völlig wertfrei verwendet) bezeichnen wir diejenigen Personen, deren IQ niedriger als 80 ist. Sie gehören in den Variationsbereich der Intelligenz, den wir Schwachsinn nennen, wobei innerhalb dieses Bereichs noch 3 Abstufungen (Debilität, Imbezillität und Idiotie) geläufig sind (S. 176).

Zu den *Plusvarianten* rechnen wir alle Individuen, deren IQ 120 und höher ist. Diesen oberen Variationsbereich der Intelligenz bezeichnen wir als Hochbegabung. Die Psychiatrie beschäftigt sich in erster Linie mit den Minusvarianten, während die Plusvarianten von der Psychologie untersucht werden.

Beide, Plusvarianten und Minusvarianten, sind im statistischen Sinne nicht normal, sondern abnorm, wobei die Minusvarianten im täglichen Leben auffallen und deshalb die Hilfe der Psychiatrie brauchen.

Bei psychischen Eigenschaften und Funktionen, die einer Messung nur sehr schwer zugänglich sind (z. B. Gefühl, Persönlichkeit, Reaktionsweise auf Erlebnisse), legen wir nun den *gleichen* Normalitätsbegriff zugrunde. Allerdings sind wir hier mehr auf Schätzungen angewiesen. Wenn wir uns aber vorstellen, wir könnten die Gefühlsansprechbarkeit ebenso messen wie die Intelligenz, und würden die Ergebnisse wiederum als Diagramm aufzeichnen, so erhielten wir die gleiche Normalverteilung wie bei der Intelligenz. Wir könnten also neben Menschen mit einer normalen Gefühlsansprechbarkeit solche unterscheiden, die wir als gefühlsarm oder wenig gefühlsbetont bezeichnen könnten (Minusvarianten) und andere, die wir übermäßig gefühlsbetont (Plusvarianten) nennen müßten. Obwohl wir nun die Gefühlsansprechbarkeit nicht genau messen können, weiß doch jeder aus der alltäglichen Erfahrung, daß es Menschen mit stärkerer oder geringerer Gefühlsansprechbarkeit gibt. Abweichungen von einer uns vorschwebenden Durchschnittsbreite nennen wir auch hier abnorme Varianten. Den geschilderten Normalitätsbegriff kann man nun in gleicher Weise auch auf die Persönlichkeit (S. 167) oder auf die

Reaktionsweise auf Erlebnisse anwenden. Dies führt dann zur Abgrenzung der

— abnormen Persönlichkeiten,
— abnormen psychogenen Reaktionen und der
— abnormen psychogenen Entwicklungen.

Auf diese Varianten seelischen Daseins kommen wir in eigenen Kapiteln zu sprechen.

Die Ursachen psychischer Störungen und Erkrankungen

Die Ursachen psychischer Störungen und Krankheiten lassen sich um die Polaritäten somatogen — psychogen und endogen — exogen gruppieren; Abb. 29 soll ihre polaren Gegensätze verdeutlichen.

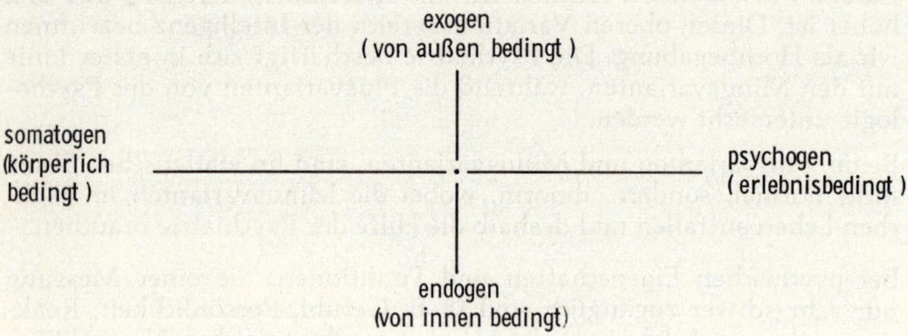

Abb. 29 Ursachen psychischer Störungen und Erkrankungen.

Somatogene Störungen haben eine eindeutige körperliche Ursache (z. B. Progressive Paralyse, körperlich begründbare Psychosen, Hirnverletzungen).

Psychogene Störungen * haben eine psychische Ursache. Die häufigsten psychischen Ursachen sind Erlebnisse, mit denen die Betreffenden nicht fertig werden, sog. traumatische Erlebnisse, und Konflikte. *Exogen* verursacht sind Krankheiten, bei denen entweder eine von außerhalb des Körpers kommende Schädigung (z. B. Bakterien, äußere

* Den Ausdruck psychische Störungen gebrauchen wir dagegen synonym mit der Bezeichnung Spielarten (Varianten) seelischen Daseins.

Gewalt) oder eine innerhalb des Körpers, jedoch außerhalb des Gehirns entstehende Schädigung (z. B. Urämie, Leberkoma, BASEDOW-Krankheit) zur Krankheitsursache wird. Die Bezeichnung ist nicht sehr glücklich, weil sie von der Vorstellung ausgeht, daß das Gehirn und die Psyche gegenüber dem restlichen Körper eine Art Außenbezirk darstellen. Man kann die Bezeichnung eigentlich nur als polaren Gegensatz zu dem Ausdruck endogen verstehen.

Endogene Krankheiten sind solche, die anlagebdingt sind. Sie haben also ebenfalls körperliche Ursachen, die z. T. in den Erbfaktoren begründet liegen (z. B. Schizophrenie, Zyklothymie). Erst nach Kenntnis dieser Definition können wir exogene Krankheiten als körperliche, nicht anlagebedingte Krankheiten kennzeichnen (Abb. 30).

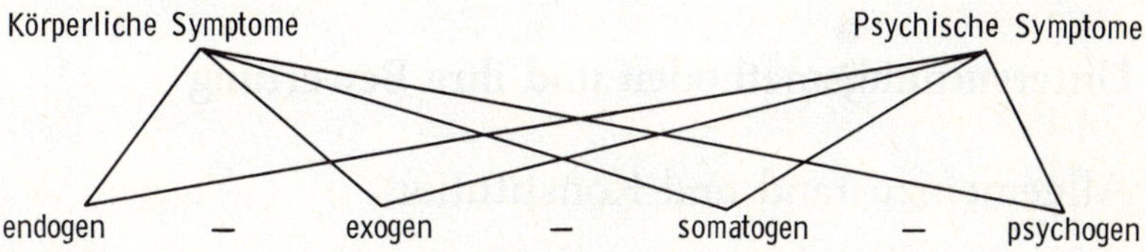

Abb. 30 Die Symptome und ihre Verursachung.

Bei den meisten psychiatrischen Krankheiten spielen mehrere der genannten Faktoren zusammen. Man spricht etwa von *endogenen* Komponenten und *psychogenem* Überbau.

Symptome psychischer Störungen und Erkrankungen

Wir unterscheiden *körperliche Symptome* (neurologische Ausfälle, Verletzungen, Fieber usw.) und *psychische Symptome* (Angst, Erregung, Gedächtnisausfälle, Halluzinationen usw.).

Beide Arten von Symptomen können jeweils durch die verschiedenen, im vorigen Abschnitt besprochenen Ursachen bedingt sein.

Weitere Arten von Symptomen sind:

Obligate Symptome (bei einer Erkrankung *immer* vorkommende Symptome).

Beispiel: Bewußtseinsveränderungen bei den körperlich begründbaren Psychosen.

Fakultative Symptome (bei einer Erkrankung möglicherweise vorkommende Symptome).

Beispiel: Halluzinationen bei körperlich begründbaren Psychosen.

Leit-, Achsen- oder Kernsymptome (für eine Krankheit sehr typische Symptome).

Beispiel: Symptome ersten Ranges bei der Schizophrenie (s. dort), Gedächtnisstörung und Desorientierung beim KORSAKOW-Syndrom.

Syndrome = Symptomkomplexe (Vereinigung einzelner Symptome zu einem charakteristischen Bild).

Beispiel: Delirantes Syndrom, das durch die Symptome Desorientierung (Verwirrtheit) und Halluzinationen gekennzeichnet ist.

Nach dieser Einleitung können wir uns nun der psychiatrischen Untersuchung zuwenden.

Untersuchungsmethoden und ihre Bewertung

Allgemeinzustand und Konstitution

Trotz mancher Unterschiede zwischen der psychiatrischen Untersuchungstechnik und der Untersuchungstechnik in anderen medizinischen Fachgebieten ist eine gründliche körperliche Untersuchung auch in der Psychiatrie von größter Bedeutung. Denn schon Allgemeinzustand, Ernährungszustand und Körperbau des Patienten können wichtige Anhaltspunkte für die Diagnose psychiatrischer Krankheitsbilder liefern. So kann z. B. ein extrem schlechter Ernährungszustand psychische Ursachen haben (psychogene Magersucht, Depression). Andererseits kann der körperliche Verfall, und dies ist viel naheliegender, auch durch eine konsumierende körperliche Erkrankung, etwa eine bösartige Geschwulst, hervorgerufen sein. Aus diesem Beispiel wird klar, daß körperliche Symptome mehrdeutig sein können, ebenso ist es mit den psychischen, wie wir noch sehen werden. Es wäre nun sehr verhängnisvoll, eine körperlich fundierte Krankheit als psychogen zu verkennen. Im Falle einer bösartigen Geschwulst hätte eine solche Fehldiagnose sicher den Tod zur Folge. Unser Beispiel ist bewußt etwas extrem gewählt, es soll aber verdeutlichen, daß psychische Ursachen für eine Erkrankung erst dann angenommen werden dürfen, wenn eine körperliche Verursachung durch eine gründliche Untersuchung ausgeschlossen ist.

Auch psychische Symptome können mehrdeutig sein. Eine Halluzination (= Trugwahrnehmung) kann beispielsweise durch eine Infektionskrankheit oder eine Vergiftung hervorgerufen sein. Sie kann aber andererseits auch Ausdruck eines eigenen psychiatrischen Krankheitsbildes, etwa einer endogenen Psychose, sein. Im ersten Fall liegt eindeutig eine körperliche Ursache vor, im zweiten Fall kann man zwar ebenfalls eine solche vermuten, hat aber bisher keine finden können.

Allgemeinzustand

Zum Allgemeinzustand rechnen wir auch das äußere Erscheinungsbild, das der Kranke bietet, wenn er zur Untersuchung kommt. Schon daraus lassen sich oft Rückschlüsse auf das psychische Geschehen ziehen. Absonderliche und verschrobene Kleidung findet man z. B. bei manchen Schizophrenen, überaus elegant kleiden und geben sich geltungsbedürftige Psychopathen usw.

Ernährungszustand. Er wurde bereits erwähnt.

Körperhaltung und Gesichtsausdruck. Eine bestimmte Körperhaltung kann angeboren sein, sie kann sich aber auch durch Krankheiten in charakteristischer Weise verändern. So zeigen Depressive meist eine schlaffe Haltung und eine starre, maskenhafte Mimik; ihr Händedruck ist matt, ihre Bewegungen sind ohne Kraft. Solche Symptome weisen auf die seelische Tiefstimmung, auf den Mangel an Initiative dieser Kranken hin. Dieses Beispiel zeigt, daß sich psychische Veränderungen, wie Antriebslosigkeit, traurige Grundstimmung oder seelische Spannung in der Körperhaltung und im Gesichtsausdruck manifestieren können.

Besonders auffällige körperliche Merkmale. Auffällige körperliche Merkmale sind z. B. Mißbildungen, abnormer Behaarungstyp, Verletzungen, Narben, Tätowierungen.

Mißbildungen, besonders solche der Haut, können ein Hinweis auf das gleichzeitige Vorhandensein von Hirnmißbildungen sein. Der Zusammenhang zwischen Gehirn und Haut rührt daher, daß sich beide aus dem äußeren Keimblatt, dem Ektoderm, entwickeln. Ein abnormer Behaarungstyp legt den Verdacht auf endokrine Störungen nahe, die häufig auch mit abnormem psychischen Verhalten einhergehen. Verletzungen und Narben können ein Anfallsleiden vermuten lassen, auf einen Selbstmordversuch hinweisen, oder die Neigung zur Selbstverstümmelung anzeigen, die bei psychopathischen Persönlichkeiten nicht selten ist.

Konstitution

Unter Konstitution verstehen wir die Gesamtheit aller körperlichen und seelischen Anlagen. Konstitution umfaßt also mehr als nur den Körperbau, denn man weiß ja nie, ob im jeweiligen Körperbau bereits alle Anlagen zur Entwicklung gekommen sind. Der Begriff Konstitution enthält vielmehr auch die Reaktions*bereit*schaften, wozu wir auch die Neigung zu gewissen Krankheiten und zu bestimmten Verhaltensweisen zählen müssen. Diese Beziehungen hat ERNST KRETSCHMER genauer untersucht. Als Ergebnis seiner Untersuchungen fand er bestimmte, voneinander abgrenzbare Körperbautypen, die jeweils auch charakteristische psychische Verhaltensweisen und eine Disposition (Neigung) zu bestimmten psychiatrischen Krankheiten zeigen können, nämlich den *leptosomen*, den *pyknischen*, den *athletischen* und den *dysplastischen Typ*. Dabei muß man sich immer vor Augen führen, daß die sogenannten Körperbautypen in Wirklichkeit umfassender, d. h. Konstitutionstypen sind und als reine Prototypen geschildert werden, obwohl die Mischtypen häufiger sind. Für alle Konstitutionstypen sind nach der Lehre KRETSCHMERS drei Merkmalskomplexe kennzeichnend:

ein bestimmter Körperbau,

bestimmte psychische Eigenschaften (Temperamentseigenschaften) und

eine Neigung zu gewissen Krankheiten (Krankheitsdisposition).

Interner Befund

Da auch innere Erkrankungen wie Infektionskrankheiten (z. B. Enzephalitis, Meningitis), Erkrankungen der endokrinen Drüsen (z. B. BASEDOW-Krankheit) oder Erkrankungen des Gefäßsystems (z. B. Arteriosklerose) mit psychischen Symptomen einhergehen können, ist auf eine gründliche Untersuchung der inneren Organe großer Wert zu legen. Auf die interne Untersuchungstechnik kann hier nicht näher eingegangen werden. Zu ihr gehören auch die in der inneren Medizin üblichen Laboratoriumsuntersuchungen (Urinstatus, Blutbild, chemische Blutuntersuchung, EKG usw.).

Neurologischer Befund

Die Bedeutung des neurologischen Befundes ist ohne weiteres einzusehen, wenn man sich klarmacht, daß ein Großteil der psychiatrischen Krankheitsbilder mit organischen Veränderungen des Gehirns einhergeht (s. Schema der psychiatrischen Systematik nach KURT SCHNEIDER S. 171). Solche organischen Veränderungen sind zwar bei manchen Krankheiten, z. B. bei der Schizophrenie oder Zyklothymie bisher nicht bekannt. Es spricht aber vieles dafür, daß man auch in diesen Fällen eines Tages organische Substrate finden wird. In dieser These kommt zum Ausdruck, daß der Krankheitsbegriff auch in der Psychiatrie am Körperlichen orientiert ist. Als krankhaft können wir mit KURT SCHNEIDER diejenigen seelischen Störungen bezeichnen, die durch Organprozesse und ihre funktionalen und lokalen Residuen * bedingt sind. Die neurologische Untersuchung dient dem Auffinden organisch faßbarer Veränderungen. Ihre Technik ist im ersten Teil des Buches ausführlich beschrieben.

Psychiatrischer Befund

Der psychiatrische Befund unterscheidet sich vom internen und neurologischen dadurch, daß bei ihm nicht *körperliche* Veränderungen erfaßt werden, sondern daß er vielmehr die Ermittlung und Ordnung der *psychischen* Krankheitssymptome zum Ziel hat.

Diesem Ziel dienen die psychiatrische Anamnese, die Exploration und die Anwendung standardisierter psychologischer Untersuchungsverfahren, die wir als Tests bezeichnen.

Die Ordnung im psychischen Geschehen

Das psychische Geschehen ist stets ein ganzheitliches Geschehen. Es umfaßt viele, zum Teil sehr komplizierte Funktionen. Das Ineinandergreifen und die Wechselwirkung der verschiedenen psychischen Abläufe kann beim seelisch Gesunden als geordnet bezeichnet werden. Diese Ordnung besteht darin, daß die jeweilige Funktion im Aufbau der Person einen ganz bestimmten, individuellen Stellenwert einnimmt. Durch viele psychiatrische Krankheiten wird die Ordnung im psychischen Gefüge mehr oder weniger stark aufgelöst. Dadurch wird das Verhalten der Patienten erst auffällig. Die Auffälligkeit zeigt sich meist in der Störung einer oder mehrerer Einzelfunktionen, z. B. in einer Störung des Gedächtnisses, in Wahrnehmungsstörungen oder Denkstörungen. Die psychiatrische Untersuchung muß nun darauf abzielen, diese Störungen so frühzeitig wie möglich zu erfassen. Sind sie sehr ausgeprägt, so fallen sie schon im Gespräch mit dem Kranken auf; sind sie dagegen nicht so deutlich, so muß man feinere und standardisierte Untersuchungsverfahren (Tests) anwenden. Die Störungen der psychischen Abläufe, die wir bei der psychiatrischen Untersuchung zu erfassen suchen, sind die Kennzeichen der psychiatrischen Erkrankungen, wir nennen sie psychische Symptome oder Phänomene.

---

* Residuen bedeutet soviel wie Restzustände (Überbleibsel) von organischen Krankheiten.

Anamnese und Exploration

Anamnese und Exploration sind neben den bereits erwähnten Testuntersuchungen die *Methoden*, mit denen wir die psychischen Symptome zu erfassen suchen; sie sind also die eigentlichen psychiatrischen Untersuchungsverfahren.

Anamnese. Unter Anamnese verstehen wir die Vorgeschichte des Kranken. Sie soll in der Psychiatrie neben der Ermittlung von Krankheiten immer auch das *Sozialverhalten* des Patienten erfassen. Wir gliedern sie, wie in den anderen Gebieten der Medizin (Abb. 31).

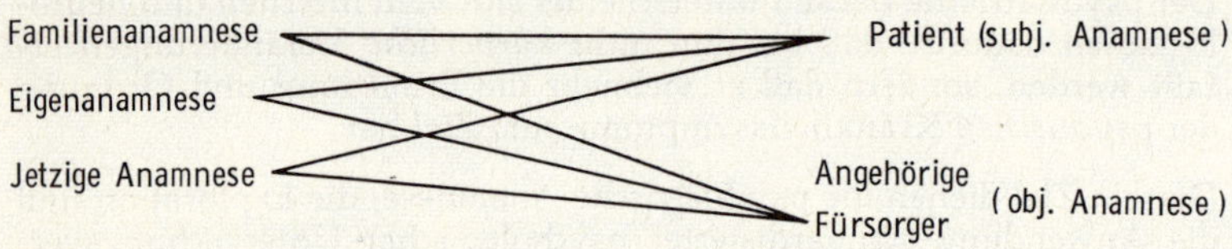

Abb. 31 Die verschiedenen Formen der Anamnese.

Die Angaben über Krankheiten in der Familie (Familienanamnese), über Krankheiten, die der Patient selbst durchgemacht hat (Eigenanamnese), über die unmittelbaren Krankheitserscheinungen vor der Klinikeinweisung oder über die Konsultation eines Psychiaters (jetzige Anamnese), können wir vom Patienten selbst erhalten. In diesem Falle sprechen wir von der *subjektiven* Anamnese. Wir können sie aber auch von Angehörigen, von Fürsorgern, oder aus den Akten entnehmen und bezeichnen sie dann als *objektive* Anamnese. Diese objektive Anamnese ist in der Psychiatrie häufiger als in anderen medizinischen Fachgebieten, weil die Patienten oft bewußtseinsgetrübt, oder infolge von Gedächtnis-, Wahrnehmungs- und Denkstörungen oder mangelhafter Krankheitseinsicht gar nicht in der Lage sind, eigene Angaben zu machen (s. auch S. 1).

In der *Familienanamnese* ist danach zu fragen, ob in der näheren oder ferneren Verwandtschaft Nerven- und Geisteskrankheiten, Selbstmorde, Trunksucht, Kriminalität oder Einweisungen in Nervenkliniken vorgekommen sind. Die Familienanamnese zielt darauf ab, erbliche Krankheiten oder seelische Abnormitäten zu erfassen. Die Neigung zu diesen Krankheiten oder Abnormitäten ist in vielen Fällen erblich, so daß man aus manchen Familienanamnesen bereits wichtige Hinweise auf das derzeitige Krankheitsbild gewinnt.

Neben diesen Problemen ergeben sich beim Erheben der Familienanamnese für den Psychiater noch zwei Schwierigkeiten:

- Angaben über psychiatrische Krankheiten in einer Familie werden sowohl vom Patienten als auch von seinen Angehörigen gerne verschwiegen, da diese Krankheiten im Bewußtsein der Gesellschaft immer noch mit dem Makel der Schande behaftet sind.
- Falls man Angaben erhält, so sind diese diagnostisch oft schwer zu verwerten, da sie zum Teil recht ungenau und infolge Unkenntnis der Materie häufig auf unwichtige Details ausgerichtet sind. Es bleibt dann dem Geschick des Arztes überlassen, durch einige gezielte Fragen zu verläßlicheren und präziseren Angaben zu kommen.

Die *Eigenanamnese* beginnt mit dem Geburtsverlauf, über den man meist nur von Angehörigen, am besten von der Mutter, Informationen erhalten kann und geht unmittelbar in die Befragung über das jetzige Zustandsbild und seine Beobachtung über.

Man wird nach *Geburtsschäden* (z. B. stark verlängerter Geburtsverlauf, Zangengeburt, Sturzgeburt, starke Blutung während der Geburt) fragen, die häufig die Ursache für eine sog. frühkindliche Hirnschädigung oder ein Anfallsleiden sind, nach *Erkrankungen des Gehirns* und des *Nervensystems* (Meningitis, Enzephalitis, Lähmungserscheinungen, Kopfverletzungen, Unfällen usw.), nach *Entwicklungsverzögerungen* (verspätetes Gehenlernen und Sprechenlernen, verspätete Einschulung, verlängertes Bettnässen, Störungen der Sexualentwicklung), nach *Erziehungsschwierigkeiten* und Verhaltensauffälligkeiten (Stehlen, Lügen, häufiges Schulschwänzen, Fortlaufen, Alkoholmißbrauch und Mißbrauch anderer Genußmittel oder Medikamente) und nach bereits durchgemachten *psychiatrischen Krankheiten* (Depressionen, schizophrene Schübe). Schließlich ist es auch wichtig, über das *Sozialverhalten* des Patienten etwas zu erfahren, etwa über seinen Kontakt zu den Angehörigen oder zur übrigen Umwelt, über seine *Familienverhältnisse*, seinen *Beruf*, seine Interessen und seine Freizeitgestaltung.

Die *jetzige Anamnese* beginnt mit der Frage, weshalb der Patient die Sprechstunde oder Klinik aufsucht und soll auf den *Beginn* (z. B. plötzlich, schleichend) und die *Symptome* der aktuellen Krankheit aus der Sicht des Patienten (subjektive Anamnese) oder seiner Angehörigen (objektive Anamnese) abgezielt sein. Die Symptome können sehr vielgestaltig sein, z. B. Angst, Schlaflosigkeit, depressive Verstimmung, Wahnvorstellungen, auffälliges, nicht situationsgerechtes Verhalten usw. Diese Angaben können in manchen Fällen, im Verein mit einer Beobachtung des Kranken, für die Diagnose ausreichen. Will man sich aber ein genaues Bild über die Art und das Ausmaß der psychischen Störungen machen, so muß man einzelne psychische Funktionen im Rahmen der Exploration oder mit Hilfe von Tests genauer untersuchen. In vielen Fällen kommt man erst dadurch zu einer sicheren Diagnose.

Exploration. Während die Anamnese zur Aufgabe hat, die für die Diagnose wichtige „Vergangenheit" des Patienten zu ermitteln, befaßt sich die Exploration in *gezielter* Weise mit den *derzeitigen* Krankheitserscheinungen. Sie vermittelt dem Untersucher ein Bild von Aufmerksamkeit, Gedächtnis, Denken, Affektivität, also von der Art und Weise der psychischen Abläufe. Die Exploration ist die eigentliche psychiatrische Untersuchungstechnik und verlangt vom Untersucher viel Erfahrung und Taktgefühl. Sie darf nämlich nicht nach einem starren Schema ablaufen, sondern muß sich der jeweiligen Situation und der Eigenart des Patienten so anpassen, daß ein Vertrauensverhältnis zwischen Arzt und Patient entsteht oder gewahrt bleibt. Schon aus der Vorgeschichte und der Beobachtung des Patienten muß sich die Reihenfolge und die Richtung, in die die Exploration geht, ergeben, gleichzeitig aber auch Untersuchungen, die man tunlichst unterläßt. So wäre es z. B. unsinnig, einen bewußtseinsklaren, intelligent wirkenden Neurotiker nach seiner räumlichen und zeitlichen Orientierung zu fragen, wohingegen diese Fragen bei einem dementen Arteriosklerotiker sehr sinnvoll sein können.

Die Exploration soll ein geschickt geführtes Gespräch sein, in das gezielte Fragen nach psychischen Einzelfunktionen mehr oder weniger unauffällig eingeflochten werden.

Wir befassen uns im folgenden mit der Untersuchung dieser psychischen Einzelfunktionen und müssen sie der Übersichtlichkeit halber in eine bestimmte Reihenfolge bringen. Es dürfte aber aus den bisherigen Ausführungen klar geworden sein, daß die Exploration nicht an diese Reihenfolge gebunden ist. Mit der Untersuchung von psychischen Einzelfunktionen und der systematischen Einordnung ihrer Störungen befaßt sich die allgemeine Psychopathologie. Die folgende Darstellung ist zugleich eine Einführung in dieses Gebiet.

Die Untersuchung von Einzelfunktionen (Allgemeine Psychopathologie)

Bewußtsein und Bewußtseinsstörungen. Eine Definition des Bewußtseins stößt auf große Schwierigkeiten. Wir kommen aber zu einer gewissen Vorstellung, wenn wir uns klar machen, daß alle unsere Erlebnisse das Bewußtsein bereits voraussetzen, oder wenn wir bedenken, daß wir im Zustande der Bewußtlosigkeit, die ja den Gegensatz zum Bewußtsein darstellt, überhaupt keine Erlebnisse haben können. Bewußtsein ist also ein Zustand, in dem uns Erlebnisse gegenwärtig sind, und Erlebnisse wiederum können wir als Inhalte unseres Bewußtseins betrachten. Zu den Erlebnissen gelangen wir aber mit Hilfe verschiedener psychischer Einzelfunktionen, die wir im folgenden besprechen werden. Sie setzen also, jedenfalls wenn sie zu Erlebnissen führen sollen, immer Bewußtsein voraus. Es gibt aber noch einen zweiten Gegenpol zum Bewußtsein, das sogenannte Unbewußte. Mit dem Unbewußten befassen sich die Tiefenpsychologie und Psychotherapie. Was sich jedoch im Unbewußten abspielt, darüber wissen wir normalerweise nichts; es handelt sich somit auch nicht um Erlebnisse. Durch den psychotherapeutischen Prozeß können aber Inhalte des Unbewußten bewußt gemacht und auf diese Weise zu Erlebnissen werden.

Das Bewußtsein und seine Gegenpole:

Bewußtsein — Bewußtlosigkeit
Bewußtsein — Unbewußtes

In der Psychiatrie ist man nicht nur am Bewußtsein selbst, sondern mehr an seinen verschiedenen, graduellen quantitativen Abstufungen interessiert. Es ist nämlich nicht so, daß die Zustände des Bewußtseins und der Bewußtlosigkeit schlagartig und ohne Grenze voneinander zu trennen sind, es gibt vielmehr eine ganze Anzahl von Übergängen, die wir als Stufen der *Bewußtseinstrübung* bezeichnen können und deren Bedeutung aus den Bewußtseinsstörungen erst richtig klar wird. Auch zwischen dem Bewußten und Unbewußten gibt es Übergänge, auf die wir allerdings hier nicht näher eingehen wollen, da sie ins Gebiet der Tiefenpsychologie gehören.

Bewußtseinsstörungen äußern sich in einer Verzögerung (Verlangsamung) im Ablauf der seelischen Einzelfunktionen, wobei das Ausmaß der Verzögerung dem Grad der Bewußtseinsstörung weitgehend entspricht. So ist z. B. die Wahrnehmung und das Denken verlangsamt und die Orientierung gestört. Kennzeichnend ist ferner, daß sich die Patienten an die Geschehnisse während ihrer Bewußtseinstrübung nicht erinnern können *(Amnesie)*. Vielfach kann man eine Bewußtseinsstörung bereits am Verhalten der Patienten erkennen: ihre Zuwendung ist mangelhaft, ihre Auffassung und ihr Denken erschwert; man spricht in diesen Fällen von Schwerbesinnlichkeit, bei massiverer Bewußtseinsstörung ist eine Verständigung überhaupt unmöglich.

Wir können unter den Bewußtseinsstörungen quantitative von qualitativen unterscheiden.

Quantitative Bewußtseinsstörungen:

Es handelt sich bei ihnen um graduelle Abstufungen der Bewußtseinshelligkeit, die man herkömmlicherweise in drei Schweregrade einteilt. *Die Somnolenz* (Bewußtseinstrübung) stellt die leichteste Stufe dar. Es handelt sich bei ihr um einen Zustand der Benommenheit; die Patienten wirken apathisch und schläfrig, sie sind aber durch Anruf weckbar, man kann sich auch, allerdings nur sehr begrenzt, mit ihnen verständigen.

Der Sopor ist die nächstschwerere Stufe. Die Patienten befinden sich in einem tiefschlafähnlichen Zustand, aus dem sie selbst durch stärkere Reize (Rütteln, Kneifen) nicht mehr weckbar sind. Eine Verständigung ist demnach ausgeschlossen; auf alle Reize reagieren sie nicht mehr situationsgerecht, sondern mit Abwehrbewegungen oder stereotypen Reaktionen, wie Grimassieren, Lallen, Murmeln usw.

Beim Koma, der schwersten Stufe, handelt es sich um einen Zustand tiefer Bewußtlosigkeit; auch auf stärkste Reize zeigt der Patient keine Reaktion, die Eigen- und die Fremdreflexe sind erloschen, die Pupillenreaktion fehlt häufig, und es kommt zu Störungen der zentralen Atem- und Kreislaufregulationen.

Quantitative Bewußtseinsstörungen kommen vor bei:

Inneren Erkrankungen: z. B. Coma diabeticum, Leberkoma, Urämie, Vergiftungen und bei

Organischen Hirnerkrankungen: „Schlaganfälle", Hirnblutungen, Hirntumoren, entzündliche Erkrankungen des Gehirns usw. Nahezu alle organischen Hirnkrankheiten können die Ursache von körperlich begründbaren Psychosen sein.

Qualitative Bewußtseinsstörungen:

Sie beziehen sich auf Abweichungen in der *Art* des Bewußtseinszustandes. Wir können auch sagen, daß sich die Inhalte des Bewußtseins bei ihnen verändern, also auch abnorme Erlebnisse auftreten. Bei den qualitativen Bewußtseinsstörungen ist eine Einteilung in einzelne Syndrome geläufig, die uns nun beschäftigen soll.

Amentielles Syndrom: Amentia heißt bei wörtlicher Übersetzung soviel wie Verstandeslosigkeit. Die Patienten sind verwirrt, können nicht klar denken und sind nicht in der Lage, die Situation, in der sie sich befinden, abzuschätzen oder ihre Umwelt richtig zu erkennen. Diese wird vielmehr illusionär verkannt. Infolge all dieser Erscheinungen wirken die Kranken ratlos, vermutlich, weil sie ihr Unvermögen noch bis zu einem gewissen Grade erfassen.

Delirantes Syndrom: Die Übergänge vom amentiellen zum deliranten Syndrom sind nicht ganz scharf. Dennoch bestehen Unterschiede. Während bei ersterem Verwirrtheit und Ratlosigkeit als Hauptmerkmale imponieren, stehen bei letzterem die starke motorische Unruhe (Tobsucht), Halluzinationen und Desorientiertheit im Vordergrund. Natürlich ist auch das Denken verworren, und man kann mit den Patienten kaum in Kontakt treten, weil sie so von ihrem Zustand eingenommen sind, daß sie auf Zuspruch gar nicht reagieren.

Vorkommen: Amentielles und delirantes Syndrom treten vor allem bei den körperlich begründbaren Psychosen (Infektionskrankheiten, endokrine Erkrankungen), bei organischen Hirnerkrankungen (s. 1. Teil) und bei Vergiftungen (Alkoholismus, Rauschgifte) auf.

Dämmerzustände: Unter einem Dämmerzustand verstehen wir einen plötzlich einsetzenden und länger anhaltenden (Stunden und Tage) Zustand der Bewußtsein*seinengung* und *-trübung* mit Störungen der Wahrnehmung, des Denkens und des Handelns mit oder ohne motorische Unruhe. Hauptmerkmal ist die Einengung des Bewußtseins, d. h. der Kranke wird von einigen wenigen Gedanken, Gefühlen und Trieben beherrscht; alles andere ist ausgeschaltet, vor allem fehlen häufig die sonst vorhandenen ethischen oder moralischen Gegenregulationen, so daß triebhaft-kriminelle Handlungen nicht selten sind. Dabei kann die Orientierung erhalten sein, was die Erkennung eines solchen Zustandes natürlich erschwert. Ein weiteres Kennzeichen ist, daß sich die Patienten an ihren Dämmerzustand und an die während desselben begangenen Handlungen nicht erinnern können (Amnesie).

Vorkommen: Wir unterscheiden

- Dämmerzustände organischer Prägung und
- psychogene Dämmerzustände.

Die Dämmerzustände organischer Prägung kommen vor bei der Epilepsie, nach Hirnschädigungen verschiedenster Art und im pathologischen Rausch (S. 194).

Zu den psychogenen Dämmerzuständen rechnen wir das „Nachtwandeln", die Schlaftrunkenheit und das GANSER-Syndrom, das als eine Art hysterischer Dämmerzustand vorwiegend bei Häftlingen vorkommt. Die psychogenen Dämmerzustände zeigen eine deutliche Wunschbetontheit und dienen der Erreichung irgendeines Zieles.

Absencen: Schließlich wären noch die Absencen zu erwähnen, die wir als kurze Bewußtseinslücken definieren können und die im Rahmen der Epilepsie vorkommen.

Wahrnehmung und Wahrnehmungsstörungen. Die Wahrnehmung ist ein bewußter psychischer Vorgang, der der Erfassung der Umwelt dient. Die Erfassung der Umwelt geschieht mit Hilfe unserer Sinnesorgane. Diese nehmen aber noch keine Wahrnehmungen, sondern lediglich Empfindungen auf. Die Wahrnehmung ist ein komplizierterer Vorgang, der zur Voraussetzung hat, daß ein Gegenstand, ein Geräusch, ein Geruch oder Geschmack usw. aufgrund eines bereits vorhandenen Erinnerungsbildes *erkannt* wird. Dabei wird der Gegenstand der Wahrnehmung nicht als ein Mosaik von Einzelelementen, sondern ganzheitlich, man sagt als Gestalt, wahrgenommen. Obwohl uns die Wahrnehmungen durch die Sinnesorgane vermittelt werden, sind sie keine einfachen Abbildungsvorgänge der Umwelt in unserem Bewußtsein, sondern hängen außer von den Erinnerungsbildern noch von einer Reihe anderer Einflüsse, z. B. von der momentanen Bedürfnislage oder auch von sozialen Bedingungen ab. Dies soll an zwei Beispielen erläutert werden. Wenn wir sehr hungrig sind, so ist unsere

Wahrnehmung vorwiegend darauf abgestellt, etwas Eßbares aufzufinden. Wir werden in einer solchen Situation unter einer Vielzahl von Gegenständen diejenigen, die uns eine Triebbefriedigung liefern können, nämlich die eßbaren, zuerst erkennen. In anderen Situationen können eßbare Gegenstände für uns völlig belanglos sein. Wir können also sagen, daß unsere momentanen Bedürfnisse unsere Wahrnehmung beeinflussen. In ähnlicher Weise können es die sozialen Verhältnisse tun. In einem Experiment hat man Kinder aus sehr armen und sehr reichen Familien die Größe von Geldmünzen schätzen lassen. Es stellte sich heraus, daß die „armen Kinder" die Geldmünzen durchschnittlich für größer hielten als die „reichen Kinder". Mit diesen Beispielen sollte gezeigt werden, daß die Wahrnehmung kein objektiver Abbildungsvorgang ist, sondern von einer ganzen Reihe von Faktoren beeinflußt werden kann. Man kann eine *innere* Wahrnehmung (Selbstbeobachtung psychischer Vorgänge und Erlebnisse) von einer *äußeren* Wahrnehmung (Wahrnehmung der Außenwelt) unterscheiden. Die äußere Wahrnehmung umfaßt folgende Sinnesgebiete:

- optische Wahrnehmung (Sehen)
- akustische Wahrnehmung (Hören)
- geschmackliche Wahrnehmung (Schmecken)
- osmische Wahrnehmung (Riechen)
- haptische Wahrnehmung (Tastwahrnehmung)
- Schmerzwahrnehmung

Es gibt nun eine ganze Reihe von psychiatrischen Krankheiten, die mit Wahrnehmungsstörungen einhergehen. Diese können natürlich auch durch eine Schädigung der Sinnesorgane oder der Leitungsbahnen verursacht sein; dann gehören sie jedoch zum neurologischen Befund. Im folgenden gehen wir nur auf diejenigen Wahrnehmungsstörungen ein, bei denen Sinnesorgane und Leitungsbahnen intakt sind.

Wir unterscheiden quantitative von qualitativen Wahrnehmungsstörungen.

Quantitative Wahrnehmungsstörungen:

Überempfindlichkeit gegen Sinnesreize: Sie kann vorkommen bei nervösen Erschöpfungszuständen, bei Infektionskrankheiten und schweren Schmerzzuständen.

Unterempfindlichkeit gegen Sinnesreize: Wir finden sie vor allem bei starken Erregungszuständen, bei hysterischen Reaktionen, aber auch im Rahmen der Schizophrenie.

Verlangsamung der Wahrnehmungsvorgänge: Bei allen Krankheiten, die mit Bewußtseinstrübung einhergehen und bei der organischen

Demenz sind die Wahrnehmungsvorgänge deutlich verlangsamt. Man kann diese Verlangsamung auch mit einfachen Prüfmethoden genauer erfassen, z. B. dadurch, daß man dem Patienten bestimmte allgemein bekannte Gegenstände, etwa einen Teller, ein Buch usw. zeigt, oder noch besser an die Wand projiziert und die Darbietungszeit mißt, bei der der Gegenstand richtig wahrgenommen wird.

Qualitative Wahrnehmungsstörungen (Sinnestäuschungen):

Wahrnehmungsanomalien: Wirklich vorhandene Gegenstände werden zwar erkannt, erscheinen aber irgendwie z. B. in der Farbe oder in der Größe verändert. Solche Störungen treten am häufigsten bei Vergiftungen und Suchten, im Rahmen von Psychosen und mitunter bei der Epilepsie auf. So erscheint bei der Santoninvergiftung die ganze Umgebung gelb gefärbt; bei der LSD-Sucht und im Mescalin-Rausch sehen die Betreffenden prächtige Farben, im Rahmen mancher Psychosen sehen die Kranken alle Gegenstände besonders klein (Mikropsie) oder besonders groß (Makropsie).

Illusionäre Verkennungen (Wirklichkeitsverkennungen): Wirklich vorhandene Sinneseindrücke werden verkannt und falsch gedeutet. Eine solche Illusion liegt z. B. vor, wenn ein Kranker seine Nachttischlampe für den Mond hält oder aus dem Rauschen des Windes Stimmen heraushört, die ihn bedrohen.

Illusionen unterscheiden sich von den Halluzinationen dadurch, daß der Patient durchaus etwas Reales wahrnimmt, dieses aber irrig deutet. Illusionen kommen dadurch zustande, daß Affekte, Erwartungen und Einstellungen in den Wahrnehmungsvorgang eingreifen.

Halluzinationen (Trugwahrnehmungen): Bei den Halluzinationen nimmt der Patient nichts wahr; es sind nur *vermeintliche* Wahrnehmungen, von deren Wirklichkeit er jedoch völlig überzeugt ist. Wird die Unwirklichkeit der Trugwahrnehmung erkannt, so handelt es sich nicht um echte, sondern um *Pseudohalluzinationen.* Halluzinationen sind für manche Patienten von ähnlicher Bedeutung wie Wahrnehmungen. Sie leben oft ganz in der Welt ihrer Trugwahrnehmungen. Diese können natürlich im Bereiche aller Sinnesgebiete auftreten. Demnach unterscheiden wir:

Optische Halluzinationen. Sie kommen meist bei Krankheiten vor, bei denen das Bewußtsein getrübt ist, z. B. bei epileptischen Dämmerzuständen (Blut, Feuer), bei deliranten Psychosen (kleine Tiere, Ungeziefer) oder bei Vergiftungen.

Akustische Halluzinationen. Am häufigsten unter ihnen ist das Hören von Stimmen und Geräuschen. Sie kommen meist bei der Schizophrenie, bei körperlich begründbaren Psychosen und bei Alkoholintoxikationen vor.

Daneben gibt es natürlich auch Geruchs-, Geschmacks- und Tasthalluzinationen. Man findet sie alle vorwiegend bei der Schizophrenie, Geruchshalluzinationen als sogenannte Uncinatusanfälle auch im Rahmen der temporalen Epilepsie. Bei der Untersuchung ist zu beachten, daß manche Patienten ihre Halluzinationen zu verheimlichen suchen, weshalb man auch auf eine genaue Verhaltensbeobachtung (z. B. plötzliches „Weghören" von Patienten, die Stimmen wahrnehmen) und eine entsprechende Fragetechnik großen Wert legen muß.

Orientierung. Mit dem Bewußtsein hängt die Orientierung eng zusammen, denn die Bewußtlosigkeit schließt jede Orientierung aus, die Bewußtseinstrübung erschwert sie. Unter Orientierung verstehen wir das Bewußtsein oder die Kenntnis von Zeit, Ort, Situation und der eigenen Person. Diese Kenntnis ermöglicht, daß wir uns im täglichen Leben zurechtfinden. Wir unterscheiden demnach eine zeitliche, räumliche, situative Orientierung und eine Orientierung zur eigenen Person.

Die *zeitliche Orientierung* beinhaltet z. B. die Kenntnis der Jahreszeit, Tageszeit, die *räumliche* den Ort des derzeitigen Aufenthaltes (z. B. Land, Stadt, Zimmer usw.), die *situative* die Art der derzeitigen Umgebung und Tätigkeit. Die *Orientierung zur eigenen Person* umfaßt alle persönlichen Daten.

Orientierungsstörungen finden wir bei stärkeren Graden des Hirnabbaus (z. B. Arteriosklerose), bei Schwachsinn mittleren und schweren Grades und bei manchen Psychosen (z. B. häufig bei der Schizophrenie).

Gedächtnis und Gedächtnisstörungen. Unter Gedächtnis verstehen wir die Fähigkeit unseres Gehirns, Informationen zu speichern, die wir aus diesen Speichern wieder hervorholen können. Dieses Hervorholen von Gedächtnisinhalten nennen wir Erinnern. Es kann vorsätzlich oder unabsichtlich geschehen.

Auf die Theorien zur Funktionsweise des Gedächtnisses wollen wir hier nicht eingehen; wir wollen lediglich zwei Arten von Gedächtnis kennenlernen, die für die psychiatrische Diagnostik von großer Bedeutung sind.

Wir unterscheiden das *Altgedächtnis* (häufig auch nur als Gedächtnis bezeichnet) vom *Neugedächtnis* (Frischgedächtnis, *Merkfähigkeit).* Auch bei der nun folgenden Besprechung der Gedächtnisstörungen ist diese Einteilung sehr zweckmäßig.

Gedächtnisstörungen: Das Altgedächtnis erstreckt sich auf weiter zurückliegende Gedächtnisinhalte. Wir trennen wiederum quantitative von qualitativen Störungen.

Quantitative Gedächtnisstörungen:

Am häufigsten ist die *Amnesie,* die wir als begrenzte Erinnerungslücke bezeichnen können. Wir finden sie nach Schädeltraumen und bei Bewußtseinsstörungen. Wir kennen die *retrograde Amnesie,* die besonders nach Schädelverletzungen auftritt und sich auch auf die Zeit vor dem Unfall und den Unfallhergang erstreckt. Die Patienten können keine Angaben mehr machen über ihre Erlebnisse und ihr Verhalten vor Eintritt der Bewußtlosigkeit.

Daneben gibt es noch eine *psychogene Amnesie,* die im Rahmen von abnormen Erlebnisreaktionen auftreten kann und meist den Charakter der „Verdrängung" von Gedächtnisinhalten hat. Bei ihr finden wir natürlich keinerlei organische Grundlagen. Schließlich ist noch zu erwähnen, daß eine Amnesie auch simuliert sein kann.

Bei vielen degenerativen Hirnerkrankungen kommt es zu einem *allmählichen* Nachlassen der Gedächtnistätigkeit, wobei die Erinnerungen der letzten Zeit zuerst verblassen, während sehr weit zurückliegende Gedächtnisinhalte noch sehr gut reproduziert werden. Am längsten bleiben gut eingeschliffene Verhaltensweisen und Redensarten erhalten.

Vorkommen: Ein allmählicher, schleichender Gedächtnisschwund kommt vor allem bei der senilen Demenz und der Arteriosklerose vor.

Qualitative Gedächtnisstörungen:

Bei diesen Störungen läßt das Gedächtnis nicht nach, setzt auch nicht aus, sondern seine Inhalte werden *umgestaltet.*

Wir kennen:

Wahnhafte Erinnerungsentstellungen: Bei ihnen werden Erinnerungen so umgestaltet, daß sie sich z. B. in das augenblickliche Wahnsystem eines Schizophrenen einordnen lassen.

Die Pseudologia phantastica: Hierbei werden Erinnerungen in der Weise entstellt, daß der Patient allerhand hinzudichtet und vieles frei erfindet. Die Grenze zwischen wirklich Geschehenem und Erfundenem läßt sich nicht mehr ziehen. Die Patienten sind meist sehr suggestibel und denken sich in bestimmte Phantasien so stark hinein, daß sie diese für Wirklichkeit halten.

Vorkommen: bei Psychopathen.

Das Déjà-vu-Erlebnis: Beim sog. Déjà-vu-Erlebnis glaubt der Kranke, momentane Erlebnisse bereits früher gehabt zu haben, obwohl dies nicht zutrifft. Diese Erlebnisse kommen vor bei der temporalen Epilepsie und bei der Schizophrenie aber zuweilen auch beim Gesunden, vornehmlich im Zustand der Ermüdung.

Merkfähigkeitsstörungen (Vergeßlichkeit): Wir verstehen darunter ein Unvermögen, neuen Gedächtnisstoff zu behalten, wobei das Altgedächtnis gut funktionieren kann. Dabei ist die Wahrnehmung bei solchen Patienten überhaupt nicht gestört. Ein Großteil der Kranken bemerkt seine „Vergeßlichkeit" und versucht, die Erinnerungslücken mehr oder weniger geschickt durch Erfindungen zu kaschieren. Solche Erfindungen nennen wir *Konfabulationen*.

Vorkommen: bei schweren organischen Hirnschädigungen (senile Demenz, Arteriosklerose, Paralyse) und Intoxikationen (Alkohol, Kohlenoxydvergiftung).

Prüfung von Gedächtnis und Merkfähigkeit:

Das *Altgedächtnis* kann man prüfen, indem man Fragen nach der weiter zurückliegenden Vergangenheit stellt, wobei man natürlich, um die Angaben kontrollieren zu können, von Angehörigen oder aus den Akten über diese Vergangenheit informiert sein muß. Beliebt sind die Fragen nach Geburtsort, Ort des Schulbesuches, Namen von Lehrern und Pfarrern, Berufsausbildung und Lehre oder nach historischen Ereignissen, die die Patienten miterlebt haben.

Das *Neugedächtnis* (Merkfähigkeit) prüft man durch Fragen, die sich auf die unmittelbare Vergangenheit beziehen. Man fragt z. B., was der Kranke heute zu Mittag gegessen habe, wie sein Zimmerkollege oder der Abteilungsarzt heiße, wie lange er sich schon in der Klinik befinde usw. Man kann dem Patienten auch eine kleine Rechenaufgabe stellen, deren Ergebnis er sich merken soll und nach einer Weile nach dem Ergebnis fragen; oder man läßt ihn einfach eine mehrstellige Zahl merken und fragt ihn nach einigen Gesprächsminuten wieder nach der Zahl. Schon durch diese einfachen Prüfmethoden kann man einen Großteil der Gedächtnis- und Merkfähigkeitsschwächen erfassen. Feinere Störungen lassen sich natürlich durch diese groben Methoden nicht objektivieren, man wird vielmehr in solchen Fällen auf spezielle Gedächtnistests zurückgreifen.

Antrieb und Aktivität. Als Antrieb bezeichnen wir die allen psychischen und auch motorischen Vorgängen zugrundeliegende Kraft. Sie ist das eigentliche „treibende" Element in all unseren Handlungen, die Energie, die hinter unserem Denken und Handeln steht, und kommt dem ziemlich nahe, was man im Volksmund Vitalität und Initiative nennt.

Jeder Mensch hat ein bestimmtes Maß und eine bestimmte Art dieser Energie in sich, wir nennen dies seine *Antriebsstruktur*. Wir wissen alle, daß das Ausmaß unseres Antriebs nicht immer gleich ist. Manchmal sind wir sehr aktiv und stecken voller Pläne, ein andermal können wir uns nur schwer zu irgendeiner Handlung aufraffen, unser Antrieb ist dann vermindert. Ein gewisses Ausmaß solcher Schwankungen ist normal, vor allem, wenn sich berechtigte äußere Gründe dafür finden lassen. Treten diese Schwankungen nach der einen oder anderen Seite hin im Extrem und ohne einen Grund auf, dann müssen wir sie als krankhaft bezeichnen. Wie bisher unterscheiden wir wiederum zwischen quantitativen und qualitativen Störungen.

Quantitative Störungen:

Antriebsvermehrung: Eine Antriebsvermehrung finden wir beim manischen Syndrom, bei unruhigen, sog. erethischen Schwachsinnigen, in Erregungszuständen und bei manchen abnormen Persönlichkeiten.

Die Patienten werden von ihrer Energie richtiggehend getrieben, sie befinden sich in einem Zustand ständiger Unruhe und man hat den Eindruck, daß sie nie ermüden. Natürlich ist das Bild der Antriebsvermehrung je nach Ursache verschieden. Manische Patienten z. B. stekken voller Pläne, wollen Ungewöhnliches leisten und überschätzen ihre Möglichkeiten häufig in grotesker Weise, während sich der Antriebsüberschuß der Schwachsinnigen beispielsweise vorwiegend in motorischer Unruhe (Schaukelbewegungen) zeigt.

Antriebsminderung: Sie kommt vor bei Depressionen, bei der Schizophrenie — vor allem bei der katatonen Form —, nach organischen Hirnschädigungen und bei bestimmten abnormen Persönlichkeiten. Die Kranken sind ohne Initiative, entschlußlos, ihr Gesichtsausdruck ist maskenartig, sie sind häufig nicht mehr in der Lage, Gefühlsregungen zu zeigen.

Qualitative Störungen:

Bei ihnen liegen nicht Abweichungen im Ausmaß des Antriebs, sondern solche der *Art* und der *Richtung* vor.
Wir unterscheiden:

- Zwangsantriebe,
- Drang- oder Impulshandlungen und
- Sexuelle Perversionen.

Bei den *Zwangsantrieben* handelt es sich um „nicht abstellbare" Antriebe, die sich dem Patienten ständig und ohne seinen Willen aufdrängen, die aber meist nicht in Handlungen münden; vielmehr können diese noch unterdrückt werden. Ein Zwangsantrieb wäre z. B. der immer wiederkehrende Impuls, sich die Hände zu waschen, zu zählen oder zu lachen.

Vorkommen: bei neurotischer Entwicklung, bei der Schizophrenie, nach einer Enzephalitis.

Drang- und Impulshandlungen sind Handlungen, denen der Patient, ohne sich zur Wehr setzen zu können, ausgeliefert ist, wobei er nie begründen kann, *warum* er sie ausgeführt hat. Beispiele für Dranghandlungen sind Kleptomanie (triebhaftes Stehlen), die Pyromanie (triebhaftes Brandstiften) und gewisse triebhaft-sexuelle Reaktionsweisen.

Vorkommen: in Dämmerzuständen, nach organischen Hirnschädigungen, bei der Schizophrenie, bei Schwachsinnigen.

Sexuelle Perversionen sind Abweichungen vom normalen Geschlechtsakt (S. 206).

Affektivität (Emotionalität). Unter Affektivität verstehen wir die Gesamtheit des Gefühls-, Gemüts- und Stimmungslebens. Es ist klar, daß der Bereich des Emotionalen mit dem Antrieb eng zusammenhängt. Selbstverständlich wirkt dieser Gefühlsbereich auch auf alle anderen Funktionen, z. B. auf das Denken, Gedächtnis usw. ein.

Bei den Affektivitätsstörungen kennen wir

- Quantitative Störungen,
- Qualitative Störungen und
- Regulationsstörungen.

Quantitative Störungen:

Die *Überempfindlichkeit* (Sensibilität): Bei ihr liegt ein „zuviel" an Gefühl vor, bzw. die Patienten reagieren auf alles affektiv überschießend. Bei einer solchen Störung kann es sich um einen dauerhaften (z. B. bei abnormen Persönlichkeiten) oder um einen vorübergehenden Zustand handeln (z. B. bei Infektionskrankheiten, in der Pubertät, im Klimakterium).

Die affektive Verödung: Sie äußert sich in einem zu wenig an Gefühl und Gefühlsansprechbarkeit. Es fehlt, so möchte man sagen, die affektive Substanz. Auch hier kann es sich um einen vorübergehenden oder einen dauerhaften Zustand handeln. Vorkommen: bei Schwachsinn, Schizophrenie, Demenz.

Qualitative Störungen:

Bei ihnen handelt es sich um Störungen in der *Art* der Gefühlslage, um Zustände abnormer Lust oder Unlust, um dauernde oder vorübergehende Stimmungslagen.

Manisch-euphorisches Syndrom: Es ist gekennzeichnet durch eine krankhaft gehobene Stimmungslage, die sich in unbegründeter Sorglosigkeit zeigt. Diese krankhaft gehobene Stimmung kann sich bis zu den sogenannten pathologischen Glückszuständen (z. B. wahnhafte Vorstellungen, wie Erleuchtung, Begnadung usw.) steigern.

Vorkommen: Manie, Schizophrenie, Paralyse, senile Demenz.

Depressives Syndrom: Seine Merkmale sind die traurige Grundstimmung, die meist mit Angst vergesellschaftet ist, die Denkhemmung und ein Darniederliegen des Antriebs.

Vorkommen: Endogene und reaktive Depressionen, bei organischen Hirnerkrankungen.

Regulationsstörungen: Bei ihnen handelt es sich um Störungen in der Abstimmung der einzelnen Affektlagen.

Stimmungslabilität: unausgeglichene, stark schwankende und rasch wechselnde Affektivität; die Patienten können in ihrer Affektlage gewissermaßen umkippen, z. B. vom Lachen zum Weinen, von der Freude zur Trauer.

Vorkommen: Arteriosklerose, Multiple Sklerose.

Affektinkontinenz: Darunter verstehen wir ein „Nichthaltenkönnen" einer einheitlichen Stimmungslage. Es kommt aus geringem Anlaß zu übermäßig starken affektiven Entladungen, z. B. zu unbeherrschtem, übertriebenen Lachen oder Weinen.

Vorkommen: im Zustande körperlicher oder seelischer Erschöpfung und bei organischen Hirnkrankheiten.

Denken und Denkstörungen. Das Denken können wir definieren als eine geistige Tätigkeit, die darauf ausgerichtet ist, Bedeutungen zu erkennen und Beziehungen herzustellen. Diese Aufgabe schreiben wir unserem Verstand zu, man könnte also auch sagen, Denken ist die Tätigkeit unseres Verstandes. Unser Denken läuft nach ganz bestimmten Gesetzmäßigkeiten ab (Gesetze der Logik) und ist auf Begriffe, Urteile und Schlüsse angewiesen. Die Art des Denkens kann verschieden sein. Es sei nur an den Unterschied zwischen konkretem (bildhaftem, gegenstandsgebundenem) und abstraktem (gegenstandsfreiem) Denken hingewiesen. Bei den Denkstörungen kann der formale (gesetzmäßige) Ablauf oder auch der Inhalt des Denkens pathologisch sein. Deshalb stellen wir die formalen Denkstörungen den inhaltlichen Denkstörungen gegenüber.

Formale Denkstörungen:

Denksperre: Wir verstehen darunter eine plötzliche Unterbrechung des Gedankenganges, ein Abreißen der Gedanken. Die Patienten bemerken dies oft noch und deuten es dann um zum Gedankenentzug. Vorkommen: Schizophrenie.

Denkhemmung: Hier ist das Denken verlangsamt, es fehlen die Antriebe und Einfälle.

Vorkommen: depressives Syndrom.

Ideenflucht: Ist das Gegenteil der Denkhemmung. Der Gedankenablauf ist stark beschleunigt, ein Gedanke jagt den anderen. Dadurch wird das Denken oberflächlich und wechselt ständig sein Ziel.

Vorkommen: Manie.

Perseveration (Haften): Klebenbleiben an immer den gleichen Gedankengängen; die Patienten können sich nicht auf neue Gedanken umstellen. Man hat den Eindruck, daß ihr Denken sehr zäh und unbeweglich abläuft.

Vorkommen: Epilepsie, organische Hirnschädigung, Schizophrenie.

Zerfahrenheit: Darunter verstehen wir ein sprunghaftes Denken, dessen Gedanken häufig keinerlei Verbindung mehr miteinander haben. Es kann zu einem regelrechten Wortsalat und zu Wortneubildungen kommen.

Vorkommen: Schizophrenie.

Inhaltliche Denkstörungen:

Zwangsideen (Zwangsgedanken): Zwanghaftes Auftreten von Gedanken, die vom Patienten zwar als unsinnig und quälend erkannt werden, die er aber nicht unterdrücken kann. Beispiel: Ein Patient muß ständig an Sünde, an Blut, an Wasser, oder an unanständige Worte denken.

Überwertige Ideen: Durch eine starke Gefühlsbetonung gewinnt ein Gedanke das Übergewicht und beherrscht das ganze Denken. Ein solcher Gedanke muß nicht unbedingt krankhaft sein, krankhaft ist nur, daß sich das ganze Denken nur um ihn dreht.

Beispiele: religiöse Fanatiker.

Wahnideen: Wahnideen sind krankhaft verfälschte Vorstellungen, sind für den Patienten von völliger subjektiver Gewißheit und können durch logische Beweise und Argumente nicht entkräftet werden. Die Kranken sind grundsätzlich ohne jede Einsicht und nicht belehrbar. Dies ist auch der Unterschied zu den Zwangsideen; bei ihnen erkennt der Patient die Unsinnigkeit, er vermag sich nur nicht dagegen zu wehren.

Die geläufigsten Wahnideen sind:

- der Beeinträchtigungswahn,
- der Eifersuchtswahn,
- der Größenwahn,
- der Verarmungswahn,
- der Verfolgungswahn,
- der Versündigungswahn.

Das, worauf sich der Wahn bezieht, nennen wir *Wahninhalt* (z. B. Verfolgung, Beeinträchtigung usw.). Einzelne Wahnideen können gedanklich zu einem ganzen *Wahnsystem* oder *Wahngebäude* vereinigt werden.

Wir können zwischen primären (unableitbaren) und sekundären (ableitbaren) Wahnideen unterscheiden.

Primäre Wahnideen entstehen plötzlich und ohne jeden Zusammenhang mit realen Erlebnissen. Beispiel: Ein Patient sieht seine beiden Nachbarn miteinander sprechen und ist plötzlich der festen Überzeugung, die beiden beraten darüber, wann sie sein Haus anzünden, ihn umbringen usw. Die meisten primären Wahnideen gehören in die Rubrik des Beziehungswahns.

Sekundäre Wahnideen entstehen durch krankhafte Verarbeitung wirklicher Erlebnisse. Man kann also noch einen gewissen Zusammenhang zur Realität erkennen, sie sind aber inhaltlich falsch. Beispiel: Ein Buchhalter, der von seinem Vorgesetzten eine kleine Rüge erhalten hat, deutet dies in der Weise, daß man ihn hinausekeln möchte, daß auch alle Kollegen gegen ihn sind, daß sich überhaupt alles gegen ihn verschworen hat.

Intelligenz und Intelligenzstörungen. Als Intelligenz bezeichnen wir die Fähigkeit, mit neuartigen Situationen und Problemen fertig zu werden. Wir können auch sagen, sie ist der Leistungsgrad unserer psychischen Funktionen. Diesen Leistungsgrad kann man mit Hilfe von Intelligenztests messen, wobei man natürlich die Leistung zum Lebensalter der untersuchten Person in Beziehung setzen muß. Die Voraussetzung dafür ist, daß man für alle Altersstufen Durchschnittsleistungen ermittelt hat, die man als Normwerte annimmt. Wenn wir nun die Intelligenz eines Menschen testen, so *vergleichen* wir seine Leistung mit der Leistung vieler bereits getesteter Personen. Wir ermitteln zuerst das seiner Leistung entsprechende Intelligenzalter und setzen es in Beziehung zum Lebensalter. Auf diese Weise erhalten wir den Intelligenzquotienten (IQ). Um handlichere Werte zu bekommen, wird der Quotient noch mit 100 multipliziert.

$$\mathrm{IQ} = \frac{\text{Intelligenzalter}}{\text{Lebensalter}} \times 100$$

Ein IQ von 100 wird als mittlere, durchschnittliche oder gute Intelligenz bezeichnet. Werte über 100 weisen auf eine überdurchschnittliche Intelligenz hin, Werte unter 100 auf eine unterdurchschnittliche. Der IQ ist ein ziemlich globales Maß, das sich aus vielen Einzelleistungen zusammensetzt, er gibt uns nur Auskunft über den Grad oder das Ausmaß der Intelligenz (quantitativer Aspekt). Es gibt aber auch verschiedene *Arten* der Intelligenz, z. B. mehr theoretische Intelligenz oder mehr praktische Intelligenz. Auch diesen Aspekt können wir erfassen, wenn wir die Einzelleistungen in bestimmten Untertests betrachten oder spezielle Verfahren anwenden, die auf einzelne *Begabungen,* z. B. mathematisch-abstraktes Denken, zugeschnitten sind. Die Art der Intelligenz erfaßt den qualitativen Aspekt.

In der Psychiatrie interessieren vorwiegend die *quantitativen* Aspekte der Intelligenz, also die Intelligenzhöhe und zwar auch hier hauptsächlich die Minusvarianten (Schwachsinn). Schwachsinnige (Oligophrene) sind gekennzeichnet durch einen gegenüber ihrer Altersgruppe deutlichen Intelligenzrückstand (S. 176). Dieser Rückstand kann auch, trotz zunächst normaler Intelligenz, durch einen Krankheitsprozeß verursacht sein. In solchen Fällen sprechen wir von *Demenz.*

Teilausfälle der Intelligenz (sog. Werkzeugstörungen)

Wie aus dem neurologischen Teil bekannt ist, besitzt unser Gehirn eine Reihe von Zentren, die für die Steuerung von Tätigkeiten und die

Aufnahme von Eindrücken zuständig sind (z. B. Sehzentrum, Hörzentrum, Sprachzentrum). Bei Ausfall solcher Zentren treten Erscheinungen auf, die wir als Herdsymptome bezeichnen.

Legasthenie (Lese-Rechtschreibschwäche). Unter Legasthenie verstehen wir eine angeborene Anlageschwäche, die trotz normaler Beschulung zu Schwierigkeiten im Erlernen des Lesens und Rechtschreibens führt. Die Betroffenen haben meist eine normale Intelligenz und zeigen in der Regel keinerlei neurologische Störungen.

Die Häufigkeit der erblichen Lese-Rechtschreibschwäche beträgt bei Jungen im 2. Schuljahr rd. 6 %, bei Mädchen tritt sie wesentlich seltener auf.

Die Schwierigkeiten der Legastheniker erstrecken sich auf folgende Probleme: einmal fällt es ihnen schwer, aus optisch oder akustisch dargebotenen Einzelbuchstaben eine Silbe oder ein Wort zu bilden, zum anderen haben sie Schwierigkeiten, beim Diktat akustisch gegebene Worte zu buchstabieren oder orthographisch richtig zu schreiben. Die zentrale Störung der Legastheniker ist also die Unfähigkeit zur synthetischen Zusammensetzung von Buchstaben zum Wort und umgekehrt die analytische Zerlegung eines Wortes in Buchstaben.

Diese beiden Symptome (verminderte Fähigkeit der Buchstabensynthese und Wortanalyse) und die allerdings nicht in allen Fällen nachweisbare Erblichkeit bezeichnen wir als *primäre Symptome* der Legasthenie.

Als *sekundäre Symptome* wären zu nennen eine starke Tendenz zur Verwechslung und Vertauschung von Buchstaben sowie die *seelische Fehlentwicklung*. Von besonderer Bedeutung ist die letztere, denn das nicht richtig Lesen- und Schreibenkönnen wird in unserem Kulturkreis als ein erheblicher Makel empfunden und bringt für solche Kinder schwere Störungen des Selbstwertgefühles mit sich. Viele Legastheniker werden durch mangelhaftes Verständnis ihrer Umgebung entmutigt und durch die abwertende soziale Beurteilung ihrer Störung in eine negative Haltung ihrer Umwelt gegenüber getrieben. Dadurch kann es zu massiven Oppositionshaltungen, aber auch zu kriminellen Handlungen kommen, die die Legastheniker mit dem Gesetz in Konflikt bringen.

Um so entschiedener muß man deshalb auf die frühzeitige Diagnose dieser Störung drängen, was im 2. Schuljahr geschehen kann.

Die Diagnose darf als gesichert gelten, wenn ein Kind bei ausreichender Beschulung und normaler Intelligenz in der 2. Volksschulklasse große Schwierigkeiten im Lesen und Rechtschreiben aufweist, während ihm das Zahlenlesen und Zahlendiktatschreiben in keiner Weise schwerfällt.

Therapie: Eine rechtzeitige heilpädagogisch orientierte Therapie hat zwei Ziele: Einerseits will sie das bei diesen Kindern fast ausnahmslos gestörte Selbstwertgefühl stärken, andererseits bemüht sie sich in Form einer Übungsbehandlung, die Kinder zum Lesen und Schreiben anzuhalten, wobei auf eine systematische Ermutigung der Kinder besonderes Augenmerk gerichtet werden muß. Bei spät diagnostizierten Fällen kommt man infolge einer häufig bereits vorhandenen seelischen Fehlentwicklung ohne psychotherapeutische Hilfe nicht aus.

Persönlichkeit und Persönlichkeitsstörungen. Es gibt zahlreiche Definitionen der Persönlichkeit, von denen jede ihre Mängel hat. Dennoch muß man irgendwie umschreiben, was gemeint ist. Persönlichkeit umfaßt den Gesamtbereich der psychischen Abläufe, wobei der Hauptakzent auf denjenigen Abläufen liegt, die wir subjektiv als *Kräfte* erleben (z. B. Antrieb, Affektivität, Interesse, Bedürfnisse). Wir können auch sagen, unter Persönlichkeit verstehen wir das für einen Menschen charakteristische Zusammenspiel psychischer Abläufe (Integration), durch welche seine individuelle Eigenart (Persönlichkeitsstruktur) bestimmt wird.

Persönlichkeit ist der umfassendste Begriff in der Psychologie und Psychiatrie. Um die verschiedenen psychischen Funktionen, die dabei eine Rolle spielen, zu ordnen, hat man Modelle vom Aufbau der Persönlichkeit entwickelt. Sie sind meist am Gedanken einer Schichtung orientiert, d. h. sie versuchen sog. niedere Funktionen (Triebe, Instinkte, Bedürfnisse) von höheren Funktionen (Denken, Interessen, ethische und religiöse Wertungen) zu unterscheiden und sie im sog. Schichtenmodell in der Weise zu vereinigen, daß die niederen Funktionen zwar die breitere biologische Basis bilden, aber von den höheren Funktionen beherrscht und überlagert werden. Auch die alte Dreiteilung in Körper – Seele – Geist wird immer wieder als Persönlichkeitsmodell angeboten, wobei die Einheit derselben als Wesen der Persönlichkeit angesehen wird.

Persönlichkeitsstörungen zeigen sich darin, daß sich das für einen Menschen typische Zusammenspiel der psychischen Abläufe verändert und daß diese Veränderung vom Patienten selbst (subjektive Persönlichkeitsstörungen) oder nur von Außenstehenden (objektive Persönlichkeitsstörungen) bemerkt wird.

Subjektive Persönlichkeitsstörungen:

Die Patienten erleben sich selbst oder Teile ihres Körpers als fremd. Es muß also die Einheit der Person und das Bewußtsein dieser Einheit (das Ich-Bewußtsein) gestört sein. Ausdruck dieser Störungen sind:

Depersonalisation (Entfremdungserlebnisse), bei denen z. B. einzelne Körperteile als nicht zum eigenen Körper zugehörig empfunden werden und

Ich-Störungen, bei welchen die Patienten den Eindruck haben, nicht mehr selbst zu handeln, sondern von außen gesteuert zu werden. Die

Kranken haben das Gefühl, nicht selbst zu denken, sondern ihre Gedanken werden „gemacht", sie glauben z. B. bestrahlt oder von irgendwelchen Mächten bezaubert zu werden.
Vorkommen: Schizophrenie.

Objektive Persönlichkeitsstörungen:

Bei den objektiven Persönlichkeitsstörungen kennen wir einerseits solche, die angeboren sind und Varianten der normalen Persönlichkeitsstruktur darstellen — sie sind nicht als Krankheiten aufzufassen —, und andererseits solche, die wir als Folgen von Krankheiten ansehen müssen.

Abnorme Persönlichkeiten: Sie stellen Abweichungen vom Normalbereich dar und sind keine Krankheiten. Sie beziehen sich vor allem auf den Charakter und das Temperament der entsprechenden Person.
Organische Wesensänderungen: Die organischen Wesensänderungen werden durch Krankheiten hervorgerufen und sind gekennzeichnet durch eine tiefgreifende Änderung der Person, die meist durch folgende Symptome gekennzeichnet ist:

- Verlangsamung aller psychischen Abläufe (Wahrnehmen, Denken, Vorstellungen usw.),
- Neigung zur Perseveration,
- Verlust natürlicher Hemmungen,
- Verflachung im affektiven Bereich.

Vorkommen: Epilepsie, organische Hirnschädigungen.

Testuntersuchungen. Wir haben nun eine Reihe von psychischen Einzelfunktionen und ihre Störungen besprochen. Diese Störungen versucht man in der Exploration zu ermitteln. Dabei können jedoch leichtere Störungen verborgen bleiben, die man aber mit feineren Untersuchungsmethoden, z. B. mit Tests, unter Umständen noch erfassen kann.

Einen Test können wir definieren als eine standardisierte Verhaltensstichprobe. Wir erhalten also bei der Testuntersuchung einen Ausschnitt (Testleistung, Testergebnis) aus dem psychischen Verhalten eines Menschen und vergleichen diesen Ausschnitt mit den Ergebnissen vieler bereits untersuchter Personen. Testen heißt also immer vergleichen; zum Vergleichen brauchen wir aber einen Bezugspunkt. Dieser Bezugspunkt sind die bereits vorliegenden Standard- oder Normwerte. Die Ermittlung der Standard- oder Normwerte nennen wir das *Eichen* eines Tests. Daraus geht schon hervor, daß ein Test, der nicht geeicht ist, keine gesicherten Ergebnisse liefern kann, denn es fehlt die Vergleichsbasis.

An einen brauchbaren Test müssen wir neben der Eichung folgende Anforderungen stellen:

Hohe Validität (Gültigkeit, Treffsicherheit): Die Validität zeigt die diagnostische Verläßlichkeit eines Tests, d. h. sie gibt an, ob ein Test tatsächlich das erfaßt, was man mit seiner Hilfe erfassen möchte (z. B. Gedächtnis, Intelligenz),

hohe Stabilität (Zuverlässigkeit): Darunter verstehen wir das Gleichbleiben der Ergebnisse eines Tests bei wiederholter Untersuchung der gleichen Personen,

hohe Objektivität: Gemeint ist damit die Unabhängigkeit der Testergebnisse vom Untersucher. *Verschiedene* Untersucher sollten bei der Untersuchung einer Person mit einem Test zu *gleichen* Ergebnissen kommen.

Es gibt verschiedene Methoden, mit denen man die genannten drei Kriterien überprüfen kann. Wir können jedoch nicht näher auf sie eingehen.

Einteilung der Tests:

Je nachdem, was die Tests zu erfassen beanspruchen, teilen wir sie in *Leistungstest* und *Persönlichkeitstests* ein, wobei die Übergänge zwischen beiden oft fließend sind.

Leistungstests (objektive Tests): Sie erfassen, meist in zahlenmäßig objektivierbarer Weise, die Leistung in einzelnen psychischen Funktionsbereichen, z. B.

- Aufmerksamkeit
- Räumliches Vorstellen und Orientieren
- Gedächtnis und Merkfähigkeit
- Art des Denkens (z. B. konkret — abstrakt)
- Technische Fertigkeiten
- Entwicklungsstand (alterstypische Leistungen)
- Intelligenz

Es würde zu weit führen, auf einzelne Tests näher einzugehen, wir wollen nur einige bekannte und häufig gebrauchte nennen. Die bekanntesten Intelligenztests sind der *H*AMBURG-*W*ECHSLER-*I*ntelligenztest, den es in einer Ausführung für *E*rwachsene (HAWIE) und in einer Ausführung für *K*inder (HAWIK) gibt, sowie der Intelligenzstrukturtest (IST) von AMTHAUER.

Zur Feststellung des Entwicklungsstandes von Kindern wird der Entwicklungstest nach BÜHLER-HETZER am häufigsten verwendet, zur Prüfung der Aufmerksamkeit die sog. Durchstreichtests.

Persönlichkeitstests: Die Persönlichkeitstests sind weniger auf den Leistungsaspekt, sondern mehr auf Antrieb, Affektivität, Temperament, Interessen und Charakter ausgerichtet. Da sich diese Merkmalsbereiche nur schwer zahlenmäßig (quantitativ) erfassen lassen, geschieht die Auswertung dieser Tests häufig nur nach qualitativen Gesichtspunkten.

Ein Großteil der Persönlichkeitstests sind sog. projektive Tests. Unter Projektion versteht man das Übertragen (Hinausverlegen) von Innenvorgängen (Erlebnisse, Gedanken, Stimmungen) in die Außenwelt. An einem klinischen Beispiel soll dies kurz veranschaulicht werden: Ein achtjähriges Mädchen mit einem Hydrocephalus hatte starke Kopfschmerzen, Erbrechen und Sehstörungen. Da es nicht, wie bereits mehrfach geschehen, in eine auswärtige Klinik wollte, bestritt es all diese Beschwerden, schrieb sie aber alle seinem Lieblingsbären zu: „der Bär hat Kopfweh, hat gespuckt und sieht nimmer richtig". Dies ist ein Musterbeispiel für eine Projektion, das gleichzeitig zeigt, daß auf projektivem Wege Dinge in Erfahrung gebracht werden können, über die der Patient nichts sagen möchte. Unsere kleine Patientin brauchte man nur zu fragen: „Wie geht's Deinem Bären?", und man bekam eine Schilderung ihrer eigenen Symptome. Natürlich ist dies nicht immer so einfach, das *Prinzip* ist aber auch bei den Projektionstests das gleiche. Den Probanden werden Bilder, die mehrdeutige Situationen zeigen, oder vieldeutige Figuren angeboten, und sie werden aufgefordert, eine Geschichte dazu zu erzählen bzw. die Figuren zu deuten. Die Hypothese dabei ist, daß der Patient in diese Geschichte oder Deutungen eigene Probleme, Gedanken und Stimmungen einfließen läßt, die dann Rückschlüsse auf seine Persönlichkeit zulassen. Die bekanntesten Persönlichkeitstests sind:

— der Rorschach-Test (Deutung von Kleckfiguren),

— der TAT (Thematischer Apperzeptionstest),

— der PI-Test (Persönlichkeits-Interessen-Test),

— die Persönlichkeitsfragebogen nach Eysenck.

Die psychiatrische Systematik

(nach Kurt Schneider)

Aus allen Beobachtungen, die wir im psychiatrischen Befund mit Hilfe der Anamnese, der Exploration und der Tests gewonnen haben, kommen wir zu gewissen *Symptomen, Leitsymptomen* und *Symptomkomplexen* (Syndromen), die wir nun bestimmten Krankheitsbildern und Spielarten psychischen Seins zuordnen müssen. Diese Zuordnung führt schließlich zur Diagnose.

Bevor wir auf die Diagnose zu sprechen kommen, soll in Anlehnung an das bekannte Schema von Kurt Schneider noch ein Überblick über die Psychiatrische Systematik gegeben werden. In diesem Schema werden zwei große Gruppen von psychischen Störungen unterschieden (Tab. 5).

Tabelle 5 **Psychiatrische Systematik nach Kurt Schneider**

A.) Abnorme Spielarten seelischen Wesens
Abnorme Verstandesanlagen
Abnorme Persönlichkeiten
Abnorme Erlebnisreaktionen

B.) Folgen von Krankheiten und Mißbildungen

Somatologische (ätiologische) Ordnung	Psychologische (symptomatologische) Ordnung	
Intoxikationen		
Paralyse		
Andere Infektionen		
Andere interne Krankheiten		
Hirnmißbildungen	akut: Bewußtseinstrübung — Durchgangssyndrom	
Hirnverletzungen	chronisch: Persönlichkeitsabbau (angeboren: Persönlichkeitstiefstand) und Demenz	
Hirnarteriosklerose		
Senile Hirnkrankheiten		
Andere Hirnkrankheiten		
Genuine Epilepsie		
?	Zyklothymie	endogene Psychosen
?	Schizophrenie	

A. Abnorme Spielarten seelischen Wesens

Bei ihnen handelt es sich nicht um Krankheiten, sondern um Abweichungen (Variationen) vom sogenannten Normalverhalten (S. 142), wobei folgende psychische Bereiche betroffen sein können:

die *Verstandesanlagen* (Intelligenzdefekte, Schwachsinn). In diese Rubrik gehören selbstverständlich auch besonders gut entwickelte Verstandesanlagen, also Hochbegabung; sie spielen aber in der Psychiatrie keine große Rolle,

die *Persönlichkeit* (Psychopathien) und

die *Reaktionsweisen* auf Erlebnisse.

Bei der Gruppe A können natürlich auch körperliche Veränderungen, Varianten und Reaktionsweisen beteiligt sein, sie sind jedoch *nicht Ursachen* der abnormen Spielarten. So spielt z. B. bei den abnormen Persönlichkeiten u. U. die Konstitution eine Rolle, und abnorme Erlebnisreaktionen gehen häufig mit körperlichen Begleiterscheinungen einher. Dies ist uns aber schon aus dem normalen Seelenleben geläufig, und wir können solche körperlichen Reaktionen nicht als Krankheitsursachen bezeichnen.

B. Folgen von Krankheiten

In der Gruppe B ist dies anders. Hier sind die auf der linken Seite des Schemas stehenden körperlichen Veränderungen die *Ursache* für das Auftreten der auf der rechten Seite stehenden psychiatrischen Symptome. Die Diagnostik ist hier *zweigleisig*. Sie erfolgt aufgrund

— körperlicher Veränderungen (linke Seite) und
— psychischer Veränderungen (rechte Seite).

Die körperlichen Veränderungen sind aber nicht bei allen Krankheiten zu finden. Wir finden sie nur bei den sog. körperlich begründbaren Psychosen und bei der Epilepsie. Bei den *endogenen Psychosen* (Zyklothymie und Schizophrenie) hat man bisher *keine* körperlichen Ursachen gefunden; deshalb ist auf der linken Seite jeweils ein Fragezeichen angebracht.

Alle links stehenden Ursachen, außer der Epilepsie, gelten nur für die körperlich begründbaren Psychosen. Sie verlaufen entweder *akut* oder *chronisch*. Ihre psychischen Symptome und organischen Veränderungen sind entweder *reversibel* (rückbildungsfähig) oder *irreversibel* (nicht mehr rückbildungsfähig).

Die Symptome der endogenen Psychosen sind auf der rechten Seite des Schemas nicht angegeben.

Der Weg zur psychiatrischen Diagnose

Die Fähigkeit, eine Diagnose zu stellen, setzt die Beherrschung, Kenntnis und Zusammenschau folgender Gebiete voraus:

— Befunderhebung,
— Symptomatologie,
— Psychiatrische Krankheitsbilder.

Zur Diagnose gelangt man dann über zwei diagnostische Schritte (Tab. 6).

Tabelle 6 **Der Weg zur psychiatrischen Diagnose**
(die zwei Schritte: Symptomgewinnung und Symptomzuordnung)

Befunderhebung		*Symptome*		*Diagnose*
(Untersuchung)	Symptomgewinnung	(körperl. oder psychisch)	Symptomzuordnung	
1. Allg. Zustand				
2. Int. Befund		Einzelsymptome		
3. Neurol. Befund		Leitsymptome		Psychiatrische
4. Psychiatr. Befund		Syndrome		Krankheits-bilder
—Anamnese		(Symptomkomplexe)		(Psychiatr.
—Exploration				Systematik)
—Tests.				
	(1)		(2)	

Wie aus der Tabelle hervorgeht, steht im Mittelpunkt das *Symptom*. Symptome können körperlich (Fieber, Lähmungen, Gelbsucht) oder psychisch (Halluzinationen, Dämmerzustände) sein. Der Gewinnung der Symptome dient die *Untersuchung*. Eine Aufzählung der Symptome führt aber noch lange nicht zur Diagnose, vielmehr müssen die Symptome gegeneinander abgewogen werden, es müssen für einzelne Krankheitsbilder typische Symptome (Leitsymptome) herauskristallisiert werden und andere zu Syndromen vereinigt werden. Es ist also ein geschulter Blick für die *Wertigkeit* und die *Bedeutung* von Symptomen, Syndromen usw. notwendig. Die *Zuordnung* der als wesentlich erkannten Symptome zu den psychiatrischen Krankheitsbildern führt schließlich zur Diagnose.

Minderbegabung und Schwachsinn (Oligophrenie)

Allgemeines, Begriffe und Definitionen

Minderbegabung und Schwachsinn sind Minusvarianten der intellektuellen Entwicklung. Im einleitenden Kapitel sind wir auf die Probleme des ihrer Abgrenzung zugrunde liegenden Normalitätsbegriffs eingegangen.

Als *minderbegabt* bezeichnen wir Menschen, deren Intelligenz geringfügig unterentwickelt ist (IQ 80—90), die sich aber im täglichen Leben noch selbständig zurechtfinden können.

Den Schwachsinn, die schwerere Stufe der Intelligenzbehinderung, definieren wir dagegen in fogender Weise: „Ein Mensch ist vom Rechtsstandpunkt aus oligophren, wenn er nicht imstande ist, sich selbst und seine Angelegenheiten zu besorgen, und wenn er dies auch nicht lernen kann, sondern zu seinem eigenen Wohle und dem der Gesellschaft Überwachung, Kontrolle und Fürsorge braucht." (BENDA) Häufigkeit: Schwachsinn kommt bei etwa 9 % der Gesamtbevölkerung vor.

Ursachen: Die Ursachen des Schwachsinns sind sehr zahlreich und vielfältig. Grundsätzlich kann jede schwere Hirnschädigung, neben anderen Störungen, Schwachsinn zur Folge haben. Man kann die Ursachen des Schwachsinns in verschiedener Weise klassifizieren. So kann man z. B. den erblichen Schwachsinn von dem *erworbenen* unterscheiden. Der *erworbene* Schwachsinn wiederum kann durch viele Schädigungen hervorgerufen sein, die

vor der Geburt (Infektionen durch Viren, Bakterien und Protozoen, Rh-Schädigung),

während der Geburt (Sauerstoffmangel durch zu lange Geburt, mechanische Schädigungen, z. B. durch Zangenentbindung, Sturzgeburt) und

nach der Geburt (vor allem Infektionen, Unfälle, degenerative Leiden, psychol. Faktoren, wie ungünstiges Milieu usw.) einwirken können.

Schon an äußeren Einzelheiten des Körperbaus und gewisser Organe kann man Rückschlüsse auf den *Zeitpunkt* der Entstehung des Schwachsinns ziehen. Sind gewisse körperliche, sog. *degenerative* Zeichen bei einem Oligophrenen zu registrieren, so handelt es sich meist um einen vor der Geburt erworbenen Schwachsinnszustand. Solche degenerativen Zeichen finden sich vor allem im Bereiche der Haut und des Nervensystems. Das hängt damit zusammen, daß Haut und Nervensystem entwicklungsgeschichtlich aus dem gleichen Keimblatt, dem Ektoderm, entstehen. Aber auch andere Organe, wie z. B. Augen, Ohren, Skelet, Weichteile, Bindegewebe und auch innere Organe können solche Degenerationszeichen zeigen. Die wichtigsten sind im folgenden zusammengestellt:

Nervensystem

Mißbildungen aller Art

Dysraphische Störungen (= ausbleibender Verschluß des Neuralkanals)

Hydrozephalus, Mikrozephalus

Vegetative Fehlregulationen: verstärkte Schweißsekretion, übermäßiger Speichelfluß, Kreislaufregulationsschwäche usw.

Haut und Anhangsgebilde

Rissige, spröde Haut, Pigmentmangel, abnorm faltige Haut.

Behaarungsanomalien (Bürstenhaar, Pelzmützenhaar, abnorme Wirbelbildungen).

Anomalien der Nägel (rissige Nägel, Dellenbildung der Nägel, Uhrglasnägel).

Augen

Abnorme Gestalt und Lage der Augäpfel, Veränderungen der Regenbogenhaut (Pigmentmangel, fleckige, verschieden pigmentierte Regenbogenhaut), Veränderungen der Lider und der Lidfalten (z. B. Mongolenfalte).

Ohren

Mißbildungen der Ohrmuscheln, Mißbildungen des Mittel- und Innenohres.

Skeletanomalien

Diese sind ungemein zahlreich und verschiedenartig. Sie betreffen den *Schädel* (Turmschädel, Flachschädel, Rundschädel), das Gesichtsskelet, Mißbildungen an Fingern und Zehen und abnorme Beweglichkeit der Gelenke.

Anomalien von Weichteilen und Bindegewebe

Besonders auffällig sind hier die Veränderungen der Zunge, z. B. übermäßig große Zunge, Landkartenzunge, gefurchte Zunge usw. Viele Schwachsinnige zeigen eine auffallende, sog. konstitutionelle Bindegewebsschwäche, die sich in der Überstreckbarkeit der Gelenke, der Neigung zu Leistenbrüchen und anderen Weichteilbrüchen äußert.

Fehlbildungen an inneren Organen

Hier kommen Herzfehler und Mißbildungen der Blutgefäße häufig vor.

Hinsichtlich der Ursachen des Schwachsinns lassen sich zusammenfassend folgende Faustregeln aufstellen:

– Die *schweren* Schwachsinnsformen mit neurologischen Ausfallserscheinungen (z. B. Lähmungen) sind praktisch immer *erworben.*

– Die *leichten* Schwachsinnsformen ohne organischen Befund sind meist ererbt.

– Schwachsinnsformen, die eine Reihe von degenerativen Zeichen aufweisen, sind meist *vor der Geburt* erworben.

Schweregrade des Schwachsinns

Es sei an dieser Stelle noch einmal auf die Ausführungen über die Normalität (S. 142) hingewiesen. Der gemeinsame Nenner aller Schwachsinnszustände ist die gering ausgebildete Intelligenz. Oligophrene sind nicht in der Lage, mit neuartigen Aufgaben fertig zu werden. Ihr Denkvermögen ist *konkret* und haftet am Gewohnten. Massiv gestört ist bei ihnen die Abstraktions- und Kombinationsfähigkeit, sowie die Begriffs- und Urteilsbildung.

Die Intelligenz läßt sich mit den Intelligenztests in Gestalt des IQ annähernd bestimmen. Nach der Höhe der Intelligenz kann man die Oligophrenen in 3 Schweregrade einteilen.

Die 3 Schweregrade des Schwachsinns sind:

Debilität (IQ 60–79): Debile sollten in eine Sonderschule für Lernbehinderte eingeschult werden. Ihre praktische Intelligenz ist meist besser als die theoretische. Ihr seelisch-geistiger Rückstand gegenüber Nichtbehinderten beträgt ein bis zwei Sechstel.

Imbezillität (IQ 30–59): Imbezille können nur in speziellen Sonderschulen für geistig Behinderte adäquat beschult werden. Die Richtung der Förderung ist auf das Praktische ausgerichtet. Ihr seelisch-geistiger Rückstand gegenüber Nichtbehinderten beträgt etwa ein bis zwei Drittel.

Idiotie (IQ unter 30): Bei der Idiotie liegt in der Regel völlige Bildungsunfähigkeit vor. In vielen Fällen können die Patienten weder gehen, selbständig essen noch sprechen; sie neigen zu Bewegungsstereotypien (Schaukelbewegungen aller Art) und zu Primitivreaktionen. In leichteren Fällen lernen die Kranken im Telegrammstil sprechen und können auch zu einfachsten Diensten „erzogen" werden.

Hinsichtlich der Antriebslage kann man die Oligophrenen noch einteilen in

- erethische (unruhige, umtriebige) und
- torpide (stumpfe, antriebsarme).

Die oben angeführte Einteilung der Oligophrenien in 3 Schweregrade bringt einige Probleme mit sich. Einmal variiert bei den verschiedenen Untersuchern die durch den IQ festgelegte Spielbreite der Schweregrade. Zum andern ist die Dreiteilung auch im Hinblick auf schulische und berufliche Förderungsmaßnahmen unzulänglich. Bei diesen muß man sich nämlich vorwiegend an Gesichtspunkten orientieren, die als Anhaltspunkte für eine gezielte Förderung dienen können.

Überlegungen dieser Art haben zur Abgrenzung zweier Gruppen intellektueller Behinderung geführt, für die auch entsprechende Förderungsmaßnahmen vorhanden sind:

— Lernbehinderung (IQ etwa 60—85) und
— geistige Behinderung (IQ etwa 30—65).

Diese Bezeichnungen sind nicht ganz glücklich und wollen auch nur die *Schwerpunkte* der jeweiligen Behinderung charakterisieren.

Beiden Gruppen ist, mit gewissen graduellen Unterschieden, folgendes gemeinsam (nach BACH):

— dauernde sachliche Einengung des Lernfeldes,
— reduzierte Abstraktionsfähigkeit,
— eingeschränkte Gliederungsmöglichkeit für Lernaufgaben,
— Verlangsamung und zeitliche Begrenztheit der Lernprozesse,
— geringe Spontaneität,
— Begrenztheit der Gesamtentwicklung,
— Störungen der Grob- und Feinmotorik, insbesondere der Koordination von Bewegungen.

Diese allgemeinen Gesichtspunkte lassen sich im Hinblick auf die beiden Kategorien *Lernbehinderung* und *geistige Behinderung* noch weiter präzisieren (in Anlehnung an BACH):

Lernbehinderung: Lernbehinderte erreichen in einer normalen Volksschule höchstens die 4. oder 5. Klasse. Sie sollten stets in eine Sonderschule für Lernbehinderte eingeschult werden. Ihr Lernfeld ist auf Naheliegendes und Konkretes eingeschränkt; sinnentnehmendes Lesen, einfache schriftliche Leistungen sowie einfache Rechenoperationen sind möglich. Ihr Lernen geschieht vorwiegend nach dem Prinzip von Versuch und Irrtum, ihre Lernprozesse sind deutlich verlangsamt. Die von ihnen erreichte intellektuelle Leistungsfähigkeit entspricht bestenfalls der acht- oder zwölfjähriger Nichtbehinderter.

Was die berufliche und soziale Seite betrifft, so sind Lernbehinderte in der Lage, einen Anlernberuf und manuelle Arbeiten zu erlernen bzw. auszuüben. Vielfach können sie sich auch wirtschaftlich selbst versorgen und eine Ehe und Familie führen.

Geistige Behinderung: Geistig Behinderte sind in einer Sonderschule für Lernbehinderte überfordert. Sie sollten deshalb in eine speziell auf die besonderen Bedürfnisse ihrer Störung zugeschnittene Sonderschule für geistig Behinderte kommen. In einer solchen Schule sind sie im Rahmen von Kleinstklassen unterrichtbar. Ihr Lernfeld ist auf Lebenspraktisches eingeengt, sinnentnehmendes Lesen ist nur in Ausnahmefällen möglich, schriftliche Leistungen beschränken sich bestenfalls auf das Abmalen von Buchstaben, die Durchführung einfachster Rechenaufgaben ist nicht möglich. Die Lernprozesse geistig Behinderter sind extrem verlangsamt. Hinsichtlich ihrer intellektuellen Leistungsfähigkeit erreichen sie ein Niveau, das vier- bis achtjährigen Nichtbehinderten entspricht.

Geistig Behinderte sind zu einfachen mechanischen Arbeiten anleitbar. Sie brauchen an ihrem Arbeitsplatz (etwa in einer Beschützenden Werkstatt) eine ausführliche Anleitung, sie können sich nicht selbst versorgen und bedürfen der Hilfe und des Schutzes durch ihre Umgebung.

Die wichtigsten Formen des Schwachsinns

Erblicher Schwachsinn

Er tritt familiär gehäuft auf. Da Schwachsinnige auch häufig Schwachsinnige heiraten, verstärken sich diese Anlagen oft noch. Klassisch ist das folgende, uns bekannte Beispiel:

Die Familie X hat 4 Kinder, alle 4 sind schwachsinnig. 2 Brüder des Vaters sind in Heil- und Pflegeanstalten untergebracht, die Mutter des Vaters ist wegen Schwachsinns sterilisiert worden. Vater und Mutter sind Vetter und Base.

Die Betroffenen zeigen als Kinder eine verzögerte Allgemeinentwicklung (lernen verspätet Laufen und Sprechen, nässen lange ein), kommen in der Schule nicht mit und versagen im Leben. Da ihnen eine gesunde Kritikfähigkeit fehlt und sie sehr suggestibel sind, neigen sie zur Verwahrlosung und zur sozialen Entgleisung.

Körperlich sind die Debilen (beim ererbten Schwachsinn liegt meist nur eine geringere Intelligenzminderung vor) häufig nicht geschädigt. Das Nervensystem ist bei der Untersuchung unauffällig.

Intellektuell besteht eine Retardierung, wie wir sie bereits allgemein beschrieben haben. Mangelhaft ausgebildet sind vor allem die höheren Denkleistungen (Urteilsbildung und Abstraktion).

Charakterlich sind Debile teils gutmütig und gutwillig und für einfache Hilfstätigkeiten brauchbar, teils sind sie auch haltlos, gemütskalt und asozial.

Erbprognose: Ist ein Elternteil (erblich) schwachsinnig, so sind es rund 30 % der Kinder ebenfalls, sind beide Eltern schwachsinnig, so kann man Schwachsinn bei rund 65 % der Nachkommen erwarten.

Therapie: Eine ursächliche Behandlung ist nicht möglich. Man muß dafür sorgen, daß dem schwachsinnigen Kinde der Besuch einer Sonderschule ermöglicht wird und daß es später in einfache Arbeitsgänge eingegliedert wird.

Schwachsinn bei Entwicklungsstörungen und Mißbildungen

Es gibt sehr viele Mißbildungen, die wir hier nicht alle aufzählen können. Man nimmt an, daß äußere Schädigungen in den meisten Fällen diese Mißbildungen verursachen, wenn auch ein Teil derselben erbbedingt zu sein scheint. Zu den erblich bedingten Mißbildungen gehören z. B. die tuberöse Sklerose und die STURGE-WEBER-Krankheit.

Schwachsinn bei Chromosomenanomalien

Die *Chromosomen,* die im Kern einer jeden Zelle vorhanden sind, sind die *sichtbaren Träger* der Erbanlagen. Über sie wird von Generation zu Generation die Erbmasse weitergegeben. In einer ruhenden Zelle sind die Chromosomen nicht sichtbar; erst wenn sich die Zelle zur Teilung anschickt, formieren sie sich aus dem diffusen Chromatin. Der Mensch besitzt 46 Chromosomen (23 Paare); davon sind 44 Körperchromosomen (Autosomen) und 2 Geschlechtschromosomen, die die geschlechtsspezifischen und geschlechtsgebundenen Eigenschaften weitergeben.

Die Erforschung der Chromosomen und der Gene (eigentliche Erbanlagen) gehört zu den aufregendsten Kapiteln der modernen Wissenschaft. Man hat nämlich in den letzten Jahren festgestellt, daß viele Erkrankungen, darunter nicht wenige, die mit Schwachsinn einhergehen, ihre Ursache in Chromosomenanomalien haben. Die bekanntesten dieser sog. *Chromosomenaberrationen* sind in Tab. 7 kurz zusammengestellt.

Tabelle 7 **Der normale Chromosomensatz und die wichtigsten Chromosomenaberrationen**

	Körperchromosomen	Geschlechtschromosomen	Gesamtzahl
gesunder Mann	44	2 (XY)	= 46
gesunde Frau	44	2 (XX)	= 46
Mongolismus männlich	45	2 (XY)	= 47
Mongolismus weiblich	45	2 (XX)	= 47
KLINEFELTER-Syndrom	44	3 (XXY)	= 47
TURNER-Syndrom	44	1 (X)	= 45

Aus der Tabelle ist ersichtlich, daß es Krankheiten gibt, bei denen die Chromosomenzahl vermehrt und andere, bei denen sie verringert ist. Diese Vermehrung oder Verminderung kann nun einerseits die *Körperchromosomen* (wie beim Mongolismus) oder aber die *Geschlechtschromosomen* (wie beim KLINEFELTER-Syndrom oder TURNER-Syndrom) betreffen.

Auch bei der Vererbung von Krankheiten spielt die Trennung von Autosomen und Geschlechtschromosomen eine große Rolle, denn manche Krankheiten werden über die Körperchromosomen, manche über die Geschlechtschromosomen vererbt. Im folgenden wollen wir nur die bekannteste Chromosomenaberration, den Mongolismus, genauer besprechen.

Mongolismus:

Der Mongolismus ist eine auf der ganzen Welt verbreitete Krankheit und kommt übrigens auch bei den Mongolen vor. Der Name kommt von den schräggestellten Lidachsen und der sog. Mongolenfalte, die diese Patienten haben und die durch eine abnorme Gestaltung des Schädelskelets zustandekommt.

Häufigkeit: 3 bis 4 Fälle auf etwa 1000 Geburten.

Symptome: Auffällig sind der kurze Schädel, die „Schlitzaugen", das dünne, schüttere Haar, die kleine knopfförmige Nase, die übermäßig große Zunge, die häufig gefurcht oder rissig ist und in der Mundhöhle kaum Platz hat. An Augen und Ohren findet man häufig degenerative Veränderungen. Die Hände sind plump gebaut (*„Tatzenhand"*) und zeigen meist die sog. Vierfingerfurche, die Finger sind kurz (*Stummelfinger*), das Endglied des kleinen Fingers ist häufig einwärts gebogen. Die Schleimhäute sind sehr anfällig für Infektionen, das Bindegewebe ist schlaff, weshalb die Patienten zu Weichteilbrüchen aller Art neigen. Ihre Gelenke sind überstreckbar. Auch an den inneren Organen haben sie oft krankhafte Veränderungen, besonders Herzfehler. In ihrem Körperwuchs sind die Mongoloiden stark zurückgeblieben, ebenso in ihrer geistigen Entwicklung. Man findet unter ihnen alle Schwachsinnsgrade.

Psychisch sind sich die Patienten sehr ähnlich. Ihre Entwicklung ist ausnahmslos verzögert, sie lernen verspätet Laufen und Sprechen. Als Säuglinge sind sie meist auffällig ruhig oder gar apathisch, als Kleinkinder oft stark erethisch. Die Mongoloiden können erstaunlich gut nachahmen. Sie erfassen intuitiv das Charakteristische an einer Geste und ahmen wahrhaft vollendet nach, obwohl sie zu vielen von ihnen nachgeahmten Tätigkeiten aus eigenem Antrieb gar nicht in der Lage sind. Diese Nachahmungsgabe führt auch oft dazu, daß Eltern ihre mongoloiden Kinder für intelligenter halten als sie in Wirklichkeit sind. In der Familie oder auch auf den Abteilungen der Anstalten sind die Mongoloiden häufig ausgesprochene Lieblinge.

Ursache: Wie bereits erwähnt, handelt es sich beim Mongolismus um eine *Chromosomenstörung*, und zwar um eine Trisomie, d. h. es ist ein Chromosom zuviel vorhanden. Aus welchen Gründen es aber dazu kommt, ist immer noch unbekannt. Es gibt aber zahlreiche Vorstellungen über den Mechanismus einer solchen Schädigung:

Erschöpfung des Keimplasmas. Man hat festgestellt, daß die Mütter mongoloider Kinder meist relativ alt sind und meint, daß bei ihnen eine Erschöpfung der Eierstocksfunktion vorliegt, die zur Bildung minderwertiger Keimzellen führt. Andererseits sind manche Mütter mongoloider Kinder auch extrem jung, was man in der Weise gedeutet hat, daß die Funktion des Eierstockes noch unterentwickelt ist. Auch in diesem Falle sollen die gebildeten Keimzellen minderwertig sein.

Sauerstoffmangel in der Frühperiode der Schwangerschaft (bis zur 7. Woche). Anhaltspunkte für diese Hypothese lassen sich aus der Tatsache ableiten, daß Mongoloide häufig angeborene Herzfehler und andere Mißbildungen haben, deren Entstehung in die *Zeit der Organbildung* fällt. Als Ursache für den Sauerstoffmangel wiederum werden vor allem Schleimhautanomalien der Gebärmutter bei älteren Müttern angenommen.

Erblichkeit des Mongolismus. Auch diese Hypothese wurde lange Zeit diskutiert. Heute hat man erkannt, daß nur bei einer kleinen Gruppe Erbfaktoren beteiligt sind. Es kommt nämlich sehr selten vor, daß man in einer Familie mehrere Mongoloide findet.

Schließlich hat man festgestellt, daß der Mongolismus in hochindustrialisierten Ländern häufiger vorkommt, als in weniger zivilisierten.

Therapie: Es gibt kaum eine Behandlung, die beim Mongolismus nicht versucht worden wäre. Man verwendete Schilddrüsenhormone, Hypophysenextrakte, Vitamine, Frischzellen und vieles andere. Zu nennenswerten Erfolgen hat bisher keine dieser Behandlungen geführt. Man hatte gehofft, durch die Behandlungsmaßnahmen eine sog. Nachreifung zu erreichen.

Klinefelter-Syndrom:

Auch hier handelt es sich um die *Vermehrung eines Chromosoms;* es ist aber nicht ein Körperchromosom zuviel, wie beim Mongolismus, sondern ein *Geschlechtschromosom.* Das Krankheitsbild ist gekennzeichnet durch einen eunuchoiden Hochwuchs mit weiblicher Brustentwicklung, eine Störung der Geschlechtsentwicklung und Schwachsinn.

Turner-Syndrom:

Bei dieser Erkrankung *fehlt* ein Geschlechtschromosom. Betroffen sind *nur Frauen,* die verschiedene Mißbildungen haben. Charakteristisch sind die flügelartigen Hautfalten, die seitlich vom Hals zu den Schultern führen, die unvollkommene Geschlechtsentwicklung und Schwachsinn.

Stoffwechselbedingter Schwachsinn

Bei den meisten Stoffwechselkrankheiten handelt es sich um *Fermentdefekte.*

Fermente sind in Organismen vorkommende, lebenswichtige, hochmolekulare Eiweißkörper, die eine chemische Reaktion zustandebringen oder beschleunigen, ohne sich selbst dabei zu verändern. Unsere gesamten Lebensvorgänge (z. B. Atmung, Verdauung, Ausscheidung) werden von Fermenten gesteuert.

In den letzten Jahren hat man nun festgestellt, daß bei vielen Erkrankungen, deren Ursache bisher unbekannt war, *Fermentdefekte* vorliegen, die z. T. *erblich bedingt* sind. Eine ganze Reihe dieser Fermentdefekte geht mit Schwachsinn einher. Sie können hier nicht alle besprochen werden. Wichtig ist aber, daß wir an einem *Modellfall,* dem Phenylbrenztraubensäureschwachsinn, das allgemeine Prinzip, das solchen Schädigungen zugrunde liegt, kennenlernen. Bei den anderen Krankheiten ist nämlich der *grundlegende Vorgang* derselbe, nur sind immer jeweils andere chemische Stoffe daran beteiligt.

Phenylketonurie (Phenylbrenztraubensäureschwachsinn). FÖLLING-Krankheit): Bei den Kranken ist der Übergang von *Phenylalanin* in Tyrosin gestört. Beide Stoffe sind *Aminosäuren,* d. h. Eiweißkörper, die der Organismus dringend benötigt. An einem allgemeinen Schema können wir uns diese Störung klarmachen.

Allgemeines Schema eines Fermentdefektes (am Beispiel der Phenylketonurie)

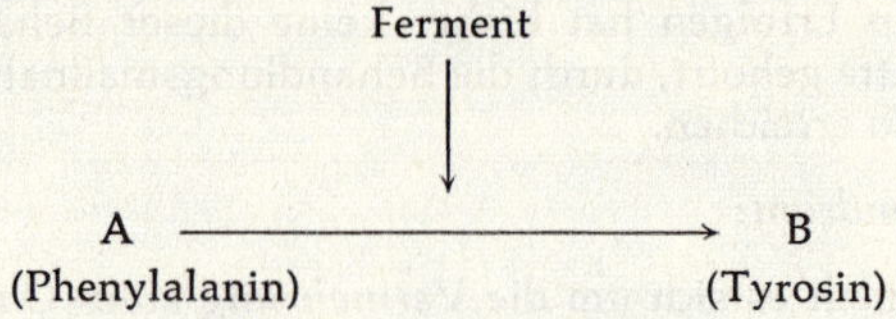

Der Stoff A (Phenylalanin) geht im gesunden Organismus in den Stoff B (Tyrosin) über. Dieser Vorgang ist aber nur möglich, wenn ein Ferment (nämlich die Phenylalaninhydrolase) vorhanden ist. Bei der FÖLLING-Erkrankung *fehlt* nun dieses Ferment, d. h. der Stoff A kann in den Stoff B nicht übergehen, *häuft sich an* und bewirkt eine schwere *Störung der Hirnentwicklung,* die Schwachsinn zur Folge hat. Das Fehlen eines *einzigen* Fermentes kann also Schwachsinn verursachen und zu einer ganzen Reihe anderer Symptome führen. Die Störung wird rezessiv vererbt.

Symptome: schwerer Schwachsinn, körperliche Entwicklungshemmung, Pigmentmangel, niedriger Blutdruck, verstärkte Lichtempfindlichkeit, und Schwitzneigung. Der Urin hat einen charakteristischen, sog. mäuseartigen Geruch. Es werden im Harn einige Stoffe ausgeschieden, durch deren Nachweis man die Krankheit erkennen kann. Die im Harn durchgeführte Eisenchloridprobe wird erst etwa 30 Tage nach der Geburt positiv, während man im Blut der Säuglinge mit

Hilfe des GUTHRIE-Tests die Krankheit schon in den ersten Lebenstagen feststellen kann.

Häufigkeit: etwa 2–6 Fälle pro 100 000 Einwohner.

Therapie: Die eleganteste und beste Behandlungsweise wäre zweifellos die, daß man das fehlende Ferment ersetzt, wie bei der Zuckerkrankheit das Insulin. Leider kann man aber die Fermente noch nicht herstellen oder von Tieren gewinnen. Deshalb ist man vorerst auf andere Wege angewiesen. Man ernährt die Kinder, wie bereits erwähnt, mit einer phenylalaninarmen Kost; phenylalaninfrei kann man sie nicht ernähren, da die Aminosäure *lebensnotwendig* ist. Die Behandlung hat den *Nachteil,* daß sie sehr kostspielig ist und nur Erfolg hat, wenn sie gleich von Geburt an praktiziert wird.

Von den vielen anderen Fermentdefekten seien nur einige aufgezählt. Zu ihnen gehören auch die Speicherkrankheiten, bei denen in den inneren Organen und im Gehirn bestimmte Stoffwechselprodukte gespeichert werden.

Speicherkrankheiten.

- *Niemann-Pick-Krankheit:* Hier kommt es zu Ablagerungen von Phosphatiden und anderen Stoffen in Leber, Milz und Gehirn.
- *Amaurotische Idiotie* (TAY-SACHS-Krankheit): Familiäres Leiden, Ablagerung von Gangliosiden im Gehirn. Symptome: Blindheit, Idiotie, Lähmungen.
- *Glykogenspeicherkrankheit:* Ablagerung von Glykogen in der Leber und anderen Organen, Schwachsinn.

Andere Fermentdefekte.

- *Ahornsiruperkrankung:* Schwerster Schwachsinn, Reflexsteigerung, schließlich Enthirnungsstarre.
- *Galaktosämie:* Eine Störung im Kohlehydratstoffwechsel, die mit Schwachsinn einhergeht.
- *Gargoylismus* (PFAUNDLER-HURLER-Krankheit): Skeletmißbildungen und Schwachsinn. Es kommt zu Lipoid- und Polysacharidablagerungen in Nervenzellen.

Therapie: Eine ursächliche Behandlung ist bei den Fermentdefekten bisher noch nicht möglich. Man kann leider nur auf symptomatische Maßnahmen zur Linderung von Krankheitserscheinungen zurückgreifen.

Schwachsinn bei endokrinen Störungen

Für die normale körperliche und geistige Entwicklung ist ein ungestörtes Zusammenspiel der Drüsen mit innerer Sekretion Voraussetzung. Die von den Drüsen (besonders Hypophyse, Schilddrüse und

Keimdrüsen) gebildeten Hormone beeinflussen entscheidend die Lebensvorgänge. Besonders die Schilddrüse spielt hierbei eine wichtige Rolle.

Kretinismus: Bei der Unterfunktion der Schilddrüse leidet die gesamte körperliche und geistige Entwicklung. Die Patienten sind im Wachstum *zurückgeblieben*, zeigen einen *plumpen Körperbau*, die Haare sind trocken und glanzlos, die Haut ist schilfrig und stark verdickt. Kennzeichnend ist auch der Gesichtsausdruck, der auf Mißbildungen des Schädelskelets zurückgeht, breites Gesicht, eingezogene Nasenwurzel, breite Nase mit großen Nasenlöchern und, besonders wenn die Patienten älter sind, enormer Faltenreichtum. Charakteristisch ist auch die verzögerte *Skeletentwicklung* mit verspätetem Auftreten der Knochenkerne, was sich röntgenologisch nachweisen läßt.

Psychisch sind die Patienten antriebsarm, verlangsamt und apathisch. *Ursache:* Eine Schilddrüsenunterfunktion kann schon bei der Geburt vorhanden sein oder sich auch später entwickeln. Je nach der Ursache können wir verschiedene Formen der Unterfunktion unterscheiden (Tab. 8).

Tabelle 8 **Die verschiedenen Formen der Schilddrüsenunterfunktion**

angeboren:	(1)	*Sporadischer Kretinismus*	
		Ursache:	fehlende oder mangelhaft ausgebildete Schilddrüse
	(2)	*Endemischer Kretinismus*	
		Ursache:	Jodmangel in der Nahrung schwangerer Frauen, rezessiv vererbtes Leiden?
		Der endemische Kretinismus kommt in Gebirgsgegenden häufig vor.	
erworben:	(3)	*Myxödem*	
		Ursache:	Ausfall der Schilddrüse durch Entzündungen, Tumoren, Operationen oder aus unbekannten Gründen.

Es gibt noch viele andere Schwachsinnsformen, bei denen die Funktion der endokrinen Drüsen gestört ist. Bei ihnen handelt es sich aber meist nur um *Begleiterscheinungen* von Schwachsinnszuständen anderer Ursache.

Therapie: Die Behandlung besteht in der Verabreichung von Schilddrüsenhormonen. Es versteht sich von selbst, daß die Aussichten auf eine günstige Beeinflussung dieser Schwachsinnsform um so größer sind, je früher die Behandlung einsetzt. Bei frühzeitiger Therapie kann man eine gewisse Nachreifung erreichen, jedoch fast nie eine Normalisierung der Intelligenz.

Schwachsinn nach Entzündungen des ZNS

Die Entzündungen des ZNS sind sehr häufig die Ursache für Schwachsinn. Das ZNS und seine Häute sind im *Kindesalter* und besonders beim *Säugling* auch für entzündliche Reaktionen sehr *anfällig*. Da die entzündlichen Krankheiten des Gehirns und seiner Häute im neurologischen Teil ausführlich besprochen wurden, brauchen wir hier nicht näher auf sie einzugehen.

Ihre *psychischen Folgezustände* besprechen wir auf S. 275.

Zur Psychologie der Schwachsinnszustände

Der gemeinsame Nenner aller Schwachsinnsformen ist die zurückgebliebene und gering ausgebildete Leistungsfähigkeit der intellektuellen Funktionen. Aber die Intelligenz ist nicht alles, sie ist zwar einer der wichtigsten Bausteine der Persönlichkeit, die alle anderen Dimensionen der Person durchdringt, hat aber mehr die Aufgabe eines Werkzeuges, das seine *Antriebe* aus anderen tieferen Schichten der Person erhält. Wir wollen uns im folgenden mit den einzelnen Zügen der Persönlichkeit des Schwachsinnigen kurz befassen.

Allgemeine Zeichen

Verlangsamung der Gesamtentwicklung: Sie äußert sich darin, daß die Betreffenden verspätet Gehen und Sprechen lernen und daß sie den geistigen Anforderungen ihrer Umwelt nicht gerecht werden können (fehlende Schulreife, Schulversagen usw.).

Verlangsamung im Ablauf der psychischen Funktionen: Eine Verlangsamung dieser Funktionen (Wahrnehmung, Phantasie, Denken usw.) führt zu einer geistigen Schwerfälligkeit und einer geringen inneren Beweglichkeit.

Neigung zu Primitivreaktionen: Darunter verstehen wir impulsartige Augenblickshandlungen auf Erlebnisreize, die ohne Zwischenschaltung einer kontrollierenden Instanz (z. B. Verstand, Wille, Gewissen) ablaufen. Solche Reaktionen finden wir auch bei Tieren und bei Kindern. Beispiele dafür sind Explosivreaktionen oder Kurzschlußhandlungen (s. auch S. 208).

Die Intelligenzfunktionen der Schwachsinnigen

Wir haben gehört, daß viele psychische Vorgänge bei Schwachsinnigen *verlangsamt* sind. So ist es auch mit der *Wahrnehmung*. Wahrnehmung ist ja nicht mit der *Sinnesfunktion* (Sehen, Hören usw.)

identisch, sondern erfordert darüber hinaus eine erste einfache „Verarbeitung“, die von der Intaktheit aller anderen Funktionen abhängig ist. Beim Schwachsinnigen ist die Wahrnehmung oft *lückenhaft* und vorwiegend von der persönlichen *Bedürfnislage* bestimmt, d. h. der Schwachsinnige nimmt in erster Linie das wahr, was er „braucht“.

Die Aufmerksamkeit ist bei den meisten Oligophrenen stark schwankend. Sie sind meist nicht in der Lage, bei einer Tätigkeit länger zu bleiben, ihre Konzentration ist oft sprunghaft.

Gedächtnis und *Merkfähigkeit* sind zurückgeblieben und wenig leistungsfähig. Dies schließt nicht aus, daß es ab und zu richtige „Gedächtnisakrobaten“ unter den Schwachsinnigen gibt. Auch sie könnten sich im Leben nie allein zurechtfinden, denn ihr gutes Gedächtnis steht schroff neben dem Unvermögen auf allen anderen Gebieten.

Natürlich ist auch das *Denken* sehr wenig differenziert. Unser Denken ist insgesamt sehr *sprachabhängig*, es bedient sich mehr oder weniger scharfer *Begriffe.* Diese werden *erlernt.* Dem Schwachsinnigen fällt nun das Bilden von Begriffen sehr schwer, weil er zu stark am Konkreten haftet. Wie das Kind denkt er in Bildern. Er kann nicht das *Wesentliche* eines Bildes erfassen, er kann das Zufällige einer Situation nicht „wegdenken“, er kann, mit anderen Worten, *nicht abstrahieren.*

Die Persönlichkeit des Schwachsinnigen

Wie jeder Mensch zeigt der Schwachsinnige Gefühlsregungen aller Art (Lust, Unlust, Schmerz, Freude, Dankbarkeit usw.), er zeigt sie sogar in starkem und häufig in extremem Ausmaß. Seine *Affekte* sind *flach,* er freut sich leicht, ist aber auch schnell traurig, er ist tief dankbar, hat die Dankbarkeit aber gleich wieder vergessen. Insgesamt ist er über das Gemüt leicht ansprechbar, besonders dann, wenn starke Sinnesreize ihn „anregen“. Seine Empfänglichkeit für religiöse und andächtige Stimmungen hängt damit eng zusammen.

Natürlich neigen seine Emotionen auch leicht zum Extremen, besonders dann, wenn er in irgendeiner Weise überfordert ist. Der körperliche und psychische Entwicklungsrückstand der meisten Schwachsinnigen äußerst sich auch in ausgesprochen *infantilen Persönlichkeitszügen.* Die Patienten sprechen kindlich, spielen auch als äußerlich erwachsene Männer z. B. noch mit Teddybären, freuen sich an Bilderbüchern und Kinderspielzeug aller Art.

Die geschilderten Persönlichkeitszüge ergeben im Verein mit der *Kritikschwäche* und dem *geringen Leistungsgrad* aller psychischen Funktionen das Bild eines primitiven, unreifen, kindlichen und hilflosen Menschen, der auf unsere Fürsorge angewiesen ist.

Auf die Förderungsmöglichkeiten Schwachsinniger sind wir bereits auf S. 176 näher eingegangen.

Abnorme Persönlichkeiten, Mißbrauch und Sucht, Abnormitäten der Sexualität

Abnorme Persönlichkeiten

Begriffe

Persönlichkeit haben wir definiert als das Zusammenspiel der psychischen Abläufe, wobei der Hauptakzent auf denjenigen Abläufen liegt, die wir subjektiv als Kräfte erleben (Affekte, Triebe und Antriebe, Wille). Nach Kurt Schneider umfaßt die Persönlichkeit „die nichtleiblichen Gefühle und Strebungen und das Wollen". Diese Definition deckt sich mit der unsrigen.

Den Begriff *Charakter* verwendet man synonym mit dem Ausdruck Persönlichkeit. Allerdings spricht man immer seltener von Charakter, weil die Umgangssprache mit diesem Begriff Werturteile verbindet, die man in einer Wissenschaft unter allen Umständen vermeiden muß. Als *normal* können wir eine Persönlichkeit bezeichnen, die sich hinsichtlich ihrer Affekte, Triebe und Antriebe und ihres Willens in einer von uns angenommenen Durchschnittsbreite bewegt (S. 142). Stellen wir uns vor, wir könnten Affekte, Triebe usw. exakt messen, so lägen die normalen Persönlichkeiten im mittleren, durchschnittlichen Meßbereich und zwar sowohl bezüglich ihrer absoluten Affektstärke, Triebstärke usw. als auch hinsichtlich ihres gegenseitigen Mischungsverhältnisses.

Abnorm wäre eine Persönlichkeit dann, wenn sie aus dieser angenommenen Norm herausfällt. Die beschriebene Norm ist natürlich ziemlich ungenau, wir haben hier leider keine exakten Maßstäbe. Deshalb benötigen wir ein Zusatzkriterium, um diejenigen abnormen Persönlichkeiten abzugrenzen, mit denen wir in der Psychiatrie zu tun haben (Psychopathen). Das Kriterium ist das des *Leidens*. Mit Kurt Schneider können wir aus den abnormen Persönlichkeiten diejenigen als *psychopathisch* „herausschneiden", „die an ihrer Abnormität leiden oder unter deren Abnormität die Gesellschaft leidet".

Zusammenfassend können wir die Psychopathien in folgender Weise umgrenzen: Psychopathien sind keine Krankheiten. Unter Psychopathien verstehen wir vielmehr angeborene, anlagebedingte Charakteranomalien ohne krankhafte (organische) Erscheinungen von seiten des Nervensystems. Die Intelligenz ist meist völlig intakt.

Der Psychopathiebegriff ist ziemlich umstritten. Während ein Teil der Psychiater die Psychopathien als *erbliche* Charakter-(Persönlichkeits-)anomalien ansieht, betrachten sie andere, mehr psychoanalytisch eingestellte als abnorme, durch die Umwelt hervorgerufene Reaktionen.

Nach der letzten Ansicht haben die Psychopathien also enge Berührungspunkte mit den abnormen psychogenen Reaktionen und Entwicklungen oder sind sogar mit ihnen identisch.

Wir schließen uns der ersten Ansicht an und besprechen kurz die geläufigste Einteilung nach SCHNEIDER. Vorher sei aber noch der englische Psychiater PRICHARD zitiert, der die Psychopathien 1835 erstmalig und sehr treffend beschrieb. Er verstand darunter „eine Form der geistigen Zerrüttung, bei der die intellektuellen Funktionen kaum oder überhaupt nicht geschädigt sind, während die Störung vor allem oder zur Gänze auf dem Gebiete des Fühlens, des Temperamentes oder der Gewohnheiten liegt. Diese Fälle zeigen eine seltsame Perversion und Entartung des moralischen oder des aktiven geistigen Prinzips, die Fähigkeit zur Selbstkontrolle ist verlorengegangen oder sehr verringert, und das Individuum ist außerstande, sich im Leben anständig und geziemend zu benehmen."

Typen der Psychopathie nach Kurt Schneider

Hyperthymiker (betriebsame Psychopathen). Es handelt sich um Persönlichkeiten von extrem fröhlicher Grundstimmung und hektischer Betriebsamkeit. Sie sind meist sehr kontaktfreudig, aber ihren Kontakten fehlt die Tiefe; zu dauerhaften Bindungen sind sie gar nicht in der Lage. Ihr Selbstbewußtsein ist gehoben, sie trauen sich viel zu viel zu und meinen, anderen Menschen überlegen zu sein. Daß es bei einer solchen Haltung leicht zu Streitigkeiten kommt, ist ohne weiteres verständlich. Die distanzlose, unvorsichtige und unkritische Art der Hyperthymiker muß fast zwangsläufig dazu führen. Sie sind aber andererseits auch sehr schnell wieder zu einer Versöhnung bereit.

Man kann unter den Hyperthymikern mehr *ausgeglichene* Naturen von den ausgesprochen *gehetzt* wirkenden unterscheiden. Letztere hasten von einer „Arbeit" zur anderen, haben immer furchtbar viel zu tun, ohne wirklich etwas zu leisten. Das unstete, unkritische Wesen und die Streitsucht führen dazu, daß sie häufig die Stellung wechseln oder ständig auf „Arbeitssuche" sind. Dadurch erwecken sie oft den Eindruck der Haltlosigkeit und der Verwahrlosung. Unter den verwahrlosten Jugendlichen sind häufig hyperthymische Psychopathen zu finden.

Depressive. Die Depressiven leiden unter einer gedrückten Grundstimmung, die zu einer pessimistischen Betrachtung des Lebens und der Welt führt. Alles, was sie tun und denken, ist von einer gewissen Welt- und Lebensangst durchdrungen, die sie nicht abwerfen können. Sie sind nicht in der Lage, sich unbeschwert über etwas zu freuen, sondern sehen auch in freudigen Ereignissen nur Vorboten des Unglücks. Sie neigen sehr zu Grübeleien und hypochondrischer Selbstbeobachtung, zweifeln ständig an sich selbst und am Sinn des Lebens und sind insgesamt von Kummer, Not und Sorgen gezeichnet. Durch die beschriebenen Persönlichkeitszüge wirken sie nach außen oft gehemmt, kontaktscheu und in sich gekehrt. Manche verarbeiten ihr qualvolles Innenleben auch so, daß sie sich als einsame Leidende empfinden und auf andere Menschen, „die es leichter haben", mit einer gewissen Geringschätzung herabblicken.

Auch unter den Depressiven gibt es wiederum zahlreiche Varianten, mehr *schwermütige* Menschen, die in ihrem Wesen zaghaft, weich und leicht mutlos wirken und mehr *mißmutige*, bei denen Reizbarkeit, Mißtrauen und eine mürrische, bisweilen sogar boshafte Art im Vordergrund stehen.

Selbstunsichere. Sie sind durch ihre gedrückte Grundstimmung mit den Depressiven verwandt; im Vordergrund steht bei ihnen jedoch eine tiefe innere Unsicherheit und mangelndes Selbstvertrauen. Diese Selbstunsicherheit ist nicht immer leicht erkennbar, sie kann auch durch ein besonders forsches Verhalten überspielt werden. Die Selbstunsicheren neigen sehr zu Skrupeln aller Art und haben ständig ein Gefühl der Unzulänglichkeit. Auf ethischem Gebiet äußert sich dies in Gewissensbissen und Gewissensangst, die die Patienten nie verlieren, obwohl von ihrem konkreten Verhalten her dafür keinerlei Veranlassung besteht. Bei einer solchen Persönlichkeitsstruktur kommt es leicht zu *Zwangsvorgängen*, deren Auftreten durch das Schuldgefühl begünstigt wird. Es kommt zu Zwangsgedanken und Zwangshandlungen (z. B. Waschzwang), die solche Menschen völlig beherrschen können und meist mit Angstgefühlen (z. B. Unglücksangst, Verschuldungsangst) gekoppelt sind.

Fanatiker (Querulanten). Fanatiker sind Menschen, die von persönlichen oder überpersönlichen Gedanken oder Ideen beherrscht werden und die diese ihre Ideen und Überzeugungen mit allen ihnen zur Verfügung stehenden Mitteln verteidigen. Es sind Menschen, denen es „ums Prinzip" geht, ungeachtet aller Folgen.

Wir unterscheiden *persönliche Fanatiker*, die z. B. für ihr Recht kämpfen (Michael Kohlhaas-Naturen *), von *Ideenfanatikern*, die sich einer Idee oder einer Weltanschauung verschrieben haben (z. B. Sektierer). Eine weitere Variante sind die *„matten" Fanatiker*, die ihre Anliegen nicht auf kämpferische Weise, sondern mehr durch „passiven Widerstand", d. h. durch stille Hartnäckigkeit durchzusetzen suchen.

Die meisten Fanatiker sind jedoch kämpferische, bisweilen sogar gewalttätige Naturen, die häufig „über Leichen gehen". Manche „gro-

---

* nach der gleichnamigen Novelle von KLEIST.

ßen" Männer der Geschichte kann man zu ihnen zählen. Bekannte Typen unter den Fanatikern sind der Rechtsfanatiker, der Sektierer und Religionsfanatiker, der Parteifanatiker und der Rentenquerulant.

Geltungsbedürftige. Als geltungsbedürftige Psychopathen bezeichnet KURT SCHNEIDER Menschen, „die mehr scheinen wollen, als sie sind". Es sind Menschen, die Aufsehen erregen möchten und deren Geltungsbedürfnis sich zu einer regelrechten Geltungssucht gesteigert hat. Man findet unter ihnen häufig Hochstapler, die sich durch Betrug und Verstellung die von ihnen ersehnte Rolle eines Direktors oder Generals zu erschleichen suchen. Andere erfinden, um auf sich aufmerksam zu machen, die merkwürdigsten Geschichten, erzählen von Reiseabenteuern und Großwildjagden, die sie nie erlebt haben, oder vertreten in Gesellschaft ungewöhnliche Ansichten. Dieses lügenhafte Erfinden bezeichnet man auch als *Pseudologia phantastica.* Man findet es häufig auch bei Kindern, die zum Beispiel mit tollen Ferienerlebnissen oder Reichtum der Verwandtschaft renommieren. Die geltungsbedürftigen Psychopathen versuchen ihre Geltungssucht durch das Spielen der angestrebten Rolle abzusättigen. Sie spielen ihr Theater oft auch in vollendeter Weise. Wenn es darauf ankommt, ihr Ziel zu erreichen, so schrecken sie auch vor kriminellen Handlungen (Betrug, Unterschlagung, Urkundenfälschung) nicht zurück. Diese geschehen jedoch nicht materieller Vorteile wegen, sondern um die „Rolle" zu erreichen.

Stimmungslabile. Bei ihnen handelt es sich um Menschen, welche häufig von grundlosen, depressiven Verstimmungen überfallen werden, die oft mit Reizbarkeit und Mißmut einhergehen. Die erhöhte Reizbarkeit führt mitunter zu Konflikten mit der Umwelt. Solche Menschen sind ihren Stimmungen hilflos ausgeliefert und reagieren zuweilen mit triebhaftem Weglaufen oder „Verstimmungstrinken" auf ihre Launen. Beim „Verstimmungstrinken" kommt es durch unmäßigen Alkoholgenuß zu schweren Rauschzuständen.

Explosible. Explosible sind jähzornige, extrem reizbare Naturen, die zu Kurzschlußhandlungen und Primitivreaktionen neigen. Beim geringfügigsten Anlaß brausen sie auf, dulden keine Widerrede und können sich so in einen Erregungszustand hineinsteigern, daß sie wild um sich schlagen und eine ganze Zimmereinrichtung zertrümmern. Bei den kurzschlüssigen Verhaltensweisen wird ein Reiz spontan, ohne verstandesmäßige Kontrolle beantwortet.

Gemütlose. Sie entsprechen am besten der Schilderung von PRICHARD. Es handelt sich um Menschen, die keine Moral, kein Mitleid, kein Ehrgefühl, kein Gewissen kennen oder es nur in sehr geringer Ausprägung besitzen. Ihre Persönlichkeit wirkt insgesamt kalt, sie sind zu keiner gefühlsbetonten menschlichen Bindung fähig. In ihren Handlungen sind sie häufig brutal und triebhaft, man findet unter ihnen nicht selten ausgesprochene Sadisten. Gemütlose Psychopathen sind nicht erziehbar und nicht besserungsfähig.

Willenlose. Dies sind antriebsarme, schwunglose Menschen, die verführerischen Einflüssen aller Art leicht unterliegen. Man hat sie auch „wechselwarme Milieumenschen" genannt und will damit ausdrücken, daß sie sehr stark von ihrer Umwelt abhängig sind. Leben sie in einer geordneten Umgebung, so fallen sie nicht weiter auf, kommen sie dagegen in ein sozial tiefstehendes oder gar asoziales Milieu, so erliegen sie den zahlreichen Versuchungen ohne den geringsten Widerstand. Manche von ihnen sind auf solche Weise zu Sucht, Alkoholismus, Prostitution oder kriminellen Handlungen verleitet worden. Willenlose Psychopathen finden wir in allen Gesellschaftsschichten. Auch manche verwahrloste Jugendliche muß man hier einreihen.

Asthenische. Darunter versteht man nicht Menschen vom leptosomen, asthenischen Körperbautyp, sondern zwei charakterlich unterscheidbare Gruppen von Persönlichkeiten.

Die *erste* Gruppe umfaßt Menschen, die sich *seelisch* unzulänglich fühlen (Psychasthenie) und ständig über Gedächtnisstörungen, Konzentrationsmangel, geringe Leistungsfähigkeit und rasche Ermüdbarkeit klagen. Diese Zustände werden durch die übermäßige Neigung zur Selbstbeobachtung noch verstärkt.

In die *zweite* Gruppe gehören Persönlichkeiten, die aus charakterlichen Gründen *körperlich leicht versagen.* Auch hier spielt die Neigung zur Selbstbeobachtung eine große Rolle. Kleine körperliche Funktionsstörungen, wie sie jeder Mensch zuweilen hat, werden überbewertet und als Anzeichen schwerer Krankheiten betrachtet. Die Betreffenden klagen über Herz- und Kreislaufstörungen, Magen-Darm-, Blasen- oder Menstruationsbeschwerden. Charakteristisch ist ferner die Neigung zu Erschöpfungszuständen. Natürlich gibt es zwischen diesen beiden Gruppen zahlreiche Übergänge, bei denen einmal die Symptome der ersten, einmal die Symptome der zweiten Gruppe überwiegen.

Zu den geschilderten Typen der Psychopathie ist abschließend noch folgendes zu sagen:

Die meisten normalen Menschen haben den einen oder anderen Charakterzug schon an sich selbst *vorübergehend* beobachtet, und das ist ganz natürlich. Von Psychopathie kann man erst sprechen, wenn die beschriebenen Charakterzüge im *Extrem* auftreten und wenn sie *dauerhaft* vorhanden sind.

Die erwähnten Typen kann man nur selten rein beobachten, Mischformen sind häufiger.

Allen Formen der Psychopathie gemeinsam ist eine gewisse *Labilität* hinsichtlich der *Wertordnungen,* die die Gesellschaft voraussetzt.

Therapie

Eine ursächliche Therapie gibt es bis jetzt nicht. Eine psychotherapeutische Behandlung wurde versucht, war jedoch nicht sehr überzeugend. Es kommt darauf an, für solche Menschen ein geeignetes, reizarmes Milieu zu schaffen. Medikamentöse Behandlung kann unterstützend wirken.

Mißbrauch, Sucht, Drogenabhängigkeit

Begriffe und Definitionen

Mißbrauch: Unter Mißbrauch verstehen wir die nicht sachgerechte oder über das sachgerechte Maß hinausgehende Anwendung von Arznei- oder Genußmitteln.

Als *Sucht* bezeichnen wir einen Zustand periodischer und chronischer Vergiftungen, die durch den wiederholten Genuß eines natürlichen oder synthetischen Arzneimittels hervorgerufen wird, schädlich für den einzelnen oder (und) die Gesellschaft (WHO-Definition des Ausschusses für Rauschgifte).

Zur Sucht gehört:

— übermäßiges Verlangen nach dem Suchtmittel,
— die Tendenz zur Erhöhung der Dosis,
— psychische und körperliche Abhängigkeit vom Suchtmittel und
— Entziehungserscheinungen nach Absetzen des Mittels.

In den letzten Jahren hat sich gezeigt, daß sich die Auswirkungen mancher Rausch-, Betäubungs- und Aufputschmittel nicht unter dieser umfassenden Definition subsumieren lassen. Deshalb wurde von der WHO bereits 1965 der Begriff der Drogenabhängigkeit geprägt, der nicht mehr Allgemeingültigkeit für alle Mittel anstrebt, sondern die jeweils charakteristische Wirkungsweise einer chemischen Substanz in der Definition mitberücksichtigt. Die Definition umfaßt also neben allgemeinen Kennzeichen wie psychischer oder physischer Abhängigkeit, die nach periodischer oder chronischer Anwendung einer Droge entsteht, jeweils auch eine genaue Beschreibung der für die Droge charakteristischen Eigenschaften. Die WHO unterscheidet z. Zt. 7 verschiedene Typen der Drogenabhängigkeit: 1. Drogenabhängigkeit vom Morphintyp, 2. vom Barbiturat-Alkohol-Typ, 3. vom Kokaintyp, 4. vom Cannabis-(Marihuana-)Typ, 5. vom Amphetamintyp, 6. vom Khattyp und 7. vom Halluzinogen-(LSD-)Typ.

Problematisch werden auch diese Definitionen in Fällen, in denen eine Drogenabhängigkeit von mehreren Substanzen (eine sog. Polytoxikomanie) vorliegt. Man hat versucht, derlei Zustandsbilder als sog. *Mischtypen* zu charakterisieren, was aber auch nicht sehr befriedigend ist. Immerhin gestatten die von der WHO vorgeschlagenen Formen der Drogenabhängigkeit eine differenziertere Betrachtung des heute sehr aktuellen Drogenproblems, weshalb wir uns ihr mit gewissen Vorbehalten anschließen möchten. Es erscheint uns aber vorerst verfrüht, den Begriff *Sucht* ganz fallenzulassen.

Die Persönlichkeit des Drogenabhängigen: Unter den Drogenabhängigen finden wir häufig abnorme Persönlichkeiten, vor allem haltlose oder willensschwache Psychopathen. Sie geraten jedoch meist erst infolge persönlicher oder beruflicher Konfliktsituationen, die sie selbst nicht bewältigen können, zum verhängnisvollen Mittel. Natürlich spielen — etwa beim Alkoholismus — auch die Trinksitten, das Gewohnheitstrinken und neuerdings die aufdringliche Reklame, die darauf abzielt, Bedürfnisse zu wecken, eine nicht zu verkennende Rolle. Man kann gerade bei der Drogenabhängigkeit das enge Zusammenspiel zwischen biologischen, persönlichen und soziologischen Faktoren gut beobachten.

Alkoholismus

Der Alkoholismus ist das verbreitetste Suchtleiden, das wir kennen. Es ist ständig im Zunehmen begriffen, insbesondere erhöht sich von Jahr zu Jahr der Anteil der Frauen und der Jugendlichen. Die soziale Bedeutung des Alkoholismus wird deutlich, wenn man an die zahlreichen Verkehrsunfälle denkt, die unter Alkoholeinfluß passieren, an den Persönlichkeitsverfall der Alkoholiker, an Frühinvalidisierung, an das Milieu der Trinkerfamilien und seine Auswirkungen auf heranwachsende Kinder. Schon aus diesen wenigen Andeutungen mag die Notwendigkeit einer umfassenden und konsequenten Bekämpfung des Alkoholismus ersehen werden. Wir können eine ganze Reihe von Syndromen unterscheiden, die durch Alkoholwirkung hervorgerufen werden.

Der gewöhnliche (einfache) Rausch. Es handelt sich dabei um eine akute Alkoholvergiftung, deren Grad von verschiedenen Faktoren, wie Art des Getränkes, getrunkener Menge, persönlicher Alkoholverträglichkeit usw. abhängig ist. Die Verhaltensweise des einzelnen im Rausch ist sehr verschieden.

Symptome: Als *neurologische* Symptome finden wir Koordinationsstörungen (Steh- und Gehunsicherheit), artikulatorische Sprachstörungen (Lallen, schwere Zunge) und Nachlassen der Reaktionsfähigkeit (Unfähigkeit ein Kraftfahrzeug zu steuern).

Auf *psychischem* Sektor kommt es zur *Enthemmung* und *Antriebssteigerung*, die häufig mit einer *euphorischen* Grundstimmung gekoppelt sind. Die Enthemmung kann sich bei sonst schüchternen Personen als unvermutete Lebendigkeit oder Originalität äußern, bei anderen in Rededrang, taktlosem Benehmen oder sittlichen Entgleisungen. Auch Denkstörungen kommen vor: verlangsamter Denkablauf, erschwerte Auffassung, Kritiklosigkeit.

Alkohol am Steuer: Zur Ermittlung des Grades der Trunkenheit wird bekanntlich die Höhe des Blutalkoholspiegels herangezogen. Sie ist zwar kein absoluter Maßstab, ist aber oft das einzige objektive Kriterium. Als ungefähre Anhaltspunkte hinsichtlich der Stärke der Alkoholvergiftungen mögen die Angaben der Tab. 9 dienen.

Tabelle 9 **Die Wirkungen des Alkohols in Abhängigkeit vom Blutalkoholspiegel**

0,6—0,8 ‰	deutliche Verkehrsgefährdung
1,0 ‰	leichter Rausch (Schwips)
1,5 ‰	absolute Fahruntüchtigkeit
2,0 ‰	mittlerer Rausch
2,5 ‰	schwerer Rausch

Rechtslage: Unzurechnungsfähigkeit besteht für Handlungen, die im schweren Rausch begangen wurden (§ 51/1 StGB). Allerdings kann der Täter dafür bestraft werden, daß er sich vorsätzlich betrunken hat. Bei Gewohnheitstrinkern kann eine Anstaltsunterbringung zur Entziehungskur gerichtlich angeordnet werden (§ 42 c StGB).

Pathologischer Rausch (Alkoholintoleranz). Unter Alkoholintoleranz verstehen wir eine Unverträglichkeit oder herabgesetzte Verträglichkeit von Alkohol, die sich bei entsprechend veranlagten Menschen als sogenannter pathologischer Rausch äußert. Bei diesem handelt es sich um einen Dämmerzustand, der schon durch geringe Alkoholmengen ausgelöst werden kann. Alkoholintoleranz kann bedingt sein durch eine entsprechende *Veranlagung* (Psychopathie, genuine Epilepsie), durch *erworbene Erkrankungen* des Gehirns (Hirnverletzungen, Arteriosklerose), oder (selten) durch *psychische Faktoren* (seelische Erregung).

Symptome: Schon bei Genuß geringer Alkoholmengen kommt es zu einem Dämmerzustand mit ausgesprochen psychotischen Symptomen wie Desorientierung, illusionären Verkennungen, Halluzinationen und vor allem zu schweren motorischen Unruhezuständen, während derer nicht selten Gewaltverbrechen verübt werden. Der pathologische Rausch ist meist von kurzer Dauer, es besteht eine Amnesie für diese Zeit.

Rechtslage: Unzurechnungsfähigkeit für Straftaten (§ 51/1 StGB).

Chronischer Alkoholismus. Der chronische Alkoholismus ist eine sehr weit verbreitete Sucht. In Mitteleuropa und in den USA sollen auf 100 000 erwachsene Einwohner etwa 2500 Alkoholiker kommen. „Alkoholiker sind exzessive Trinker, deren Abhängigkeit vom Alkohol einen solchen Grad erreicht hat, daß sie deutliche geistige Störungen, Gesundheitsschäden und eine Beeinträchtigung der mitmenschlichen Beziehungen sowie der sozialen und wirtschaftlichen Funktionen aufweisen." (Definition der WHO).

Körperliche Symptome: Gastritis, Herz- und Kreislaufstörungen, Leberzirrhose, Sensibilitätsstörungen und Reflexausfälle, alkoholische Polyneuritis, Tremor der Hände, Gangunsicherheit (Ataxie), mitunter morgendliches Erbrechen, Potenzstörungen.

Psychische Symptome: Reizbarkeit, verminderte Leistungsfähigkeit, insbesondere Nachlassen von Gedächtnis und Merkfähigkeit, euphorische oder auch weinerliche Grundstimmung und Stimmungslabilität, charakterliches und soziales Abgleiten. Schließlich kommt es zu einem regelrechten Zerfall der Persönlichkeit. Beruf und Familie werden vernachlässigt, die Familie oft mißhandelt, die moralischen Schranken fallen, so daß es zu kriminellen Handlungen, häufig Sittlichkeitsverbrechen, kommt. In manchen Fällen mündet der Abbau in die irreversiblen Defektsyndrome (organische Wesensänderung, Demenz).

Ursachen: Wie bereits erwähnt, spielen abnorme Veranlagungen eine große Rolle (willensschwache, depressive, selbstunsichere Psychopathen), ebenso abnorme psychogene Reaktionen und Entwicklungen (s. dort). Nicht zu unterschätzen sind Umwelteinflüsse, besonders in Berufen, die es mit dem Alkohol zu tun haben (Gastwirte, Kellner) sowie Lebensschwierigkeiten aller Art, die mit Alkohol vorübergehend „zugedeckt" werden.

Rechtslage: Bei schwerem Alkoholismus ist Entmündigung möglich. Es kann auch Ehescheidung und Eheaufhebung beantragt werden. Nach im Rausch verübten Straftaten können Trinker zwangsweise in Heilanstalten zur Entziehungskur eingewiesen werden.

Delirium tremens (Alkoholdelir). Das Delirium tremens ist eine nach langjährigem Alkoholmißbrauch, vor allem bei plötzlichem Alkoholentzug auftretende körperlich begründbare Psychose (s. dort).

Symptome: Vorboten eines nahenden Delirs sind oft vermehrte Reizbarkeit, Angst, Schlafstörungen, mitunter auch Krampfanfälle.

Das Vollbild des Delirs ist durch folgende psychische Symptome gekennzeichnet:

— Bewußtseinstrübung (die Patienten sind noch ansprechbar),

— zeitliche und örtliche Desorientierung,

- produktive Symptome (illusionäre Verkennungen, Wahnideen und optische Halluzinationen, bei denen vorwiegend kleine, sich bewegende Objekte, wie Mäuse, Käfer usw. gesehen werden),
- hochgradige motorische Unruhe.

Die motorische Unruhe kann so stark sein, daß die Patienten stundenlang toben und um sich schlagen ohne zu ermüden. Dies bedeutet für das Herz-Kreislauf-System eine erhebliche Belastung.

An *körperlichen* Symptomen findet man Gleichgewichtsstörungen, Tremor der Hände und starkes Schwitzen.

Ursache: Vermutlich führen durch den chronischen Alkoholismus entstandene Stoffwechselstörungen (besonders Leberschäden) zum Delir. Als Auslöser sind körperliche Erkrankungen (z. B. Pneumonien), Unfälle (Schädelverletzungen, Knochenbrüche usw.) und plötzlicher Alkoholentzug bekannt. So bricht nicht selten ein „Entziehungsdelir" aus, wenn ein Trinker während einer stationären Krankenhausbehandlung nicht die gewohnten Alkoholmengen erhält.

Komplikationen: Gefürchtet sind Herz- und Kreislaufversagen, Pneumonien und die hämorrhagische Enzephalopathie (Wernicke). Bei dieser handelt es sich um eine toxische Hirnschädigung, die neben der Bewußtseinstrübung noch durch neurologische Ausfälle (Augenmuskellähmungen) gekennzeichnet ist und die auch bei frühzeitiger Behandlung in 10 % der Fälle tödlich verläuft.

Therapie und Pflege: Da es sich beim Alkoholdelir um einen lebensgefährlichen Zustand handelt, muß die Behandlung rasch und gezielt einsetzen. Sie richtet sich nach folgenden Prinzipien:

- Dämpfung der starken motorischen Unruhe durch Neuroleptika. Eines der wirksamsten ist das Distraneurin.
- Energische Herz- und Kreislaufstützung mit Digitalispräparaten und Strophanthin sowie Flüssigkeitszufuhr durch Dauerinfusionen.
- Entgiftungsmaßnahmen (Vitamin B_2 und Decholin).
- Pneumonieprophylaxe durch Antibiotika und physikalische Maßnahmen.
- Nach Bekämpfung der akuten Erscheinungen Einleitung einer Entziehungskur.

Alkoholhalluzinose. Bei ihr handelt es sich um eine mit akustischen oder optischen Halluzinationen und Verfolgungswahn einhergehende körperlich begründbare Psychose. Im Gegensatz zum Delir sind die Patienten bewußtseinsklar, voll orientiert und zeigen keine motorische Unruhe. Charakteristisch an den vom Patienten gehörten Stimmen ist, daß sie meist abfällig über ihn reden und ihn beschimpfen. Dieses Symptom zeigt eine starke Verwandtschaft mit der Schizophrenie, und es wird in der Tat auch von manchen Psychiatern angenommen, daß es sich bei dem Zustandsbild um eine durch Alkohol ausgelöste Schizophrenie handelt.

Eifersuchtswahn der Alkoholiker. Der Eifersuchtswahn ist gekennzeichnet von der unumstößlichen Überzeugung des chronischen Alkoholikers vom Ehebruch seiner Frau. Bei seinem Zustandekommen spielen die toxische Alkoholwirkung, die Reaktion auf das eigene sexuelle Versagen des Trinkers und die verständliche Abneigung der Ehefrau gegenüber dem verkommenen Mann eng zusammen. In der Familie kann es dadurch zu regelrechten Tragödien kommen. Der Trinker verdächtigt seine Frau auf Schritt und Tritt. Sie soll z. B. mit dem Nachbarn, dem Kaufmann, ja mit dem eigenen Sohn ein Verhältnis haben. Oft kommt es zu brutalen Mißhandlungen, um Geständnisse zu erpressen, und zu erzwungenen sexuellen Szenen vor den Kindern.

Ursache: Auch hier nehmen manche Psychiater an, es könnte sich um eine durch Alkohol ausgelöste, paranoide Schizophrenie handeln.

Alkoholdelir, Alkoholhalluzinose und Eifersuchtswahn kann man auch unter der Sammelbezeichnung *Alkoholpsychose* zusammenfassen.

Korsakow-Syndrom. Das KORSAKOW-Syndrom ist ein psychischer Defektzustand nach langjährigem, chronischen Alkoholabusus und zeigt als zentrale Symptome extreme *Merkfähigkeitsstörungen,* räumliche und zeitliche *Desorientierung,* sowie *Konfabulationen.* Die Funktion des Altgedächtnisses kann gut erhalten sein.

Insgesamt machen die Patienten einen dementen Eindruck. Sie sind unkritisch, affektiv verflacht, oft von euphorischer Grundstimmung und sehr suggestibel.

Ursache und Verlauf: Es dürfte sich auch hier um die Giftwirkung des Alkohols handeln. Einzelheiten darüber sind noch nicht bekannt. Das Syndrom tritt oft im Anschluß an ein Delirium tremens oder eine Alkoholhalluzinose auf und bildet sich nicht immer zurück.

Dipsomanie und Alkoholepilepsie. *Dipsomanie:* Aufgrund von Verstimmungszuständen tritt, in wechselnden zeitlichen Intervallen, bei bestimmten Menschen ein unstillbarer Drang zu hemmungslosem Trinken auf. Dieser Drang überkommt die Patienten fast anfallsartig. Das anfallsartige Auftreten legt eine Beziehung zur Epilepsie nahe. In der Mehrzahl der Fälle handelt es sich jedoch um psychopathische Persönlichkeiten. Die verursachenden Verstimmungszustände treten meist grundlos und ohne äußeren Anlaß auf (sog. endothyme Verstimmungen).

Alkoholepilepsie: Darunter versteht man die unter Alkoholeinfluß auftretende Neigung zu epileptischen Anfällen. Es dürfte dabei meist eine sogenannte *latente* Epilepsie vorliegen, die durch den Alkohol lediglich ausgelöst wird. Bei Alkoholabstinenz verschwinden die Anfälle wieder. Wir werden noch im Kapitel Epilepsie sehen, daß der Alkohol ausgesprochen anfallsauslösend wirken kann.

Therapie des Alkoholismus. Wir müssen bei der Behandlung unterscheiden zwischen Maßnahmen bei den akuten Zuständen (Delir, Alkoholhalluzinose) und solchen bei chronischem Alkoholabusus. Erstere wurden bereits beim Delir besprochen, so daß wir uns hier auf die Therapie des chronischen Alkoholmißbrauchs beschränken können. Die wichtigsten Richtlinien dabei sind:

— Möglichst rasche Einleitung einer *Entziehungskur.* Dies muß häufig zwangsweise geschehen, da die meisten Alkoholiker nicht freiwillig dazu bereit sind, oder, wenn sie sich freiwillig in Behandlung begeben haben, die „kritische Zeit" der Entziehungserscheinungen nicht durchhalten, sondern vorzeitig die Klinik verlassen. Eine Entziehungskur muß mindestens 1/2 Jahr dauern. Sie wird meist in besonderen Trinkerheilstätten durchgeführt, die auch mit pädagogischen Maßnahmen auf die Patienten einwirken müssen. Ein wesentlicher Faktor ist die Umgewöhnung und Eingliederung in eine Gemeinschaft.

— *Medikamentöse Behandlung:* Sie hat zum Ziel, die Abstinenzerscheinungen zu bekämpfen, die Patienten zu sedieren und die Leberfunktion zu stützen.

Die *Entzugserscheinungen* (Zittern, Schwitzen, Übelkeit, Erbrechen) lassen sich durch kleine Insulingaben bei gleichzeitiger Sedierung bekämpfen.

Als *Leberschutztherapie* haben sich Vitamin B-Gaben, Litrison und Decholin sowie verschiedene Infusionen bewährt.

Zur Sedierung verwendet man Reserpinpräparate (z. B. Serpasil), u. U. auch Phenothiazine (z. B. Megaphen), denen man allerdings Leberschädigungen nachsagt. Sehr gut bewährt hat sich Distraneurin; auch Paraldehyd wird noch verwendet.

Zur medikamentösen Behandlung kann man auch noch die sog. *Verekelungsmethoden* rechnen. Bei der *Brechkur* wird gleichzeitig mit dem Alkohol ein Brechmittel verabreicht, so daß der Trinker nach Genuß des Getränkes erbrechen muß. Dadurch soll, nach Art eines bedingten Reflexes, eine Abneigung gegen den Alkohol gebahnt werden. Als Brechmittel kann man Emetin oder Apomorphin verwenden, die beide subkutan gespritzt werden. Bei den Brechkuren ist auf die Herz- und Kreislauffunktion zu achten und eine gründliche interne Untersuchung vorher durchzuführen.

Bekannt geworden ist ferner die *Antabus*-Behandlung. Ihr Prinzip beruht auf der Unverträglichkeit zwischen Antabus und Alkohol, wodurch eine Art Vergiftung entsteht, die sich in Kopfschmerzen,

Schwindel, Atemnot und Herzklopfen äußert. Auch diese Behandlung sollte, wie die Brechkuren, stationär durchgeführt werden.

— *Psychotherapie und Fürsorge.* Die psychotherapeutische Behandlung sollte stets versucht werden, wenn auch ihre Erfolge, gerade beim Alkoholismus, nicht sehr optimistisch beurteilt werden können. Sie scheitert häufig an der bereits stark abgebauten und sozial heruntergekommenen Persönlichkeit des Alkoholikers und ist dort am aussichtsreichsten, wo beeinflußbare Konfliktsituationen zum Alkoholismus geführt haben.

Die Fürsorge muß sich vor allem der Trinkerfamilie annehmen. Ihre Aufgabe ist die Beratung, Arbeitsvermittlung, Betriebsfürsorge, Sorge für geregelten Schulbesuch der Kinder usw.

Der Umgang mit Alkoholikern ist nicht einfach. Sie unterliegen oft starken Stimmungsschwankungen, die von weinerlichen, reuevollen „Elendszuständen", in denen sie versprechen, nie mehr zu trinken, bis zu drangvollen Enthemmungen reichen können. Wichtig ist vor allem Konsequenz bei der Durchführung der Behandlungsmaßnahmen. Die Patienten versuchen, wie alle Süchtigen, der Schwester Zugeständnisse (wie einen kleinen Schluck Bier, heute keine Tabletten usw.) abzuhandeln und geben dabei allerlei Versprechungen ab, die sie infolge ihrer Willensschwäche nie einhalten können.

Morphinismus (Abhängigkeit vom Morphintyp)

Darunter verstehen wir den chronischen Mißbrauch von Morphium und seinen Abkömmlingen (z. B. Codein, Dilaudid, Dicodid, Eukodal usw.) Die Morphiumpräparate erzeugen neben ihrer schmerzstillenden Wirkung eine ausgesprochen angenehme und heitere Stimmung (Euphorie) mit zunächst gehobener Leistungsfähigkeit, die bei Nachlassen der Wirkung ebenso rasch wieder verschwindet und durch z. T. quälende körperliche Entzugserscheinungen ersetzt wird. Um das gleiche Gefühl des Wohlbefindens zu erreichen, werden immer höhere Dosen benötigt, so daß der Morphinist sehr schnell in eine vollständige Abhängigkeit vom Mittel gerät.

Auftreten: Der Morphinismus entwickelt sich meist im Anschluß an ärztliche Verordnungen des Mittels bei schweren Schmerzzuständen (z. B. Nierenkoliken, Gallenkoliken). Besonders gefährdet sind Berufsgruppen, die sich leicht Zugang zu den dem Betäubungsmittelgesetz unterliegenden Drogen verschaffen können (Schwestern, Ärzte, Apotheker).

Symptome: Als *körperliche* Symptome findet man eine auffällige Pupillenverengung (Miosis), Appetitlosigkeit, hartnäckige Verstopfung, Abmagerung, Nachlassen der Potenz und einen allgemeinen körperlichen Kräfteverfall. An den Injektionsstellen entstehen Abszesse, da häufig nicht mit sterilen Kanülen gespritzt wird.

Psychisch macht sich der Morphinismus vor allem als Persönlichkeitsverfall bemerkbar. Charakteristisch ist die Willenlosigkeit, Haltlosigkeit und der Abbau aller ethischen Schranken. Schließlich wird der Morphinist nur noch von der Gier nach dem Mittel beherrscht und begeht Rezeptfälschungen und Diebstähle, um zu Morphiumpräparaten zu gelangen.

Abstinenzerscheinungen: Sie lassen sich als überschießende Sympathikuswirkung erklären, da die durch das Morphium verursachte Steigerung des Parasympathikustonus bei Absetzen des Präparates plötzlich wegfällt. Es kommt zu Schwitzen, Übelkeit, Erbrechen, Durchfall, Schlaflosigkeit, Herzklopfen, qualvollen Unruhe- und Angstzuständen und mitunter zu ausgesprochenen motorischen Erregungen.

Die Persönlichkeit des Morphinisten: Auch hier finden wir, ähnlich wie beim Alkoholismus, häufig psychopathische Persönlichkeiten. Allerdings sind sie meist etwas anders strukturiert. Auf eine einfache Formel gebracht, kann man sagen: Alkohol ist die Droge der Geselligkeit, Morphium die der Einsamkeit. In der Tat handelt es sich bei den Morphinisten auch meist um insichgekehrte, stimmungslabile oder willensschwache Psychopathen.

Therapie und psychische Führung: Entscheidende Bedeutung kommt der *Prophylaxe* zu. Man sollte mit der Verordnung von Morphiumpräparaten sehr zurückhaltend sein und nur in extremen Notfällen auf sie zurückgreifen.

— Therapie der Wahl ist der *plötzliche Morphiumentzug* auf einer geschlossenen Abteilung.

— Bei Aufnahme des Patienten müssen ihm alle mitgebrachten Gegenstände weggenommen bzw. nach verstecktem Morphium durchsucht werden, wobei u. U. auch auf die zugänglichen Körperhöhlen (Mund, Rektum, Vagina) zu achten ist. Während der Behandlung muß der Patient genau beobachtet werden. Morphinisten arbeiten oft mit den raffiniertesten Tricks. Die Aufgabe der Beobachtung fällt vorwiegend der Schwester zu.

— Urinkontrollen auf Morphiumkörper sollten häufig durchgeführt werden.

— Die medikamentöse Behandlung besteht in einer Herz- und Kreislaufstützung (Strophanthin, Sympatol, Effortil), Infusionen, Insulingaben zur Abkürzung der Abstinenzerscheinungen und Injektionen von Neuroleptika. Bei schweren Schlafstörungen sind vorübergehend auch Barbiturate angezeigt.

— Mit der medikamentösen Behandlung sollte auch die Psychotherapie Hand in Hand gehen und sich der individuellen Problematik des Patienten zuwenden. Auch Beschäftigungstherapie und Gruppentherapie erweisen sich als sinnvoll zur Förderung des Gemeinschaftsgefühles, das bei Morphinisten meist schwach ausgeprägt ist.

Die Behandlung sollte mindestens $^1/_4$ Jahr dauern.

Prognose: Trotz intensiver Therapie wird ein relativ hoher Prozentsatz der Morphinisten rückfällig. Man schätzt den Prozentsatz der Heilungen auf etwa 30 %.

Heroinsucht. Heroin ist ein Morphinkörper und hat etwa eine 4- bis 6fache schmerzstillende Wirkung im Vergleich zum Morphium. Ansonsten hat es die gleichen Wirkungen wie das Morphium. Seine Einnahme führt sehr leicht zur Sucht. Die Entziehungserscheinungen sind weitaus stärker als die des Morphiums.

Die Therapie dieser Sucht ist die gleiche wie beim Morphinismus.

Schlaf- und Schmerzmittelmißbrauch

Der Schlafmittel-(Hypnotika-) und Schmerzmittel-(Analgetika-)mißbrauch nimmt ständig zu. Da viele Präparate sog. Mischanalgetika sind und beide Komponenten enthalten, sollen sie auch zusammen besprochen werden. Es handelt sich meist um Barbiturate (z. B. Phanodorm, Veronal, Noctal), Harnstoffabkömmlinge (auch d. Barbiturate leiten sich von ihm ab) und phenacetinhaltige Präparate (Saridon, Treupel, Spalttabletten).

Entstehung: meist im Anschluß an die Einnahme von Schlafmitteln oder Schmerzmitteln bei Schlaflosigkeit oder Schmerzzuständen. Der Boden für die Entstehung der Sucht ist natürlich wiederum die abnorme Persönlichkeitsstruktur der Betreffenden. Sie haben des öfteren die dösig-euphorische Stimmung erlebt, die ihnen „alles leichter machte" und glauben nun, nicht mehr ohne ihr Mittel auszukommen.

Symptome: Akute Schlafmittelvergiftung: Die Patienten befinden sich meist im Zustande des Komas, zeigen die CHEYNE-STOKES- oder KUSSMAUL-Atmung, Reflexausfälle, Fehlen der Pupillenreaktion usw. *Psychische* Symptome der *chronischen* Schlaf- und Schmerzmittelsucht sind: euphorische Grundstimmung, Gedächtnisstörungen, Antriebsverarmung, Verlangsamung der psychischen Funktionen, zuweilen auch Bewußtseinstrübungen, Dämmerzustände und delirante Syndrome. Bei plötzlichem Entzug des Mittels können unter Umständen auch epileptische Anfälle auftreten.

Hervorstechende *körperliche* Symptome sind Gleichgewichtsstörungen, Reflexdifferenzen, Nystagmus und Tremor der Hände.

Therapie und Pflege der akuten Schlafmittelvergiftung:

- Sofortige Klinikeinweisung,
- Freihalten der Atemwege, Absaugen, evtl. Intubation oder Tracheotomie,

— Herz-Kreislauf-Behandlung (Strophanthin),
— Magenspülung (ins Spülwasser kann man Kohletabletten zur besseren Giftentfernung tun) — bei Bewußtlosen keine Magenspülung! —,
— Infusionen, gegebenenfalls mit dem entsprechenden Antidot.

Aufgabe der Schwester ist hier vor allem neben der Hilfe bei den Sofortmaßnahmen die Überwachung des Patienten: es ist auf Puls, Atmung, Ausscheidungsfunktion (Katheterisieren!), Grad der Bewußtseinstrübung usw. zu achten.

— Nach Abklingen der akuten Erscheinungen sollte ein psychotherapeutisches Gespräch, gegebenenfalls auch eine längere psychotherapeutische oder medikamentöse Behandlung stattfinden.

Chronische Schlafmittelvergiftung:

— Langsamer Entzug des Mittels, im Gegensatz zum Morphinismus, um epileptische Anfälle zu vermeiden,
— Verabreichung von Neuroleptika,
— Psychotherapie, die auf die spezielle Lebenssituation des Patienten näher eingehen muß.

Abhängigkeit vom Weckamintyp

Weckamine sind aufputschende Substanzen, die zur Bekämpfung von Müdigkeit und Erschöpfungszuständen sowie zur Anregung der körperlichen und geistigen Leistungsfähigkeit mißbraucht werden. Bekannte Präparate sind Pervitin, Preludin und Ritalin.

Symptome: Die Präparate wirken zunächst antriebssteigernd und erhöhen in der Tat die Leistungsfähigkeit. Sehr bald aber kommt es zu einem ungezielten Tätigkeitsdrang und mitunter zu regelrechten psychotischen Symptomen wie optischen und akustischen Halluzinationen, paranoiden Vorstellungen und Wahnerlebnissen. Die Patienten vernachlässigen ihre Pflichten in Familie und Beruf und bauen vor allem sehr stark ab.

Therapie: Es gelten im wesentlichen die gleichen Richtlinien wie für die übrigen Suchten.

Andere Formen der Drogenabhängigkeit

Schließlich sollen noch einige andere Formen der Drogenabhängigkeit besprochen werden, die einerseits in der Klinik ziemlich selten vorkommen, andererseits aber, wie im Falle des LSD, eine gewisse soziale Bedeutung gewonnen haben.

Kokainismus. Er spielt in unseren Breiten neuerdings wieder eine gewisse Rolle. Beim Kokaingenuß, das geschnupft, gekaut oder gespritzt werden kann, kommt es zu einem *maniformen Syndrom.* Die Süchtigen fühlen sich kräftig, gut gelaunt, sind stark enthemmt und haben häufig optische Halluzinationen, in denen sie vorwiegend kleine Tiere (Läuse, Flöhe, Käfer) sehen. Es kann auch zu deliranten Syndromen kommen (sog. Kokainwahnsinn).

Abhängigkeit von Halluzinogen-(LSD-)Typ. LSD (Lysergsäureäthylamid) ist ein halbsynthetischer Mutterkornstoff, der schon in geringer Dosierung schizophrenieähnliche Zustände erzeugen kann.

Nach LSD-Einnahme treten folgende *Symptome* auf: Halluzinationen, Störungen des Raum- und Zeiterlebens, verzerrte Sinnesempfindungen, subjektives Gefühl des Leistungsgewinns, gesteigerte Sexualität und körperliches Wohlempfinden. Auch eine Verbesserung der Erinnerungsfähigkeit wurde beschrieben.

Abhängigkeit vom Cannabis-(Marihuana-)Typ. Haschisch ist ein pflanzlicher Stoff, der als Rauschgift im Orient, aber neuerdings auch in vielen westlichen Ländern eine Rolle spielt. Haschisch wird entweder gekaut oder als Marihuanazigaretten geraucht. Sehr bedenklich ist die Beobachtung, daß Haschischgenuß zum Übergang auf stärkere Drogen zu disponieren scheint (sog. Schrittmacherfunktion). In vielen Fällen endet eine Drogenkarriere, die mit Haschisch begonnen hat, beim Morphin oder Heroin.

Symptome: Die Wirkung ist anregend und euphorisierend, in höheren Dosen treten Halluzinationen mit bunten Licht- und Farbvisionen auf. Es kann auch zu Unruhe- und Dämmerzuständen, sowie zu sexuellen Enthemmungen kommen. Die Abstinenzerscheinungen sind im Vergleich zum Morphium gering, ebenso die dauerhaften Schädigungen.

Therapie: Durch die in den letzten Jahren lawinenartige Zunahme verschiedener Formen der Drogenabhängigkeit, insbesondere vom Halluzinogen-, Cannabis- und Morphintyp, sind die psychiatrischen Kliniken vor Aufgaben gestellt, denen sie vorerst nicht gewachsen sind. Besonders die Drogenabhängigkeit unter Jugendlichen ist rasch im Zunehmen begriffen, und es mangelt an geeigneten therapeutischen Einrichtungen. In der Therapie versucht man, sich an nachfolgenden Prinzipien auszurichten (in Anlehnung an SCHULTE):

- sparsame Verordnung von Schlaf- und Beruhigungsmitteln,
- Vermeidung der Androhung sekundärer Gesundheitsschädigungen,
- keine moralische Disqualifizierung des Patienten,
- Herausarbeitung der Selbstverantwortlichkeit des Patienten,

— biographisch-analytisch orientierte Gesprächstherapie, die auf individuelle Probleme und Konflikte einzugehen versucht.

Die Erfolge sind jedoch, wie Modelluntersuchungen an personell sehr gut besetzten Einrichtungen in den USA und Schweden zeigen, erschreckend gering. Die Heilungsquote liegt unter 10 %. Erfolgreicher scheinen Versuche zu sein, im Rahmen derer Geheilte (ehemals Drogenabhängige) in die Behandlung miteinbezogen werden. Die Erfahrungen darüber sind jedoch noch gering. Die vielen bisher unternommenen Behandlungsversuche haben jedoch gezeigt, daß eine sinnvolle und intensive Behandlung nur in Einrichtungen erfolgen kann, die sich speziell mit den Problemen der Drogenabhängigkeit befassen und nach Möglichkeit keine anderen Patienten aufnehmen.

Abnormitäten der Sexualität

Die Sexualität spielt bei psychiatrischen Krankheitsbildern und seelischen Abnormitäten eine große Rolle. Wir haben bisher in verschiedenen Kapiteln auf Störungen der Sexualität hingewiesen, nun wollen wir sie im Zusammenhang kurz besprechen.

Störungen der normalen Sexualbeziehungen

Impotenz. Impotenz ist die Unfähigkeit des Mannes, den normalen Sexualakt zu vollziehen. Entweder kommt es nicht zur Erektion (Impotentia coeundi), oder aber es kommt zum vorzeitigen Samenerguß (Ejaculatio praecox). Die Ursachen der Impotenz können sehr vielschichtig sein: körperliche Erschöpfung, Medikamente, Alkohol, körperliche und psychische Erkrankungen.

Frigidität. Darunter versteht man die Unfähigkeit der Frau zum Orgasmus. Diese kann konstitutionell bedingt sein, wird häufig aber auch durch ungeschicktes Verhalten des Partners verursacht.

Onanie (Selbstbefriedigung). Sie ist bei beiden Geschlechtern auf gewissen Altersstufen, besonders zur Zeit der Pubertät, eine normale Durchgangserscheinung. Auch bei Erwachsenen spielt sie in Ermangelung eines Partners häufig die Rolle eines Ventils zur Beseitigung der sexuellen Spannung.

Durch falsche Vorstellungen über die gesundheitlichen Folgen der Onanie kann es zu schweren Angstzuständen, Selbstvorwürfen und körperlichen Symptomen, wie Müdigkeit, Kopfdruck usw. kommen (sog. Onaniekomplex).

Die *Therapie* besteht in einer entsprechenden Aufklärung, bei Kindern auch der Eltern.

Homosexualität

Unter Homosexualität verstehen wir die gleichgeschlechtliche Liebe zwischen Männern oder Frauen. Bei Frauen wird sie auch *lesbische Liebe* genannt. Die Häufigkeit der Homosexualität beträgt bei Männern etwa 3 bis 16 %, bei Frauen 1 bis 3 %.

Vorkommen: Homosexualität kommt in allen Gesellschaftsschichten vor und zeigt die verschiedensten Abstufungen und Varianten. Bei voller Ausprägung ist der Sexualtrieb ausschließlich auf das gleiche Geschlecht gerichtet. Das andere Geschlecht ist für solche Menschen nicht in der geringsten Weise anziehend. Es gibt aber auch zahlreiche Fälle, bei denen homosexuelles Verhalten neben einem normalen Sexualleben einherläuft. Viele dieser Menschen sind verheiratet und haben Kinder, können ihre homosexuellen Neigungen jedoch nicht lassen.

Ursache: Die Ursache der Homosexualität ist umstritten. Die Diskussionen entzünden sich vor allem an der Frage, ob es sich um eine angeborene oder erworbene Störung des geschlechtlichen Verhaltens handelt. Nach KINSEY kommt es bei 37 % aller Männer und 13 % aller Frauen irgendwann (meist um die Pubertät) zu homosexuellen Handlungen. Schon daraus wird ersichtlich, daß homosexuelles Verhalten, zumindest bei einem großen Teil der Männer, eine Durchgangsstufe der sexuellen Entwicklung darstellt. Untersuchungen an eineiigen Zwillingen haben die Bedeutung des Anlagefaktors deutlich unterstrichen, andererseits dürften die Verführung und mit ihr verbundene Prägeeffekte ebenfalls eine große Rolle spielen. Insgesamt wird man wohl richtig liegen, wenn man vorwiegend anlagebedingte von vorwiegend umweltbedingten Formen der Homosexualität unterscheidet. Diese Unterscheidung setzt im Einzelfall natürlich eine gründliche Untersuchung voraus.

Rechtliche und soziale Probleme: In Deutschland waren homosexuelle Beziehungen unter Männern bis 1969 strafbar, während gleichgeschlechtliche Beziehungen unter Frauen strafrechtlich nicht verfolgt werden. In den meisten anderen Ländern (Belgien, Frankreich, Schweden) ist die Homosexualität nicht strafbar, wenn sie sich nicht in der Öffentlichkeit abspielt.

Soziale Probleme ergeben sich vor allem aus der Strafverfolgung und aus den Vorurteilen der Gesellschaft gegenüber den Homosexuellen. Im allgemeinen Bewußtsein erscheinen sie als Triebverbrecher und Wüstlinge, die gesetzliche Verfolgung stempelte sie zu degenerierten Außenseitern der Gesellschaft ab.

Therapie: Die Behandlung besteht vorwiegend in analytischer Psychotherapie, die sich auf jeden Fall speziell einstellen muß, sehr langwierig ist und in vielen Fällen ohne Erfolg bleibt. Auch verhaltenstherapeutische Techniken hat man mit wechselndem Erfolg angewandt.

Perversionen

Perversionen sind ausgesprochene Abnormitäten des Sexualverhaltens. Man kann sie auch sexuelle Triebstörungen nennen, deren bekannteste wir kurz streifen wollen.

Exhibitionismus. Zurschaustellen der Genitalien, meist unter gleichzeitigem Onanieren. Exhibitionismus kommt vorwiegend bei selbstunsicheren, triebschwachen oder schwachsinnigen Männern vor.

Fetischismus. Darunter versteht man die sexuelle Befriedigung mit Gegenständen (meist Damenwäsche, Strümpfe) bei gleichzeitigem Onanieren. Der verwendete Gegenstand (Fetisch) ist ein Ersatzobjekt für den nicht erreichbaren Partner.

Pädophilie. Geschlechtliche Befriedigung an Kindern, kommt vorwiegend bei Senilen vor.

Sodomie. Geschlechtsverkehr mit Tieren, wird meist von Schwachsinnigen ausgeübt, denen der normale Geschlechtsverkehr vorenthalten bleibt.

Sadismus. Sexuelle Lust und Erregung, die durch Zufügen von Schmerzen und Quälen des Partners erzielt wird. Es gibt hier zahlreiche Varianten. So können die Schmerzen u. U. auch gleichgeschlechtlichen Partnern, Kindern oder Tieren zugefügt werden, wobei sexuelle Praktiken ganz wegfallen können und nur die Mißhandlung als solche zur Befriedigung führt. Sadistische Handlungen können vom Kratzen, Beißen, Stechen, Schlagen bis zum Lustmord reichen.

Masochismus. Er stellt das Gegenteil des Sadismus dar. Hier wird sexuelle Befriedigung durch Erdulden von Mißhandlungen aller Art erzielt. Der Masochist hat die Tendenz, sich völlig zu unterwerfen und erlebt die Unterwerfung als lustvoll. Der Partner wird zur Ausführung der Mißhandlungen meist angeleitet.

Transvestitismus. So bezeichnet man das mit sexueller Lust verbundene Bedürfnis zum Anlegen der Kleider des anderen Geschlechts.

Voyeurtum (sexuelle Schaulust). Beim Voyeur ist geschlechtliche Befriedigung nur möglich, wenn er sexuelle Vorgänge bei anderen beobachten kann.

Therapie der Perversionen: Analytische Psychotherapie kann versucht werden, die Erfolge sind jedoch nicht sehr ermutigend. Bei Menschen, die zu Perversionen neigen, spielt häufig eine angeborene psychopathische Persönlichkeitsstruktur eine bedeutsame Rolle. Je stärker die Umweltwirkung ist, um so größer ist die Aussicht auf Erfolg der Behandlung. In den letzten Jahren wurde mehrfach über Erfolge mit der Verhaltenstherapie berichtet.

Abnorme psychogene Reaktionen und Entwicklungen (Neurosen)

Abnorme psychogene Reaktionen und Entwicklungen sind Verhaltensweisen, die durch fehlerhafte oder überschießende Antworten auf Umweltreize (sog. traumatische Erlebnisse) gekennzeichnet sind. Diese Antworten können plötzlich auftreten und sich bald wieder verlieren oder aber als chronische Fehlhaltungen zu einer dauernden Beeinträchtigung der Persönlichkeit führen. Im ersteren Fall sprechen wir von abnormen psychogenen *Reaktionen,* im letzteren von abnormen psychogenen *Entwicklungen.*

Im weitesten Sinne werden all diese Störungen auch als *Neurosen* bezeichnet. Wir möchten den Begriff Neurose jedoch auf bestimmte Formen der psychogenen Entwicklungen einengen, vor allem auch deshalb, weil es in den letzten Jahren geradezu Mode geworden ist, selbst normale psychische Reaktionsweisen als „neurotisch" abzustempeln.

Abnorme psychogene Reaktionen

Sie treten kurzzeitig auf, oft sind sie auch einmalig; sie stehen in unmittelbarem *zeitlichen Zusammenhang* mit dem Erlebnis; die *Stärke* der Reaktion ist dem Erlebnisreiz nicht angemessen (überschießend) und auch die *Art* der Reaktion weicht vom Normalverhalten ab.

Reaktive Erregungen

Bei geringfügigen Anlässen reagieren entsprechend disponierte Menschen mit heftiger motorischer Erregung unter starker Affektbeteiligung (Verzweiflung, Wut, Angst). Sie steigern sich in ihren Erregungszustand so hinein, daß es zu blindwütigem Zerstören und zu Gewalttaten kommen kann. Dabei wirkt jeder Beruhigungsversuch durch Einreden auf die Betreffenden oft noch im Sinne einer Verstärkung.

Primitivreaktionen

Unter Primitivreaktionen verstehen wir psychische Verhaltensweisen, die ohne Zwischenschaltung einer Kontrollinstanz „unvermittelt in impulsiven Augenblickshandlungen oder seelischen Tiefenmechanismen zum Vorschein kommen" (E. Kretschmer). Es handelt sich um völlig ungesteuerte Reaktionen, die besonders bei primitiven Menschen, Schwachsinnigen, Kindern und auch Tieren vorkommen. Dabei werden durch das psychische Trauma (Erlebnis) in der Persönlichkeit bereitliegende Reaktionsschablonen (Schreien, Wutanfall, Bewegungssturm, Totstellreflex) aktiviert.

Beim Erwachsenen gibt es für das Auftreten solcher Reaktionen zwei Möglichkeiten:

— Ein überaus heftiger Erlebnisreiz durchbricht die normal starken Abwehrkräfte der Persönlichkeit und führt zu einem „Rückfall" (Regression) auf Primitivreaktionen,

— oder ein relativ schwacher Erlebnisreiz trifft auf zurückgebliebene, infantile, hirngeschädigte, psychopathische oder schwachsinnige Persönlichkeiten und führt ebenfalls zu Primitivreaktionen. Wir sehen also, auch hier hängt es hauptsächlich von der Art und der Differenziertheit der Persönlichkeit ab, ob Primitivreaktionen auftreten oder nicht.

Explosivreaktionen. „Von Explosivreaktionen sprechen wir überall dort, wo starke Affekte sich ohne zügelnde Überlegung einfach elementar entladen" (E. Kretschmer). Der Explosivreaktion geht eine enorme Anstauung psychischer Spannung voraus, die sich dann schlagartig entlädt.

Bekannte Beispiele sind:

— das plötzliche, panikartige Weglaufen,

— der sog. Zuchthausknall der Häftlinge, der sich in plötzlichen Wutausbrüchen, Schimpfkanonaden und blindem Zerstören äußert,

— der sog. pathologische Rauschzustand, der sich bei bestimmten Menschen unter Alkoholwirkung einstellt und in dessen Verlauf es zu schweren Gewalttaten (Mord, Vergewaltigung) kommen kann,

— die psychogenen Dämmerzustände, die mit Bewußtseinstrübung und späterem Erinnerungsverlust einhergehen,

— die motorischen Erregungszustände (Bewegungssturm), die mit Muskelzuckungen und Strampelbewegungen einhergehen aber auch plötzlich in einen sog. Totstellreflex einmünden können, bei dem der Betreffende steif und regungslos wie ein Toter daliegt.

Kurzschlußhandlungen. Auch sie treten, wie die Explosivreaktionen, unter Ausschaltung des Denkens auf und führen zu Affekthandlungen, z. B. Brandstiftung als Heimwehreaktion, Selbstmordversuch bei geringfügigen Anlässen (besonders zur Zeit der Pubertät), Kindsmord unehelicher Mütter, Fahnenflucht junger Rekruten.

Zur Behandlung der genannten Reaktionen sind häufig stationäre Aufnahme und die Anwendung beruhigender Medikamente notwendig. Es folgen dann die psychotherapeutischen Verfahren.

Reaktive Depressionen

Bei ihnen wird ein Erlebnis mit einem depressiven Zustandsbild beantwortet, das im Gegensatz zur endogenen Depression relativ rasch wieder verschwindet, oft auch nur einmalig und im Prinzip einfühlbar und begründet ist.

Kernsymptome der Depression sind die traurige, schwermütige Grundstimmung, der Antriebsmangel und die Verlangsamung der psychischen Funktionen (bes. Denken u. Wahrnehmung). Hinzu treten meist vegetative Erscheinungen, wie Schlaflosigkeit, Verdauungsstörungen, Herzdruck, Schweißausbruch und Störungen der sexuellen Funktionen (Impotenz, Ausbleiben der Periode). Typisch ist auch der maskenhaft-starre Gesichtsausdruck. Depressionen sind meist mit starken Angstgefühlen und quälenden Selbstvorwürfen verbunden. Bei allen depressiven Zustandsbildern muß man immer an die Gefahr des Selbstmordes denken!

Auslösende Erlebnisse können Enttäuschungen, Verlust naher Angehöriger, Versagen im Beruf usw. sein. Es handelt sich meist um empfindsame, sensible Menschen, die in ausweglos erscheinenden Situationen depressiv reagieren.

Therapie: Bei Selbstmordgefahr stationäre Aufnahme, Psychotherapie, symptomatische Behandlung mit stimmungsaufhellenden Medikamenten (sog. Thymoleptika).

Hypochondrische Reaktion

Im Mittelpunkt der hypochondrischen Reaktion steht eine ängstlich-besorgte Zuwendung zum eigenen Körper, die sich in abnormer Selbstbeobachtung und unbegründeten Krankheitsbefürchtungen äußert. Jedes kleinste körperliche Symptom wird ängstlich registriert und als Zeichen einer schweren Krankheit bewertet. Häufig ist die Vorstellung, an Krebs, Tuberkulose oder Geschlechtskrankheiten zu leiden. Als *auslösende Faktoren* kommen Schuldgefühle (oft wegen Onanie), überstandene Krankheiten oder Verlust von Angehörigen in Frage. Zur hypochondrischen Reaktion disponiert sind labile, ängstliche und suggestible Persönlichkeiten.

Therapie: Psychotherapie, die neben einer Aufklärung über befürchtete Erkrankungen, die Zerstreuung und Ablenkung von den Symptomen zum Ziel hat.

Hysterische Reaktion

Darunter verstehen wir wunsch- und zweckorientierte Verhaltensweisen, die zu körperlichen und psychischen Symptomen führen können. Die hysterische Reaktion ist durch die Tendenz gekennzeichnet, einer belastenden Situation oder einem Konflikt auszuweichen, ohne sich mit ihnen auseinanderzusetzen. Dies kann sich als eine „Flucht in die Krankheit" äußern aber auch in Gestalt gewisser Handlungen oder Zustände, die dem Betreffenden einen sog. „Krankheitsgewinn" (z. B. durch vermehrte Aufmerksamkeit oder Mitleid) einbringen. Die Zweckmäßigkeit seiner Reaktionsweise wird dem hysterisch Reagierenden jedoch nicht bewußt. Er betrachtet alle seine Symptome als Krankheitserscheinungen und leidet darunter. Interessant ist, daß sich die Symptome hysterischer Reaktionen immer danach richten, was „zeitgemäß" ist, d. h. was dazu geeignet ist, Eindruck zu machen und Aufmerksamkeit hervorzurufen. So war um die Jahrhundertwende der große hysterische Anfall üblich, den man heute kaum mehr findet (Hinfallen, theatralische Bewegungen von Armen und Beinen, evtl. auch anfallsartige Zustände ähnlich der Epilepsie).

Bei hysterischen Reaktionen können fast alle denkbaren Symptome auftreten: Dämmerzustände, Gedächtnisausfälle, Anfälle, Blindheit, Taubheit, Erbrechen, Lähmungen, Sprachstörungen usw. Eine feste Regel gibt es dabei nicht.

Ursächlich spielt auch hier eine bestimmte, häufig infantile Persönlichkeitsstruktur mit, die durch Geltungsbedürfnis, Unechtheit, Egoismus sowie durch geringe Belastbarkeit gekennzeichnet ist.

Beispiel: Eine 40jährige Patientin, die auf ihrer Abteilung, da sie intelligenter war als die anderen Patientinnen, immer eine gewisse Sonderrolle gespielt hatte, kann plötzlich nicht mehr richtig laufen und bekommt „epileptische" Anfälle. Merkwürdig war, daß diese Anfälle nur auftraten, wenn jemand in der Nähe war. Auch der Abteilungsarzt konnte einen solchen Anfall beobachten, wobei ihm sofort die sehr „schonende Art" des Hinfallens ohne Verletzungen auffiel. Die Ursache dieser hysterischen Anfälle war ein Wechsel der Gruppenpflegerin. Die neue Pflegerin hatte die Patientin ihre Sonderrolle nicht weiterspielen lassen, sondern sie wie die anderen behandelt. Durch die hysterischen Anfälle „wollte" die Patientin ihre Sonderstellung wieder erreichen.

Die Therapie bestand in einer Suggestivbehandlung unter gleichzeitigem Elektrisieren und in einigen schmerzhaften Injektionen. Dadurch verschwanden die Anfälle. Nach einer Klärung der Gruppensituation trat auch kein anderes hysterisches Symptom mehr auf.

Abnorme psychogene Entwicklungen

Wir verstehen darunter *chronische* Beeinträchtigungen der Persönlichkeit, die durch die *langdauernde* Einwirkung von traumatischen Erlebnissen (meist Konfliktsituationen) in enger Wechselwirkung mit disponierenden Persönlichkeitszügen entstehen.

Einfache Entwicklung

Chronisch einwirkende Erlebnisreize führen hier zu Fehlentwicklungen der Persönlichkeit. Im Gegensatz zu den neurotischen Entwicklungen sind die zugrundeliegenden Konflikte und Schwierigkeiten den Betreffenden bewußt. Je nach Art des psychischen Traumas und der Persönlichkeitsstruktur kann es zu depressiven, hysterischen, hypochondrischen und paranoiden Entwicklungen kommen. Von den entsprechenden psychogenen Reaktionen unterscheiden sie sich dadurch, daß es sich nicht um akute, einmalige, sondern um chronische Reaktionsweisen handelt. Auslösende Erlebnisse sind immer solche, die lange einwirken und mit denen die Betreffenden „nicht fertig werden".

Neurotische Entwicklung (Neurosen)

Der Begriff Neurose gehört zu den umstrittensten Kapiteln der Psychiatrie. Es wurden zahlreiche Theorien zur Entstehung neurotischer Störungen entwickelt, auf die wir hier nicht eingehen können. Wir wollen in unserer Darstellung eine „mittlere Linie" einhalten. Bei den neurotischen Entwicklungen sind die zugrundeliegenden Erlebnisreize den Patienten nicht bewußt. Nach tiefenpsychologischer Ausdrucksweise sind sie *verdrängt.* Das Verdrängte wird auch als „Komplex" bezeichnet. Es soll im Unbewußten weiterwirken und die neurotischen Symptome verursachen. Nach einer anderen Ansicht führen chronisch einwirkende traumatische Erlebnisse zu persönlichkeitstypischen Abwehrreaktionen, die sich durch den immer wiederkehrenden Erlebnisreiz nach dem Modell eines bedingten Reflexes einschleifen und mit all ihren Symptomen zum Bestandteil der Persönlichkeit werden.

Ein Mensch, der zu einer neurotischen Entwicklung neigt, unterscheidet sich in seiner Reaktionsweise also vom Verhalten des Gesunden oder vom Verhalten bei abnormen psychogenen Reaktionen dadurch,

– daß ihm das psychische Trauma (Erlebnis) *unbekannt* oder *unbewußt* ist,
– daß er unter dem traumatischen Erlebnis oder seinen Auswirkungen *sehr lange* leidet und
– daß er auf den Erlebnisreiz nicht eindeutig, sondern ambivalent (doppeldeutig oder auch unentschieden) reagiert.

Die disponierende Persönlichkeitsstruktur: Grundsätzlich kann jeder Mensch eine Neurose bekommen. Die Erfahrung lehrt aber, daß bei ein und demselben traumatischen Erlebnis oder Konflikt der eine Mensch mit einer Neurose „reagiert", der andere aber „so davonkommt". Das liegt daran, daß bestimmte Menschen aufgrund gewisser angeborener oder erworbener Persönlichkeitszüge eher zur neurotischen Entwicklung neigen. Meist handelt es sich um zwiespältige, gehemmte, unsichere, wenig belastbare Persönlichkeiten, die vorzeitig vor den Schwierigkeiten des Lebens kapitulieren, insgesamt also sehr labil sind. Manche Psychiater sehen neurotische Entwicklungen auch als körperliche und seelische Reifungsstörungen an, andere legen den Hauptakzent auf das „Wertgefüge" des Menschen und wollen in Neurotikern Menschen sehen, denen alle Werte verlorengegangen sind (V. Frankl). Schließlich hat man festgestellt, daß auch bleibende körperliche Defekte zu neurotischen Entwicklungen disponieren.

Symptome: Die Symptome der neurotischen Entwicklungen können sehr bunt sein. Sie können sich in vorwiegend psychischen Phänomenen (Angst, Trauer, Schreck, Zwangshandlungen) oder in körperlichen Erscheinungen äußern, die meist ein bestimmtes Organ (Herz, Magen-Darm-Trakt, Geschlechtsorgane) betreffen. Im ersten Fall spricht man von Psychoneurosen, im letzteren von Organneurosen.

Psychoneurosen. Sie entstehen durch chronisch einwirkende Erlebnisse, die häufig in der Vergangenheit liegen und führen zu *psychischen* Symptomen. Die bekanntesten Psychoneurosen sind:

Phobien: Darunter verstehen wir neurotische Entwicklungen, die mit abnormer Angst und Furcht einhergehen, wobei die Furcht immer auf etwas bezogen ist, z. B. Furcht vor weiten Plätzen (Agoraphobie), vor engen Räumen (Klaustrophobie), aber auch vor Mäusen, Hunden oder vor bestimmten Situationen (z. B. Eisenbahnfahrt). Die Angstzustände können so stark werden, daß die Patienten nicht mehr wagen, das Haus zu verlassen. Phobien entstehen häufig nach dem Prinzip eines bedingten Reflexes.

Zwangsneurosen: Als Zwang bezeichnet man bestimmte, immer wiederkehrende seelische Vorgänge (z. B. Gefühle oder Vorstellungen) oder auch Handlungen, die vom Betroffenen als lästig und quälend erlebt werden, obwohl er sie vernunftmäßig bereits als unsinnig erkannt hat. Aber dies nützt ihm nichts, denn die erwähnten Vorgänge kehren ohne sein Zutun wieder und drängen sich ihm ständig auf. Sehr häufig sind *Zwangsgedanken:* Manche Patienten müssen z. B. immer wieder an Blut denken oder auch an sexuelle Szenen. Bei anderen überwiegen die *Zwangshandlungen.* Sie können z. B. unter einem *Kontrollzwang* leiden, der sie veranlaßt, ständig nachzusehen, ob alle Türen verschlossen oder alle Wasserhähne abgedreht sind; oder auch unter einem *Waschzwang,* der sie dazu „zwingt", sich im Laufe eines Tages unzählige Male die Hände zu waschen. Zwangsneurotiker sind in ihrem Wesen oft überaus pedantisch, ängstlich und selbstunsicher. Dies sind aber Charakterzüge, die bereits vor Auftreten der neurotischen Entwicklung vorhanden waren und die sich während ihres Verlaufes oft grotesk und zeremonienhaft zuspitzen. Die Zwangsneurotiker leiden nicht nur selbst unter ihren Symptomen, sie können auch ihre Umgebung regelrecht tyrannisieren.

Depressive Neurosen: Bestimmte Menschen mit passiven, gehemmten und verzichtbereiten Persönlichkeitszügen, die ihre aggressiven Regungen unterdrücken, neigen zu Minderwertigkeitsgefühlen, die schließlich zu einer neurotischen Depression führen können. Die Depression äußert sich als chronische Dauerverstimmung, häufig mit Selbstmordgedanken.

Charakterneurosen (Kernneurosen): Während die bisher besprochenen Neurosen sich in *einzelnen* Symptomen äußerten, gegen die sich die „intakte Restperson" zur Wehr setzt (HOFF), sind Charakterneurosen solche, bei denen die *ganze Person,* vor allem der Persönlichkeitskern, abnorm ist. Sie sollen ihre Ursache in sehr lange einwirkenden Erlebnissen haben, die nach Ansicht der Psychoanalytiker immer bis in die früheste Kindheit zurückführen. Nach einer anderen Meinung handelt es sich um mehr anlagebedingte Persönlichkeitsstörungen, bei deren Zustandekommen Umweltreize nur geringgradig beteiligt sind. Diese These rückt die Charakterneurose in die enge Nachbarschaft der Psychopathien. Es ist in der Tat auch weitgehend Ermessenssache, wo man die Kernneurosen enden und die Psychopathien beginnen läßt.

Organneurosen. Im Gegensatz zu den bisher besprochenen Neurosen äußern sich die Organneurosen im körperlichen Bereich. Sie verursachen Symptome, die an ein Organ oder Organsystem gebunden sind. Der eine Patient klagt über Schmerzen im Bereich der Herzgegend, der andere über ständigen Durchfall oder Mißempfindungen in der Genitalgegend. Die Symptome können ihr Organ auch wechseln. So können sie etwa vom Herzen auf die Lunge übergehen und Atemstörungen verursachen.

Bei den Symptomen handelt es sich immer um sog. funktionelle Beschwerden, bei denen sich keine organischen Ausfälle nachweisen lassen. In den meisten Fällen findet man überhaupt keinen krankhaften körperlichen Befund.

Ursache: Die Ursache der Organneurosen liegt, wie bei den anderen Neurosen, in einer Fehlverarbeitung von Erlebnissen mit Konfliktcharakter. Warum die gleichen oder ähnlichen Erlebnisse bei einem Menschen zu einer Psychoneurose, beim anderen zu einer Organneurose führen, ist eine interessante Frage, über die es viele Vermutungen, aber noch keine sichere Erklärung gibt. Nach ADLER entstehen Organneurosen in der Weise, daß traumatische Erlebnisse bevorzugt sog. „minderwertige Organe" beeinträchtigen, d. h. eine gewisse Organminderwertigkeit disponiert zu dieser Form der Neurose.

Therapie der Neurosen: Die Behandlung der neurotischen Entwicklungen ist die Domäne der Psychotherapie. Je nach Art und Aufbau der Neurosen kommt man mit zudeckenden und übenden Verfahren oder mit der analytischen Psychotherapie zum Ziel (S. 280).

Eine unterstützende medikamentöse Behandlung mit Psychopharmaka ist sehr zweckmäßig, insbesondere kann dadurch der verhängnisvolle Kreis von Angst–Spasmus–Angst durchbrochen werden. Angstzustände spielen nämlich bei Neurosen aller Art eine große Rolle und sind mit Spasmen der glatten Muskulatur verschiedener Organe (bes. des Magen-Darm-Trakts) vergesellschaftet.

Die Behandlung der meisten Neurosen erfolgt ambulant. In schweren Fällen kann auch stationäre Behandlung angezeigt sein, besonders dann, wenn — wie bei den depressiven Neurosen — Selbstmordneigungen bestehen. Der Umgang mit neurotischen Patienten verlangt auch von der Schwester viel Taktgefühl und Einfühlungsvermögen. Die Erfolgschancen sind bei den einzelnen Neurosen verschieden. Besonders schwer zu beeinflussen sind Zwangsneurosen und Charakterneurosen.

Paranoische Entwicklung

Die *paranoische Entwicklung* ist durch das Auftreten eines Wahns gekennzeichnet. Im Gegensatz zum Wahn der Schizophrenen sind die Wahnideen bei der paranoischen Entwicklung im Prinzip einfühlbar und verständlich, wenn auch stark überschießend. Der Wahn ist sozusagen das einzige und gleichzeitig beherrschende Symptom des Paranoikers; die übrige Persönlichkeit zeigt keinerlei weitere Abnormitäten. Auch dies ist ein Unterschied gegenüber der Schizophrenie. Im Gegensatz zur neurotischen Entwicklung bleibt das auslösende Erlebnis (sog. Schlüsselerlebnis) bewußt, gewinnt aber innerhalb der Persönlichkeit eine sachlich nicht gerechtfertigte, übermäßige Bedeutung. Es wird zur „überwertigen Idee". Kennzeichnend ist ferner, daß das verursachende Erlebnis vom Paranoiker nicht verarbeitet werden kann, wodurch seine zentrale Rolle erneut unterstrichen wird.

Ursachen und Formen: Bei der Entstehung von paranoischen Entwicklungen spielt die Wechselwirkung zwischen disponierender Persönlichkeitsstruktur und traumatisierendem Erlebnisreiz eine große Rolle. Zur paranoischen Entwicklung neigen vorwiegend *sthenische* und *asthenische* Persönlichkeiten.

— Der *sthenische* Charakter ist gekennzeichnet durch ein Gefühl der Überlegenheit, starkes Selbstvertrauen, bisweilen Selbstüberschätzung und führt zu einer expansiven (ausdehnenden, nach außen gerichteten) Handlungsweise. Sthenische Persönlichkeiten neigen daher zu *expansiven Wahnbildungen,* die man als Antwort auf solche traumatisierenden Erlebniskomplexe auffassen kann, die ihrer Persönlichkeitseigenart zu nahe treten, die also das Selbstwertgefühl treffen. Solche Erlebnisse sind Zurücksetzungen, Kränkungen, Beleidigungen, Versagen im Beruf usw.

Als Reaktion auf diese Erlebnisse entwickeln sich dann die charakteristischen expansiven Wahnideen wie:

Verfolgungswahn (die Betreffenden fühlen sich von der Polizei, von ihrem Chef, vom Geheimdienst usw. verfolgt),

Größenwahn (der Patient fühlt sich als Religionsstifter, Erfinder, Millionär, wird aber von der „törichten" Gesellschaft nicht anerkannt),

Querulantenwahn (er äußert sich in fanatischer Verfolgung des eigenen Rechts, im Kampf um die Rente, gegen die „korrupte und verbrecherische" Justiz usw.).

— *Asthenische* Persönlichkeiten sind solche, die sich gegenüber ihrer Umwelt nicht recht durchsetzen können, ihr Selbstwertgefühl ist nur schwach ausgebildet, sie sind sehr empfindsam und wenig belastbar. Ihre Reaktionsweise auf Beeinträchtigungserlebnisse ist daher mehr nach innen gerichtet, diese werden sehr tragisch genommen und als Verletzungen, Kränkungen und Benachteiligungen der eigenen Person interpretiert. Wir nennen diese Reaktionsweise *sensitiv*. In ihrem Gefolge kommt es dann zu den sensitiven Wahnbildungen, die man auch unter dem Terminus *sensitiver Beziehungswahn* (E. Kretschmer) zusammenfassen kann.

Schlüsselreize für die Wahnbildung sind meist beschämende Erlebnisse und Niederlagen.

Bekannte Beispiele sind:

Der *Masturbantenwahn:* Aus dem Gefühl, gegen den Trieb zum Onanieren nicht aufzukommen, entwickelt sich die wahnhafte Vorstellung, die Umwelt wüßte über diese Dinge genau Bescheid, „alle sehen es einem an", „alle wissen um die Schande" usw.

Der *Liebeswahn:* Aus Enttäuschungen entsteht die Wahnüberzeugung, man werde von einer bestimmten Person „unsterblich geliebt".

Therapie: Die paranoiden Wahnbildungen sind nur sehr schwer zu beeinflussen. Psychotherapeutische Versuche sind angezeigt. Alle abnormen psychogenen Entwicklungen gehören in das Indikationsgebiet der großen (analytischen) Psychotherapie (S. 282).

Körperlich begründbare Psychosen

Begriffe und Definitionen

Psychosen sind die eigentlichen „Geisteskrankheiten" und sind durch vorübergehende oder länger anhaltende Störungen der seelisch-geistigen Funktionen gekennzeichnet. Eine klare Definition stößt auf große Schwierigkeiten. Am weitesten kommt man noch durch eine negative Umschreibung:

Psychosen sind nicht erlebnisreaktiv, d. h. nicht durch Erlebnisse bedingt, sie sind auch keine Abnormitäten (Spielarten) seelischen Daseins, sondern Krankheiten, die wir im Schema von KURT SCHNEIDER (s. S. 171) in die Gruppe B einordnen müssen. Aus dem Schema geht weiterhin hervor, daß wir zwei Gruppen von Psychosen unterscheiden können: solche, denen man eine körperliche Ursache zuordnen kann (linke Seite des Schemas) und solche, bei denen eine körperliche Ursache (noch) nicht bekannt ist (Fragezeichen auf der linken Seite des Schemas). Erstere nennen wir

— körperlich begründbare Psychosen, letztere

— endogene Psychosen.

Die Unterscheidung dieser beiden Gruppen ist nicht immer leicht. Von körperlich begründbaren Psychosen können wir sprechen, wenn folgende Kriterien erfüllt sind:

— Eindeutige körperliche Befunde (z. B. hohe Temperatur, Schädeltrauma, plötzliches Auftreten neurologischer Ausfälle, Hirntumor, internes Leiden usw.)

— Eindeutiger zeitlicher Zusammenhang zwischen körperlichen Befunden und Psychose (Beispiel: Ein Patient hat seit einigen Tagen hohes Fieber und zeigt plötzlich ein delirantes Syndrom).

— Ungefähr paralleler Verlauf zwischen körperlichem Befund und psychotischen Erscheinungen. (Beispiel: Nach Abklingen des hohen Fiebers Rückbildung der psychotischen Symptome).

Sind diese Bedingungen nicht erfüllt, so muß man den Verdacht auf das Vorliegen einer endogenen Psychose haben.

Andere Bezeichnungen: Es gibt noch eine Reihe anderer Bezeichnungen für die körperlich begründbaren Psychosen, die im Grunde das gleiche meinen, z. B. exogene Psychosen, symptomatische Psychosen oder organische Psychosen.

Einteilung: Wir können die körperlich begründbaren Psychosen einteilen nach ihrem *Verlauf* und nach ihren *Ursachen.* Beide Möglichkeiten werden wir darstellen, wobei zunächst dem Verlauf der Vorzug gegeben werden soll, da die *ursächliche* Betrachtungsweise eine Differenzierung der körperlich begründbaren Psychosen meist nicht gestattet. Sie sind vielmehr unspezifische körperlich-seelische Reaktionsweisen von Krankheitswert, und man kann ihnen ihre Ursache meist nicht ansehen. Die Symptome der körperlich begründbaren Psychosen sind in der Regel ziemlich einförmig und können durch ganz verschiedene Ursachen bedingt sein. Verschiedene Ursachen führen also zum gleichen Bild.

Wir beginnen zunächst mit einer Betrachtung der körperlich begründbaren Psychosen unter dem Gesichtspunkt des Verlaufes (syndromale Betrachtung) und gehen dann zur *Abhandlung* der *Ursachen* über (kausale Betrachtung).

Syndrome bei körperlich begründbaren Psychosen

Hinsichtlich der Art ihres Auftretens und ihres Verlaufs können wir die körperlich begründbaren Psychosen unter den Polaritäten akut – chronisch und reversibel (rückbildungsfähig) – irreversibel (nicht rückbildungsfähig) betrachten, wobei als Faustregel gelten kann, daß die akuten Syndrome in der Regel reversibel, die chronischen irreversibel sind. Wie aus dem folgenden Schema hervorgeht, bezeichnet man die reversiblen Syndrome auch als *Funktionspsychosen,* die irreversiblen als organische *Defektsyndrome.*

Symptome: Wir unterscheiden *obligate* (immer vorhandene) und *fakultative* (möglicherweise vorhandene) Symptome.

Obligate Symptome sind bei den akuten Formen die *Bewußtseinstrübung,* bei den chronischen Formen, die *organische Wesensänderung* und die *Demenz.*

Fakultative Symptome können sowohl bei den akuten als auch bei den chronischen Formen auftreten. Häufig sind illusionäre Verkennungen, Halluzinationen, motorische Unruhe usw.

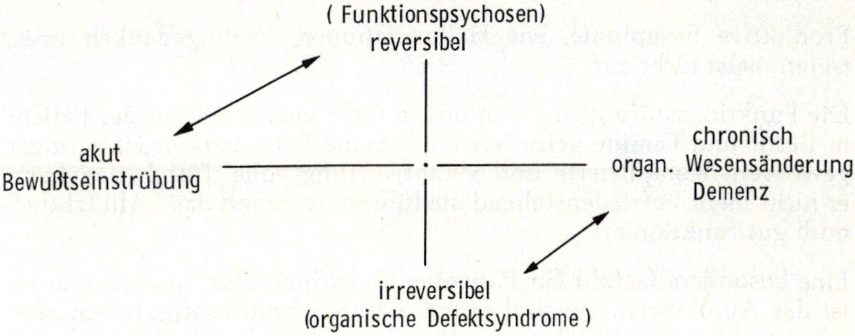

Abb. 32 Funktionspsychosen, organische Defektsyndrome und ihre obligaten Symptome.

Reversible Syndrome (Funktionspsychosen)

Zu den reversiblen Syndromen zählen wir die drei Durchgangssyndrome (leichtes, mittelschweres, schweres Durchgangssyndrom) und die Stufen der Bewußtseinsstörung (Bewußtseinstrübung, Bewußtlosigkeit).

Die „Durchgangssyndrome“ (WIECK) können wir auch als Stufen der Funktionsminderung bezeichnen, denn der Ablauf der seelisch-geistigen Funktionen ist bei ihnen beeinträchtigt, und zwar sind die einzelnen psychischen Abläufe (z. B. Gedächtnis, Antrieb, Denken) meist ziemlich gleichmäßig betroffen. Eine Bewußtseinstrübung gehört nicht zu den Durchgangssyndromen. Dadurch kann man sie von den Stufen der Bewußtseinsminderung abgrenzen.

Nach zunehmendem Schweregrad lassen sich die Funktionspsychosen vom leichten Durchgangssyndrom bis zum Koma fortlaufend aufreihen. In dieser Reihenfolge sollen sie auch besprochen werden.

Leichtes Durchgangssyndrom. Es ist gekennzeichnet durch eine allgemeine, leichte Funktionsminderung, die so geringgradig sein kann, daß sie nur durch eine gezielte Fragetechnik oder durch die Anwendung von Tests zu erkennen ist. Ausdruck dieser Funktionsminderung sind:

- Vergeßlichkeit,
- herabgesetzte Reaktionsfähigkeit,
- Antriebsmangel (Verlust der Initiative),
- unausgeglichene, zuweilen depressive Stimmungslage,
- auffallende Reizbarkeit,
- vegetative Symptome wie Schwindel, Kopfschmerzen, Schlafstörungen.

Produktive Symptome, wie Halluzinationen, Wahngedanken usw., treten meist nicht auf.

Die Funktionsstörungen fallen um so mehr auf, je stärker der Patient in Beruf und Familie gefordert wird. Seine Belastbarkeit ist geringer geworden. Komplizierte und verantwortungsvolle Tätigkeiten kann er nicht mehr zufriedenstellend ausführen, während das „Alltägliche“ noch gut funktioniert.

Eine besondere Gefahr für Patienten im leichten Durchgangssyndrom ist das Autofahren. Sie sind grundsätzlich fahruntüchtig, haben aber meist nicht die Kritikfähigkeit, dies einzusehen. Vergleichen läßt sich der Zustand solcher Patienten mit Menschen, die unter Alkoholeinfluß stehen. Schon relativ geringe Alkoholmengen können ein dem leichten Durchgangssyndrom vergleichbares Zustandsbild verursachen.

Mittelschweres Durchgangssyndrom. Die Funktionsminderungen sind hier, im Gegensatz zum leichten Durchgangssyndrom, so deutlich, daß sie unmittelbar zu erkennen sind. Die Patienten werden auffällig durch

- Schwerbesinnlichkeit,
- Denkstörungen (Verlangsamung, Einschränkung der Denkfähigkeit, Zusammenhänge werden nicht mehr erkannt usw.),
- Störungen der Affektivität (stark schwankende, ängstliche oder euphorische Stimmungslage),
- Gedächtnisausfälle,
- Produktive Symptome.

Im Gegensatz zum leichten Durchgangssyndrom treten häufig auch produktive Symptome wie Halluzinationen, Illusionen, Wahngedanken (häufig Verfolgungswahn), Erregungszustände und regressive Verhaltensweisen auf. Bei letzteren handelt es sich um einen „Rückfall" auf frühkindliche oder kindliche Verhaltensabläufe.

Soziale Auswirkungen: Die geschilderten Symptome führen natürlich auch dazu, daß die Patienten in Familie und Beruf aus der Rolle fallen. Sie vernachlässigen ihr Äußeres, kommen ihren täglichen Aufgaben nicht mehr nach, werden im Umgang unberechenbar und zeigen häufig auch sexuelle Enthemmungen. Unmotivierte, d. h. bei ganz geringfügigen Anlässen auftretende Zornausbrüche sind nicht selten. Es bedarf keiner weiteren Erläuterung, daß die Kranken den Anforderungen im Straßenverkehr in keiner Weise gewachsen sind, und es sind manche schwere Verkehrsunfälle bekannt, die durch solche Patienten verursacht wurden.

Die Leistungsminderung der psychischen Funktionen im mittelschweren Durchgangssyndrom ist zwar beträchtlich, meist sind die Patienten jedoch nicht pflegebedürftig.

Schweres Durchgangssyndrom. Beim schweren Durchgangssyndrom ist der Leistungsabfall so ausgeprägt, daß er schon auf den ersten Blick erkennbar ist. Der Ablauf sämtlicher Funktionen ist extrem verlangsamt. Im Vordergrund stehen folgende Störungen:

- Massive Gedächtnisausfälle (amnestisches Syndrom),
- räumliche, zeitliche, manchmal auch persönliche Desorientierung,
- Antriebslosigkeit,
- Zerfall der Denkleistungen (es ist kein geordnetes Denken mehr möglich, man kann sich mit den Patienten nicht mehr verständigen).

Soziale Auswirkungen: Infolge der erheblichen *Gedächtnisausfälle* sind die Kranken nicht mehr in der Lage, sich selbständig zurechtzufinden, sie sind desorientiert und bedürfen schon deshalb einer ständigen Aufsicht. Häufig registrieren die Patienten noch ihr Unvermögen, sich zu erinnern und reagieren darauf mit „Erfindungen", mit denen sie ihre Erinnerungslücken auszufüllen suchen. Solche „Erfindungen" nennen wir *Konfabulationen.* Sie können so zahlreich werden, daß sie das Krankheitsbild völlig beherrschen.

Die Antriebslosigkeit hat zur Folge, daß sich die Kranken ganz fallen lassen und aus eigener Initiative nichts mehr tun. Dies kann so weit führen, daß sie nur noch reglos im Bett liegen und keinerlei Nahrung mehr aufnehmen. Sie zeigen in extremer Weise regressive Verhaltensweisen, sie nässen und koten ein und sind oft vollständig pflegebedürftig.

Beispiel: Ein 41jähriger Patient mit einem dekompensierten Herzfehler und einer Leberzirrhose benahm sich zeitweise wie ein Kind. Er lag wimmernd im Bett, näßte ein, ließ sich füttern und redete die ihn pflegende Schwester mit „Mama" an. Gleichzeitig fühlte er sich vom Mesner verfolgt. „Ich muß mich verstecken, der will mir den Hals durchschneiden", war seine ständige Rede. Der gleiche Patient unternahm später einen Suizidversuch, indem er sich mit einem Taschenmesser die Pulsader zu durchschneiden versuchte.

Bewußtseinstrübung. Die Bewußtseinstrübung ist dadurch gekennzeichnet, daß sämtliche psychischen Funktionen gleichmäßig und stark verlangsamt sind. Irgendwelche hervorstechenden Symptome, wie z. B. extreme Gedächtnisausfälle, finden sich in der Regel nicht. Die Patienten sind noch ansprechbar, können meist auch noch kleine Aufträge ausführen, wirken aber dösig, wie verschlafen und machen auf den Unerfahrenen oft den Eindruck von intellektuell Abgebauten (Dementen). Dieser Eindruck ist aber falsch. Er kommt nicht durch eine dauerhafte und irreversible Schädigung der psychischen Funktionen zustande, sondern ist lediglich durch die Bewußtseinstrübung bedingt und verschwindet auch wieder mit ihr.

Es können auch produktive Symptome (Halluzinationen, Illusionen, Wahneinfälle) und vor allem Zustände starker motorischer Unruhe hinzutreten. Wenn wir eine Kombination von Bewußtseinstrübung, Halluzinationen und motorischer Unruhe beobachten, so sprechen wir von einem *Delir.* Am bekanntesten ist das durch Alkoholvergiftung hervorgerufene Delir, aber auch andere Vergiftungen können zu ähnlichen Zuständen führen.

Soziale Auswirkungen: Bewußtseinsgetrübte Patienten sind immer pflegebedürftig und müssen besonders gut beaufsichtigt werden, vor allem wegen ihrer Unruhezustände. Die Patienten sind in ihrer Familie nicht tragbar und müssen in eine Nervenklinik oder Heil- und Pflegeanstalt eingewiesen werden. Auf die pflegerischen Maßnahmen kommen wir noch zu sprechen.

Diagnostische Abklärung: Bei allen Zuständen der Bewußtseinstrübung und der Bewußtlosigkeit kommt es darauf an, daß rasch die Diagnose gestellt wird und sofort danach die Behandlung beginnt. Es besteht bei diesen Zuständen fast immer Lebensgefahr.

Bewußtlosigkeit. Im Zustand der Bewußtlosigkeit sind die psychischen Funktionen vollständig lahmgelegt. Durch Anrufen oder auch durch Schmerzreize kann der Patient nicht mehr geweckt werden, es kommt höchstens zu reflektorischen Abwehrbewegungen. Für die Dauer der Bewußtlosigkeit besteht eine Amnesie.

Die Ursachen und die wichtigsten Behandlungsmaßnahmen bei bewußtlosen Patienten besprechen wir auf S. 228.

Koma. Gegenüber der Bewußtlosigkeit ist das Koma die nächstschwerere Stufe. Da aber bereits bei der Bewußtlosigkeit die psychischen Funktionen ausgeschaltet sind, kann man diese Steigerung nur noch an gewissen vegetativen und zentralen Regulationsstörungen ablesen. Dazu gehören:

- Reflexausfälle (es fehlen die Sehnenreflexe, Hautreflexe und die Pupillenreaktion),
- Störungen der Atemtätigkeit (z. B. CHEYNE-STOKES- oder KUSSMAUL-Atmung).
- Kreislaufregulationsstörungen (Blutdruckabfall, Beschleunigung oder Verlangsamung des Pulses, Herzrhythmusstörungen).

Irreversible Syndrome (Organische Defektsyndrome)

Führt eine Krankheit zu einer nicht mehr rückbildungsfähigen Schädigung des Gehirns, so sprechen wir von einem *organischen Defektsyndrom*. Eine andere Bezeichnung dafür ist der Ausdruck *hirnorganischer Abbau*. Beide Bezeichnungen besagen, daß das Organ Gehirn in faßbarer Weise geschädigt ist und diese Schädigung Folgen hat, die sich als Abbau im Bereich der psychischen Funktionen nachweisen lassen. Wir werden aber später noch ein anderes Defektsyndrom kennenlernen, bei dem wir bisher keine organischen Veränderungen nachweisen können, das sog. schizophrene Defektsyndrom (Tab. 10). Vom Abbau im Rahmen des organischen Defektsyndroms kann nun vorwiegend die Intelligenz oder vorwiegend die Persönlichkeit des Patienten betroffen sein. Im ersteren Fall sprechen wir von einem *Intelligenzdefekt (Demenz)*, im letzteren von einem *Persönlichkeitsdefekt* oder einer *organischen Wesensänderung*.

Tabelle 10 **Schizophrenes und organisches Defektsyndrom**

Organ. Veränderung nicht nachweisbar	Organ. Veränderung nachweisbar
Schizophrenes Defektsyndrom	Organ. Defektsyndrom — Intelligenzdefekt (Demenz) — Persönlichkeitsdefekt (organ. Wesensänderung)

Intelligenzdefekt. Beim Intelligenzdefekt liegt ein *krankheitsbedingter Abbau der psychischen Funktionen* vor. Er muß auseinandergehalten werden vom erblichen Schwachsinn, der angeboren und nicht Folge einer Krankheit ist, sondern eine natürliche Variante der Intelligenz darstellt.

Die Ursachen für Intelligenzdefekte können ganz verschiedenartig sein: Infektionen, Schädelverletzungen, degenerative Erkrankungen können dazu führen.

Zur Feststellung von Grad und Ausmaß des Intelligenzdefektes haben sich die Intelligenztests als sehr vorteilhaft erwiesen. Am bekanntesten ist der bereits erwähnte HAMBURG-WECHSLER-Intelligenz-Test (HAWIE), der aus einer Reihe von Untertests besteht, die bestimmte Teilfunktionen der Intelligenz prüfen sollen (rechnerisches Denken, Zahlennachsprechen, Bilderordnen usw.). Die Höhe der Leistungen in den einzelnen Untertests ergibt das sogenannte *Testprofil*. Kennzeichnend für einen Intelligenzdefekt sind:

— ein niedriger Intelligenzquotient (IQ) und
— ein unausgeglichenes Testprofil.

Der niedrige IQ (S. 174) zeigt eine insgesamt geringe intellektuelle Leistungsfähigkeit an, das unausgeglichene Testprofil ist kennzeichnend für den Abbau, bei dem fast nie alle Funktionen gleichmäßig betroffen sind. Einzelne Funktionen werden stärker, andere weniger stark oder gar nicht durch den Abbau beeinträchtigt. Diese Tatsache liefert auch eine Erklärung dafür, daß wir unter den Patienten mit organischen Intelligenzdefekten in einzelnen Testleistungen, z. B. bei der Gedächtnisprüfung, recht gute Ergebnisse erhalten können. Im täglichen Leben können solche Patienten allerdings mit ihrem guten Gedächtnis allein nicht viel anfangen, da viele andere Funktionen nur sehr gering ausgebildet sind. Eine Bewältigung der täglichen Lebensaufgaben ist aber nur möglich, wenn neben einer bestimmten Intelligenzhöhe auch ein gewisses Gleichmaß der einzelnen psychischen Funktionen vorliegt.

Persönlichkeitsdefekt (organische Wesensänderung). Die organische Wesensänderung wurde bereits kurz erwähnt. Sie bezieht sich vorwiegend auf diejenigen psychischen Abläufe, die wir als Kräfte erleben und ist gekennzeichnet durch eine Verflachung der Affektivität, Verlust natürlicher Hemmungen, Neigung zu Perseverationen und darüber hinaus durch eine allgemeine Verlangsamung der psychischen Abläufe.

Die Patienten wirken häufig mißgestimmt, depressiv oder zeigen eine fast heiter wirkende (euphorische) Stimmungslage; ihr Gefühlsleben und ihre Interessen sind verarmt; infolge des Verlustes von Hemmungen fallen sie nicht selten durch sexuelle Entgleisungen auf.

Ursachen und Formen

Wir haben bisher die verschiedenen Erscheinungsformen und Verlaufsweisen der körperlich begründbaren Psychosen in Gestalt einzelner Syndrome kennengelernt. Alle diese Syndrome können durch ganz *unterschiedliche Ursachen* hervorgerufen werden. Es gibt also keine feste Beziehung zwischen Ursache und Symptomatik der körperlich begründbaren Psychosen, wie dies bei vielen anderen Krankheiten der Fall ist. Die besprochenen Syndrome werden deshalb auch als *unspezifische* Bilder verschiedenartigster Krankheiten bezeichnet. Die Ursachen der körperlich begründbaren Psychosen — die Krankheiten des Gehirns und seiner Häute — sind im ersten Teil des Buches besprochen. Es sind dies:

— die kreislaufbedingten Erkrankungen des Gehirns,
— die Hirntumoren und andere raumfordernde Prozesse,
— die traumatischen Schäden des Gehirns,
— die entzündlichen Erkrankungen des Gehirns und seiner Häute,
— die degenerativen Erkrankungen des Gehirns,
— einige Erkrankungen, die sowohl Gehirn als auch Rückenmark betreffen.

Weitere Ursachen sind:

— Intoxikationen,
— Stoffwechselstörungen,
— andere interne Erkrankungen.

Alterspsychosen. Unter dem Namen *Alterspsychosen* fassen wir einige psychiatrische Krankheiten des höheren Alters zusammen, die infolge der steigenden Lebenserwartung zunehmend an Bedeutung gewinnen.

Bei den Alterspsychosen spielen altersbedingte *organische Störungen* und die *Reaktion* des alten Menschen auf das Nachlassen seiner Kräfte innig ineinander.

Das Altern: Neben den altersbedingten körperlichen Veränderungen (z. B. Verkalkung der Blutgefäße, Elastizitätsschwund der Muskulatur, Abnützungserscheinungen an Gelenken und Funktionsstörungen innerer Organe) gibt es eine ganze Reihe von psychischen Alterserscheinungen, die zum Teil Folgen der organischen Veränderungen sind, zum Teil aber auch durch die seelische Verarbeitung der allgemeinen Kräfteminderung entstehen.

Im Alter kommt es zu Störungen der *Gedächtnistätigkeit (Merkschwäche)* und zur allgemeinen *Verlangsamung* psychischer Vorgänge. Die Charakterzüge verschärfen sich zum Teil in grotesker Weise (Sparsame werden geizig, Erregbare werden jähzornig); man hält gerne am Gewohnten fest und kann sich nur schwer umstellen. Entscheidend ist auch, wie sich der einzelne mit seinem bisherigen Leben und dem Problem Tod auseinandersetzt. Je nachdem, wie diese verschiedenen Einflüsse verarbeitet werden und ineinanderspielen, kommt es zu einer gewissen Gelassenheit und Abgeklärtheit oder auch zu Vereinsamung, Erstarrung und Resignation.

Wir können verschiedene psychiatrische Krankheiten des höheren Lebensalters unterscheiden und wollen als wichtigste die Hirnarteriosklerose und die senile Demenz besprechen.

Hirnarteriosklerose. *Ursache:* Dem Krankheitsprozeß liegen Veränderungen (Wandverdickung, Verkalkung) des Blutgefäßsystems zugrunde. Diese Veränderungen verschlechtern die Durchblutung des Gehirns (Sauerstoffmangel), wodurch Nervenzellen absterben. Der Untergang von Hirngewebe kann vielfältige *körperliche* (Schlaganfall, Hirnerweichung) und *psychische* Erscheinungen (organische Wesensänderung, Verwirrtheitszustände, Gedächtnisschwund usw.) zur Folge haben. Als ursächliche Faktoren spielen ein erhöhter Blutfettgehalt, ein zu hoher Blutdruck (vor allem starke Blutdruckschwankungen) sowie gewisse konstitutionelle Eigenschaften eine Rolle. So erkranken z. B. bevorzugt Männer; in manchen Familien tritt das Krankheitsbild gehäuft auf.

Erkrankungsalter: nach dem 50. Lebensjahr.

Symptome: Die Krankheit führt über die Durchgangssyndrome schließlich zu den irreversiblen organischen Defektsyndromen. Wegen der großen praktischen Bedeutung wollen wir auf die Symptome im einzelnen noch etwas eingehen. Wir unterscheiden Beschwerden, körperliche und psychische Symptome.

Beschwerden: Die Patienten klagen über Kopfschmerzen, Schwindel (Schwarzwerden vor den Augen, Flimmern), Ohrensausen, Schlaflosigkeit und Vergeßlichkeit.

Körperliche Symptome: Bei der Untersuchung findet man manchmal eine tastbare Verhärtung und Schlängelung der Arterien (besonders an den Schläfen), gelegentlich einen Altersparkinsonismus und fast immer eine Blutdruckerhöhung. Von den Angehörigen erfährt man häufig, daß die Patienten Schlaganfälle oder auch einmal Krampfanfälle erlitten haben.

Psychische Symptome: Es kommt zu der bereits erwähnten Vergröberung von Charakterzügen, zu Taktlosigkeiten, bei Männern häufig auch zur sexuellen Enthemmung. Die Patienten achten nicht auf ihre Kleidung und verwahrlosen, wenn man sich nicht ständig um sie kümmert. Ihre Stimmung ist meist gereizt, verdrießlich oder depressiv. Die Gefühlsregungen verflachen, es kann zu Zwangsweinen oder Zwangslachen, Rührseligkeit und zur übermäßigen Empfindlichkeit gegen Beeinträchtigungen aller Art kommen (übertriebenes Jammern, Weinerlichkeit) – *Affektlabilität.* Daneben bestehen Gedächtnis- und Merkfähigkeitsstörungen, die Intelligenzfunktionen lassen stark nach, es kommt schließlich zur *Demenz.*

Es kann im Rahmen der Krankheit auch zu regelrechten Verwirrtheitszuständen mit Verkennung der Umgebung, Umherirren und motorischer Unruhe kommen.

Verlauf: Auslöser für die Erkrankung ist häufig ein plötzlicher Umgebungswechsel oder andere Veränderungen in der gewohnten Lebensweise. Die Krankheit schreitet fort. Der Tod tritt meist durch den zunehmenden körperlichen Verfall und durch Komplikationen (Bronchopneumonie) ein (s. auch zerebrale Gefäßprozesse und körperlich begründbare Psychosen).

Senile Demenz. *Begriff:* Dem Krankheitsbild liegt ein Schwund von Hirngewebe zugrunde, der zu einem massiven Intelligenzabbau und zu psychischen Erscheinungen führt.

Erkrankungsalter: Die Krankheit tritt meist um das 70. Lebensjahr auf.

Symptome: Auch hier unterscheiden wir wieder körperliche und psychische Erscheinungen.

Körperliche Symptome: Oft findet man ein starkes „Greisenzittern" der Hände oder auch des Kopfes, einen kleinschrittigen Gang, gebeugte Körperhaltung und enge Pupillen, die nur träge auf Lichtreize reagieren.

Psychische Symptome: Bei ihnen steht der Intelligenzabbau im Vordergrund. Es kommt zum Nachlassen von Gedächtnis und Konzentration, zur Verlangsamung des Denkens, zur Kritiklosigkeit, zum Versanden von Interessen und Antrieben.

Die Patienten sind sehr suggestibel (leicht beeinflußbar). Wichtig zu wissen ist, daß Gewohnheiten und äußere Umfangsformen zunächst völlig erhalten bleiben können, so daß bei flüchtigem Kontakt mit solchen Kranken (wenigstens im Anfangsstadium) ihr Zustand gar nicht ins Auge fällt. Daneben kommen fast alle Symptome vor, wie wir sie bei der Hirnarteriosklerose besprochen haben. Auch Verwirrungszustände, delirante Unruhe und Wahnideen (besonders Verfolgungswahn) können vorübergehend auftreten.

Ursache: Die eigentliche Ursache ist nicht bekannt. Fest steht nur, daß Erbanlagen eine Rolle spielen, da die Erkrankung familiär gehäuft auftritt. Bei der mikroskopischen Untersuchung des Gehirns findet man Verklumpungen von Nervenfasern und Anhäufung von Abbaustoffen in Gestalt kleiner Knötchen.

Therapie: Die Behandlung ist nicht sehr aussichtsreich. Die Patienten werden sehr bald pflegebedürftig. Die symptomatischen Maßnahmen laufen im wesentlichen auf eine Beeinflussung der Schlafstörungen und eine Dämpfung der Unruhezustände hinaus.

Altersbedingte Versagenszustände

Streng genommen gehören sie nicht in den Abschnitt der körperlich begründbaren Psychosen, sondern eher zu den psychogenen Reaktionen und Entwicklungen. Sie sollen aber aus zwei Gründen dennoch hier behandelt werden. Einmal ist die organische Komponente von der reaktiven bei ihnen kaum zu trennen, zum anderen sollen die psychischen Störungen des höheren Lebensalters zusammen abgehandelt werden.

Die *Symptome* der altersbedingten Versagenszustände entstehen zum größten Teil aus einer psychischen Abwehr gegenüber den natürlichen Altersveränderungen. Es kommt zu Fehlhaltungen, Krankheitsbefürchtungen, Unruhe, Angst vor dem Altsein. Im Vordergrund stehen meist hypochondrische Beschwerden bei ängstlicher oder gereizter Grundstimmung. Wichtige Auslösefaktoren dieser Störungen sind die Beendigung der beruflichen Arbeit (Pensionierung) oder der Verlust naher Angehöriger.

Betreuung Alterskranker

Die Pflege und Betreuung alterskranker Menschen erfordert viel Geduld und Einfühlungsvermögen. Wir haben bereits von der Zuspitzung der Charaktereigenschaften im höheren Alter gehört. Mit ihnen hat man, neben der körperlichen Versorgung, auf den Pflegeabteilungen viel zu schaffen. Manche Patienten sind mißmutig, gereizt und nörglerisch, sie leben oft nur noch in der Vergangenheit, als sie noch Aufgaben und Pflichten hatten. Sofern dies möglich ist, sollte man sie auch zu kleinen Hilfsdiensten wieder heranziehen. Man kann sie allerdings meist nur zu einfachen Leistungen gebrauchen, da sie infolge ihrer schlechten Merkfähigkeiten ihren Auftrag leicht vergessen.

Den zahlreichen *Verwirrungszuständen* (die Patienten meinen z. B. sie seien, wie früher, auf ihrem Bauernhof, müßten jetzt zum Melken gehen) begegnet man nicht mit Belehrungen — diese sind völlig sinnlos —, sondern man geht ruhig darauf ein, lenkt dann die Kranken ab und versucht, sie in den gewohnten Tagesablauf wieder einzugliedern. Nicht immer kommt man dabei ohne Medikamente aus.

Es ist wichtig, daß man auch für ausreichende *Bewegung* der Kranken sorgt. Man muß sie häufig zu Spaziergängen anregen, da sie aus eigenem Antrieb nichts unternehmen. Viele Patienten sind nicht mehr in der Lage, sich selbständig an- und auszukleiden oder zu waschen, so daß diese Aufgaben der Schwester zufallen. Auf die körperliche Versorgung muß, besonders bei Bettlägerigen, sehr geachtet werden, denn durch Unachtsamkeit kann sich leicht ein Dekubitus (Wundliegen) entwickeln, der zur bedrohlichen Komplikation werden kann.

Ein schwieriges Problem sind die nächtlichen *Unruhezustände* und die Schlafstörungen. Hierbei ist es wichtig, die Schlafmittel nicht zu früh zu verabreichen, wie dies häufig geschieht, sondern erst gegen 22 Uhr oder später. Der alte Mensch braucht ohnehin weniger Schlaf. Auch die Wahl des Schlafmittels ist nicht einfach, bewährt haben sich z. B. Chloralhydrat, Melleril, Mogadan.

Therapie und Pflege bei körperlich begründbaren Psychosen

Die ursächliche (kausale) und symptomatische Behandlung der den körperlich begründbaren Psychosen zugrunde liegenden organischen Krankheiten wurden im neurologischen Teil bereits besprochen. Daneben bieten jedoch gerade die körperlich begründbaren Psychosen von ihrer *psychischen* Seite her eine ganze Reihe therapeutischer und pflegerischer Probleme, auf die wir nun eingehen wollen. Da diese, unabhängig von ihrer Ursache, vom momentanen Zustand des Patienten aufgeworfen werden und bei den verschiedensten Ursachen die gleichen sein können, machen wir die Situation des Patienten zum Ausgangspunkt unserer Überlegungen und Handlungen.

Der unruhige Patient

Er bestimmt weitgehend das Bild der geschlossenen Abteilungen. Wir haben gehört, daß es zahlreiche Krankheiten gibt, in deren Ablauf Unruhezustände auftreten. Für viele Patienten ist ihre Unruhe selbst sehr qualvoll, ohne daß sie sich dagegen wehren können. Man muß deshalb dafür sorgen, daß dieser Zustand möglichst rasch unterbrochen wird. Dies geschieht meist mit Hilfe der Neuroleptika (Dämpfungsmittel). Dabei muß man darauf achten, daß man nicht planlos unruhige Patienten mit diesen Medikamenten „zuschüttet" und so jegliche Eigeninitiative lahmlegt. Vielmehr sollen die Medikamente ein Hilfsmittel sein, um eine übermäßig starke Erregung zu unterbrechen mit dem Ziel, den Patienten danach in irgendeiner Weise produktiv zu beschäftigen. Beschäftigungs- und Gruppentherapie müssen hier einsetzen. Unruhige Patienten sind häufig auch sehr leicht reizbar. Es versteht sich, daß aus diesem Grunde alles vermieden werden muß, was dazu geeignet ist, die Erregung noch zu steigern.

Man darf deshalb auch manche Äußerungen, Beschimpfungen und unflätige Ausdrücke der Kranken nicht wörtlich nehmen, sondern muß über solche Dinge hinwegsehen können. Dies soll allerdings nicht in der Weise geschehen, daß man den Patienten ignoriert, was ebenfalls eine Steigerung der Erregung provozieren kann. In manchen Fällen läßt sich eine Isolierung in Einzelzellen nicht vermeiden.

Der antriebslose Patient

Er stellt das Gegenstück des unruhigen und erregten Patienten dar. Auch hier können die Ursachen vielfältig sein (Depressionen, Psychopathie, Demenz). Selbstverständlich muß zuerst die Ursache gefunden und dann gezielt behandelt werden. Die medikamentöse Behandlung mit antriebssteigernden und stimmungsaufhellenden Präparaten (Thymoleptika) spielt dabei eine große Rolle. Aber auch der tägliche Umgang mit den antriebsarmen Patienten ist von ausschlaggebender Bedeutung. Man muß versuchen, durch gewissenhafte Betreuung und durch Gespräche das Vertrauen solcher Kranken zu gewinnen und sie zu kleinen Hilfsdiensten heranziehen oder über den musischen Bereich (Zeichnen, Formen, Weben) ihre Initiative zu wecken. Hier hat die Beschäftigungstherapie ein weites Feld. Natürlich hängt der Erfolg solcher Maßnahmen zum großen Teil auch von der Intelligenz ab. Bei Dementen wird man trotz aller Mühe nicht sehr weit kommen.

Günstig kann sich auch eine sportliche Betätigung auswirken. Dadurch, daß die Patienten merken, sie können körperlich etwas leisten, steigt auch ihr Selbstvertrauen und häufig ihre Stimmung wieder an. Das Schwierigste ist, die Patienten überhaupt so weit zu bringen, daß sie „anfangen".

Der bewußtlose Patient

Bewußtlose Patienten kommen in der Neurologie und Psychiatrie sehr häufig vor. Deshalb soll auf dieses Zustandsbild näher eingegangen werden. Zunächst muß die Ursache der Bewußtlosigkeit geklärt werden. Dies ist Aufgabe des Arztes und soll hier nicht in allen Einzelheiten besprochen sondern die verschiedenen Möglichkeiten seien nur kurz erwähnt:

- Herz- und Kreislaufstörungen: Herzinfarkt, akute Herzinsuffizienz, Herzrhythmusstörungen, Kreislaufkollaps,
- Entzündliche Erkrankungen: Meningitis, Enzephalitis, Hirnabszeß,
- Stoffwechselbedingte Krankheiten: Coma uraemicum, Coma hepaticum, Coma basedowicum, Coma diabeticum,
- Vergiftungen: Alkoholvergiftung, Schlafmittelvergiftung, Kohlenoxydvergiftung,

— Tumoren des Gehirns und Gefäßmißbildungen,
— Intrakranielle Blutungen: Hypertonische Massenblutung, Subarachnoidealblutung, sub- und epidurales Hämatom,
— Schädelverletzungen: Contusio cerebri, Commotio cerebri.

Bei bewußtlosen Patienten müssen *sofort* Maßnahmen ergriffen werden, die u. U. lebensrettend sind. Um gezielt und sicher eingreifen zu können, muß man systematisch vorgehen und wissen, worauf man in den ersen Minuten zu achten hat:

Atmung:	Sind die Atemwege frei? Atmet der Patient zu wenig? Atmet der Patient zu rasch?
Kreislauf:	Wie ist der Puls? (nicht tastbar, schwach, zu langsam oder zu schnell). Wie ist der Blutdruck?
Vorgeschichte:	Wie kam es zur Bewußtlosigkeit? Dies ist von Begleitpersonen rasch zu erfragen. (Diabetes, Kopfverletzung, Vergiftung usw.)

Natürlich ist mit diesen wenigen Überlegungen nicht immer die ursächliche Klärung des Krankheitsbildes möglich. Dies ist aber in den ersten Minuten auch nicht ausschlaggebend. Durch lange Überlegungen kann hier das Nächstliegende und für den Augenblick Wichtigste vergessen werden.

Aus den oben genannten Fragen, die sich Arzt und Schwester bei jedem Bewußtlosen zu stellen haben, ergeben sich die *Sofortmaßnahmen:*

Richtige Lagerung des Patienten: Seitliche Lagerung, Vorziehen des Unterkiefers, evtl. Einlegen eines GÜDEL-Tubus. Damit soll die Aspiration von Blut oder Erbrochenem vermieden werden, die leicht zum Ersticken oder zu einer Pneumonie führen kann. Hat der Patient bereits aspiriert, so wendet man die Hängelage des Oberkörpers an (Kopf tief, Beine hoch).

Freihalten der Atemwege: Verschleimte oder verstopfte Atemwege müssen abgesaugt werden. Meist ist es zweckmäßig zu intubieren. Dies hat zwei Vorteile: einmal wird dadurch die Aspiration vermieden, zum anderen kann man den Patienten auch über längere Zeit künstlich beatmen. Beim Atemstillstand muß immer intubiert und künstlich beatmet werden.

Hat man nicht die Möglichkeit zur künstlichen Beatmung, so führt man die Mund-zu-Mund- oder Mund-zu-Nase-Beatmung durch: Am liegenden Patienten wird bei überstrecktem Kopf und vorgehaltenem Unterkiefer im eigenen Atemrhythmus das Atemvolumen in die Lunge des Patienten „gepumpt".

Herz- und Kreislaufbehandlung: Sie wird je nach Ursache der Bewußtlosigkeit verschieden sein. Durch Infusion (z. B. Macrodex, Haemaccel, Tutofusin und andere Infusionslösungen) und Stützung der Herzleistung (Strophanthin, Digitalispräparate) sowie Beeinflussung der Gefäße (Novadral, Effortil usw.) muß der Blutdruck stabilisiert werden.

Beim *Herzstillstand* (Pulslosigkeit, Atemstillstand, weite Pupillen) ist unverzüglich die *äußere Herzmassage* durchzuführen. Dabei wird am liegenden Patienten der Ballen der einen Hand auf das untere Drittel des Brustbeins aufgesetzt, die andere Hand darüber gelegt und dann das Brustbein etwa 3 bis 5 cm weit *rasch* gegen die Wirbelsäule gedrückt. Man führt etwa 60 Kompressionen pro Minute durch.

Regulierung der Ausscheidungsfunktionen: Jeder Bewußtlose ist zu katheterisieren. Der Urin muß auf Zucker, Eiweiß, Azeton, bei entsprechendem Verdacht auch auf Giftspuren (z. B. Barbiturate) untersucht werden.

Bei länger dauernder Bewußtlosigkeit ergibt sich eine Reihe weiterer Probleme wie künstliche Ernährung, Vermeidung von Pneumonien und Harnwegsinfekten sowie des Dekubitus. Da sie die gleichen sind wie bei den dauernd Pflegebedürftigen, besprechen wir sie im nächsten Abschnitt.

Die Dauerpflegesituation

Viele körperlich begründbaren Psychosen hinterlassen so schwere Schädigungen, daß die Patienten dauernd pflegebedürftig bleiben. Sie sind bettlägerig und können infolge von Lähmungen, Schwäche oder hochgradigem geistigen Abbau sich nicht mehr waschen, nicht mehr alleine essen und sind auch meist nicht mehr in der Lage, ihre Ausscheidungsfunktionen (Wasserlassen, Stuhlgang) willkürlich zu beherrschen. Es versteht sich von selbst, daß die Pflege solcher Kranker nicht leicht und nicht immer angenehm ist, aber gerade sie sind es, die einer gründlichen und guten Pflege am meisten bedürfen.

Die *körperliche Pflege* beginnt morgens mit dem Waschen, Kämmen und Füttern. Beim Waschen soll der ganze Patient gründlich gereinigt werden. Sauberkeit ist die beste Vorbeugung gegen die so häufigen und hartnäckigen Infektionen der Blase. Grundsätzlich soll man den Patienten morgens immer ganz ansehen, um wunde Stellen, Entzündungen und Verletzungen frühzeitig zu bemerken und gleich behandeln zu können. Bei allen pflegerischen Maßnahmen soll man nicht schematisch vorgehen, sondern sich auf den jeweiligen Kranken einzustellen versuchen. Kranke, die noch selbst etwas tun können, muß man dazu ermutigen und anleiten und nicht, um selbst schneller fertig zu werden, ihre Initiative ausschalten. Am besten ist es, man versucht sich in ihre Lage etwas einzufühlen. Viele Patienten, auch wenn sie geistig schon abgebaut wirken, empfinden schmerzlich ihre Hilflosigkeit und ihr Angewiesensein auf andere.

Ein besonderes Problem stellen die häufigen Verwirrtheitszustände dar, die meist mit motorischer Unruhe gekoppelt sind. In solchen Zuständen versuchen die Patienten oft, ihr Bett zu verlassen und ziehen sich dabei allerlei Verletzungen zu. Dies kann vermieden werden, wenn man rechtzeitig ein Bettgitter anbringt, das die Kranken nicht übersteigen können. In manchen Fällen kommt man nicht ohne eine Fixierung aus.

Neben den geschilderten Problemen ist bei der körperlichen Betreuung dauernd Pflegebedürftiger noch auf die Vorbeugung (Prophylaxe) häufiger und gefürchteter Komplikationen zu achten:

Pneumonieprophylaxe: Die beste Vorbeugung gegen eine Lungenentzündung ist ausreichende Bewegung, frische Luft und mehrmals am Tage tiefes Durchatmen. Man sollte versuchen, auch bei bettlägerigen Patienten diese einfachen Maßnahmen täglich durchzuführen, also die Kranken öfter aufsetzen und eine einfache – evtl. auch passive – Bettgymnastik betreiben.

Durch vitaminreiches Essen oder Vitaminpräparate kann man die Abwehrkraft des Organismus steigern. Bei den ersten Anzeichen einer Pneumonie oder Bronchitis setzt man Antibiotika ein und sorgt für eine entsprechende Herzstützung.

Prophylaxe der Harnwegsinfekte: Sehr hartnäckig und schwer zu bekämpfen sind die Harnwegsinfekte. Da ein Großteil der Patienten einnäßt und einkotet, ist diese Gefahr immer gegeben. Man kann hier vorbeugend wirken, wenn man durch öfteres „Trockenlegen", gründliches Waschen und Wärme der Infektion den Nährboden entzieht. Zwischendurch sollte man immer wieder Untersuchungen des Katheterurins durchführen, um eine Infektion zum frühesten Zeitpunkt zu erkennen.

Dekubitusprophylaxe: Das „Wundliegen" *(Dekubitus)* kann vermieden werden, wenn man die Patienten mehrmals täglich und nächtlich umlagert und für gepolsterte Unterlagen (Gummiringe, Schaumgummi usw.) an den gefährdeten Stellen rechtzeitig sorgt.

Die Behandlung eines *Dekubitus* kann sehr langwierig sein.

Rehabilitation

Vielfältig sind die Aufgaben, die sich bei der Rehabilitation nach körperlich begründbaren Psychosen stellen. Allgemeingültige und für jeden Patienten zutreffende Richtlinien lassen sich hier nicht geben.

Man muß vielmehr je nach Art der Störung individuell vorgehen, wobei sich ganz grob 2 Gruppen von Patienten abgrenzen lassen, solche, die an leichten (reversiblen) und solche, die an schweren (irreversiblen) Ausfallserscheinungen leiden. Diese Abgrenzung darf natürlich nicht dazu führen, daß die therapeutische Aktivität bei der zuletzt genannten Gruppe durch das Wort irreversibel eingeschränkt wird, der Unterschied zwischen beiden Gruppen liegt lediglich in einem vor allem in zeitlicher Hinsicht andersartigen Vorgehen.

Vorgehen bei leichten (reversiblen) Ausfallserscheinungen: Zu Beginn der Rehabilitationsmaßnahmen muß man sich über 2 Dinge ein genaues Bild verschaffen: Über Art und Schwere der Ausfallserscheinungen und über die Motivation des Patienten, aktiv etwas dagegen zu tun. Hinsichtlich des letzteren Gesichtspunktes ist vor allem auf Antriebslage, Stimmung, Interesse an der Umwelt, Initiative und Willenskraft zu achten. Bei allen Förderungsmaßnahmen muß man darauf bedacht sein, daß Motivationslage und Übungsbehandlung, die der Überwindung von Ausfallserscheinungen dient, einander annähernd entsprechen. Denn ein Patient, der z. B. bei geringer eigener Motivation durch die Behandlungsmaßnahmen überfordert wird, verliert vollends den Mut. Die Motivation eines Patienten läßt sich dadurch anheben, daß man bei allen Förderungsmaßnahmen von denjenigen Funktionen ausgeht, die er noch am besten beherrscht, und dann zunehmend solche damit koppelt, die stärker eingeschränkt sind. Auf diese Weise läßt sich innerhalb eines Stufenplanes, der für jeden Patienten individuell aufgestellt werden muß, eine fortschreitende Besserung erreichen, deren letztes Ziel die Entlassung des Patienten in seine gewohnte Umgebung ist. Diesem Ziel dienen folgende Maßnahmen:

- Funktionstraining zur Überwindung körperlicher und psychischer Ausfallserscheinungen (z. B. Bewegungstraining und Training der Aufmerksamkeitsspannung);
- Beschäftigungstherapie, die der Anregung von Antrieb und Initiative dient (besonders bewährt haben sich dabei produktive Tätigkeiten wie Malen, Modellieren, Basteln usw.);
- physikalische Therapie (Bäder, Massagen);
- Gruppentherapie;
- abgestuftes Vorgehen bei der Entlassung (z. B. über die Tages- oder Nachtklinik);
- berufliche Reintegration des Patienten (u. U. zunächst über eine Beschäftigung in einer Beschützenden Werkstatt).

Vorgehen bei schweren (irreversiblen) Ausfallserscheinungen: Bei Kranken, die an schweren Ausfallserscheinungen leiden, muß man mit einem viel langwierigeren, zeitlich und personell aufwendigeren „Rehabilitationsweg“ rechnen. Darüber hinaus sind dem Ziel aller

Förderungsmaßnahmen durch die Schwere der Behinderung manchmal unüberwindbare Grenzen gesetzt. Ziel der Rehabilitationsmaßnahmen kann hier in den meisten Fällen nicht mehr die Wiedereingliederung in Familie und Beruf sein, man muß sich vielfach mit bescheideneren Zielen (z. B. mit der Beherrschung einiger körperlicher Funktionen, der Anpassung in einer geschützten Umgebung oder der Beherrschung von Affektausbrüchen) zufriedengeben. Die Maßnahmen, die zur Förderung dieser schwer geschädigten Patienten angewandt werden, sind im Prinzip die gleichen wie bei den leichter (reversibel) geschädigten Kranken. Der Schwerpunkt liegt allerdings hier auf einfacheren Formen der Beschäftigungstherapie, auf der Eingliederung in kleinere Gruppen und der beruflichen Rehabilitation im Rahmen einer Beschützenden Werkstatt.

In manchen Fällen ist allerdings auch bei irreversiblen Ausfallserscheinungen eine Reintegration in die Familie möglich, doch erfordert eine solche Maßnahme eine sehr intensive Zusammenarbeit zwischen den Angehörigen und dem Rehabilitationsteam einer Klinik.

Endogene Psychosen

Begriffe: „Endogen" heißt soviel wie von innen heraus oder, als Gegensatz ausgedrückt, „nicht exogen". Der Begriff des Endogenen umfaßt auch Konstitutionelles und Anlagebedingtes und vieles, was wir (noch) nicht wissen, weshalb man ihn auch häufig mit kryptogen (verborgen) gleichsetzt.

Der Ausdruck „endogene Psychosen" ist eine Sammelbezeichnung für einige psychiatrische Krankheiten (Manie, endogene Depression, Schizophrenie), denen sich eine körperliche Ursache nicht zuordnen läßt. Es sei hier an das Schema der psychiatrischen Systematik von Kurt Schneider erinnert (S. 171).

Endogene Psychosen lassen sich aber auch nicht psychogen, d. h. durch traumatische Erlebnisse oder Konflikte erklären, vielmehr überfallen sie schicksalhaft die Patienten und „unterbrechen oder zerreißen die Sinnkontinuität des Lebens des einzelnen Kranken, wie es körperliche Krankheiten oder Unfälle zu tun pflegen" (Weitbrecht).

Wir geraten also bei der Einordnung der endogenen Psychosen in nicht geringe Schwierigkeiten. Durch das Fehlen körperlicher Ursachen unterscheiden sie sich von den körperlich begründbaren Psychosen; die Unmöglichkeit, sie aus einem erlebnisreaktiven Geschehen abzuleiten, gewährleistet ihre Abgrenzung von den abnormen psychogenen Reaktionen und Entwicklungen (Neurosen). Es bleibt uns also nichts anderes übrig, als eine eigene Kategorie für sie zu reservieren, wobei für ihre Diagnostik ausschließlich *psychopathologische Symptome* verwertet werden können.

Dabei zeigen sie eine Reihe von Hinweisen, die sie in die unmittelbare Nachbarschaft körperlicher Erkrankungen stellen. Die wichtigsten dieser Hinweise sind folgende:

— Erbfaktoren spielen bei ihrer Entstehung eine gewisse Rolle. Die Krankheiten treten familiär gehäuft auf. Die Zwillingsforschung hat sich mit ihrer Erblichkeit genauer befaßt und kann zahlenmäßig Angaben über die Erkrankungswahrscheinlichkeit machen (S. 142).

— Sie treten völlig unmotiviert, grundlos und häufig plötzlich auf, ebenso wie körperliche Erkrankungen.

— Sie zeigen eine deutliche Gebundenheit an biologische Krisenzeiten wie Pubertät, Schwangerschaft, Wochenbett, Stillzeit, Klimakterium und die Zeit der Rückbildungsjahre (Alter zwischen 55 und 60 Jahren). Natürlich darf man annehmen, daß zum Zeitpunkt der genannten biologischen Krisenzeiten auch eine gewisse Labilität gegenüber psychischen Einflüssen und Konflikten besteht. Die Pubertät ist ein bekanntes Beispiel dafür. Andererseits hat der weitere Verlauf bei vielen der sog. Pubertätskrisen und Wochenbettpsychosen gezeigt, daß es sich bei ihnen um die erste Manifestation einer Schizophrenie gehandelt hat.

— Ein weiterer Gesichtspunkt, der für die bisher nicht beweisbare körperliche Fundierung der endogenen Psychosen spricht, ist ihr Verlauf, der relativ unabhängig von individuellen Problemen und kulturellen Einflüssen in allen Erdteilen in gleicher Weise abläuft. Wir sprechen von den endogenen Verlaufstypen, *Phase* und *Schub*. Bei beiden handelt es sich um ein vorübergehendes Aufflackern des Krankheitsprozesses in Gestalt ausgeprägter manischer, depressiver oder schizophrener Symptome. Während bei der Phase jedoch *immer* eine völlige Ausheilung und Rückbildung der Symptome erreicht wird, bleibt bei einem Schub oft eine Persönlichkeitsänderung zurück, die schließlich nach mehreren Schüben im *schizophrenen Defekt* endet. Die *Phase* ist die Verlaufsform der *Zyklothymie* und läßt sich als horizontale Wellenlinie symbolisieren, bei der das Ausgangsniveau immer wieder erreicht wird. Die Verlaufsform der Schizophrenie ist der Schub, den man bildlich als abwärts führende Treppe darstellen kann, wobei jede Stufe einem Schub entspricht.

— Schließlich läßt sich noch als letzter Gesichtspunkt die Tatsache anführen, daß die endogenen Psychosen, wie körperliche Krankheiten, nicht auf eine psychotherapeutische Behandlung ansprechen. Es wurden zwar viele Versuche in dieser Richtung unternommen, sie haben jedoch nicht überzeugt. Es soll der Psychotherapie hier nicht jegliche Berechtigung abgesprochen werden; als ergänzende Maßnahme ist sie auch bei den endogenen Psychosen durchaus zu begrüßen.

Die erfolgreichsten Behandlungsmaßnahmen, die wir bei den endogenen Psychosen kennen, sind jedoch körperlicher Art (Schocktherapie, medikamentöse Behandlung).

Nach diesen grundsätzlichen Ausführungen sollen nun die einzelnen Krankheitsbilder besprochen werden. Erfahrungsgemäß bereiten sie dem Verständnis gewisse Schwierigkeiten, da ihre Ursachen nicht, wie sonst gewohnt, körperlich faßbar sind und die Diagnostik sich allein auf psychische Symptome stützen kann.

Zyklothymie

In unserem Gebrauch bezeichnet der Ausdruck *Zyklothymie* eine mit extremen Stimmungsschwankungen einhergehende Psychose, in deren Verlauf sowohl *manische* (krankhaft gehobene) als auch *depressive* (krankhaft gedrückte) Stimmungen als Kernsymptom vorkommen. Versucht man eine Übersetzung des Wortes Zyklothymie, so käme seinem Wesen noch am ehesten die Bezeichnung „Wechselmut" nahe, womit gleichzeitig zum Ausdruck gebracht ist, daß die beiden einander entgegengesetzten Stimmungspole sich ablösen können. Die Bezeichnungen *manisch-depressives Irresein,* manisch-depressive Psychose oder zirkuläre Psychose, haben die gleiche Bedeutung. Den Ausdruck Irresein sollte man jedoch wegen seiner negativen und abwertenden Note nicht mehr verwenden.

Häufigkeit: Etwa 0,5 bis 0,8 % der Gesamtbevölkerung erkranken. Es ist jedoch durchaus möglich, daß der Prozentsatz in Wirklichkeit höher liegt, da die Prozentangaben sich auf klinische Fälle beziehen, die leichteren Formen der Erkrankung jedoch ambulant in der Praxis behandelt werden und deshalb in den Statistiken nicht erfaßt sind.

Das weibliche Geschlecht ist deutlich häufiger betroffen als das männliche. Das Verhältnis beträgt etwa 70 % zu 30 % aller Fälle.

Verlauf: Wie der Name schon sagt, ist das Krankheitsbild dadurch gekennzeichnet, daß depressive und manische Phasen einander ablösen. Das ist aber bei weitem nicht immer der Fall. Meistens verläuft die Erkrankung *vorwiegend* unter den Symptomen der Depression, während manische Phasen relativ selten vorkommen. Schließlich gibt es auch Mischzustände, die sowohl manische als auch depressive Züge aufweisen.

Jede Phase ist reversibel, d. h. sie heilt im Gegensatz zum Schub (s. Schizophrenie) immer ohne Defektbildung aus.

Endogene Depression oder Melancholie

Die *endogene Depression* äußert sich in massiven psychischen Störungen, greift jedoch auch auf vielfältige Weise ins körperliche Geschehen ein. Wir unterscheiden nach KIELHOLZ die depressiven Grundsymptome von den depressiven Begleitsymptomen.

Depressive Grundsymptome. *Depressive Grundstimmung:* Hierbei handelt es sich um eine schwermütige, traurige Stimmungslage mit Gleichgültigkeit und Apathie. Die Traurigkeit überfällt die Patienten *grundlos,* unmotivierbar und hat *vitalen* Charakter, d. h. sie betrifft die vitalen Leibempfindungen (Vitalgefühle). Die Vitalgefühle sind Leibempfindungen, die sich nicht bestimmten Organen zuordnen lassen, sondern individuell verschieden „projiziert" werden. So lokalisieren manche Depressive das diffuse, quälende Gefühl der Bedrückung oder Angst in die Herzgegend, andere in den Kopf.

In die depressive Stimmung eingebettet sind meist die Gefühle der *Angst* und der *Schuld.*

Die *Angstgefühle* beziehen sich auf Gegenwart oder Zukunft und sind entweder gerichtet (z. B. Angst vor Verantwortung) oder ungerichtet (die Patienten wissen nicht, wovor sie Angst haben). Die *Schuldgefühle* betreffen die Vergangenheit und nehmen ihren Ausgangspunkt von wirklichen oder vermeintlichen Verfehlungen, die durch die „depressive Brille" hinsichtlich ihrer Verworfenheit millionenhaft vergrößert erscheinen.

Schließlich kann es zu regelrechten Wahnbildungen kommen. Die endogene Depression zeigt charakteristische *Tagesschwankungen.* Es ist den Patienten zumeist morgens schwerer zumute als abends.

Denkhemmung: Durch die tiefe Traurigkeit werden neben der Gefühlssphäre auch alle anderen psychischen Funktionen in Mitleidenschaft gezogen, insbesondere das Denken. Es läuft verlangsamt und mühsam ab, den Patienten fehlen vor allem die Einfälle. Als Reaktion auf das eigene Versagen stellen sich dann häufig *Verarmungsideen* ein, die sich z. B. in den Worten „ich tauge nichts mehr, ich bin zu nichts nütze" äußern.

Hemmung der Handlungsfunktionen: Als solche bezeichnen wir jegliche Einengung der Beziehungen des Patienten zu seiner Umwelt, wobei die Ursache in einer Lähmung aller Antriebskräfte liegt. Die Kranken können sich zu nichts aufraffen, jeder Entschluß fällt ihnen unendlich schwer. Für alltägliche Verrichtungen (z. B. Essen, Ankleiden) brauchen sie übermäßig viel Zeit, in Extremzuständen nehmen sie keinerlei Nahrung mehr zu sich. Auch ihre Bewegungen sind verlangsamt, schwunglos und vom Gefühl bleierner Müdigkeit begleitet. In diese allgemeine psychische Erstarrung ist auch der Gesichtsausdruck einbezogen. Das Gesicht solcher Patienten wirkt schwermütig, maskenhaft, ist ohne Mienenspiel und zeigt die charakteristischen herabgezogenen Mundwinkel.

Depressive Begleitsymptome. Während die depressiven Grundsymptome bei jeder endogenen Depression in stärkerer oder schwächerer Ausprägung zu finden sind, variieren die Begleitsymptome, die sich vorwiegend als körperliche Mißempfindungen äußern, von Patient zu Patient in hohem Maße.

Symptome allgemeiner Art: Hierzu rechnen wir die quälenden *Schlafstörungen*, die *Appetitlosigkeit* und *Schmerzempfindungen* verschiedenster Art, die in alle möglichen Körperregionen projiziert werden. Die Schlaflosigkeit gehört zu den häufigsten Symptomen der Depression, man findet sie bei fast allen Patienten.

Herz- und Atembeschwerden: Sie äußern sich in Form von *Beklemmungsgefühlen, Herzrhythmusstörungen* (z. B. Herzjagen), langsamer und flacher Atmung oder Atemnot. Typisch sind folgende Äußerungen von Patienten: „Es sitzt mir wie ein Stein in der Herzgegend", „in der Brust ist alles so wund", „manchmal ist mir, als könnte ich nicht mehr atmen". Die Herzbeschwerden zählen zu den am häufigsten geklagten depressiven Begleitsymptomen.

Störungen von seiten der Verdauungsorgane: Geklagt wird vor allem über *Mundtrockenheit, Engegefühl im Hals* (sog. Globusgefühl), *Völlegefühl, Druck in der Magengegend* und hartnäckige *Verstopfung*. Eine Patientin klagte z. B.: „Ich habe ständig so ein komisches Gefühl in der Magengegend, es ist kein Schmerz, sondern mehr ein Druck, ich kann kaum mehr essen, seit einer Woche habe ich keinen Stuhlgang gehabt".

Störungen im Bereich des Unterleibs und der Genitalorgane: Häufig, besonders von Frauen, werden Schmerzempfindungen im Bereich des Unterleibs angegeben, in vielen Fällen treten Menstruationsstörungen auf oder die Periode setzt ganz aus; die Libido läßt stark nach oder erlischt.

Aus der Verarbeitung von depressiven Grund- und Begleitsymptomen erwächst noch eine ganze Reihe wahnhaft übersteigerter, depressiver Ideen (produktive Symptome).

Die häufigsten sind: *Versündigungsideen, Verarmungsideen, Minderwertigkeitsideen* und übersteigerte *hypochondrische Krankheitsbefürchtungen.*

Bei den *Versündigungsideen* kramen die Patienten Jugendsünden, wie Onanieren hervor und steigern sich in den Wahn hinein, sie hätten dadurch sich und ihre Familie ruiniert. Andere wollen durch ihr früheres Verhalten die ganze Menschheit ins Unglück gestürzt haben. In der überwiegenden Mehrzahl handelt es sich dabei um Menschen, die vor Auftreten ihrer Krankheit in jeder Hinsicht solide und unauffällig waren.

Bei den Verarmungs- und Minderwertigkeitsideen fehlt den Patienten jegliches Selbstbewußtsein. Sie „taugen nichts mehr, sollten am besten sterben, gehören zu den Tagedieben, die nur dem Herrgott die Zeit wegstehlen" usw.

Hypochondrische Krankheitsbefürchtungen sind bei Depressiven überaus häufig. Sie äußern sich meist in der wahnhaften Überzeugung des Patienten, an einer unheilbaren Krankheit (meist Krebs) zu leiden. „Es hat ja alles keinen Sinn mehr, es geht abwärts, ich weiß ja, daß ich Krebs habe, bei der Visite hat der Doktor so bedenklich geschaut, da wurde es mir ganz klar."

Das Kennzeichnende dieser hypochondrischen Ideen ist, daß sie mit logischen Argumenten nicht zu beseitigen sind.

Selbstmordgefahr: Bei den endogenen Depressionen besteht fast *immer Selbstmordgefahr,* vor allem im Anfangsstadium oder nach Einsetzen der medikamentösen Behandlung. In beiden Fällen ist die Hemmung noch nicht oder nicht mehr so ausgeprägt, daß sie solche Handlungstendenzen verhindern könnte. Es versteht sich von selbst, daß bei Selbstmordgefahr die Behandlung stationär in der geschlossenen Abteilung einer Klinik erfolgen muß.

Beispiel: Eine 32jährige verheiratete Hausfrau wird in die Klinik eingeliefert, weil sie einen Selbstmordversuch unternommen hatte. Von den Angehörigen war zu erfahren, daß sie in den letzten Wochen ihren Haushalt und ihre Familie vernachlässigt habe; sie habe nichts mehr gekocht, sich nicht mehr um ihren Mann und ihre beiden Kinder gekümmert, habe sich tagelang in ein Zimmer eingeschlossen und geweint und war der festen Überzeugung, sie leide an Krebs. Sie habe bereits mehrere Ärzte aufgesucht, die jedoch nichts gefunden hätten. Die Patientin habe dies allerdings so gedeutet, daß man es ihr nur nicht sagen wolle. Ein äußerer Anlaß für dieses Zustandsbild ließ sich nicht finden, die Familienverhältnisse waren geordnet und harmonisch. Bei genauem Nachfragen ließ sich eruieren, daß eine Tante der Patientin an Depressionen gelitten hatte.

In der Klinik machte die Patientin zunächst einen apathischen Eindruck, äußerte Selbstvorwürfe, sie habe sich durch schlechte Gedanken versündigt, sie sei schwer krank, es würde nie mehr besser, man könnte den Krebs ja doch nicht heilen usw.

Nach 4monatiger Behandlung konnte die Patientin geheilt entlassen werden; nach weiteren zwei Jahren war kein Rückfall aufgetreten.

Endogene Manie

Sie ist das Gegenstück zur Depression und ist gekennzeichnet durch:

— gehobene, sog. euphorische (heitere) Grundstimmung,
— Antriebsvermehrung,
— Ideenflucht mit starkem Rededrang,
— erhöhtes Selbstwertgefühl (bis zum Größenwahn),
— Verflachung des Gefühlslebens (Affektivität),
— gesteigertes körperliches Wohlempfinden.

In ihrer *euphorischen* Stimmung sehen die Patienten alles von der heiteren Seite an, wirken humorvoll, witzig und durch ihren Einfallsreichtum vielfach originell. Sie verbreiten eine ansteckende Heiterkeit. *Der Antriebsüberschuß* äußert sich im psychischen und körperlichen Bereich. Die Patienten zeigen eine hektische Betriebsamkeit, haben große Pläne, rennen von einem „Projekt" zum anderen und leisten effektiv nichts. In ihrem starken Rededrang sind sie nicht zu bremsen, wollen bei allem mitreden und mischen sich leicht in die Angelegenheiten anderer, weshalb es oft zu Streitigkeiten kommt. Der Antriebsüberschuß kann sich auch als Hemmungslosigkeit äußern. In diesem Zustande sind die Patienten z. B. sehr verschwenderisch, geben ihr ganzes Geld aus, kaufen etwa 20 Kleider oder führen infolge gleichzeitiger Enthemmung auf sittlichem Gebiet ein ausschweifendes Leben.

Die Ideenflucht macht sich als vermehrter Zustrom von Einfällen bemerkbar. Dadurch kommt es zu einem sehr unruhigen und gleichzeitig oberflächlichen Denken, dessen Gegenstand ständig wechselt. Es ist verständlich, daß mit einem solchen Denken Konzentrationsmangel und starke Ablenkbarkeit verbunden sind. *Ein erhöhtes Selbstwertgefühl* läßt sich schon aus dem bisher Geschilderten ableiten. Es ist einleuchtend, daß der Patient seinen Antriebsüberschuß, die ständig heitere Stimmung, das körperliche Wohlempfinden als kraftvoll deuten muß und daß dies sein Selbstbild anhebt. Das führt dazu, daß die Kranken sich und ihre Fähigkeiten oft in grotesker Weise überschätzen und in diesem Zustand allerlei unüberlegte Handlungen ausführen.

Die affektive Verflachung äußert sich in einer mangelhaften Gefühlsansprechbarkeit und der Unfähigkeit, tiefergehende Gefühlsregungen zu empfinden. Deshalb sind die Patienten auch nicht in der Lage, tiefere menschliche Bindungen einzugehen. Auch dies läßt sich mit dem raschen Wechsel aller Ereignisse in der Psyche des Manikers erklären. Schließlich ist für die Patienten ein abnorm *gesteigertes körperliches Wohlempfinden* typisch. Sie fühlen sich „prima", es fehlt ihnen nichts, sie sind gesund wie bisher nie usw. Besondere Schwierigkeiten bereitet bei solchen Patienten die stationäre Einweisung in eine Klinik, da sie die Notwendigkeit einer solchen nicht einsehen. Hat man sie schließlich in die Klinik gebracht, so drängen sie ständig nach Hause, „da sie ja gesund sind".

Beispiel: Eine 35jährige Patientin, die bereits 2mal wegen Depressionen in einer Nervenklinik war, fiel plötzlich an ihrer Arbeitsstätte (einem Reisebüro) durch ihre heitere und ausgelassene Stimmung auf. Sie begrüßte die Kunden überschwenglich und entfaltete eine fieberhafte Aktivität, wurde aber nie mit ihrer Arbeit fertig. In einer benachbarten Buchhandlung kaufte sie auf einmal 40 Bücher, äußerte, sie wolle selbst in den nächsten Wochen einen Bestseller schreiben und von dem Erlös eine Weltreise machen. Die früher sehr solide Patientin ließ sich plötzlich mit recht zweifelhaften

Männern ein und war eines Tages schwanger. In der Klinik sagte sie, sie fühle sich vollkommen wohl, brauche fast keinen Schlaf, so etwas bräuchten nur schwächliche Naturen, kam in ihren Gedanken vom Hundertsten ins Tausendste und zeigte eine ungeheure motorische Unruhe.

Von *Hypomanie* sprechen wir, wenn die Symptome nicht übermäßig stark ausgeprägt sind, jedoch eine deutliche Steigerung gegenüber der Normalbreite aufweisen.

Mischzustände

Bei diesen kann man sowohl depressive als auch manische Symptome beobachten.

Am häufigsten findet man die *agitierte (erregte) Depression,* bei der sich zur depressiven Stimmung eine hochgradige Bewegungsunruhe und ängstlich getriebene Stimmungselemente hinzugesellen. Man findet diese Krankheit vorwiegend im Klimakterium. Die Patienten gehen jammernd und klagend durchs Zimmer, klammern sich an Schwestern und Ärzte, sprechen nur von ihrer Angst und Verzweiflung und machen insgesamt einen ruhelosen Eindruck.

Weitere Mischzustände sind die zornige Manie und der manische Stupor.

Bei der *zornigen Manie* kombinieren sich manische Symptome nicht mit einer euphorischen, sondern mit einer gereizten bis zornigen Grundstimmung. Die Patienten sind sehr streitsüchtig, haben an allem etwas auszusetzen und geraten häufig in ausgesprochene Tobsuchtszustände.

Der sehr seltene *manische Stupor* ist gekennzeichnet durch heitere Grundstimmung kombiniert mit den depressiven Symptomen der Denkhemmung und der Hemmung aller Handlungsfunktionen.

Ursache der Zyklothymie. Wir haben in der Einleitung zum Kapitel der endogenen Psychosen bereits erläutert, daß aufgrund mancher dort besprochener Anhaltspunkte eine körperliche Ursache angenommen werden muß. Schlüssige Beweise dafür liegen allerdings nicht vor. Es wird immer wieder auf die *Erbfaktoren* und die *pyknische Konstitution* hingewiesen.

Hinsichtlich der *Erbprognose* sind folgende Zahlen bekannt: Ist ein Elternteil manisch-depressiv, so erkranken etwa 24 % der Kinder, 12 % der Geschwister, 3,4 % der Enkel und 2,4 % der Nichten und Neffen.

Exogene, psychoreaktive Faktoren können die Krankheit zwar auslösen, kommen aber als Ursache nicht in Betracht. Bei der endogenen Depression lassen sich in 13 bis 19 % aller Fälle exogene Faktoren als Auslöser ermitteln.

Prognose: Wir müssen unterscheiden zwischen der Gesamtprognose und der Prognose hinsichtlich der einzelnen Phase. Die einzelne Phase kann Wochen oder Monate anhalten. Sie heilt immer ab. Allerdings können sich die Phasen häufig wiederholen. Rund 85 % aller Kranken machen mehr als eine Phase mit, 22 % sogar mehr als acht. Die Dauer des erscheinungsfreien (gesunden) Intervalles kann ebenfalls stark variieren (Monate bis Jahre).

Erkrankungsalter: In 75 % der Fälle beginnt die Krankheit zwischen dem 20. und 50. Lebensjahr.

Rechtslage: Zurechnungsunfähigkeit (§ 51 StGB) besteht für alle Straftaten, die in manischen oder depressiven Phasen begangen werden. *Geschäftsunfähigkeit* ist bei allen Vertragsabschlüssen, Schenkungen usw. manischer Patienten anzunehmen. Deshalb können auch alle Geschäftsabschlüsse Manischer rückgängig gemacht werden. Im allgemeinen ist die Kriminalität der Manisch-Depressiven gering. Die Delikte der Manischen gehören meist in die Kategorie des groben Unfugs, mitunter kommen auch Sexualdelikte vor. Bei den Depressiven kann der erweiterte Selbstmord (Mitnehmen von Angehörigen in den Tod) eine Rolle spielen.

Andere Depressionen

Es gibt noch eine Reihe anderer depressiver Syndrome, die wir nicht zur Gruppe der endogenen Psychosen rechnen, weil sie entweder durch faßbare körperliche Veränderungen bedingt sind oder weil ein erlebnisreaktives Geschehen zu ihrer Erklärung ausreicht. Im ersteren Falle gehören solche Zustände zu den körperlich begründbaren Psychosen, im letzteren zu den psychogenen Reaktionen und Entwicklungen. Es gibt auch Zustandsbilder, die sich zwischen diesen beiden Möglichkeiten bewegen.

Eine Übersicht über die Ursachen der verschiedenen Depressionen soll Tab. 11 geben.

Tabelle 11 **Verschiedene Formen der Depression und ihre Ursachen**

	Symptomatische Depression (Infektions-, Stoffwechselkrankheiten, endokrine Störungen)
exogen	Hirnorganische Depression (Alterspsychosen, Unfall, Tumor)
	Depression bei Epilepsie
	Involutionsdepression
	Endogene Depression
endogen	Schizophrene Depression
	Depression bei Oligophrenen
	Endoreaktive Dysthymie
psychogen	Neurotische Depression
	Reaktive Depression
	Erschöpfungsdepression

Aus der Tabelle ist die Vielfalt depressiver Störungen ersichtlich, unter anderem auch die Tatsache, daß sich bei manchen Formen exogene, endogene und psychogene Einflüsse überlappen. Wir können hier nicht alle Formen besprechen, manche haben wir bereits in anderen Kapiteln abgehandelt, sondern wollen nur einige herausgreifen.

Involutionsdepressionen. Unter Involution verstehen wir körperliche und seelische Rückbildungsprozesse, die im höheren Lebensalter einsetzen. Eine genaue zeitliche Begrenzung der Altersstufe, in der diese Vorgänge ablaufen, ist nicht möglich. Auch was sich im psychischen Bereich im einzelnen dabei abspielt, ist schwer feststellbar, während die körperlichen Rückbildungserscheinungen leichter zu erfassen sind. Fest steht allerdings, daß in diesem Zeitabschnitt (etwa 50. bis 60. Lebensjahr) sehr häufig depressive Zustände auftreten, die durch hypochondrisches, paranoides oder ängstlich-agitiertes Verhalten gekennzeichnet sind. Vermutlich spielen hier eine Reihe von Faktoren zusammen (s. Schema). Nicht selten wird das Zustandsbild durch eine körperliche Krankheit angestoßen. Organische und psychogene Einflüsse lassen sich kaum trennen.

Therapie: Thymoleptika, Milieutherapie.

Endoreaktive Dysthymie (Weitbrecht). Bei ihr liegt ein depressives Syndrom vor, daß weder eindeutig endogen noch eindeutig reaktiv (psychogen) verursacht ist. Man kann es also weder zu den endogenen Psychosen, noch zu den abnormen psychogenen Reaktionen rechnen.

Disponiert sind vorwiegend asthenische, labile Persönlichkeiten bei psychischer oder physischer Dauerbelastung.

Das Syndrom zeigt neben der depressiven Grundstimmung meist hypochondrische Krankheitsbefürchtungen.

Generationspsychosen. Die Bezeichnung umfaßt sowohl depressive als auch schizophrene Zustandsbilder, die in der *Schwangerschaft*, im *Wochenbett* und in der *Stillzeit* auftreten können. Der Zeitpunkt ihres Auftretens weist darauf hin, daß bei ihnen endokrine oder stoffwechselbedingte Umstellungsvorgänge eine Rolle spielen.

Die dabei auftretenden *depressiven* Syndrome bilden sich meist wieder zurück, während viele der schizophrenieähnlichen Zustände sich später als Erstmanifestationen einer echten Schizophrenie erweisen.

Therapie: Die Behandlung erfolgt je nach Symptomatik mit Thymoleptika oder Neuroleptika.

Therapie und psychische Führung

Allgemeine Maßnahmen. Depressive müssen wegen der Selbstmordneigung *frühzeitig* in die geschlossene Abteilung einer Klinik aufgenommen und *spät* entlassen werden. Sie neigen häufig dazu, besonders

ders wenn sich ihr Zustand bessert, ihre Beschwerden zu verharmlosen. Werden sie zu früh entlassen, so kann es, da mit dem Therapieerfolg auch gleichzeitig die Hemmung nachläßt, zum *Suizidversuch* kommen. Auch Manische müssen meist stationär aufgenommen werden, allerdings nicht wegen Selbstmordneigung, sondern weil sie in wirtschaftlicher Hinsicht ihre Familie ruinieren können oder auch sittlich entgleisen.

In der Klinik müssen den Depressiven alle Gegenstände, die zum Selbstmord geeignet sind, weggenommen werden (spitze Gegenstände, Messer, aber auch mitgebrachte Tabletten usw.). Auch in der Klinik sind schon Selbstmorde vorgekommen. Deshalb müssen die Patienten während ihres ganzen Aufenthaltes gut beobachtet werden. Schwestern und Pfleger sind oft die ersten, die Suizidgedanken oder Vorbereitungen zu einem Suizidversuch bemerken. Suizidversuche müssen stets ernst genommen werden, auch wenn es immer wieder Patienten gibt, die es nicht ganz ernst damit meinen. Auch in diesen Fällen befinden sie sich in einer Notsituation. Suizidhandlungen sind Akte der Verzweiflung und zugleich Hilferufe von Menschen, die ihre Situation als ausweglos empfinden. Stets ist das Gefühl des Alleingelassenseins, der Einsamkeit und der Isolation damit verbunden. Deshalb ist es gerade in diesem Stadium wichtig, daß man sich intensiv um den Patienten kümmert, wobei sich für Schwestern und Pfleger die Schwierigkeit ergibt, daß sie im Verhalten des Patienten nur ein spärliches Echo ihrer Bemühungen feststellen können. Aber gerade dies darf nicht zur Entmutigung führen, denn Depressive brauchen gerade in dem Krankheitsstadium, in dem sie zu einer Kommunikation unfähig sind, ein hohes Maß an persönlicher Zuwendung. Gespräche mit depressiven Patienten in der Rekonvaleszenzphase zeigten, daß sie im Stadium der tiefsten Depression Interesse, Zuwendung und Anteilnahme als sehr wohltuend empfunden haben, obwohl sie nicht in der Lage waren, irgend etwas von sich aus in dieser Richtung zu tun.

Nach einem mißglückten Suizidversuch kann sich eine neue Situation ergeben, die für die weitere Behandlung des Patienten ebenfalls sehr wichtig ist. Sie ist vielfach dadurch chrakterisiert,

— daß Schwestern oder Pfleger geneigt sind, den Suizidversuch als Eingriff in ihren Verantwortungsbereich zu empfinden und ihn dem Patienten persönlich übelnehmen und
— daß der Patient seine Handlung als schwere Schuld empfindet und auf diese Weise in seinen Versündigungsideen noch bestärkt wird.

Man muß versuchen, derlei Situationen zu vermeiden. Dies geschieht am besten dadurch, daß man dem Patienten nach wie vor freundlich, mit Zuwendung und ohne Groll begegnet, mit ihm ruhig über seinen Suizidversuch spricht, aber jegliche Moralisierung vermeidet.

Für die Normalisierung der wichtigsten körperlichen Funktionen (vor allem Nahrungsaufnahme, Stuhlgang) ist zu sorgen. Patienten, die die Nahrungsaufnahme verweigern, müssen unter Umständen künstlich ernährt werden.

Die Patienten sollten, soweit dies möglich ist, beschäftigt werden (Beschäftigungstherapie). Dadurch kann ein gewisser Abstand von den Symptomen erzielt werden.

Medikamentöse Behandlung. *Medikamente* sollen immer *gezielt* eingesetzt sowie regelmäßig und zum rechten Zeitpunkt verabreicht werden. Die Anordnung eines neuen Medikamentes ist Aufgabe des Arztes, während die Schwester für die regelmäßige und zeitlich richtige Verabreichung sorgen muß. Die medikamentöse Therapie bei der Zyklothymie hat folgende Schwerpunkte:

Bekämpfung der Schlaflosigkeit: Hierzu werden die zahlreichen auf dem Markt befindlichen *Hypnotika* (Schlafmittel) eingesetzt, die sich meist von der Barbitursäure oder vom Harnstoff ableiten.

Es versteht sich, daß den Patienten keine Tabletten in die Hand gegeben werden dürfen. Man sollte sich auch von der Einnahme überzeugen, da manche Kranken im Hinblick auf einen geplanten Selbstmordversuch Tabletten „hamstern".

Symptomatische Bekämpfung körperlicher Störungen: Neben der Regulierung von Appetit und Stuhlgang können Schmerzen und körperliche Mißempfindungen medikamentös beeinflußt werden, allerdings nie mit suchtgefährdenden Präparaten.

Gezielte Beeinflussung depressiver Kernsymptome mit Psychopharmaka:

Eine bestimmte Gruppe der Psychopharmaka, die *Thymoleptika* (Antidepressiva), haben sich bei Depressionen als sehr wirksam erwiesen. Ihr Name und ihre Wirkung kann etwas vereinfachend mit der Bezeichnung „stimmungsaufhellend" umschrieben werden. Der Schwerpunkt der Wirkung ist bei den einzelnen Präparaten verschieden. Man kann nach KIELHOLZ drei charakteristische Wirkungskomponenten herausgreifen:

— die vorwiegend stimmungsaufhellende Wirkung, in diese Gruppe gehören z. B. die Präparate Tofranil, Noveril, Laroxyl, Tryptizol,
— die vorwiegend hemmungslösende Wirkung, sie wird vor allem von den sog. Monoaminooxydasehemmern (MAOH) verkörpert,
— die unruhedämpfende Wirkung, solche Präparate empfehlen sich besonders bei der agitierten Depression; bekannt geworden sind z. B. Neurocil, Taractan, Truxal.

Thymoleptika werden vielfach, je nach der individuellen Symptomatik mit Beruhigungsmitteln (Tranquilizern) wie Librium und Valium kombiniert.

Heilkrampfbehandlung. Obwohl die Krampfbehandlung heute weitgehend durch die medikamentöse Therapie abgelöst wird, kann man in vielen Fällen doch nicht auf sie verzichten. Zu diesen Fällen gehören auch schwere endogene Depressionen, bei denen man meist den *Elektroschock* durchführt.

Beim *Elektroschock* wird durch elektrische Reizung des Gehirns ein epileptischer Krampfanfall erzeugt. Um Verletzungen zu vermeiden, führt man heute meist eine Muskelrelaxierung (künstl. Muskellähmung) mit curareähnlichen Substanzen (z. B. Lysthenon, Succinyl) und künstliche Beatmung durch, so daß der Patient „nur innerlich" krampft.

Die Vorbereitung des Patienten ist Aufgabe der Schwester. Der Patient muß nüchtern sein, Zahnprothesen müssen vorher entfernt werden, er soll als Prämedikation 1/4 Stunde vor dem Schock 1/2 bis 1 Ampulle Atropin (Dosierung nach Körpergewicht) subkutan gespritzt erhalten.

Wichtig ist, daß man vorher mit dem Patienten über die Behandlung spricht und nicht ein Geheimnis daraus macht. Am besten und beruhigendsten ist es für ihn, wenn man die Behandlung mit einer Narkose vergleicht, in der man ja bekanntlich nichts spürt. Während der Narkose wird nun in diesem Falle keine Operation durchgeführt, sondern ein Strom durch den Körper geleitet, der der Heilung dient (Heilkrampf). Durch solche Erklärungen gelingt es meist, den Patienten die übermäßige Angst vor dem Schock zu nehmen. Nach der Vorbereitung leitet man eine Narkose mit Pentothal oder anderen Substanzen ein und führt eine Muskelrelaxierung durch, wobei der Patient natürlich künstlich beatmet werden muß. Der Kopf des Kranken wird leicht angehoben gelagert, die Schläfen werden mit Kochsalzlösung angefeuchtet, anschließend werden die Elektroden an die Schläfen angelegt und der Schock ausgelöst. Man kann seine Wirkung am Flattern der Augenlider und am Zucken der Muskulatur beobachten.

Nach dem Schock muß so lange künstlich beatmet werden, bis die Spontanatmung wieder einsetzt.

Komplikationen: Stimmritzenkrampf (hier sofort Intubieren) oder reversibles organisches Psychosyndrom, das nach einigen Tagen wieder verschwindet.

Insgesamt führt man meist zwei Schocks pro Woche durch, bis zu einer Gesamtzahl von etwa zehn.

Schizophrenie

Begriff: Wörtlich übersetzt bedeutet der Ausdruck *Schizophrenie* soviel wie Spaltungsirresein. Damit ist angedeutet, daß Patienten, die an dieser Erkrankung leiden, sich häufig in ihrer Persönlichkeit gespalten fühlen. Sie sind z. B. gleichzeitig der Herr Staatspräsident und Herr Müller aus Stuttgart, ohne daß sie dieser Gegensatz in der geringsten Weise stört.

Eine klare Definition der Schizophrenie ist schwierig. Man kann sie eigentlich nur durch Ausschluß und Abziehen anderer Psychosen umgrenzen. Auf diese Weise kommen wir zu folgender Umschreibung: Unter Schizophrenie verstehen wir eine Gruppe von endogenen Psychosen, die nach Ausschluß einer manisch-depressiven Psychose übrig bleibt.

Es ist jedoch auch eine positive Umschreibung dessen möglich, was wir Schizophrenie nennen. Eine solche positive Definition muß sich auf charakteristische Symptome der Krankheit stützen, die KURT SCHNEIDER als *Symptome ersten Ranges* bezeichnet hat. Die wichtigsten sind: *„Gedankenlautwerden"*, *„Hören von Stimmen* in Form von Rede und Gegenrede", *„Hören von Stimmen,* die das eigene Tun mit Bemerkungen begleiten", „leibliche *Beeinflussungserlebnisse"*, *„Gedankenentzug"* und andere *Gedankenbeeinflussungen, „Gedankenausbreitung"*, *„Wahnwahrnehmungen"* sowie *alles von anderen Gemachte"* und Beeinflußte auf dem Gebiet des Fühlens, Strebens (der Triebe) und des Willens.

Unter Einbeziehung der beschriebenen Symptome und der Endzustände des schizophrenen Prozesses, kann eine positive Definition der Schizophrenie nun lauten:

Als Schizophrenie bezeichnen wir eine Gruppe von Psychosen, die mit Symptomen ersten Ranges wie Gedankenlautwerden, Stimmenhören usw. einhergeht und in schubweisem Verlauf zu dauernden Persönlichkeitsänderungen und Defektzuständen führen kann. In dieser Definition ist gleichzeitig der Aspekt des Verlaufes angesprochen, der die Richtigkeit der Diagnose bestätigt oder widerlegt.

Die Schizophreniediagnostik muß sich also folgende Fragen stellen:

1. Liegt eine endogene oder eine körperlich begründbare Psychose vor? Ist die letztere durch eine gründliche körperliche und neurologische Untersuchung ausgeschlossen, so folgt die nächste Frage:
2. Liegt eine Zyklothymie vor? Ist dies ebenfalls ausgeschlossen, so hat man weiter zu fragen:
3. Sind Symptome ersten Ranges vorhanden?

Kann die letzte Frage bejaht werden, so ist das Vorliegen einer Schizophrenie sehr wahrscheinlich.

Häufigkeit: Es erkranken etwa 0,8 % der Durchschnittsbevölkerung. Rund 2/3 aller Anstaltspatienten sind Schizophrene.

Symptome

Unter den überaus zahlreichen Symptomen seien nur einige, besonders chrakteristische, ausgewählt. Kennzeichnend ist, daß bei Beginn der Krankheit die Intelligenz und das Gedächtnis nicht gestört sind und im Gegensatz zu den körperlich begründbaren Psychosen keinerlei Beeinträchtigung des Bewußtseins vorliegt.

Denkstörungen. Sie äußern sich *formal* in einem Zerfall der Denkzusammenhänge (Zerfahrenheit), im *Gedankenjagen* (sich überstürzende, kreuz und quer durcheinandergehende Gedanken) und im *Gedankenabreißen* (plötzliche Blockierung des Gedankenablaufs). Das Gedankenabreißen wird von den Patienten häufig als *Gedankenentzug* gedeutet. Sehr oft findet man auch bei den Kranken die Feststellung, ihre Gedanken würden ihnen „gemacht", sie würden ihnen von irgendwelchen Mächten eingegeben.

Inhaltlich kommt es zu *Wahnvorstellungen* und *Wahneinfällen*, deren Kennzeichen es ist, daß sie den Kranken mit unmittelbarer Gewißheit erfüllen, die durch kein logisches Argument widerlegt werden kann.

Die Wahnvorstellungen sind nicht einfühlbar, unverstehbar und psychologisch nicht abzuleiten. Sie werden vielfach aufgefaßt als Versuch des Schizophrenen, sich in der veränderten, psychotischen Welt zurechtzufinden. Durch die genannte Uneinfühlbarkeit und Nichtableitbarkeit unterscheidet sich der schizophrene Wahn vom Wahn anderer Genese (z. B. vom Wahn bei der paranoischen Entwicklung). Die häufigsten Formen des schizophrenen Wahns sind:

Der Beeinflussungswahn: Die Patienten fühlen sich von außen manipuliert. Sie werden bestrahlt, empfangen Radiowellen, unterirdische Ströme fließen durch sie hindurch, ihre Gedanken werden „gemacht".

Der Verfolgungswahn: Bei ihm fühlen sich die Patienten von allen möglichen Mächten verfolgt, z. B. vom Nachbarn, von der Geheimpolizei, von einer Sekte, von den Russen, von den Freimaurern. Das ganze Verhalten solcher Kranker kann durch den Verfolgungswahn bestimmt werden. Sie wagen sich kaum auf die Straße, sehen sich ängstlich um, jeder Passant scheint ihnen verdächtig, es kann zu einer regelrechten Panik kommen.

Der Größenwahn: Der Patient befördert sich z. B. zum Herrscher, zum Papst, zum Präsidenten, zum Erlöser, der die Welt errettet, zum Propheten, der bis ins Jahr 2000 vorausblickt usw. Beim Größenwahn spielen religiöse Vorstellungen eine große Rolle, die sich häufig als sog. Begnadungswahn äußern.

Der Vergiftungswahn: Die Patienten sind der festen Überzeugung, man wolle sie vergiften. Die Tabletten, die ihnen verordnet werden, enthalten Rattengift, dieses wird auch unters Essen gemischt, ja selbst das Leitungswasser ist vergiftet. Aus Mißtrauen, Angst und Argwohn verweigern die Kranken oft jede Nahrungsaufnahme.

Zu erwähnen wären noch der *Eifersuchtswahn*, den man auch bei Alkoholikern findet (s. dort), der *sensitive Beziehungswahn*, der

Bedeutungswahn, bei dem ein belangloses Ereignis eine ungewöhnliche Bedeutung bekommt und andere Wahnformen, auf die wir nicht näher eingehen können.

Die formalen und inhaltlichen Denkstörungen äußern sich auch in der *sprachlichen Ausdrucksweise* vieler Schizophrener. Es kommt zu *Wortneubildungen,* zu einem eigentümlichen Bedeutungswandel der Sprache und zu sinnlosen Reimereien nach Klangassoziationen.

Beispiel: „Die Welternährungsapotheke Jerusalems wird ihren Gesetzmakler per Luftpferde auf die Erde, ja die Erde, die Erdbälle, auf alle Fälle, die Felltiere sind nahrungsüberwunden in die Gesetzeskapitel des Nordpols zusammengewechselt."

Sinnestäuschungen. Es können *illusionäre Verkennungen* und *Halluzinationen* auftreten. Unter den letzteren sind mit Abstand am häufigsten die *akustischen Halluzinationen* in Gestalt von *Stimmenhören.* Die Stimmen können ganz verschiedenen Charakter haben. Sie können schimpfen, grölen, singen, kritisieren, verfolgen, verurteilen. Auch ihr Ausgangspunkt ist sehr variabel, sie kommen aus der Kirche, vom Mond oder aus den Gräbern verstorbener Angehöriger.

Die Stimmen sind den Patienten meist unangenehm, in manchen Fällen auch willkommen. Nicht immer sprechen die Kranken über ihre akustischen Halluzinationen. Eine unserer Patientinnen verneinte jegliches Stimmenhören, horchte jedoch immer wieder an der Wand. Nach nochmaliger Befragung gab sie schließlich zu, daß die Bundesbahn zu ihr spreche.

Weitere, für die Schizophrenie typische Halluzinationen sind solche, die den eigenen Körper betreffen (Leibhalluzinationen). Die Patienten spüren z. B., daß ihnen „das Gehirn abgezogen wird", sie bemerken den „hypnotischen Strom", der sie durchzuckt, die „verfaulte Leber" macht ihnen zu schaffen usw.

Auch optische Halluzinationen (Erleuchtungen, Visionen, „heute habe ich den Erlöser gesehen") und Geschmackshalluzinationen kommen ebenso wie Geruchshalluzinationen einmal vor.

Störungen der Affektivität. Die Störungen des Gefühlslebens bei der Schizophrenie sind vielfältig. Wir kennen die Verstimmungen, die Gemütsverödung, die Gefühlsverkehrung und den schizophrenen Autismus.

Verstimmungen: Sie können vom Pol der Traurigkeit und Verzweiflung mit Selbstmordneigung bis zu ekstatischen Glückszuständen reichen, in denen die Patienten sich über alles erhaben, begnadet, erleuchtet und erlöst fühlen. Mit verklärtem Gesichtsausdruck „verkünden" sie oft ihre Hochstimmung. Zwischen diesen beiden extremen Stimmungslagen bewegen sich ängstliche und von dranghafter Unruhe gezeichnete Stimmungen. Die schizophrenen Stimmungen bleiben in ihrer einmal eingeschlagenen *Gefühlsrichtung* auffällig gleich, weshalb man auch von der *Affektsteife* der Schizophrenen spricht.

Gemütsverödung: Im Verlaufe des schizophrenen Prozesses geht die Fähigkeit, Gefühle zu äußern und gefühlsmäßig zu reagieren, oft verloren. Die Patienten wirken dann gleichgültig, stumpf und gefühlsleer. Sie können weder Freude noch Leid, weder Sympathie noch Antipathie empfinden oder zum Ausdruck bringen. Dessen wird man besonders in Situationen ansichtig, die normalerweise starke Emotionen hervorrufen (Todesfälle in der Familie, Beleidigungen usw.), auf welche die Schizophrenen dann überhaupt nicht reagieren. Viele Patienten empfinden die fortschreitende Gemütsverödung und beschreiben sie als „Erstarren", „Absterben" oder „gähnende Leere".

Gefühlsverkehrung (Parathymie): Darunter verstehen wir ein Auseinanderfallen von Erlebnis und der ihm zugeordneten Gefühlsreaktion. Traurige Erlebnisse, wie der Verlust nächster Angehöriger oder Beerdigungen, rufen bei den Patienten z. B. heitere Gefühlsreaktionen hervor. Überhaupt wirken alle Gefühlsäußerungen fremdartig, seltsam und dem jeweiligen Anlaß nicht angemessen. Vielfach wirken die Kranken auch ausgesprochen gefühllos. Es sind manche Mordtaten Schizophrener bekannt, nach denen die Patienten nicht die geringsten Gefühlsregungen zeigten, mitunter sogar stolz und fröhlich waren.

Autismus: Beim schizophrenen Autismus ziehen sich die Kranken auf sich selbst zurück und schließen sich völlig von der Außenwelt ab. Oft ist es gar nicht mehr möglich, mit ihnen in Kontakt zu treten. Sie leben so eingesponnen in ihr Wahnsystem, daß sie der realen Welt gar nicht bedürfen.

Antriebs- und Bewegungsstörungen. Die Antriebs- und Bewegungsstörungen bei der Schizophrenie sind so zahlreich, daß wir nur die wichtigsten herausgreifen können.

Antriebslosigkeit: Manche Patienten haben jegliche Spontaneität und Initiative verloren. Sie sitzen stundenlang teilnahmslos im Zimmer und haben keinerlei Interesse, einer Unterhaltung zu folgen, zu lesen oder sich in anderer Weise zu beschäftigen. Die Antriebslosigkeit kann so ausgeprägt sein, daß die Patienten völlig regungslos dasitzen, weder sprechen noch essen und auch ihre Ausscheidungsfunktionen nicht mehr willentlich regulieren. Einen solchen Zustand bezeichnet man als *Stupor.* Man kann einen *schlaffen* Stupor von einem *gespannten* Stupor unterscheiden. Bei ersteren fehlt die Initiative für alle Bewegungen, bei letzterem werden sie aus einem psychischen Widerstand nicht ausgeführt. Eine Sonderform der Antriebslosigkeit ist die *Katalepsie,* bei der die Patienten alle Bewegungen, die man an ihnen passiv vornimmt, abnorm lange beibehalten. Sie wirken dadurch starr wie Statuen.

Impulshandlungen und Erregungszustände

Das Gegenteil der Antriebslosigkeit finden wir bei diesen beiden Phänomenen. *Impulshandlungen* sind plötzlich auftretende, vollkommen unmotivierte Gewalttaten, bei denen die Patienten sinnlos Gegenstände in ihrer Umgebung (Wohnungseinrichtung, Fenster usw.) zertrümmern oder auch Selbstmordversuche unternehmen. Der Impuls zum Selbstmord, wie auch zu anderen Handlungen überfällt die Patienten schlagartig und sie sind ihm willenlos ausgeliefert. Dadurch gewinnen die Impulshandlungen einen eigentümlichen, fremdartigen Charakter; sie erscheinen „von außen" verursacht und laufen meist ohne jede innere Beteiligung der Persönlichkeit ab.

Bei den *Erregungszuständen* geraten die Kranken ebenso unbegründet in die heftigsten Tobsuchtsanfälle, in denen nichts vor ihnen sicher ist. Sie zerreißen ihre Kleider und Bettwäsche, gehen auf Mitpatienten, Schwestern und Ärzte los, reißen sich die Haare aus und verrichten ihre Notdurft im Zimmer.

Motorische und sprachliche Stereotypien

Stereotypien sind automatisierte Verhaltensabläufe (Bewegungen, Handlungen, Redewendungen), die ohne äußeren Anstoß ablaufen und keine Funktion haben, d. h. sinnlos sind. Bekannte Beispiele für motorische Stereotypien sind Kratz- und Wischbewegungen, sinnloses Aufstehen und Niedersetzen, Schaukelbewegungen des Oberkörpers und ruckartige Bewegungen des Kopfes.

Sprachliche Stereotypien äußern sich in Wiederholungen einzelner Worte oder Wortteile, die inhaltlich meist mit dem Wahngebäude des Kranken zusammenhängen. Ein Patient, der an einem religiösen Wahn litt, begrüßte zum Beispiel seine Mitpatienten, Schwestern, Ärzte und auch seine Angehörigen mit der stereotypen Wendung: „Der Herr segne dich, du Geist".

Zu den Stereotypien müssen wir auch das häufige *Grimassieren* rechnen, bei dem die Patienten ein sinnloses Mienenspiel zeigen. Es kann auch zu den Ausdrucksbewegungen des Lachens und Weinens kommen, ohne daß ein Anlaß dafür vorhanden ist. Sehr häufig sind die sog. Schnutenbildung und Bewegungen mit dem rüsselartig gespitzten Mund. Auch *manierierte Bewegungen* findet man oft, die zeremonienhaft in den Ablauf des Tages eingebaut werden. So schritt ein Patient vor dem Frühstück jeweils dreimal das Zimmer ab, wobei er seinen Hut aufsetzte; erst danach konnte er frühstücken. Ein anderer gab beim Begrüßen nur die linke Hand, weil „die rechte nicht vom Herzen kommt".

Persönlichkeitsstörungen. Sie sind für die Schizophrenie überaus typisch und für Außenstehende vollkommen uneinfühlbar. Die bekanntesten sind:

Depersonalisation: Darunter versteht man eine Entfremdung des eigenen Körpers und des eigenen Seelenlebens. Einzelne Körperteile werden nicht als zum eigenen Körper zugehörig empfunden, sie sind dem Kranken fremd. Äußerungen wie „diese Beine gehören nicht mir, sie gehen wohin sie wollen, ich will gar nicht, daß sie gehen, ich bin nicht mehr ich" sind Ausdruck dieser Erscheinungen.

Ichstörungen: Sie äußern sich in einer vom Patienten empfundenen Spaltung seiner Persönlichkeit. Eigene seelische Vorstellungen werden dabei als von anderen verursacht angesehen, z. B. „der Teufel macht meine Gedanken". Es kann auch, wie bereits erwähnt, dazu kommen, daß ein Kranker gleichzeitig zwei Personen darstellt, z. B. den Erlöser Jesus Christus und den Buchhalter Huber, ohne diesen Gegensatz als unvereinbar anzusehen.

Wesensänderung und Defekt: Im Verlaufe der Krankheit kommt es auch häufig zu einer Veränderung der Persönlichkeit in die verschiedensten Richtungen (Verschrobenheit, Verödung, Verflachung, Haltlosigkeit) und auch zu einer Einbuße der Intelligenz (Verblödung). Die Endzustände dieses prozeßhaften Persönlichkeitsabbaues bezeichnen wir als *schizophrene Defekte.* Diese Patienten sind meist zeitlebens in Anstalten untergebracht oder leben als eigenbrötlerische und unzugängliche Sonderlinge am Rande der Gesellschaft.

Verlaufsformen der Schizophrenie

Herkömmlicherweise unterscheidet man nach der im Vordergrund stehenden Symptomatik einige Formen der Schizophrenie, auf die wir nun zu sprechen kommen.

Hebephrenie. Diese Form beginnt meist in jungen Jahren (Pubertät, bis 20. Lebensjahr) unter den Zeichen der Antriebsverarmung, Denkzerfahrenheit, affektiver Verflachung und einer heiteren, läppischen Grundstimmung, schreitet fort und mündet meist im Defekt. Die jugendlichen, oft sehr intelligenten und gewissenhaften Patienten versagen plötzlich in der Schule, ziehen sich von Freunden und aus der Familie zurück, geraten in abstruse Wahnsysteme und landen schließlich in Heil- und Pflegeanstalten.

Beispiel: Ein 18jähriger Musterschüler fiel im Gymnasium durch einen plötzlichen Leistungsnachlaß auf. Er starrte ins Leere, konnte sich nicht mehr richtig konzentrieren und brachte im deutschen Aufsatz sinnlose, geschraubte und wahnhafte Gedanken zu Papier. Lehrern und Mitschülern gegenüber legte der früher bescheidene Junge ein arrogantes und überhebliches Benehmen an den Tag. Es stellten sich religiöse Wahnideen ein; der Patient studierte nur noch die Bibel, diskutierte stundenlang mit allerlei Sektierern und kam schließlich zu der wahnhaften Überzeugung, er sei der Erlöser. Als solcher fühle er sich vom „Vater" beeinflußt und getrieben; er tue nur, was ihm sein Vater im Himmel sage.

Nach stationärer Behandlung in einer Nervenklinik besserte sich sein Zustand so weit, daß er noch das Abitur machen und mit einem Studium beginnen konnte. Vor dem ersten Examen fiel er erneut auf, weil er im Winter bei eisiger Kälte den ganzen Tag lernend mit einem Buch im Park auf und ab ging. Nach seinen Motiven dafür befragt, sagte er, er müsse sich kräftigen und abhärten, denn er wolle Bundeskanzler werden. Auf die weitere Frage, wie er denn darauf komme, Bundeskanzler zu werden, nannte er seine Heimatstadt, die „strategisch sehr günstig gelegen ist, so daß ich gute Aussichten habe, Kanzler zu werden". Der Patient wurde erneut in die Klinik eingewiesen und verlangte dort Präparate, die seinen Bartwuchs verhindern sollten.

Nach mehrmonatiger Behandlung stabilisierte sich sein Zustand. Allerdings blieb ein deutliches Defektsyndrom zurück, so daß er sein Studium aufgeben mußte und schließlich, nach einigen Zwischenfällen, im landwirtschaftlichen Betrieb einer Heil- und Pflegeanstalt beschäftigt wurde.

Katatone Schizophrenie. Bei dieser Form (Beginn etwa um das 25. Lebensjahr) stehen motorische Erscheinungen, akute Erregungen und Sperrungszustände *(Stupor)* im Vordergrund. Daneben kommen viele der anderen beschriebenen Symptome vor, am häufigsten Wahnideen und Halluzinationen. Eine Sonderform ist die *akute perniziöse Katatonie,* die unter ähnlichen Symptomen wie eine Enzephalitis zum Tode führen kann.

Prognose: Mit Ausnahme der perniziösen Katatonie sind die Heilungsaussichten relativ günstig, am besten sind sie bei den sog. periodischen Katatonien.

Paranoide (wahnbildende) Schizophrenie. Der paranoiden Form, die häufig erst um das 35. Lebensjahr oder auch später auftritt, geben die vorherrschenden Wahnideen das charakteristische Gepräge. Daneben finden wir Störungen des Denkens und der Affektivität. Diese Form führt meist nicht zum Persönlichkeitszerfall; auch die Intelligenz bleibt oft unberührt.

Beispiel: Ein 40jähriger, in Verhalten und Aussehen — außer einer gewaltigen Haarmähne — unauffälliger Patient, litt an der Wahnvorstellung, den ersten Sputnik erfunden zu haben. Man konnte sich längere Zeit mit ihm unterhalten, ohne irgendwelche Auffälligkeiten zu entdecken. Sobald das Gespräch jedoch auf Weltraum, Raketen, Himmelskörper oder ähnliches kam, begann er automatisch über die Entwicklung von Raketen und Raumfahrzeugen zu sprechen. Er habe diese Erfindung schon vor vielen Jahren gemacht. Durch Spionage eines „Mitarbeiters" seien die Pläne an die Russen gelangt, die dann den ersten Sputnik gestartet hätten. Er wolle nun endlich die Dinge richtigstellen, „Ehre, wem Ehre gebührt". Er schreibe nun seit zwei Jahren an einem Buch über „die wahren Vorgänge bei der Entwicklung von Trägerraketen" und wolle dieses bald der Weltöffentlichkeit vorlegen. Das „Buch" war ein Konglomerat von mathematischen Formeln, Symbolen, Zeichnungen und Beschuldigungen gegen Verräter, Kommunisten und den Papst, der die „Spionageaffäre auch noch gutgeheißen" hätte.

Schizophrenia simplex. Diese Form führt langsam und schleichend, ohne ins Auge springende psychische Symptome zum Defektzustand. Die Patienten sind antriebsarm, abgestumpft, ohne Initiative und Energie, depressiv oder verstimmt, versagen im Beruf, geben schließlich ihre gewohnte Tätigkeit auf, wechseln häufig die Stellung und landen schließlich als heruntergekommene Gelegenheitsarbeiter in Heil- und Pflegeanstalten. Das Erkennen solcher schizophrener Verläufe kann sehr schwierig sein, weil sie sowohl mit den Psychopathien als auch mit den abnormen Erlebnisreaktionen enge Berührungspunkte aufweisen und weil die diagnostischen Kategorien bei der farblosen Symptomatik sehr unscharf werden.

Pfropfschizophrenie. Dabei handelt es sich um eine Kombination von Schwachsinn und Schizophrenie.

Verlauf: Die Schizophrenie verläuft schubweise, wobei nach jedem Schub Defekte in Form von Persönlichkeitsänderungen oder Intelligenzabbau zurückbleiben können. Diese Veränderungen zeigen sich meist etwa nach dem dritten Schub. Es gibt jedoch auch Fälle, die selbst nach mehreren „Schüben" keine bleibenden Veränderungen davontragen; hier spricht man nicht von Schüben, sondern von schizophrenen Episoden.

Einige konkrete Angaben hinsichtlich des Verlaufes entnehmen wir den umfangreichen Studien von M. Bleuler.*

Akuter Krankheitsbeginn führt in 5 bis 15 % der Fälle zur Demenz, schleichender in 10 bis 20 %.

Periodischer Verlauf führt in 30 bis 40 % der Fälle zum Defekt, in 25 bis 35 % zur Heilung.

In den ersten zwei Jahren kann man noch auf eine Spontanremission (Selbstheilung) hoffen, nach 5jähriger, ununterbrochener Krankheitsdauer sind praktisch keine Remissionen mehr zu erwarten. Die besten Heilungschancen haben die katatonen Formen, die schlechtesten die hebephrenen, während bei den paranoiden die Aussichten auf Heilung ihrer Wahnvorstellungen gering sind; jedoch können sie infolge des Ausbleibens der Persönlichkeitsveränderungen und des Intelligenzabbaus häufig wieder sozial eingegliedert werden.

Ursachen

Die eigentliche Ursache der Schizophrenie ist immer noch ungeklärt. Fest steht nur, daß der *Vererbung* eine entscheidende Rolle zukommt. Dies haben die Untersuchungen an Familien Schizophrener und an eineiigen Zwillingen ergeben.

---

* Zitiert nach dem Lehrbuch von Weitbrecht T.: „Psychiatrie im Grundriß".

Die Erkrankungswahrscheinlichkeit für Verwandte Schizophrener beträgt für die Eltern 9,3 %, für Geschwister 14,2 %, unter zweieiigen Zwillingen 14,5 %, unter eineiigen 86,2 %. Die hohe Konkordanz eineiiger Zwillinge ist eine klare Bestätigung für den Erbeinfluß.

Inwieweit chemische Prozesse oder äußere Einflüsse an der Verursachung der Krankheit beteiligt sind, läßt sich bis jetzt nicht sagen. Vielfach wird als Hypothese angenommen, daß es sich bei der Schizophrenie um eine Stoffwechselstörung handelt. Gestützt wird diese Ansicht durch das häufige Auftreten schizophrener Erkrankungen in Zeiten biologischer Umstellungen (Pubertät, Schwangerschaft, Wochenbett, Klimakterium).

Die von manchen psychoanalytisch eingestellten Psychiatern vertretene These von einer psychogenen (erlebnisreaktiven) Verursachung der Schizophrenie darf vorerst als sehr unwahrscheinlich gelten.

Therapie und Pflege

Da wir die Ursache der Schizophrenie bisher nicht kennen, ist auch eine kausale Behandlung dieser Krankheit nicht möglich. Es gibt jedoch eine Reihe von Maßnahmen, die günstig auf den Krankheitsprozeß einwirken und den gefürchteten schizophrenen Schub abkürzen, ja sogar zu länger dauernden Remissionen führen.

Medikamentöse Behandlung. Durch die Einführung der Neuroleptika hat sich die Behandlung der Schizophrenie weitgehend gewandelt. Die früher so häufigen und lang anhaltenden psychotischen Erregungszustände können dank dieser Behandlung nur noch selten beobachtet werden.

Neuroleptika sind Medikamente, die ganz verschiedenen chemischen Gruppen angehören und nach Verabreichung eine allgemeine Beruhigung ohne wesentliche Beeinträchtigung des Wachbewußtseins bewirken.

Bei der Wirkungsweise der Neuroleptika lassen sich drei Komponenten herausstellen:

— Die dämpfende Wirkung: allgemeine Beruhigung, Dämpfung von Erregungs- und Spannungszuständen, dadurch auch indirekte Einwirkung auf produktive Symptome wie Wahngedanken, Halluzinationen.

— Die extrapyramidal-motorische Wirkung: Sie zeigt sich vor allem im Auftreten eines symptomatischen PARKINSON-*Syndroms* mit Tremor, Speichelfluß und Amimie. Treten diese Erscheinungen im Extrem auf, so muß man sie schon als Nebenwirkung ansehen. Es kann dabei zu sog. Dyskinesien (Verkrampfungen) der Gesichts-, Hals- und Zungenmuskulatur kommen.

Diese Nebenwirkungen lassen sich durch die Antiparkinsonmittel (z. B. Akineton) bekämpfen. Häufig werden sie auch vorbeugend gleichzeitig mit den Neuroleptika verabreicht.

Das Auftreten extrapyramidal-motorischer Erscheinungen (sog. Hypokinese, Störung der Feinmotorik), die man mit geeigneten Verfahren auch messen kann, hat man sogar zum Maßstab der Wirkung von Neuroleptika gemacht. Nach HAASE erreichen die Neuroleptika erst dann ihre volle Wirksamkeit, wenn die beschriebenen extrapyramidalen Symptome auftreten, d. h. wenn die *neuroleptische Schwelle* erreicht ist.

— Die vegetative Wirkung: Ein Großteil der *Neuroleptika* führt zu einer Senkung des Blutdrucks (evtl. sogar zum Kreislaufkollaps), zu Pulsveränderungen, Schwitzen, Schwindel, Gewichtszunahme und Magen-Darm-Störungen. Auch diese Erscheinungen kann man z. T. schon als Nebenwirkungen auffassen. Man kann ihnen (vor allem den Kreislaufstörungen) durch prophylaktische Verabreichung entsprechender Medikamente, z. B. Novadral oder Effortil, begegnen.

Zur Bekämpfung der oft hartnäckigen Schlafstörungen ist eine Kombination von Neuroleptika und Schlafmitteln notwendig.

Heilkrampfbehandlung. Trotz der großen Erfolge der medikamentösen Therapie kommt man nicht immer ohne die Schockbehandlung aus. Angewandt werden der Elektroschock und gelegentlich auch noch der Insulinschock.

Der Elektroschock wurde bereits bei der Zyklothymie besprochen (S. 245). Im Rahmen der Schizophrenie wird er vor allem bei der Katatonie angewandt.

Der Insulinschock ist ein künstlich erzeugtes hypoglykämisches Koma. Durch die fein abgestufte Injektion von Insulin wird der Blutzuckerspiegel allmählich so lange erniedrigt, bis das hypoglykämische Koma (meist nach etwa 3 bis 4 Stunden) auftritt. Es kommt zunächst zur Bewußtseinstrübung, dann zur Bewußtlosigkeit und schließlich zum Koma, bei dem keinerlei Reaktion auf äußere Reize mehr auftritt (S. 219).

Vor jedem Insulinschock müssen Maßnahmen getroffen werden, die jederzeit eine sofortige Unterbrechung des Komas im Bedarfsfalle ermöglichen. Es kann durch Zufuhr von Zuckerlösung durch eine Magensonde oder durch intravenöse Injektion von Glukose unterbrochen werden.

Die *Dauer* des Komas wird im Laufe der Behandlung langsam verlängert. Das 1. Koma unterbricht man sofort, das 2. nach wenigen Minuten, das 3. nach etwa 20 Minuten usw., bis eine Dauer von etwa einer Stunde erreicht ist.

Insgesamt führt man etwa 40 solcher Behandlungen (Schocks) durch, die jeweils am Vormittag stattfinden und durch sog. Schontage unterbrochen werden.

Wichtig sind häufige Kontrollen des Blutzuckerspiegels und die graphische Aufzeichnung des Hypoglykämieverlaufs.

Den Gesamtablauf der Insulinbehandlung teilt man in mehrere Phasen ein: In der *Anlaufphase* (etwa zwei Wochen) wird der Patient an leichtere hypoglykämische Zustände gewöhnt (schrittweise Steigerung der Altinsulindosis von 8 bis etwa 80 Einheiten). In der *Schockphase* werden die komatösen Zustände, wie oben beschrieben, herbeigeführt, während man in der *Nachphase* die Insulindosen wieder allmählich abbaut.

Die *Insulinbehandlung*, die in abgemilderter Form auch bei Entziehungskuren (S. 198) angewandt wird, ist eine gefährliche Behandlungsmethode und setzt eine genaue und sachverständige Überwachung durch geschulte Ärzte und Schwestern voraus.

Beschäftigungs- und Arbeitstherapie (s. auch S. 289). Die *Beschäftigungstherapie* soll den häufig in sich gekehrten und verschlossenen Patienten psychisch auflockern und wieder gemeinschaftsfähig machen. Es ist viel Geduld nötig, um die Patienten überhaupt so weit zu bringen, daß sie „mitmachen". Durch musische Betätigungen (Malen, Zeichnen, Formen) gelingt es jedoch, manche Kranke aus ihrer Reserve herauszuführen und über die manchmal überraschend guten Ergebnisse ihrer Gestaltungskraft ein optimistischeres Selbstbild aufbauen zu helfen.

Bei der *Arbeitstherapie* will man die Patienten durch stufenweise Steigerung von körperlichen Anforderungen an ihre Umwelt anpassen. Sie ist damit ein Teil der bei allen psychiatrisch Kranken erstrebten Rehabilitation, d. h. die Wiedereingliederung in die Gesellschaft und die Arbeitswelt. Auf die allgemeinen Prinzipien dieser Behandlungsart kommen wir auf S. 289 zu sprechen.

Durch die körperliche Arbeit wird der Patient einerseits von seiner psychotischen Gedankenwelt abgelenkt, andererseits steigert schon die Bewegung als solche das leibliche Wohlbefinden. Ähnliches gilt auch für sportliche Betätigungen.

Rehabilitation Schizophrener. Alle beschriebenen Behandlungsmaßnahmen erstreben letztlich die Wiedereingliederung des schizophrenen Patienten in Arbeit, Beruf und Familie. Ob dies möglich ist, hängt in erster Linie vom eigengesetzlichen *Verlauf* der Krankheit ab, in zweiter Linie von den verschiedenen Behandlungsmethoden. Wir unterscheiden die *Vollremission*, bei der nach einem Schub keinerlei Dauerfolgen zurückbleiben, von *Teilremissionen*, die Defektzustände hinterlassen.

Die Rehabilitation befaßt sich mit den letzteren und will die *soziale Remission* erreichen, die eine Wiedereingliederung des Patienten, wenn auch meist auf niedrigerer Ebene, ermöglicht. Die 1. Stufe der Rehabilitation spielt sich in der Klinik ab (medikamentöse Behandlung, Arbeitstherapie, Beschäftigungstherapie). Auf der 2. Stufe versucht man dem Patienten bereits außerhalb der Anstalt oder Klinik eine entsprechende Beschäftigung zu vermitteln, wobei er aber noch in der Klinik wohnt (sog. Nachtklinik – leider gibt es noch zu wenige –) und dort weiterhin behandelt wird. Die 3. Stufe wäre dann die vollständige Rückgliederung in die Gesellschaft mit eigenem Wohnsitz. Aber auch wenn dies erreicht ist, muß der Patient noch intensiv betreut werden. Die ärztliche Behandlung kann von einem niedergelassenen Nervenarzt übernommen werden, der mit Klinik und Betrieb des Patienten sowie mit der nachgehenden Fürsorge eng zusammenarbeiten sollte.

Durch die verschiedenen Behandlungsmaßnahmen, von denen hier nur ein Teil erwähnt werden konnte, hat sich die Situation der Schizophrenen bedeutend verbessert. Es kann jedoch nicht verschwiegen werden, daß trotz intensiver Therapie und Betreuung bei manchen Kranken der eigengesetzliche (endogene) Verlauf der Schizophrenie in Gestalt neuer Schübe immer wieder durchbricht. Ein Teil dieser Patienten bedarf deshalb auch heute noch der dauernden Fürsorge in einer Anstalt.

Epilepsie

Allgemeines

Es gibt wenige Krankheiten, die seit so langer Zeit bekannt sind wie die *Epilepsie.* Wahrscheinlich ist es die erste Nervenkrankheit, über die überhaupt Aufzeichnungen vorliegen. Es gibt aber auch wenige Krankheiten, denen man im Laufe der Geschichte mehr Vorurteile entgegenbrachte als der Epilepsie. Schon von jeher hat man im Anfallsleiden etwas Geheimnisvolles, Rätselhaftes und Unheimliches gesehen. Dies ist nicht verwunderlich; das plötzliche Hinstürzen, das die Patienten oft aus heiterem Himmel trifft, die Bewußtlosigkeit, die rhythmischen Zuckungen und Verkrampfungen, die den ganzen Körper durchlaufen, haben das ihrige dazu beigetragen.

Es hat sehr lange gedauert, bis man in der Epilepsie eine Krankheit sah, die eine natürliche Ursache wie alle anderen Krankheiten hat. Zu stark hatte sich die Vorstellung von der *„heiligen Krankheit"* oder auch von der *„dämonischen Krankheit"* festgesetzt.

Immer wieder haben bedeutende Ärzte, wie Hippokrates im Altertum und später Paracelsus im Mittelalter versucht, die Krankheit vom Odium der Besessenheit und anderen abergläubischen Vorstellungen zu befreien. Wie weit der Aberglaube ging, kann man aus den „Heilmethoden" des Mittelalters ersehen: Man ließ die Epileptiker das Blut von Enthaupteten trinken und versuchte mit Glüheisen, die in den Schädel gedrückt wurden, den bösen Geist auszutreiben.

Heutige Vorstellungen: Heute sehen wir in der Epilepsie eine Reaktionsweise des Gehirns. Ganz verschiedene Ursachen können im Zentralnervensystem Veränderungen hervorrufen, die zum gleichen Symptom, zum Anfall führen. Dabei ist wichtig zu wissen, daß *jedes Gehirn* auf bestimmte extreme Bedingungen, die manchmal auch aus therapeutischen Gründen künstlich erzeugt werden, mit einem Anfall antworten kann (Elektroschock, Insulinschock, Schädelverletzungen, Tumoren, Stoffwechselstörungen usw.).

Jeder Anfall geht mit *elektrischen Entladungen* im Gehirn einher, die man mit dem EEG feststellen kann.

Ein *einziger* Anfall macht noch keine Epilepsie aus. Von Epilepsie als Krankheit können wir erst dann sprechen, wenn sich die Anfälle zunächst ohne erkennbare Ursache ereignen und wenn sie sich wiederholen. Bestimmte *äußere* Bedingungen, z. B. Übermüdung, Alkoholgenuß, Schlafentzug usw. können die Anfallsbereitschaft erhöhen und zu einem Anfall führen.

Häufigkeit: Die Krankheit kommt bei allen Völkern und Rassen etwa gleich häufig vor. Von 1000 Menschen erkranken etwa 4 bis 5 an Epilepsie. Die Epilepsie ist also genauso häufig wie die Zuckerkrankheit. In Deutschland gibt es etwa 250 000 Anfallskranke.

Anfallsarten (Einteilung der Anfälle)

Es gibt verschiedene Anfallsarten. Ihre Kenntnis ist so wichtig, weil verschiedene Anfallstypen auch verschieden behandelt werden, in verschiedenen Altersstufen auftreten und weil der *Krankheitsverlauf* unterschiedlich ist. Die einzelnen Anfälle zeigen häufig auch charakteristische EEG-Befunde.

A) Große Anfälle (Grand mal Anfälle)

(1) Wach-Grand mal (Aufwach-Grand mal, Feierabend-Grand mal).

(2) Schlaf-Grand mal (tritt bevorzugt entweder nach dem Einschlafen oder vor dem Aufwachen auf).

(3) Diffuser Grand mal (tritt ohne feste Beziehung zum Wach-Schlaf-Rhythmus auf).

B) Kleine Anfälle

(1) Petit mal-Trias. *Propulsiv-Petit mal* (BNS-Krampf = *B*litz-, *N*ick- und *S*alaamkrampf).

Propulsiv werden die Anfälle genannt, weil sie mit Körperbewegungen nach *vorne* vergesellschaftet sind.

Retropulsiv-Petit mal (Absencen, Pyknolepsie).

Absencen sind kurze Bewußtseinslücken. Sie können mit Automatismen einhergehen (z. B. Kopfbewegungen). Da diese Bewegungen vorwiegend nach *hinten* gerichtet sind, nennt man einen solchen Anfall auch Retropulsiv-Petit mal.

Impulsiv-Petit mal (myoklonischer Anfall).

Es treten plötzlich stoßartige Bewegungen und Zuckungen auf, die meist auf eine Körperregion beschränkt bleiben.

(2) Psychomotorische Anfälle (Temporale Anfälle, Dämmerattacken). Sie gehen mit motorischen und psychischen Erscheinungen einher und zeigen oft im EEG einen Krampfherd im Schläfenlappen des Gehirns, weshalb man sie auch „temporale Anfälle" nennt oder *Temporallappenepilepsie.*

(3) Fokale Anfälle. Sie gehen von einem Herd aus. Dieser kann entweder in der Hirnrinde oder aber unterhalb derselben, besonders im Stammhirn liegen.

JACKSON-Epilepsie (Herd in der Hirnrinde, Bewußtsein im Anfall erhalten),

Adversiv-Krampf (Herd im Stammhirn).

Altersverteilung: In jeder Altersstufe können auftreten:
- Grand mal-Anfälle,
- Psychomotorische Anfälle,
- Hirnstamm-Anfälle.

Altersgebundene Anfälle sind:
- BNS-Krämpfe (1. bis 5. Lebensjahr),
- Absencen (4. bis 15. Lebensjahr mit Häufung im Alter von 6 bis 8 Jahren),
- Impulsiv-Petit mal (10. bis 25. Lebensjahr, Häufung im Alter von 14 bis 18 Jahren).

Beschreibung der einzelnen Anfälle

A) Der große Anfall (GM)

Der große Anfall, auch generalisierter hirnorganischer Krampfanfall genannt, ist gekennzeichnet durch die Beteiligung der ganzen quergestreiften Muskulatur an den Krämpfen und durch die gleichzeitige

Bewußtlosigkeit. Im Ablauf eines großen Anfalls kann man folgende Stadien unterscheiden:

Vorboten: Gesteigerte Reizbarkeit, Kopfdruck, Schwindel, Herzklopfen usw. Diese Erscheinungen können schon einige Tage oder Stunden vor dem Anfall auftreten.

Aura: Die Aura tritt unmittelbar vor dem Anfall auf und dauert meist nur wenige Sekunden. Sie ist gekennzeichnet durch eigenartige Erlebnisse, die sich im Bereiche sämtlicher Sinnesqualitäten abspielen können. Manche Patienten sehen Farben oder Funken (optische Aura), andere hören irgendwelche Töne oder Melodien (akustische Aura), wieder andere verspüren Schmerzen oder ein Kribbeln in den Extremitäten (sensible Aura). Bei manchen Kranken beginnt der Anfall auch mit einem Angst-, Zorn- oder Glücksgefühl (psychische Aura).

Tonisches Stadium: In einem starren Streckkrampf stürzen die Kranken plötzlich nieder, wobei es zu ernsthaften Verletzungen kommen kann. Das Gesicht ist verzerrt, die Pupillen sind weit und lichtstarr, die Haut blaß, Kopf und Augen sind häufig nach der Seite gedreht. Die tonische Verkrampfung der Atemmuskulatur führt über einen Sauerstoffmangel zu allmählicher Zyanose. Dieses Stadium dauert nur einige Sekunden und geht dann ins klonische Stadium über.

Klonisches Stadium: Es ist gekennzeichnet durch rhythmische Zuckungen, die über den ganzen Körper ablaufen. Betroffen ist vor allem die Muskulatur der Extremitäten, was sich in zuckenden Bewegungen der Arme und Beine äußert. Häufig wird auch der Rumpf auf und ab bewegt, wodurch der Hinterkopf mit Wucht gegen den Boden schlagen kann. Durch die Bewegungen der Zunge werden Blut (Zungenbiß) und Speichel durcheinandergewirbelt und zu Schaum „geschlagen", der aus dem Mund austreten kann. Wenn die Kaumuskulatur und die Zungenmuskeln mit ergriffen werden, kommt es zum erwähnten Zungenbiß; auch Stuhl- und Harnabgang können auftreten.

Schließlich lassen die Zuckungen nach, und es setzt eine schnelle und keuchende Atmung ein. Die Dauer des klonischen Stadiums beträgt wenige Minuten.

Erschöpfungsstadium: Nachdem der Krampfanfall abgelaufen ist, verfallen die Patienten in einen Tiefschlaf, der einige Stunden dauern kann und aus dem sie häufig müde, mißmutig und mit Kopfschmerzen aufwachen. An den Anfall selbst können sich die Kranken nicht erinnern. Die Erlebnisse während der Aura wissen die Patienten aber oft noch recht genau.

EEG-Befund im großen Anfall: Generalisierte Krampfpotentiale über der ganzen Hirnrinde.

Grand mal-Status (GM-Daueranfall): Ein GM-Status (auch: „*Status epilepticus*") liegt vor, wenn mehrere große Anfälle sich kurz nacheinander ereignen und der Patient zwischen den Anfällen nicht das Bewußtsein erlangt. Die Aufeinanderfolge kann so rasch sein, daß man die einzelnen Anfälle gar nicht mehr voneinander trennen kann. Jeder GM-Status oder Status epilepticus ist ein lebensbedrohliches Ereignis, das sofortiges Eingreifen erfordert. Auf die Behandlung kommen wir noch zu sprechen.

Auslöser des GM-Status können z. B. plötzliches Absetzen der Medikation, Schlafentzug oder Alkoholgenuß sein.

GM-Verläufe: Wie aus unserer Einteilung schon hervorgeht, können die GM-Anfälle vorwiegend am Tage, in der Nacht oder auch ohne Beziehung zum Wach-Schlaf-Rhythmus auftreten.

Die feste Bindung der Anfälle an den Wach-Schlaf-Rhythmus darf man allerdings nur als grobe Regel auffassen, die auch ihre Ausnahmen hat.

Der *Wach-GM* tritt, wie der Name sagt, im Wachzustand auf und zwar vorwiegend in der Zeit *nach* dem Aufwachen (Aufwach-GM) oder *vor* dem Einschlafen (Feierabend-GM). Diese Anfallsart kommt etwa zwischen dem 10. und 25. Lebensjahr erstmalig vor und zeigt enge Beziehungen zum pyknoleptischen Petit mal.

Als *Ursache* läßt sich meist keine organische Veränderung finden, weshalb man diese Anfallsform auch zur *genuinen* (idiopathischen) *Epilepsie* rechnet.

Äußere Faktoren wie Alkoholgenuß, Schlafentzug, Aufregungen usw. können leicht anfallsauslösend wirken.

Beim *Schlaf-GM* finden wir eine Anfallshäufung in der Zeit *nach* dem Einschlafen oder *vor* dem Aufwachen. Daraus ist abzuleiten, daß „Umschaltvorgänge" zwischen Wach- und Schlafzustand bei der Auslösung eine Rolle spielen.

Das erstmalige Auftreten ist regellos und kann in jeder Altersstufe vorkommen. Charakteristisch ist eine Kombination von Schlaf-GM und psychomotorischen Anfällen.

Eine gewisse Bindung an biologische Vorgänge wie Menstruation, Pubertät, Gravidität ist auffällig.

Auch hier muß die Ursache meist als genuin bezeichnet werden.

Beim *diffusen GM* liegt keinerlei Bindung an den Wach-Schlaf-Rhythmus vor, seine Erstmanifestation kann jede Altersstufe betreffen, seine Ursache ist vorwiegend symptomatisch. Es zeigt eine ausgesprochene Abhängigkeit von äußeren Faktoren wie Alkohol, Überanstrengung, Aufregung usw.

Therapie der GM-Anfälle: Bewährt haben sich vor allem Barbiturate und Hydantoine. Einzelheiten der Therapie werden noch genauer besprochen.

B) Kleine Anfälle

Die *kleinen Anfälle* zeigen nicht das dramatische Bild eines Grand mal. Ihre Symptome sind weniger auffällig aber vielgestaltiger, so daß auch ihre Erkennung schwieriger sein kann. Viele Anfallsleiden beginnen mit kleinen Anfällen, zu denen sich später große hinzugesellen können (s. S. 262, 264).

(1) Petit mal-Trias. Die drei Anfallsarten, die wir in der Petit mal-Trias zusammenfassen, können wir auch als *altersgebundene* Anfälle bezeichnen (S. 262). Sie sind offenbar an bestimmte Entwicklungsstadien (Säuglingsalter, Schulalter, Pubertät) gebunden, ohne daß über diese Zusammenhänge Näheres bekannt ist.

BNS-Krämpfe: Die BNS-Krämpfe sind kennzeichnend für das Säuglingsalter (meist 3. bis 18. Lebensmonat).

Blitzkrämpfe: Es kommt zu einem plötzlichen Zusammenzucken des ganzen Körpers oder einiger Körperabschnitte mit einer angedeuteten Bewegung des Kopfes nach vorne. Der Krampf dauert nur etwa eine Sekunde.

Nickkrämpfe: Bei dieser Anfallsart sind die Nickbewegungen des Kopfes das Hauptsymptom. Die Nickkrämpfe können einige Sekunden dauern.

Salaamkrämpfe:* Sie sind den Nickkrämpfen sehr ähnlich, nur kommt es über die Nickbewegungen hinaus zu einer länger dauernden Vorwärtsbewegung des Oberkörpers und zu Bewegungen der Arme, die zur Seite geführt oder an der Brust zusammengeschlagen werden.

Das Aussehen der Salaamanfälle ist je nach der Ausgangsstellung des Patienten verschieden. Im Liegen sehen sie aus, als ob der kleine Patient sich ruckartig aufsetzen wollte, im Sitzen wie ein Zusammenklappen nach vorne.

Salaamkrämpfe treten oft in Serien auf, ihre Dauer beträgt mehrere Sekunden bis Minuten.

Insgesamt zeigen alle 3 Anfallsformen eine Tendenz zur Vorwärtsbewegung bzw. zur Aufrichtung des Körpers, daher der Name *Propulsiv-Petit mal.*

Die BNS-Krämpfe sind deshalb so wichtig, weil sie infolge ihrer kurzen Dauer und ihrer unaufdringlichen Symptomatik oft verkannt werden. Häufig werden sie als „dumme Angewohnheiten", „harmlose Zuckung" oder „Zusammenschrecken" abgetan. Dies ist für die kleinen Patienten sehr verhängnisvoll, denn unbehandelt führt die Erkrankung oft zu schwerem Schwachsinn oder gar zum Tode.

---

* Bezeichnung in Anlehnung an den arabischen Gruß.

EEG-Befund bei BNS-Krämpfen: gemischt diffuse Krampfpotentiale.

Häufigkeit: Etwa 12 bis 15 % aller Anfälle im Säuglings- und Kindesalter sind BNS-Krämpfe. Knaben erkranken häufiger als Mädchen. Dies dürfte jedoch nicht krankheitsspezifisch sein, sondern mit der allgemeinen Knabenwendigkeit von Erkrankungen im Säuglingsalter zusammenhängen.

Verlauf: Nach dem Auftreten der Krankheit kommt es bei den meisten Kindern zu einem Stillstand der Entwicklung und zu einem Verlust der statischen Funktionen. Bereits beherrschte Bewegungen (z. B. Kopfheben, Stehen, Gehen) können nicht mehr ausgeführt werden, und auch das Sprechvermögen kann wieder verloren gehen. Schließlich kommt es zum Nachlassen des Muskeltonus, zur Ataxie, zu athetotischen Bewegungen (s. neurolog. Teil) und zu einem absoluten Stillstand der psychischen Entwicklung.

Die Krankheit wird kompliziert durch das Hinzutreten von diffusen GM-Anfällen und geht nicht selten (oft nach einem anfallsfreien Intervall von einigen Jahren) in ein Anfallsleiden vom GM-Typ über. Die *Ursache* der BNS-Krämpfe ist vorwiegend eine Schädigung vor oder während der Geburt.

Medikamentöse Therapie: ACTH-Präparate, Barbiturate.

Retropulsiv-Petit mal (Absencen, Pyknolepsie): Absencen sind kurze Bewußtseinslücken. Sie treten besonders im Schulalter auf und können von automatischen Bewegungen mit der Tendenz nach rückwärts begleitet sein. Treten die Absencen gehäuft auf (oft 50 und mehr pro Tag), so sprechen wir von *Pyknolepsie.* Eine Absence können wir daran erkennen, daß der Patient eine Tätigkeit oder ein Gespräch plötzlich unterbricht, starr ins Leere blickt und dann ebenso schlagartig mit der begonnenen Tätigkeit fortfährt. Es handelt sich dabei nur um eine kurze Pause im Bewußtseinsstrom, die nicht mit Hinstürzen oder Zusammensinken verbunden ist.

Retropulsiv-Petit mal-Anfälle sind Absencen, bei denen ruckartige, nach rückwärts gerichtete Bewegungen des Kopfes und des Oberkörpers im Vordergrund stehen.

Für die Dauer einer Absence besteht eine Amnesie (Erinnerungsverlust).

Häufigkeit: Etwa 10 % der kindlichen Anfallsleiden sind Pyknolepsien. Am häufigsten treten die Anfälle zwischen dem 6. und 8. Lebensjahr auf, wobei mehr Mädchen als Knaben erkranken. Das Verhältnis beträgt etwa 3 zu 2. Für diese Mädchenwendigkeit, die im Gegensatz zur Knabenwendigkeit der BNS-Krämpfe steht, hat man noch keine befriedigende Erklärung.

Verlauf: Pyknoleptische Anfälle sind häufig vergesellschaftet mit GM-Anfällen vom Typ des Aufwach-GM, neigen zu periodischem Auftreten und zeigen eine deutliche Abhängigkeit von äußeren anfallsauslösenden Faktoren (Schlafentzug, Alkohol, Anstrengung, Lichtreize usw.). In etwa 70 % der Fälle treten nach längerer Krankheitsdauer (etwa 4 bis 8 Jahren) GM-Anfälle hinzu, wodurch sich ihre Prognose verschlechtert.

Ursache: Vorwiegend idiopathisch wie bei den Aufwach-GM-Anfällen. Neuere EEG-Untersuchungen haben die Rolle der Vererbung bei der Genese der Pyknolepsien bestätigt.

Medikamentöse Therapie: Succinimide (Suxinutin, Petinutin), Oxazolidine.

EEG-Befund bei Retropulsiv-Petit mal: 3/sec. spikes and waves (Spitzen und Wellen).

Impulsiv-Petit mal: Diese Anfallsart tritt vorwiegend in der Pubertät auf und ist gekennzeichnet durch plötzliche, stoßartige, meist symmetrische Bewegungen der Arme, die mit großer Wucht ablaufen. Manchmal kann es auch zu einem plötzlichen Einknicken in den Kniegelenken kommen, so daß die Patienten wie ein Taschenmesser zusammenklappen. Bei dieser Anfallsart ist das Bewußtsein erhalten, die Anfälle treten meist morgens auf.

EEG-Befund beim Impulsiv-Petit mal: gehäufte Spitzengruppen (polyspikes and waves).

Häufigkeit: 2 bis 3 % aller Epilepsien. Die Geschlechtsverteilung ist ungefähr gleich.

Verlauf: Die Krankheit kann sich zunächst in isolierten Impulsiv-Petit mal-Anfällen zeigen, nach einigen Jahren treten meist Aufwach-GM-Anfälle hinzu. Nach längerer Krankheitsdauer liegen in 75 % der Fälle zusätzliche GM-Anfälle vor.

Ursache: Auch die Impulsiv-Petit mal-Anfälle müssen wir zu den idiopathischen Formen der Epilepsie rechnen.

Medikamentöse Therapie: Mylepsinum, Luminal, Petinutin.

(2) Psychomotorische Anfälle. Psychomotorische Anfälle können in jeder Altersstufe auftreten. Sie zeigen sehr bunte Erscheinungsformen, und man kann hier kaum regelmäßige Züge erkennen. Es läßt sich meist nur die Aura vom eigentlichen Anfallsgeschehen abtrennen. Die *Aura* tritt häufig als sogenannte epigastrische Aura auf, d. h. die Patienten spüren ein Kribbeln oder ein Drücken im Oberbauch, das meist nach oben fortschreitet. Es kann aber auch eine akustische Aura auftreten, Geschmacksempfindungen oder auch Trugwahrnehmungen sind keine Seltenheit, ebenso vegetative Erscheinungen wie Schwitzen, Pulsanstieg, Atembeschleunigung, Blässe oder Rötung des Gesichtes.

Als *psychische* Aura bezeichnet man die bei dieser Anfallsart häufig vorkommenden traumhaften Zustände (dreamy states) und die sog. Déjà vu-Erlebnisse, bei denen der Patient den Eindruck hat, einen Gegenstand, eine Melodie oder einen Geruch bereits früher einmal wahrgenommen zu haben, obwohl dies nicht der Fall ist.

Der Anfall selbst äußert sich im *Bewußtseinsverlust* und in scheinbar sinnvollen, aber automatenhaft ablaufenden *Bewegungen* oder Bewegungsbruchstücken (motorische Schablonen). Die Automatismen betreffen oft die Gesichtsmuskulatur, so daß Bewegungen wie Schmatzen, Kauen, Schlucken auftreten. In diesem Fall spricht man vom *oralen Typ* des psychomotorischen Anfalls. Manche Patienten sprechen auch während ihres Anfalls oder zeigen verbale Automatismen in Form von Wortbruchstücken, Lallen oder Summen. Diese Art des Anfalls bezeichnet man auch als *Vokalisationstyp*.

Nach dem Anfall finden wir oft Zustände, in denen das Bewußtsein der Patienten getrübt ist (Dämmerattacken), wobei ebenfalls stereotype Bewegungen (Wischen, Nesteln, Zupfen) oder sogar komplizierte Handlungen wie Auskleiden oder Umräumen eines Zimmers ausgeführt werden.

Häufigkeit: Rund 1/4 aller Epilepsien und etwa die Hälfte der kleinen Anfälle sind psychomotorische Anfälle.

Verlauf: Etwa 75 % der temporalen Anfälle sind mit GM-Anfällen vergesellschaftet. Häufig ist der Anfallsablauf so, daß sich zu den ursprünglich vorhandenen GM erst später die psychomotorischen Anfälle hinzugesellen. Dies erklärt man sich in der Weise, daß durch die GM-Anfälle eine sekundäre Schädigung der empfindlichen Temporalregion verursacht wird, die ihrerseits wiederum psychomotorische Anfälle zur Folge hat.

Nach längerem Bestehen der Anfälle kommt es zu charakteristischen psychischen Veränderungen (epileptische Wesensänderung), die man früher ausschließlich der genuinen (erblich bedingten) Form der Epilepsie zuschrieb, die sich jedoch, wie neuere Untersuchungen gezeigt haben, hauptsächlich bei psychomotorischen Anfällen finden.

Ursache: Der größte Teil der psychomotorischen Anfälle wird durch äußere Schädigungen hervorgerufen. Ursachen können Schädelverletzungen, Schädigungen während der Geburt, in seltenen Fällen auch Mißbildungen und Tumoren sein. Auf die sekundäre Schädigung durch GM-Anfälle wurde schon hingewiesen.

Medikamentöse Therapie: Zentropil, Mylepsinum, Tegretal.

(3) Fokale Anfälle. Als Fokus bezeichnen wir einen organisch faßbaren Krankheitsherd, der im Falle der Epilepsie im Gehirn liegt und zum Ausgangspunkt eines Anfalls werden kann.

Jackson-Anfälle: Je nach Sitz des Herdes (Fokus) treten *motorische* oder *sensible* Symptome auf. Die Patienten spüren z. B. ein Kribbeln oder ein taubes Gefühl im Arm oder ihre Hand beginnt plötzlich zu zucken. Häufig sind auch Anfälle, die die Kaumuskulatur betreffen, so daß es zu Bewegungen wie Kauen oder Schlucken kommt, die man von den Automatismen bei psychomotorischen Anfällen dadurch unterscheiden kann, daß das Bewußtsein erhalten bleibt.

JACKSON-Anfälle können sich auch ausbreiten (generalisieren) und schließlich zu einem GM-Anfall führen (sog. JACKSON-Marsch), der natürlich mit Bewußtseinsverlust und den üblichen GM-Symptomen abläuft.

Halbseitenkrämpfe: Auch sie müssen wir zu den fokalen Anfällen rechnen. Allerdings liegt bei ihnen nicht ein kleiner umschriebener Krankheitsherd vor, sondern ausgedehntere einseitige Hirnsubstanzschäden. Die Anfälle äußern sich entsprechend in einseitigen motorischen Zuckungen der gegenseitigen Körperhälfte bei gleichzeitigem Bewußtseinsverlust.

Die *Ursache* ist meist eine frühkindliche Hirnschädigung, oft auch eine spätere Hirnverletzung.

Stammhirn-Anfälle: Sie äußern sich in tonischen Bewegungen mit Drehung des Kopfes oder der Augen. Es können auch verschiedene Abwehrbewegungen und vegetative Erscheinungen wie Schweißausbruch, Pulsbeschleunigung und Gesichtsblässe auftreten. Die Patienten sind nicht bei Bewußtsein.

Die Anfälle sind selten, sie werden meist durch enzephalitische Herde im Bereich des Stammhirns verursacht.

Seltene Anfallsformen:

Es gibt noch eine Reihe von anfallsartigen Erscheinungen, die wir zur Epilepsie rechnen.

Reflexepilepsie: Bei ihr wird durch einen sensiblen (optischen oder akustischen) Reiz ein Anfall ausgelöst. Es handelt sich meist um psychomotorische Anfälle, GM-Anfälle oder pyknoleptische Petit mal-Anfälle.

Bei der *photogenen Epilepsie* kommt es durch den Wechsel von Licht und Schatten zur Anfallsauslösung. So kann der flimmernde Fernsehschirm, ein von der Sonne beschienener Lattenzaun, an dem der Patient vorüberfährt, oder auch ein sich bewegendes Rad, das die Sonnenstrahlen unterbricht, einen Anfall hervorrufen. Für manche Patienten sind die Anfälle lustbetont, so daß sie diese, z. B. durch rhythmische Bewegungen der gespreizten Hand vor dem der Sonne ausgesetzten Gesicht, künstlich herbeizuführen versuchen. Sie tun dies vor allem, wenn sie sich in unangenehmen Situationen befinden, denen sie entfliehen möchten. Auf diese Weise kann eine suchtartige Abhängigkeit vom Anfall entstehen. Es ist denkbar, daß die alte Bezeichnung „Fallsucht" hier ihren Ursprung hat.

Aus diagnostischen Gründen versucht man während der EEG-Ableitung durch die sog. Flickerlichtprovokation anfallstypische Wellenmuster oder auch einen Anfall selbst hervorzurufen.

Bei der *audiogenen* Epilepsie werden die Anfälle durch akustische Reize, wie Musik oder Geräusche ausgelöst.

Narkolepsie: Im Rahmen der *Narkolepsie* werden die Patienten anfallsartig von einem unwiderstehlichen Schlafdrang überfallen. Dabei spielt es keine Rolle, ob sie sitzen, stehen oder liegen. Häufig ist mit dem Eintritt des Schlafes auch ein Erschlaffen der Muskulatur verbunden. Der Schlaf hält nur wenige Sekunden an, die Patienten sind leicht weckbar.

Ursache ist meist eine durch Enzephalitis hervorgerufene Störung der Formatio reticularis im Bereich des Zwischenhirns.

Psychische Veränderungen im Rahmen der Epilepsie

Wir müssen unterscheiden zwischen dem epileptischen Dämmerzustand, der Wesensänderung und der Demenz. Der *epileptische Dämmerzustand* ist eine *episodische* (vorübergehende) *psychische Störung*, die *Wesensänderung* und die *Demenz* sind *chronische* (dauerhafte) psychische Störungen.

Epileptischer Dämmerzustand. Als epileptischen Dämmerzustand bezeichnen wir einen plötzlich einsetzenden, Stunden bis Tage oder sogar Wochen anhaltenden Zustand der Bewußtseinstrübung mit Wahrnehmungsstörungen, Einengung des Denkens und Handelns, Wahngedanken und emotionaler wie motorischer Unruhe.

Die Patienten wirken dabei oft wie Berauschte oder Schlafwandler, manchmal erscheinen sie auch nach außen geordnet und unauffällig, obwohl sie vollkommen desorientiert sind.

In solchen Zuständen sind die Kranken extrem reizbar und können auch kriminelle Handlungen ausführen. Ein Großteil der von Epileptikern verübten Gewalttaten erfolgt im Dämmerzustand; für seine Dauer besteht eine Amnesie.

Dämmerzustände kommen am häufigsten bei der psychomotorischen Epilepsie vor.

Epileptische (organische) Wesensänderung. Bei vielen Anfallskranken kommt es nach längerer Krankheitsdauer zu einer Veränderung der Gesamtpersönlichkeit. Diese äußert sich in einer *Verlangsamung* des Gedankenablaufes und der Bewegungen, in einer Abneigung gegen alles Neue und einem starren Festhalten an alten Gewohnheiten. Die Patienten wirken oft verbohrt und eigensinnig, an einmal gefaßten Meinungen halten sie zäh und verbissen fest. In ihrem ganzen Verhalten und bei der Arbeit sind sie *umständlich* und *schwerfällig.*

Auch in ihrem *affektiven Verhalten* neigen sie zu dieser „zähflüssigen" Art. Wenn sie einmal in Erregung sind, so dauert es lange, bis sie sich wieder beruhigen. Manche Patienten sind unberechenbar und, wenn sie explodieren, auch gefährlich. Kennzeichnend ist auch der ausgeprägte *Egoismus*, die *Pedanterie* und der Hang zu salbungsvoller Frömmelei. Bei anfallskranken Kindern kann man ein *erethisch-hyperkinetisches* von einem *enechetischen Syndrom* unterscheiden. Ersteres ist gekennzeichnet durch eine dranghafte motorische Unruhe, mangelnde Ermüdbarkeit, Distanzlosigkeit, Konzentrationsstörungen, durch eine mißmutige, reizbare Stimmungslage und die Neigung zu Affektausbrüchen. Bei letzteren findet man Antriebsarmut, Pedanterie, Umständlichkeit und eine starke Neigung zur Perseveration (Beharren auf gleichen Reaktionen und Gedankengängen). Enechetisch veränderte Kinder sind darüber hinaus gekennzeichnet durch eine Verlangsamung vieler psychischer Vorgänge (z. B. der Auffassungsgabe, des Denkens) und durch bestimmte Charakterzüge (Zudringlichkeit, plumpe Vertraulichkeit).

Die hier beschriebenen psychischen Veränderungen kommen bei weitem nicht bei allen Anfallskranken vor, sondern höchstens in 50 % der Fälle.

Früher sah man die *epileptische Wesensänderung* als typische Erscheinung der genuinen Epilepsie an. Man ging sogar so weit, daß man sie als diagnostisches Kriterium für die Unterscheidung von genuiner und symptomatischer Epilepsie heranzog. Neuere Untersuchungen haben jedoch ergeben, daß die Persönlichkeitsänderung auch bei symptomatischen Formen der Epilepsie auftritt, besonders bei psychomotorischen Anfällen und auch bei Hirnschädigungen, die nicht mit Anfällen einhergehen. Daraus kann man ableiten, daß es sich nicht um eine spezifisch epileptische, sondern um eine allgemeine organische Wesensänderung (organisches Psychosyndrom) handelt.

Als *Ursachen* werden konstitutionelle Veranlagung, Hirnschädigungen durch häufige Anfälle oder toxische Wirkung von Medikamenten, Umwelteinflüsse und deren Verarbeitung durch den Patienten sowie ein Zusammenspiel aller dieser Faktoren diskutiert. Es ist denkbar, daß das Bild der Persönlichkeitsänderung im Einzelfall durch die Wirkung von Medikamenten in eine bestimmte Richtung gelenkt wird (vom Mylepsinum z. B. sind psychische Nebenwirkungen bekannt).

Demenz. Die Demenz ist als eindeutige Anfallsfolge aufzufassen. Ihre Ursache sind häufige Anfälle, die über Kreislaufstörungen zu einem Sauerstoffmangel der Gehirnzellen führen. Da diese gegen Sauerstoffmangel sehr empfindlich sind, geht nach jedem Anfall eine gewisse Anzahl von Nervenzellen zugrunde. Als Folgeerscheinung kommt es dann zu einem fortschreitenden intellektuellen Abbau, der mit der Verlangsamung aller psychischen Funktionen beginnt und in

einem schweren Intelligenzdefekt mit Orientierungsstörungen sowie einer hochgradigen Merk- und Erinnerungsschwäche endet. Die Demenz ist also als „sekundärer Schwachsinn" durch Hirnschädigung aufzufassen.

Ursachen der Epilepsie

Man hat lange Zeit streng zwischen *symptomatischer* (durch äußere Ereignisse ausgelöster) Epilepsie und *genuiner* (angeborener) Epilepsie unterschieden. Die Grenze zwischen diesen beiden Arten verschwimmt immer mehr. Das liegt daran, daß mit den neuen, verfeinerten neurologischen Untersuchungsmethoden (s. neurol. Teil) viele früher als genuin betrachtete Anfallsleiden sich als symptomatisch (exogen verursacht) erwiesen haben. Es genügt ja schon ein länger anhaltender Sauerstoffmangel während der Geburt, um ein Anfallsleiden zu begründen.

Festzuhalten ist aber, daß bei einem *Teil* der Anfallskranken die *Bereitschaft* zu einem Anfallsleiden vererbt wird; nur ist der Prozentsatz der erblichen Anfallsleiden viel geringer als man früher meinte. Solche Untersuchungen über die Erblichkeit der Epilepsie werden in neuerer Zeit mit Hilfe des EEG durchgeführt. Man untersucht die ganze Familie von Anfallskranken, welche ein bestimmtes EEG-Muster haben, und kann auf diese Weise oft Rückschlüsse auf den Erbgang eines solchen Merkmals ziehen.

Der Übersichtlichkeit halber bleiben wir aber bei der alten Einteilung und unterscheiden weiterhin zwischen symptomatischer und genuiner Epilepsie.

Vorwiegend genuine (idiopathische) Anfallsformen sind:

- Aufwach-Grand mal,
- Schlaf-Grand mal,
- Pyknoleptisches Petit mal,
- Impulsiv-Petit mal.

Vorwiegend symptomatische Anfallsarten sind:

- Diffuses Grand mal,
- BNS-Krampf,
- Psychomotorischer (temporaler) Anfall,
- Fokaler Anfall.

Ursachen der symptomatischen Epilepsie

- Traumatische Hirnschädigungen (Verletzungen, Geburtsschädigungen)

– Raumfordernde intrakranielle Prozesse (Tumoren, Abszesse, Gefäßmißbildungen). 25 % aller Hirntumoren beginnen mit Anfällen.
– Stoffwechselstörungen und Mißbildungen des Nervensystems (z. B. Phenylketonurie, WILSON-Erkrankung, Tuberöse Sklerose).

Therapie und psychische Führung

Wir müssen unterscheiden zwischen der *Behandlung des Anfalls* selbst und der *Therapie im anfallsfreien Intervall* (Dauerbehandlung).

Verhalten beim einzelnen Anfall

Ein einzelner Anfall (gemeint ist hier ein generalisierter Krampfanfall), der zwar sehr bedrohlich aussieht, aber nicht lebensgefährlich ist, erfordert keine sofortigen Behandlungsmaßnahmen. Wir sorgen nur dafür, daß sich der Patient nicht verletzt, d. h. wir versuchen ihn entsprechend zu lagern und mit Kissen und Decken seitlich abzupolstern.

Auf keinen Fall soll versucht werden, durch Festhalten von Armen und Beinen den Anfall „zum Stillstand“ zu bringen. Dies ist nicht möglich und kann dem Patienten höchstens Verletzungen zufügen. Auch die altbekannte Maßnahme, runde Gegenstände (selbst wenn sie gepolstert sind) in den Mund des Krampfenden zu stecken, ist nicht zweckmäßig und sollte besser unterlassen werden, weil die dadurch verursachten Verletzungen (meist Ausbrechen von Zähnen) schwerwiegender sind als der Zungenbiß, den man damit vermeiden möchte. Eher kann ein zwischen die Zähne geschobenes Taschentuch oder anderes Textil vor dem Zungenbiß bewahren.

Sobald die Krampfbewegungen aufgehört haben und die tiefe, keuchende Atmung einsetzt, lagert man den Kopf des Patienten seitlich, um das Aspirieren von Blut oder Erbrochenem zu verhindern. Im übrigen gelten hier die gleichen Maßnahmen wie für andere bewußtlose Patienten (s. S. 288). Die Patienten sollten, bis sie aufwachen, nicht aus dem Auge gelassen werden.

Wichtig ist auch eine genaue Beobachtung der Art des Anfalls, weil davon die Therapie abhängt. Hier fällt der Schwester eine bedeutsame Aufgabe zu. Da sie längere Zeit auf der Station ist als der Arzt, hat sie öfter die Gelegenheit, einen Anfall zu beobachten. Durch eine genaue Schilderung des Anfallsablaufes kann sie dem Arzt zur richtigen Diagnose verhelfen.

Häufung von Anfällen (Status epilepticus)

Wenn sich Anfälle häufen (lebensbedrohlich!), ist sofort ein Arzt zu verständigen.

Einen Status epilepticus behandelt man z. B. mit:

— Injektion von 2 Amp. Luminal (20 %ig) i. m. oder
— 2 Amp. Somnifen (verdünnt mit Glukose) i. v. oder
— 5–10 mg Valium i. v. oder
— Klysma von 2 bis 4 g Chloralhydrat.

Bei Verwendung von Barbituraten (Luminal, Somnifen) ist darauf zu achten, daß nicht zu hoch dosiert wird, weil es sonst zu einer Schädigung des Atemzentrums kommen kann. Deshalb empfiehlt sich eine kombinierte Behandlung mit einem Barbiturat und einem Hydantoinpräparat (z. B. Epanutin).

Die pflegerischen Maßnahmen sind ähnlich wie beim einzelnen GM und wie bei allen bewußtlosen Patienten. Eine gefürchtete Komplikation des „Status" ist die Pneumonie.

Dauerbehandlung

Medikamentöse Behandlung. Sie hat zu einer Revolution der Epilepsietherapie geführt. Man führt sie mit Hilfe der „Antiepileptika" durch, die die Krampfbereitschaft des Gehirns herabsetzen und so dem Auftreten der Anfälle gezielt entgegenwirken.

Die wichtigsten chemischen Gruppen sind die *Barbiturate* (z. B. Luminal, Mylepsin, Prominal), die *Hydantoine* (z. B. Zentropil, Epanutin), die *Succinimide* (z. B. Petinutin, Suxinutin) und die *Oxazolidine* (z. B. Tridione, Petidion). Auch Mischpräparate haben sich bewährt (Apydan, Antisacer, Comital u. a.).

Für die medikamentöse Therapie gelten folgende Richtlinien:

— Antiepileptische Medikamente müssen *regelmäßig* eingenommen werden, sie dürfen nie plötzlich, sondern nur „ausschleichend" abgesetzt oder umgestellt werden.

— Die Präparate können verschiedene *Nebenwirkungen* verursachen wie Übelkeit, Erbrechen, Hautausschläge, Gleichgewichtsstörungen, Zahnfleischwucherungen, Benommenheit, Schläfrigkeit, Augenzittern, Doppeltsehen, Lichtscheu u. a. Solchen Nebenwirkungen kann man durch Dosisänderung oder Umstellen auf andere Präparate begegnen.

— Welches Präparat man verwendet, hängt vom *Anfallstyp* und vom *EEG-Befund* ab.

Ziel der medikamentösen Therapie ist die Anfallsfreiheit. Bei gezielter und konsequenter Behandlung kann sie bei 60 bis 80 % aller Patienten erreicht werden. Manchmal nehmen die psychischen Störungen bei völliger Anfallsunterdrückung zu. Die Patienten werden reizbar, aggressiv und für ihre Umgebung kaum mehr tragbar. Diese Kranken, es sind nur wenige, „brauchen" ihren Anfall. Hier ist es nicht zweckmäßig, durch sehr hohe Dosierungen die Anfälle völlig zu unterdrücken.

Behandlung in einer Anstalt. Rund 10—15 % aller Anfallskranken müssen vorübergehend oder dauernd in einer Anstalt untergebracht werden. In vielen Ländern existieren seit längerer Zeit Einrichtungen, die sich vorwiegend oder ausschließlich der Behandlung, Pflege und Rehabilitation von Anfallskranken widmen und die neuerdings auch über moderne diagnostische, heilpädagogische, schulische und Rehabilitationseinrichtungen verfügen. Dennoch ist es für die Familie eines Anfallskranken ein schwerer Entschluß, ihn für einige Zeit oder für die Dauer in einer Anstalt unterzubringen. Das Ziel moderner therapeutischer Bemühungen ist es, dies so wenig wie möglich zu tun. Manchmal läßt sich jedoch die Einweisung in eine Anstalt nicht umgehen. Sie ist nach MATTHES in folgenden Fällen notwendig oder zu empfehlen:

— bei epileptischen Kindern und Jugendlichen, die geistig bildungsfähig sind, aber infolge häufiger Anfälle eine Volksschule oder Sonderschule nicht besuchen können;

— bei epileptischen Kindern und Jugendlichen, die zwar bildungsfähig sind, aber wegen psychischer Auffälligkeiten und massiver Verhaltensstörungen in einer normalen Volksschule oder Sonderschule nicht tragbar sind. Sie bedürfen einer Schulung in kleinen Klassen durch besonders ausgebildete Lehrer.

— bei geistig stark behinderten, anfallskranken Kindern und Jugendlichen, deren geistiges Potential für den Besuch einer Volksschule oder Sonderschule nicht ausreicht, die aber in speziellen Einrichtungen vor allem im praktischen Bereich noch gut gefördert werden können (Sonderschule für praktisch Bildbare);

— bei einer geringen Anzahl von Anfallskranken, die intellektuell abgebaut und stark wesensverändert sind, zu Gewalttätigkeiten neigen und deshalb eine Gefahr für die Umwelt darstellen;

— bei Anfallskranken aller Altersstufen, die körperlich und geistig so schwer behindert sind, daß eine Familie ihrer Pflege nicht gewachsen ist.

In Anstalten für Anfallskranke geht heute die Tendenz dahin, möglichst viele Patienten nach einer intensiven Behandlungs- und Förderungszeit, wieder zu rehabilitieren. Diesem Ziel dient auch die zunehmende Öffnung der Anstalten nach außen und die Aufnahme von Kontakten zu Beschützenden Werkstätten, die in der Umgebung liegen. Durch die Einrichtung der *nachgehenden Fürsorge* versucht man auch mit entlassenen Patienten in Verbindung zu bleiben, um ihnen auch weiterhin mit Rat und Hilfe zur Seite zu stehen.

Psychische Führung und Betreuung von Anfallskranken

Folgende Gesichtspunkte sind dabei wichtig:

– Aufklärung der Patienten, Beeinflussung der Fehleinstellung bei Eltern von epileptischen Kindern. Hierbei sollte man eindringlich darauf hinweisen, daß epileptische Anfälle nichts mit „Geisteskrankheiten" (gemeint sind endogene Psychosen) zu tun haben, daß Anfälle, wenn sie rechtzeitig behandelt werden, nicht zu Intelligenzabbau und Schwachsinn führen müssen und daß epileptischen Kindern und Jugendlichen eine große Anzahl von beruflichen Möglichkeiten offensteht. Leider existieren immer noch viele Vorurteile gegenüber Anfallskranken. Die Bekämpfung dieser irrigen Vorstellungen, die solche Patienten zu minderwertigen Menschen abstempeln, sollte das Ziel jeder Schwester und jedes Arztes sein.

– Regelmäßige, geordnete Lebensweise. Die Patienten sollen ausreichend schlafen und jeden Alkoholgenuß vermeiden. Die Ernährung sollte flüssigkeitsarm, kochsalzarm und vitaminreich sein. Wichtig ist auch die reizarme Erziehung epileptischer Kinder.

Chirurgische Therapie. Sind die Anfälle durch Tumoren oder Abszesse des Gehirns bedingt, so versucht man diese operativ zu entfernen. In sehr seltenen Fällen entfernt man sogar eine ganze Hirnhälfte (Hemisphärektomie), wodurch der Krampfherd beseitigt wird und die gereizte, aggressive Stimmungslage der Patienten verbessert werden kann.

Soziale Probleme. Die Epilepsie bringt eine Fülle sozialer Probleme mit sich, die in der Sprechstunde des Psychiaters fast täglich auftauchen. Wir können hier nur einige andeuten.

Viele Patienten bewegt die Frage, ob sie *heiraten* können oder nicht. Diese Frage muß in jedem einzelnen Fall neu durchdacht werden, wobei ihre Beantwortung weitgehend von der Art der Anfälle bestimmt wird. Insgesamt schätzt man das Risiko, Anfälle zu bekommen, bei Kindern von Kranken mit einer genuinen Epilepsie sechsmal höher ein als bei Kindern gesunder Eltern. Von einer Heirat zwischen Epileptikern untereinander sollte auf jeden Fall abgeraten werden, sofern es sich nicht um ein symptomatisches Anfallsleiden handelt.

Das Führen eines Kraftfahrzeuges ist nur dann zu gestatten, wenn mehrere Jahre hindurch völlige Anfallsfreiheit bestand und der EEG-Befund sich normalisiert hat. Ein Führerschein sollte auch in diesen

Fällen nur befristet genehmigt werden, wobei die Verlängerung von dem Ergebnis einer in halbjährigen Abständen durchgeführten ärztlichen Untersuchung (einschließlich EEG-Ableitung) abhängig gemacht werden sollte.

Sportliche Betätigung ist jederzeit möglich, jedoch sollten Sportarten vermieden werden, bei denen ein Anfall gefährlich wird (Reiten, Klettern, Schwimmen).

Die Berufswahl jugendlicher Anfallskranker muß auf Berufe ausgerichtet sein, in denen ein Anfall nicht eine außergewöhnliche Gefährdung mit sich bringt.

Es empfiehlt sich, in Zusammenarbeit mit dem Arbeitsamt oder mit einem Psychologen, der mit den Problemen Anfallskranker vertraut ist, vor der Berufswahl eine differenzierte Berufsberatung durchzuführen. Dadurch läßt sich die Wahl eines Berufes, dem der Patient nicht gewachsen ist oder der sich mit seiner Krankheit nicht vereinbaren läßt, vermeiden. Für die Berufswahl sind 3 Gesichtspunkte maßgebend: das intellektuelle Leistungsniveau des Patienten, die Persönlichkeitsstruktur (hierbei ist besonders auf das Vorliegen von psychischen Veränderungen zu achten) und der Einfluß der Krankheit (Anfallsfreiheit, Häufigkeit der Anfälle). Aus der Kombination dieser 3 Faktoren unter Mitberücksichtigung der sozialen Situation ergibt sich im Einzelfall die Richtung, in der eine Berufsberatung angemessene Vorschläge machen kann.

Zahlreiche soziale Probleme ergeben sich in Familien mit einem anfallskranken Kind. Das Verhalten der Eltern solcher Kinder ist nicht selten durch Angst und Schuldgefühle gekennzeichnet, denen sie verschiedene Abwehrhaltungen entgegensetzen. Die häufigsten dieser Reaktionsweisen von Eltern in der Auseinandersetzung mit der Krankheit des Kindes sind nach MATTHES die *Verleugnung* der Krankheit, die *Ritualisierung* und Überbewertung medizinischer und heilpädagogischer Maßnahmen, die *Aggressionshaltung* gegenüber dem kranken Kind, die sich bis zum Todeswunsch steigern kann, und die *Überprotektion*, bei der durch eine unechte und übertriebene Zuwendung und Fürsorge das Kind zum Zentrum des Familienlebens wird, wobei durch diese Haltung häufig die Schuldgefühle der Eltern kompensiert werden. Derlei Verhaltensweisen der Eltern führen nicht selten zu einer zusätzlichen Neurotisierung des Kindes, die mit dem Anfallsleiden unmittelbar nichts zu tun hat. Auch hier ist es die Aufgabe von Ärzten, Schwestern, Pflegern und Sozialarbeitern, durch eine sachliche Aufklärung Verständnis für die Krankheit bei den Eltern zu erreichen. Darüber hinaus bereiten die Verhaltensstörungen mancher epileptischer Kinder innerhalb einer Familie nicht geringe Schwierigkeiten. Diese bestehen vor allem in Konflikten, die sich z. B. zwischen einem erethisch-hyperkinetisch veränderten epileptischen Kind und seinen gesunden Geschwistern ergeben. Ermahnungen und Zurechtweisungen führen hier meist nicht zum Ziel, da dem Kind in vielen Fällen die Einsicht in sein gestörtes Verhalten fehlt. Eine Integration solcher Kinder kann man nur durch eine sehr geduldige Pädagogik, die vielfach nicht ohne medikamentöse Unterstützung auskommt, erreichen.

Psychische Störungen nach frühkindlicher Hirnschädigung

Begriffe und Definitionen. Die *frühkindliche Hirnschädigung* ist kein einheitliches Krankheitsbild, sondern ein Sammelbegriff, unter dem wir die Folgen aller äußeren und inneren Schädigungen zusammenfassen, die vom Beginn des 6. Schwangerschaftsmonats bis zum Ende des 1. Lebensjahres auf das kindliche Gehirn eingewirkt haben. Ob die genannte Begrenzung optimal ist, darüber läßt sich streiten (manche Autoren sehen als obere Grenze die Vollendung des 3. Lebensjahres an). Sie hat aber insofern eine gewisse Berechtigung, als etwa um den 6. Schwangerschaftsmonat die Hirnrinde des Keimlings reizempfindlich wird und gegen Ende des 1. Lebensjahres die Pyramidenbahn (willkürlich-motorische Bahn) ausreift. Der genannte Zeitabschnitt ist also gewissermaßen die „kritische Zeit des Gehirns", in der die Möglichkeiten einer Schädigung am größten sind.

Ursachen: Als Ursachen für frühkindliche Hirnschädigungen kommen praktisch alle schädigenden Einflüsse in Frage, die in der genannten kritischen Phase einwirken können. Ein Großteil der Ursachen wurde im neurologischen Teil bereits besprochen. Die geläufigste Einteilung dieser Ursachen richtet sich nach dem Zeitpunkt der Einwirkung und unterscheidet Schädigungen vor, während und nach der Geburt (Tab. 3).

Schweregrade und Folgezustände. Es ist ohne weiteres verständlich, daß ein schädigendes Ereignis je nach seiner *Art*, *Schwere* und *Dauer* verschieden schwere Folgezustände hinterlassen kann.

Wir unterscheiden:

- Folgezustände mit schweren körperlichen Störungen (z. B. zerebrale Kinderlähmung) und
- Folgezustände mit vorwiegend psychischen Störungen.

Die körperlichen Störungen wurden bereits im neurologischen Teil beschrieben, so daß wir uns hier auf die psychischen Veränderungen beschränken können. Wir teilen sie ein in Intelligenzdefekte und Verhaltensstörungen (Persönlichkeitsstörungen). Natürlich können diese beiden Arten von Störungen auch vergesellschaftet sein.

Intelligenzstörungen

Auch bei den Intelligenzstörungen können wir uns kurz fassen, da wir sie auf S. 165 schon näher beschrieben haben. Sie äußern sich bekanntlich in einem niedrigen allgemeinen Intelligenzniveau und in einem unausgeglichenen Intelligenzprofil. Letzteres besagt, daß die einzelnen Intelligenzfunktionen verschieden stark in Mitleidenschaft gezogen sind.

Verhaltensstörungen

Unter Verhalten verstehen wir die Gesamtheit der nach außen sichtbaren Bewegungen und Handlungsabläufe. Die Beurteilung von Verhaltensweisen als normal erfolgt unter dem Gesichtspunkt der Anpassung an allgemein anerkannte Normen. Verhaltensstörungen äußern sich als *Fehlanpassungen*, als ein „aus der Rolle fallen" gegenüber den genannten Richtlinien.

Bei den Verhaltensstörungen, die durch eine frühkindliche Hirnschädigung hervorgerufen werden, können wir folgende Syndrome unterscheiden:

Frühkindliches exogenes Psychosyndrom

Es ist gekennzeichnet durch herabgesetzte Konzentrationsfähigkeit (Unfähigkeit, bei einer Aufgabe länger zu bleiben), allgemeine motorische Unruhe, abnorme Reizempfänglichkeit und Ablenkbarkeit, Antriebsüberschuß (Erethie), Distanzlosigkeit (im Gegensatz zu normalen Kindern sind die hirngeschädigten Kinder fremden Personen gegenüber sofort zutraulich, sie gehen auf jeden spontan zu, umarmen ihn u. U. gleich usw.), Kritiklosigkeit, Unbekümmertheit, Fehlen von Hemmungen und Angst und gestörtes Sozialgefühl.

Natürlich finden diese Symptome auch Ausdruck in Handlungen, die die betreffenden Patienten als rücksichtslos, brutal und taktlos erscheinen lassen.

Postenzephalitische Persönlichkeitsstörungen

Entzündliche Erkrankungen des Gehirns, insbesondere die Enzephalitis (s. neurolog. Teil), hinterlassen oft tiefgreifende Veränderungen der Persönlichkeit, die sich in verschiedenen Verhaltensstörungen äußern. Es ist kennzeichnend für sie, daß die Intelligenzfunktionen meist nur geringgradig geschädigt sind.

Die Persönlichkeitsstörungen beruhen darauf, daß bei den Kranken „die normale Integration der Persönlichkeit, die Ausbildung und Beherrschung jenes Spannungszustandes zwischen Trieb- und Instinktschicht einerseits und der Denkschicht andererseits, zerstört ist" (ASPERGER).

Wir können nach ASPERGER drei Arten von Persönlichkeitsstörungen unterscheiden:

Die Abgebauten. Bei ihnen fehlt die höhere Schicht der Persönlichkeit. Meist findet man auch vegetative, u. U. sogar neurologische Ausfallserscheinungen. Die Intelligenz ist häufig beeinträchtigt, dafür aber zeichnen sich solche Patienten durch eine erstaunliche Instinktsicherheit und oft auch motorische Gewandtheit aus, wie man sie bei manchen Tieren beobachten kann. Wegen ihrer „instinktiven" Geschicklichkeit werden die Patienten meist für intelligenter gehalten als sie in Wirklichkeit sind.

Die Instinktgestörten. Bei ihnen hat man den Eindruck, als liefen alle psychischen und körperlichen Vorgänge *automatenhaft* ab. Man vermißt feinere und tiefere seelische Regungen (z. B. Mitleid, Dankbarkeit) vollkommen. Ihr Denkvermögen ist oft völlig erhalten, es fehlt aber ein gewisser natürlicher Instinkt, der sich mit dem Denken koppelt. So wirken sie in ihrem Verhalten insgesamt lächerlich, hölzern, ungeschickt und der jeweiligen Situation nicht angepaßt. Die Instinktgestörten sind von manchen psychopathischen Persönlichkeiten nur schwer zu unterscheiden.

Die Kurzschlüssig-Enthemmten. Der Name ist schon sehr plastisch. Bei ihnen handelt es sich um Menschen, die einen Umweltreiz *sofort* (also ohne Einschaltung einer Kontrollinstanz wie Wille oder Gewissen) reflektorisch beantworten (vergl. Primitivreaktionen). Die „Antworten" haben den Charakter einer Triebhandlung, d. h. sie laufen blitzschnell und mit traumwandlerischer Sicherheit ab. Diese Sicherheit läßt die Patienten, obwohl sie vielfach schwachsinnig sind, raffiniert und durchtrieben erscheinen. Solche Menschen kennen keine Angst und keine Hemmung, aber nicht, weil sie besonders mutig wären, sondern weil sie kein Empfinden für die Angst als natürlichen Warner haben.

Beispiel: Ein 14jähriger Junge entwendete aus der Küche einer Anstalt eine Anzahl von Messern, stellte sich mit ihnen bewaffnet an ein Fenster im 2. Stock, wartete, bis unten jemand vorbeiging und ließ dann ein Messer nach dem anderen gezielt hinunterfallen. Ein andermal kletterte er mit erstaunlicher Sicherheit und affenartiger Gewandtheit an einem Blitzableiter auf das Dach eines sehr hohen Gebäudes und mußte mit einer Feuerleiter von dort heruntergeholt werden.

Die Beeinflussung psychischer Störungen nach frühkindlicher Hirnschädigung ist nicht einfach. Eine ursächliche Behandlung ist nicht möglich und auch eine symptomatische Therapie kann oft nicht viel ausrichten. Die Behandlung muß sich individuell auf jedes einzelne Kind einstellen und sein Milieu so umgestalten, daß eine Förderung möglich ist. Dabei sollten alle Beteiligten (Arzt, Schwester, Fürsorger, Eltern) zusammenarbeiten.

Therapie und psychische Führung

Die *medikamentöse* Behandlung hat die Aufgabe, die starke motorische Unruhe, die gleichzeitig ein Element der Ablenkung ist, soweit zu dämpfen, daß die Patienten planvoll beschäftigt werden können. Verwendet werden dazu Beruhigungsmittel wie Valium, Librium, Psyquil und bei starker Unruhe auch Neuroleptika oder Barbiturate. Viele hirngeschädigte Kinder leiden an einer *Schlafumkehr*, die sich darin äußert, daß sie tagsüber (vor allem morgens) müde sind, während sie in der Nacht nicht schlafen können. In kinderpsychiatrischen Kliniken oder Heimen, wo mehrere Kinder in einem Zimmer schlafen, macht einem dieser Sachverhalt viel zu schaffen. Ein oder zwei schlafgestörte Kinder können die ganze Gruppe durcheinanderbringen und oft regelrecht terrorisieren. Ein Mädchen einer Kinderabteilung stürzte z. B. jede Nacht auf andere Kinder los und riß ihnen ganze Büschel von Haaren aus; tagsüber jedoch wirkte es müde und stumpf, so daß man ihm diese Dinge gar nicht zugetraut hätte. Hier können *Schlafmittel* mit Erfolg eingesetzt werden, wobei man das wirksamste Präparat oft erst allmählich herausfinden muß, da die Patienten mit Regulationsstörungen des Wach-Schlaf-Rhythmus sehr unterschiedlich auf die Medikamente reagieren. Bewährt haben sich Mogadan, Valium, Luminaletten oder Kombinationen zwischen Neuroleptika und Schlafmitteln.

Die *heilpädagogischen* Maßnahmen müssen stets der besonderen Situation hirngeschädigter Kinder Rechnung tragen, was eine genaue Kenntnis ihrer Störungen voraussetzt. Eines der wichtigsten Erfordernisse für den Erfolg erzieherischer Maßnahmen ist die kleine Gruppe (optimal etwa 5 bis 6 Kinder), weil nur sie der betreuenden Pflegekraft die nötige Zeit für jedes einzelne Kind läßt. Beschäftigung und Spiel müssen *konkret* (anschaulich) sein, denn fast alle hirngeschädigten Kinder können nicht abstrakt denken und dies meist auch nicht lernen. Als erfolgreich haben sich musische Betätigungen erwiesen, die rhythmische Elemente verwenden (Gymnastik, Singen mit rhythmischer Begleitung usw.). Es ist verständlich, daß man die Kinder nicht überfordern darf, doch sollte man die Anforderungen langsam steigern. Dies gilt auch für die *schulische Betreuung* der Patienten, die je nach Intelligenz in verschiedenen (ebenfalls kleinen) Sonderschulklassen zusammengefaßt werden. Bei der schulischen Förderung will man heute nicht mehr um jeden Preis die Kulturtechniken (Lesen, Schreiben, Rechnen) vermitteln, sondern legt das Schwergewicht auf die *lebenspraktische* Bildung.

Auch die *körperliche Ertüchtigung* darf nicht vernachlässigt werden. Die Spiele und Sportarten muß man dem körperlichen Zustand und Leistungsvermögen anpassen (z. B. Schwimmen für Körperbehinderte, Ballspiele für Kinder ohne Bewegungseinschränkungen usw.).

Alle diese Maßnahmen erfordern viel Geduld, auch ist ihr Erfolg manchmal gering. Man muß sich jedoch immer den „Ausgangszustand" vor Augen halten und nicht gesunde Kinder zum Maßstab machen, dann erhält auch der kleine Erfolg die ihm gebührende Bedeutung.

Die Zusammenarbeit mit den Eltern ist nicht immer ersprießlich. Hier erstreckt sich die Aufgabe aller Personen, die mit hirngeschädigten Kindern zu tun haben, darauf, bei den Eltern Vorurteile, übertriebene Hoffnungen, Resignation und emotionale Reaktionen zugunsten einer sachlichen, von Verständnis getragenen Haltung ihrem kranken Kinde gegenüber abzubauen.

Psychotherapie

Allgemeines: Unter *Psychotherapie* verstehen wir die Behandlung von Krankheiten und psychogenen Störungen durch seelische Mittel. Sie erfordert viel Einfühlungsvermögen vom behandelnden Arzt und die aktive Mitarbeit des Patienten.

Wenn man den Begriff Psychotherapie sehr weit faßt, so ist jedes ärztliche Gespräch bereits dazuzurechnen, denn auch dabei findet schon allein durch die Persönlichkeit des Arztes eine Beeinflussung statt. Ob sie positiv oder negativ auf den Patienten wirkt, hängt natürlich weitgehend von Wissen, Geschick und Einfühlungsvermögen des Arztes ab.

Aber nicht nur das Verhalten des Arztes, auch die Art und Weise, wie das Pflegepersonal dem Kranken gegenübertritt, kann den „Heilungsvorgang" tiefgreifend beeinflussen. Ein aufmunterndes Wort, das verständnisvolle Eingehen auf die Klagen seitens der Schwester vermag dem Kranken das Gefühl zu geben, „gut aufgehoben zu sein". Bei jeder Psychotherapie ist ein Vertrauensverhältnis zwischen dem Therapeuten und dem Patienten unabdingbare Voraussetzung. Der Förderung und Erhaltung dieses Vertrauensverhältnisses müssen die

Bemühungen aller Mitarbeiter gelten, die mit dem Kranken zu tun haben.

Indikationsgebiet der Psychotherapie: Wir haben bereits gehört, daß eine psychotherapeutische Beeinflussung im weitesten Sinne bei allen Behandlungen wirksam ist. Die *speziellen* Methoden der Psychotherapie werden jedoch bevorzugt dort eingesetzt, wo psychische Ursachen oder psychisch stark beeinflußbare vegetative Funktionen das Krankheitsbild bestimmen. Zu dieser Gruppe von Störungen rechnen wir vor allem die

— abnormen psychogenen Reaktionen,
— abnormen psychogenen Entwicklungen (Neurosen) und die
— abnormen Persönlichkeiten.

Natürlich werden psychotherapeutische Methoden auch bei einer Reihe von anderen Störungen eingesetzt. Man hat sogar bei der Schizophrenie und Epilepsie entsprechende Versuche unternommen — ohne jedoch Heilungen zu erzielen, was bei diesen Krankheiten auch gar nicht zu erwarten ist —, um die Patienten von psychogenen Überlagerungen freizumachen und die noch in ihrer Person vorhandenen Möglichkeiten zu mobilisieren.

Im folgenden wollen wir nun auf die Methoden der Psychotherapie näher eingehen. Wir unterscheiden zudeckende Verfahren, aufdekkende Verfahren, Übungsmethoden und die Sozialtherapie.

Stützende Verfahren

Stützende Methoden sind solche, die der psychischen Störung zugrundeliegende Konflikterlebnisse dem Patienten nicht bewußt machen, sondern „zugedeckt“ lassen.

Suggestion

Suggestion heißt nichts anderes als Beeinflussung, wobei in der Behandlung auf Denken, Fühlen und Wollen des Patienten bewußt und planmäßig Einfluß genommen wird. Dabei soll die *Vorstellung* von ihrer Wirkung den Behandlungserfolg begünstigen. Die Suggestion erfolgt durch eindringliches Zureden (verbale Suggestion) und kann durch Medikamente und physikalische Hilfsmittel (z. B. Faradisieren = Elektrisieren) unterstützt werden.

Beim Faradisieren wird durch bestimmte Körperteile ein Strom geschickt, den man so weit verstärken kann, daß Schmerzempfindungen auftreten. Dem Patienten wird gleichzeitig die heilende Wirkung des Stromes und der bereits eingetretene Erfolg suggeriert. Diese Art der

Behandlung hat ihr Indikationsgebiet vor allem bei hysterischen Erscheinungen (besonders bei hysterischen Lähmungen), Organmißempfindungen und psychogenen Schmerzzuständen.

Der Erfolg der Suggestionsbehandlung ist sehr verschieden, da die Ansprechbarkeit für Suggestionen (Suggestibilität) bei den einzelnen Menschen persönlichkeitsbedingte Schwankungen aufweist. Der Erfolg ist um so größer, je mehr man bei der Behandlung auf die Reaktionsweise und die Konfliktlage des Patienten eingeht. Schließlich spielt, wie bei allen Formen der Psychotherapie, die Persönlichkeit des Therapeuten eine große Rolle.

Hypnose

Unter *Hypnose* verstehen wir einen durch Suggestion herbeigeführten und wieder beendeten schlafähnlichen Zustand, in dem das Bewußtsein auf den Kontakt zum Hypnotiseur eingeengt ist. Äußeren Reizen gegenüber besteht eine deutliche Unempfindlichkeit. Im Zustand der Hypnose werden die Bewußtseinsinhalte (Fühlen, Denken, Vorstellen usw.) nicht mehr vom hypnotisierten Patienten, sondern vom suggerierten Willen des Hypnotiseurs bestimmt.

Die im hypnotischen Zustand dem Patienten erteilten Suggestionen können sich in folgenden Bereichen auswirken:

- Sinnesempfindung: Es können Farben, Klänge, Gerüche usw. suggeriert werden.
- Motorik: Suggestion von bestimmten Körperhaltungen oder Bewegungsstarre (Katalepsie).
- Vegetatives System: Suggestion von Schwitzen, Jucken, Erröten, Verbrennungen, wobei sogar Brandblasen entstehen können.
- Gedächtnis: Die Erinnerungsfähigkeit kann durch Hypnose gesteigert werden.

Schließlich sind noch die sog. posthypnotischen Aufträge zu erwähnen, bei denen *während* der Hypnose erteilte Aufträge (z. B. Hinauswerfen eines Taschentuchs aus dem Fenster) *nach* Beendigung der Hypnose ausgeführt werden. Fragt man die Betreffenden nach den Motiven solcher Handlungen, so erfinden sie meist irgendeine Erklärung, weil sie die Hintergründe nicht wissen und nicht „dumm dastehen möchten".

Technik der Hypnose: Vor Einleitung der Behandlung sollte ein ausführliches Gespräch zwischen Arzt und Patient über Art und Zweck der Hypnosetherapie geführt werden. Dann wird meist in einem halbdunklen Raum die Hypnose beim entspannt auf einer Couch liegenden Patienten mit der Suggestion von Müdigkeit, Entspannung und

Schlaf eingeleitet. Um das Gefühl der Ermüdung leichter zu erreichen, werden Fixierübungen (z. B. Fixieren einer kleinen Kugel oder der Spitze des Reflexhammers) durchgeführt. Dieses Fixieren, untermalt von den mit monoton-einschläfernder Stimme vorgetragenen Suggestionen, führt schließlich, je nach Empfänglichkeit des Patienten, früher oder später zum Zustand der tiefen Hypnose.

Je nach der Tiefe der Hypnose unterscheidet man herkömmlicherweise drei Stufen: die Somnolenz (Schläfrigkeit), die Hypotaxie (mittlerer „Schlaf") und den Somnambulismus (Trancezustand, tiefe Hypnose). In der tiefen Hypnose werden die eigentlichen therapeutischen Suggestionen gegeben. Bei ihrer Beendigung müssen alle gegebenen Suggestionen wieder zurückgenommen werden.

Das *Indikationsgebiet* umfaßt folgende Störungen: Organmißempfindungen, Stottern, psychogene Schmerzzustände, Schlafstörungen, Atemstörungen (psychogenes Asthma).

Schließlich kann die Hypnose auch der Vorbereitung aufdeckender (analytischer) Verfahren dienen oder mit ihnen kombiniert werden. In diesem Zusammenhang könnte man sie auch zu den aufdeckenden Methoden rechnen, bei denen vor allem die Hypermnesie (gesteigertes Erinnerungsvermögen) ausgenützt wird.

Aufdeckende Verfahren

Die aufdeckenden Methoden haben im Gegensatz zu den stützenden, die vorwiegend *Symptome* bekämpfen, das Ziel, durch eine eingehende Analyse die *Ursache* einer psychischen Störung aufzufinden und sie dem Patienten bewußt zu machen.

Analytische Psychotherapie

Die aufdeckenden (analytischen) Verfahren basieren alle auf den Erkenntnissen der *Tiefenpsychologie* und der *Psychoanalyse*. Wir können hier nicht auf die verschiedenen, zum Teil einander sehr widersprechenden Richtungen der Tiefenpsychologie eingehen, sondern lediglich ihre gemeinsamen Prinzipien in Anlehnung an K. Horney kurz erläutern. Wir tun dies, der besseren Übersichtlichkeit halber, in Form einiger knapp gehaltener Thesen:

- Im Bereich des Psychischen geschieht nichts zufällig. Alle seelischen Prozesse sind wie die physikalischen durch feststellbare Ursachen (kausal) bedingt.
- Der überwiegende Teil unserer Antriebe ist uns unbewußt und affektiv getönt.

– Verdrängung: In Konfliktsituationen werden bestimmte Erlebnisinhalte ins Unbewußte verdrängt, wodurch es zu Scheinlösungen von Problemen kommt.
– Gegen das Bewußtwerden verdrängter Vorgänge arbeitet der sog. *Widerstand*, dessen Ziel es ist, dem Individuum die peinliche Einsicht in die eigenen Probleme zu ersparen.
– Durch eine bestimmte Technik, im Traum und in der freien Assoziation, kann der Widerstand überwunden werden, wodurch verdrängte „Komplexe" ins Bewußtsein geholt und gedeutet werden können.
– Ein Großteil der zu psychischen Störungen führenden Konfliktsituationen läßt sich bis in die früheste Kindheit zurückverfolgen.
– In der psychotherapeutischen Situation werden viele, ursprünglich auf andere Personen (z. B. Eltern) bezogene affektive Regungen auf den Psychotherapeuten übertragen. Es kann auf diese Weise zu regelrechten Haßgefühlen, aber auch zu Liebe und Zuneigung gegenüber dem Therapeuten kommen.

Nach FREUD können wir alle Verfahren, bei denen die beiden Phänomene Widerstand und Übertragung auftreten, als Psychoanalyse bezeichnen.

Technik der Psychoanalyse: Nach der klassischen Methode wird der entspannt auf einer Couch liegende Patient aufgefordert, alle seine Gedanken und Einfälle ungeachtet ihres Inhaltes auszusprechen. Diesen freien Einfällen (Assoziationen) soll sich der Patient ohne alles gezielte Nachdenken vollkommen überlassen, und auch der Therapeut soll in diesen Prozeß nicht eingreifen. Das Assoziieren wird ergänzt durch die Analyse von Träumen, die der Patient dem Therapeuten erzählt. Alle diese Methoden dienen dazu, verdrängte Komplexe aus dem Unbewußten an das Tageslicht des Bewußtseins zu bringen und in enger Beziehung zu den Problemen des Patienten zu deuten. Die Rolle des Arztes soll bei der Analyse bewußt im Hintergrund stehen, auch die Deutungen müssen sparsam sein; es ist möglichst viel dem Patienten selbst zu überlassen.

Die Art und Weise der Deutung des vom Patienten ausgesprochenen „Materials" richtet sich nach dem Leitbild der jeweiligen psychotherapeutischen Schule.

Die bekanntesten Methoden sind die von FREUD, ADLER und JUNG und einige modifizierte Techniken, auf die wir noch kurz eingehen wollen.

Die FREUDsche Psychoanalyse: FREUD darf als Begründer der Psychoanalyse gelten; alle anderen Schulen gehen letztlich auf sein Werk zurück. Zentral im FREUD-System steht sein dynamischer Libidobegriff, der im wesentlichen auf die Sexualität bezogen ist. Diese Libido möchte sich nach dem

Lustprinzip „ausleben", was jedoch durch die gesellschaftlichen Schranken und durch das anerzogene Gewissen (Über-Ich) verhindert wird. Die sexuellen Regungen werden daher gezwungen, andere Wege zu gehen. Sie werden z. B. ins Unbewußte verdrängt oder aber in schöpferische Impulse umgeformt, die zu künstlerischer Betätigung führen (Sublimation). Neben Verdrängung und Sublimation kennen wir noch eine Reihe anderer Abwehrvorgänge, wie *Rationalisierung* (nachträgliche Scheinbegründung), *Projektion* (Zuschreiben eigener Probleme an andere Personen), *Regression* (Zurückfallen auf frühere, meist kindliche Formen der Konfliktbewältigung) oder *Konversion* (Transformation psychischer Konflikte in körperliche Symptome). Bei der Entstehung von psychischen Störungen spielen vor allem die Abwehrmechanismen der Verdrängung, Regression und Konversion eine große Rolle. Weitere wichtige Gesichtspunkte in der Lehre FREUDS sind die Entwicklung und die Instanzenlehre.

Die *Entwicklung* ist deshalb so wichtig, weil sich nach FREUD fast alle neurotischen Symptome bis in die früheste Kindheit zurückverfolgen lassen. Sie verläuft über die *orale*, *anale* und *phallische* Phase, die bis etwa zum 6. Lebensjahr abgeschlossen sind; es folgt dann die sog. Latenzzeit bis zur Pubertät.

Die *Instanzenlehre* beinhaltet eine Dreiteilung der Persönlichkeit (Es, Ich, Über-Ich), von denen das Es die Triebschicht, das Über-Ich eine Art Gewissen und das Ich eine zwischen beiden vermittelnde, vorwiegend bewußte Instanz repräsentiert. Ziel der Therapie ist es, dem *Es* das *Ich* zu machen.

Die Individualpsychologie ADLERS: Nach ADLER ist der Grundtrieb des Menschen nicht der Geschlechtstrieb, sondern das Macht- und Geltungsstreben. Dieses wird aus mehr konstitutionellen Gründen (z. B. Organminderwertigkeit) oder auch aus Gründen psychischen Versagens an seiner natürlichen Entfaltung gehindert, wodurch es zu starken Minderwertigkeitsgefühlen kommt. Die Minderwertigkeitsgefühle werden vom Patienten durch Überkompensation und allerlei andere Scheinlösungen (sog. Arrangements) zu überspielen versucht. Ziel der Therapie ist es, durch die Methode der Ermutigung Minderwertigkeitsgefühle und Überkompensationen abzubauen und den Patienten zu einem gesunden, seinen Kräften angemessenen Leitbild zu führen, das seine Einordnung in die Gemeinschaft ermöglicht.

Die komplexe Psychologie JUNGS: C. G. JUNG, ursprünglich Schüler und Mitarbeiter FREUDS, hat sich später von FREUD getrennt, weil er dessen von der Sexualität beherrschten Libidobegriff nicht mehr akzeptieren konnte. JUNG versteht unter Libido die gesamte psychische Energie. Ein zweiter Gegensatz zwischen den beiden Psychotherapeuten betrifft das Unbewußte. Während FREUD nur ein persönliches Unbewußtes kennt, unterscheidet JUNG neben diesem noch ein *kollektives* Unbewußtes, dessen Inhalte allen Menschen gemeinsame Urbilder (Archetypen) sind, die in Sagen, Märchen und Mythen aller Völker auftauchen und sich auch in Träumen und Phantasien äußern. Beispiele für Archetypen sind „der alte Weise", die „große Mutter", „Animus", „Anima", „Schatten" usw.

Ziel der Behandlung ist es, durch Auffinden der Archetypen, die Deutung der Probleme des Patienten über die eigene Person hinaus zu erweitern, andererseits aber auch die Phänomene des kollektiven Unbewußten in die eigene Person mit einzubeziehen. Dazu gehört auch die Konfrontation des Patienten mit dem eigenen Schatten, d. h. mit den negativen Seiten seiner Persönlichkeit.

Auf diese Weise soll schließlich eine optimale Verwirklichung der eigenen Person, die *Individuation*, erreicht werden.

Ein weiterer, auch auf anderen Gebieten ungemein fruchtbarer Gesichtspunkt der Lehre JUNGS ist seine typologische Unterscheidung zwischen *introvertierten* (nach innen gewandten) und *extravertierten* (nach außen gerichteten) Persönlichkeiten.

Die Existenzanalyse und Logotherapie FRANKLS: FRANKL sieht die Ursache vieler Neurosen im Verlust des Lebenssinns (sog. noogene Neurosen). Ziel der Behandlung ist es, nach einer Analyse des Patienten und seiner konkreten Lebensschwierigkeiten, mit ihm gemeinsam wieder einen Sinn zu finden, den er akzeptieren und zur Grundlage seines Weiterlebens machen kann.

Es gibt noch eine große Zahl anderer Schulen und psychotherapeutischer Methoden, auf die wir hier allerdings nicht eingehen können.

Erfolgschancen der analytischen Psychotherapie: Trotz der Verschiedenheit der einzelnen Schulen und Methoden ist auffällig, daß ihre Erfolge ungefähr gleich groß sind. Die Angaben über Heilungen schwanken zwischen 40 und 65 %. Natürlich sind statistische Angaben gerade hier mit besonderer Vorsicht zu genießen, da die Heilungserfolge schwer überprüfbar sind. Es ließe sich auch denken, daß ganz elementare Faktoren, die man bei allen Formen der aufdeckenden Psychotherapie findet, wie Vertrauen, ausführliches Gespräch, Möglichkeit zum sprachlichen Abreagieren von Konflikten, für die Erfolge ausschlaggebend sind.

Narkoanalyse

Bei der Narkoanalyse erfolgt die tiefenpsychologische Exploration unter dem Einfluß von narkotischen Medikamenten. Im Zustande einer leichten Narkose versucht man die verdrängten Regungen des Patienten aufzufinden. Selbstverständlich darf eine solche Methode — wie auch die anderen psychotherapeutischen Verfahren — nur mit Einverständnis des Patienten durchgeführt werden. Man hofft, mit der Narkoanalyse das analytische Verfahren abzukürzen.

Übungsverfahren

Autogenes Training (J. H. Schultz)

Beim *autogenen Training*, auch konzentrative Selbstentspannung genannt, wird durch bestimmte Übungen eine Art hypnotischer Ruhezustand erzeugt, in dem die Beeinflussung vegetativer Funktionen (z. B. Regulation der Durchblutung und der Atemtätigkeit) möglich ist. Im Gegensatz zur Hypnose wird der Entspannungs- und Ruhezustand vom Patienten selbst erzeugt. Das autogene Training hat die Hypnose heute weitgehend verdrängt.

Technik: Die einzelnen Übungen sollten anfangs nur unter ärztlicher Anleitung und Aufsicht durchgeführt werden. Sie beginnen damit, daß der Übende eine entspannte Haltung einnimmt. Als günstig haben sich die horizontale Lage und die sog. Droschkenkutscherhaltung erwiesen, bei der der Oberkörper schlaff in sich zusammenfällt, die Oberschenkel gespreizt werden und die Unterarme locker auf die Oberschenkel gelegt werden. Die Entspannung wird durch Autosuggestionen wie „ich bin ganz ruhig" und die Vorstellung beruhigender Bilder verstärkt. Anschließend beginnt man mit den Übungen, wobei man bis zur Beherrschung einer Übung — bei täglichem Üben von 3mal 3 Minuten — eine Zeit von etwa 14 Tagen veranschlagt. Die sechs Übungen werden in folgender Reihenfolge durchgeführt:

Schwereübung: Die Übung beginnt mit dem formelhaften Sichvorsagen „mein rechter Arm ist ganz schwer" (bei Linkshändern der linke), wobei man sich die Schwere gleichzeitig in irgendeiner Form vorstellt. Vor Beendigung der Übung müssen die Suggestionen wieder zurückgenommen werden. Dies geschieht durch die Formel: „Arme fest anziehen, tief einatmen, Augen auf". Wenn die Übung gelungen ist, geht man in gleicher Weise zur Schwereübung der Beine über.

Wärmeübung: Formelhafte Suggestion: „der rechte Arm ist warm, ganz warm". Später wird wieder die entsprechende Beinübung durchgeführt.

Herzübung: Man suggeriert sich die Formel: „Herz schlägt ganz ruhig". Man kann diese Übung dadurch erleichtern, daß man die rechte Hand entspannt auf die Herzgegend legt, um ein besseres Gefühl für die Herztätigkeit und ihre Beeinflussung zu bekommen.

Atemübung: Formelhafte Suggestion: „Atem ganz ruhig, es atmet mich".

Sonnengeflechtsübung (Regulierung der Bauchorgane): Das Sonnengeflecht ist ein Ganglion, das für die vegetative Regulation der Bauchorgane mitverantwortlich ist. Mit der Sonnengeflechtsübung: „Sonnengeflecht strömend warm", soll ein Gefühl der Wärme im Bauchraum erzeugt werden. Die Übung kann man durch die Vorstellung unterstützen, man atme bis hinunter in den Bauchraum.

Kopfübung: Die formelhafte Suggestion lautet: „Stirn angenehm kühl".

Alle Übungen muß man durch Zurücknahme der Suggestionen beenden. Wenn diese Übungen konsequent durchgeführt werden, so gelangt man schließlich so weit, daß man sich in jeder Umgebung entspannen und seine vegetativen Regulationen beeinflussen kann.

Indikationsgebiet: Das autogene Training kann bei sehr vielen psychogenen Störungen und Erkrankungen angewendet werden, vor allem bei Schlafstörungen, vegetativer Labilität, psychogenem Asthma und Kopfschmerzen, funktionellen Herzbeschwerden und Magen-Darm-Störungen. Darüber hinaus kann es natürlich auch bei der Bekämpfung von uns alle betreffenden alltäglichen Übeln, wie Angst vor schwieriger Entscheidung, kalten Füßen, inneren Verkrampfungen von großer Hilfe sein.

Gestufte Aktivhypnose (E. KRETSCHMER): Die gestufte Aktivhypnose ist ein kombiniertes Übungsverfahren, das Elemente des autogenen Trainings und der Hypnose vereinigt. Zunächst wird das autogene Training bis zur Beherrschung der Schwere- und Wärmeübung erlernt, dann wird durch Fixierübungen ein hypnoider Zustand herbeigeführt.

Zweigleisige Standardmethode (E. KRETSCHMER): Sie stellt eine Kombination zwischen gestufter Aktivhypnose und einer kurzen Psychoanalyse dar. Das Verfahren hat den Vorteil, daß man einen Teil der durch die Analyse aufgedeckten Symptome durch Übungen gleich aktiv angehen kann. Dies geschieht durch spruchbandartige, formelhafte Suggestionen.

Verhaltenstherapie

Die Verhaltenstherapie befaßt sich mit der *direkten* Beeinflussung des Verhaltens. „Direkt" heißt, daß das vorliegende Krankheitssymptom ohne Umwege über seine verschiedenen Entstehungsbedingungen gezielt angegangen wird.

Grundlagen: Die Grundlagen der Verhaltenstherapie sind die Lerntheorien. Der Begriff Lerntheorie umfaßt viel mehr als das, was wir im täglichen Sprachgebrauch als Lernen bezeichnen. Wenn wir in der Umgangssprache von Lernen sprechen, so meinen wir vorwiegend das schulische oder an die Schule gebundene Lernen. Lernen *im weiteren Sinne* umfaßt aber nahezu alles menschliche Verhalten. Ob es sich um die Reinlichkeitserziehung der Kinder, das Spielen auf einem Musikinstrument oder um Autofahren handelt, immer sind Lernprozesse entscheidend beteiligt. Diese Lernprozesse kann man nun allgemeingültig, d. h. unabhängig vom speziellen Einzelfall, in Form der Lerngesetze darstellen.

Lerngesetze: Sie wurden zum größten Teil in Tierexperimenten gefunden, gelten aber im Prinzip auch für den Menschen. Jede Erziehung benützt in mehr oder weniger deutlicher Form diese Gesetzmäßigkeiten. Wir unterscheiden zwei wichtige Lerngesetze, den bedingten Reflex und das Lernen am Erfolg.

Beim *bedingten Reflex* wird mit dem physiologischen Reiz (unkonditionierter Reiz) ein Reiz in zeitlich engem Zusammenhang dargeboten, der die erwünschte Reaktion normalerweise nicht auslöst. Wird er aber oft genug mit dem physiologischen (unkonditionierten) Reiz dargeboten, so ist er für eine bestimmte Zeit in der Lage, die Reaktion selbständig auszulösen.

Beim *Lernen am Erfolg* ist eine positive Wirkung (Bekräftigung oder Belohnung) das Entscheidende am Lernvorgang. Verhaltensweisen, die auf diese Weise (durch Belohnung) erfolgreich sind, werden vom Individuum ausgewählt und in sein Verhaltensinventar einbezogen.

In der Kindererziehung hat man schon immer nach diesem Prinzip gehandelt, wenn man das vom Kind erwünschte Verhalten durch Lob, Anerkennung oder Geschenke *verstärkte*.

Prinzip der Generalisation: Zahlreiche Behandlungsversuche haben gezeigt, daß das in der therapeutischen Situation erlernte, erwünschte Verhalten die Tendenz hat, auch in anderen Situationen aufzutreten, die mit der therapeutischen Situation nicht direkt im Zusammenhang stehen. Dieses Phänomen bezeichnen wir als Generalisation. Die Generalisation erklärt die Tatsache, daß wir auch in unvorhergesehenen und unerwarteten Situationen richtig reagieren können. Wir sind also nicht nur von den bereits erlebten Situationen abhängig, unser Verhalten unterlag der Generalisation.

Die Bedeutung der Lerngesetze für die Entstehung von Krankheitssymptomen:

Die Verhaltenstherapie geht davon aus, daß, wie nahezu alle menschlichen Reaktionsweisen, auch Krankheitssymptome (besonders neurotische Symptome) erlernt werden.

Neurotische Verhaltensweisen sind solche, die von den Verhaltensnormen der Gesellschaft abweichen, d. h., neurotisches Verhalten ist fehlangepaßt. Diese Fehlanpassung ist nach Ansicht der Verhaltenstherapeuten *erlernt*.

Unter den krankhaften (neurotischen) Verhaltensweisen können wir nach Eysenck zwei Arten unterscheiden:

1. solche, bei denen sich falsche bzw. unerwünschte Reaktionen ausgebildet haben. Sie können sowohl nach dem Prinzip des bedingten Reflexes als auch nach dem des Lernens am Erfolg entstanden sein. Beispiele: Phobien, Angstzustände, Zwänge.

2. solche, bei denen bedingte Reaktionen, die normalerweise zur Ausbildung erwünschten Verhaltens führen, in der Entwicklung gefehlt haben. Beispiele: Bettnässen, sexuelle Perversionen, Psychopathien.

Das Ziel der Verhaltenstherapie ist, diese Störungen direkt zu beeinflussen, wobei sie sich der Lerngesetze, besonders des Lernens am Erfolg, bedient.

Ihr Prinzip lautet:

– erwünschtes Verhalten wird belohnt (verstärkt),
– unerwünschtes Verhalten wird bestraft bzw. nicht beachtet.

Dieser Grundsatz ist eigentlich nichts Neues. Jede Erziehung arbeitet auf seiner Grundlage. In der Verhaltenstherapie wird er jedoch viel systematischer als sonst befolgt, und alle Verhaltensänderungen des Patienten werden genau protokolliert.

Indikationsgebiet der Verhaltenstherapie: Die Verhaltenstherapie hat sich besonders bei neurotischen Störungen bewährt. Umfangreiche Erfahrungen liegen vor für die Behandlung von motorischen Störungen (Jaktationen, Tics), Sprachstörungen, Phobien sowie kindlicher Verhaltensstörungen (z.B. Einnässen, Einkoten, Aggressivität).

Wie bei allen gezielten Behandlungsmethoden muß auch der Stationsbetrieb entsprechend organisiert werden. Schwestern und Pfleger müssen über die Grundprinzipien der Therapie Bescheid wissen; denn auch außerhalb der Therapiestunden muß der Behandlungsplan genau eingehalten werden. Durch andersartige Beeinflussung der Patienten außerhalb der Therapiestunden wird der Erfolg fragwürdig. Hingegen können Verhaltensweisen der Patienten, die im Sinne des therapeutischen Zieles liegen, auch außerhalb der Behandlungszeit gefördert werden.

Sozialtherapie

Die bisher besprochenen psychotherapeutischen Methoden werden, mit Ausnahme des autogenen Trainings, als Einzelbehandlung durchgeführt. Die Sozialtherapie hingegen umfaßt Verfahren, die in Gruppen praktiziert werden und die Einordnung des Patienten in die Gemeinschaft zum Ziel haben.

Arbeitstherapie

Der Arbeitstherapie geht es darum, den Patienten mit Hilfe eines Systems gestufter Anforderungen wieder leistungsfähig und belastbar zu machen. Die zu verrichtende Arbeit muß notwendig und sinnvoll sein, der Patient soll ihre Bedeutung erkennen, sie soll gewisse Anforderungen an Ausdauer und Gewissenhaftigkeit stellen und möglichst gemeinsam mit anderen ausgeführt werden.

Durch das Gefühl, wieder etwas leisten zu können, nicht ganz wertlos zu sein, sich etwas zu verdienen, kann der Patient aus einer apathischen und resignierenden Haltung herausgeführt werden.

Auch hierbei spielt die Gruppengemeinschaft eine große Rolle. Wer der Arbeitstherapie innerhalb der Klinik oder Anstalt gewachsen ist, kann bald in einem benachbarten Betrieb beschäftigt werden. Man versucht zu diesem Zweck einige Patienten im Rahmen sog. „industrieller Arbeitsgruppen" zusammenzufassen und unter schrittweiser Steigerung der Arbeitsanforderungen in Betrieben der freien Wirtschaft einzusetzen. Das Gefühl, nicht allein, sondern gemeinsam nach längerer Krankheit wieder „ins freie Leben" hinauszugelangen, vermittelt dem Patienten ein Gefühl der Geborgenheit und des Schutzes. Allmählich versucht man dann die Patienten soweit zu verselbständigen, daß sie z. B. im Rahmen einer Nachtklinik nur noch zum Schlafen im Krankenhaus erscheinen, sich aber sonst frei bewegen. Schließlich soll im nächsten Schritt der Kranke wieder in seine alte Umgebung eingegliedert werden.

Beschäftigungstherapie

Sie ist mit der Arbeitstherapie verwandt und hat sich aus ihr entwickelt. Im Gegensatz zur Arbeitstherapie will sie durch vorwiegend musisches und kunsthandwerkliches Arbeiten (Malen, Modellieren, Schnitzen, Weben) schöpferische und gestalterische Kräfte wekken. Musische Betätigungen sind auch vorteilhaft zur Abreaktion von aggressiven Impulsen (besonders bei Kindern) und zur allgemeinen psychischen Lockerung gut geeignet. Sie können als „Ausdrucksphänomen" auch manche diagnostische Hinweise geben.

Die Beschäftigungstherapie vollzieht sich vorwiegend in Gruppen, was neben der Förderung schöpferischer Impulse die Stimmung und Initiative und auch die Eingliederung in eine Gemeinschaft erleichtert. Im Rahmen der Beschäftigungstherapie läßt sich auch eine Reihe von Beobachtungen machen, die für die weitere Behandlung des Patienten außerordentlich wichtig sein können. Die beiden Gesichtspunkte, auf die man achtet, sind Arbeitsweise und Verhalten in der Gruppe. Hinsichtlich der Arbeitsweise ist wichtig, ob der Patient selbständig arbeitet oder nur unter Anleitung dazu in der Lage ist, ob er gründlich und konsequent arbeitet, ob er mit dem Material richtig umgeht usw. Was das Gruppenverhalten betrifft, so achtet man auf sein Kontaktverhalten (sucht er Kontakte oder meidet er sie), auf seine Stellung innerhalb der Gruppe und auf das Verhältnis zum Therapeuten.

Die Beschäftigungstherapie ist ein Durchgangsstadium der Behandlung, deren Ziel es ist, den Patienten für die etwas höheren Anforderungen der Arbeitstherapie vorzubereiten.

Milieutherapie

Bei ihr soll für den Kranken ein optimales Milieu geschaffen werden, das eine reibungslose Entfaltung seiner Persönlichkeit ermöglicht. Es ist verständlich, daß eine solche Form der Behandlung mit unzähligen Faktoren zu rechnen hat und deshalb immer nur ein Versuch bleiben kann. Aufklärung der Familienangehörigen, Veränderung des beruflichen Milieus sind nur einige Maßnahmen, die man ergreifen muß. Zu diesem Zweck ist die enge Zusammenarbeit zwischen Klinik, Fürsorge und Jugendämtern nötig.

Das Indikationsgebiet der Milieutherapie erstreckt sich vor allem auf verwahrloste (milieugeschädigte) Kinder und Jugendliche, aber auch auf psychogene Schwierigkeiten Erwachsener in Familie und Beruf.

Gruppentherapie

Bei ihr werden die verschiedenen bereits besprochenen Methoden auf kleinere oder größere Patientengruppen übertragen. Dabei ergeben sich eine ganze Reihe von sog. Interaktionen (Wechselwirkungen) zwischen dem Therapeuten und den Gruppenmitgliedern sowie zwischen den Gruppenmitgliedern untereinander. Als Gruppentherapie mit übenden Verfahren wird das autogene Training am häufigsten durchgeführt.

Unter den Gesichtspunkten der modernen Gruppentherapie haben sich die Stationen vieler psychiatrischer Krankenhäuser grundlegend gewandelt. Immer mehr versucht man, herkömmliche Formen des Stationsbetriebes durch therapeutische Gemeinschaften zu ersetzen.

Therapeutische Gemeinschaft: Darunter versteht man eine Art Großgruppe, die aus Patienten, Schwestern, Pflegern, Ärzten und Angestellten besteht und deren Ziel es ist, die optimalen Voraussetzungen für die Besserung oder Heilung ihrer kranken Mitglieder zu schaffen. Im Gegensatz zur herkömmlichen Stationsgliederung versucht man auf hierarchische Strukturen weitgehend zu verzichten und verteilt Kompetenzen und Initiativen in abgestufter Weise auf möglichst viele Gruppenmitglieder. Die Hauptaufgaben der therapeutischen Gemeinschaft bestehen nach Napolitani darin, daß

- „das krankhafte Verhalten des einzelnen der Gruppe deutlich wird und daß der einzelne durch die Gruppe darauf aufmerksam gemacht werden kann;
- die Gruppe und der einzelne sich bemühen, dieses krankhafte Verhalten zu verstehen;
- diejenigen Situationen gefördert werden, die korrigierende Erfahrungen ermöglichen;

– die gesunden Seiten der Persönlichkeit durch die Gruppe anerkannt und durch adäquate Rollen entwickelt werden".

Im Rahmen solcher therapeutischer Gemeinschaften werden in Form von Gruppengesprächen alltägliche Probleme, die sich aus dem Gemeinschaftsleben ergeben, und auch persönliche Schwierigkeiten und Differenzen ausführlich besprochen. Gespräche dieser Art tragen ganz wesentlich dazu bei, daß eine Atmosphäre der Offenheit, des Vertrauens und Verstehens entsteht. Sie verhindern zugleich auch unterschwellige Spannungen und die Ansammlung von Aggressionen, die sich dann explosionsartig entladen. Der wesentliche therapeutische Vorgang in einer solchen Gemeinschaft geschieht nach JONES nach dem Prinzip des „sozialen Lernens". Soziales Lernen heißt, daß die Patienten durch gruppendynamische Prozesse und Vorgänge wieder zu einer Anpassung an eine Gemeinschaft geführt werden.

Bei der *analytischen Gruppentherapie* werden Konflikte und Probleme der Patienten unter der unauffälligen Leitung eines Therapeuten diskutiert. Über das Kennenlernen der Probleme anderer, die häufig ähnlicher Natur sind, entsteht die Bereitschaft zu verstehen und schließlich ein Zugang zur Gemeinschaft. Wie bei der analytischen Einzeltherapie können auch hier die Phänomene Widerstand und Übertragung auftreten und sich unter Umständen sehr störend bemerkbar machen. Deshalb muß mit besonderer Sorgfalt auf die Zusammensetzung der Gruppe geachtet werden. Die Leitung einer analytischen Gruppentherapie erfordert vom Therapeuten sehr viel Geschick und Menschenkenntnis.

Das *Psychodrama* (MORENO) ist eine besondere Form der Gruppentherapie, bei der die Patienten im freien Spiel und in selbstgewählten Szenen ihre Affekte und aggressiven Regungen abreagieren. Durch nachträgliche Aussprache können verdrängte Komplexe und Konfliktlagen bewußt gemacht und in ihrer Bedeutung für die eigene Person erkannt werden. Je nachdem auf welche Bereiche der Schwerpunkt beim Psychodrama gelegt wird, unterscheiden wir das *Soziodrama* (es werden vorwiegend soziale Probleme behandelt) vom *Axiodrama* (Kernproblem sind ethische und moralische Werte).

Rehabilitation

Unter Rehabilitation versteht man den zusammengefaßten Einsatz aller Maßnahmen, die bei Defektsyndromen die Anpassung an die Anforderungen im beruflichen und gesellschaftlichen Leben erleichtern. Hilfen dieser Art sind also zunächst nur dann erforderlich, wenn durch die akute Erkrankung oder Verletzung oder aber durch den bereits in der frühkindlichen Entwicklung entstandenen Schaden Beeinträchtigungen des Leistungsvermögens von funktioneller Bedeutung zurückgeblieben sind. Die Auswirkungen können sowohl bei der Bewältigung des täglichen Lebens als auch in bezug auf die berufliche Tätigkeit vorliegen und können in beiden Bereichen von ganz unterschiedlichem Gewicht sein.

Aufgaben der Rehabilitation stellen sich generell bei bleibenden Beeinträchtigungen des Stütz- und Bewegungsapparates (Körperbehinderung), der Sinnesorgane (Hör- und Sehbehinderung), der inneren Organe — vor allem des Brust- und Bauchraumes — und bei geistig-seelischen Defekten. Es nimmt daher nicht wunder, daß gerade auf den Gebieten der Neurologie und Psychiatrie ein besonderer Bedarf für Rehabilitationsleistungen vorliegt.

In den weitgehend ärztlich geleiteten Abschnitten (medizinische Phase) stehen Maßnahmen der Leistungssteigerung, der Gewöhnung an die Anstrengung und an die zeitlichen Anforderungen im Arbeitsleben ganz im Vordergrund. In dieser Phase sollte in der Regel auch die Versorgung mit orthopädischen und anderen Hilfsmitteln erfolgen, deren sinnvolle Nutzung durch Anleitung von Krankenschwestern und Pflegern, von Krankengymnastinnen und Beschäftigungstherapeuten erheblich erleichtert wird. Nach Abschluß solcher Trainings- und Anpassungshilfen sollte der Behinderte in der Lage sein, sich selbständig an- und auszuziehen, sich die Nahrung zu bereiten und möglichst am kulturellen und sozialen Leben teilzuhaben. Wie weit dieses Ziel erreicht wird, hängt allerdings nicht nur von der Art und Schwere des Defektes, sondern auch von Lebensalter, Begabung, Initiative und von organisatorisch-technischen Bedingungen des Wohn- und Arbeitsbereiches ab. Kann der bisherige Beruf nicht mehr ausgeübt werden, so schließen sich Maßnahmen der *beruflichen Rehabilitation* an, deren Art und Umfang vorwiegend von den Sonderdiensten der Arbeitsverwaltung bestimmt werden. Von weitreichenden mehrjährigen Umschulungsmaßnahmen bis zu Vermittlungs- und Eingewöhnungshilfen für eine bestimmte Tätigkeit reicht der weitgesteckte Katalog der Möglichkeiten des örtlichen Arbeitsamtes, das, ähnlich wie das Gesundheitsamt, für Fragen der medizinischen und beruflichen Rehabilitation eine Beratungs- und Schaltstelle darstellt.

Bei Kindern und Jugendlichen stellt sich in der Regel vor der konkreten Berufswahl die Frage der *schulischen Rehabilitation.* In der Bundesrepublik Deutschland hat sich in der Nachkriegszeit ein differenziertes Sonderschulwesen entwickelt, das behinderten Kindern zumeist einen der Schädigung angepaßten Unterricht vermittelt. Deutliche Mängel bestehen heute noch in den Flächenstaaten und in Ballungsräumen auch bezüglich der Schulausbildung von geistig und seelisch behinderten Kindern.

Die Heil- und Sonderpädagogik hat inzwischen auch auf den vorschulischen Bereich mit dem Ziel übergegriffen, die Verselbständigung

Tabelle 12 **Kostenträger für die einzelnen Stufen der Rehabilitation**

<table>
<tr><th>Personenkreis</th><th>Ambulante und stationäre ärztliche Behandlung</th><th>Physikalische Nachbehandlung</th><th>Versorgung mit orthopädischen Hilfsmitteln</th><th>Heilverfahren und Kuren</th><th>Berufsförderungsmaßnahmen, arbeitstherapeutische Eingewöhnung</th><th>Anlernkurs, Umschulung</th><th>Vermittlungshilfen</th></tr>
<tr><td>Kriegsbeschädigte</td><td colspan="6">KOV und Hauptfürsorgestellen</td><td>Bundesanst.</td></tr>
<tr><td rowspan="2">Unfallverletzte mit Anspruch an die gesetzliche Unfallversicherung</td><td colspan="7">BG und Gemeindeunfallversicherungsverband, Berufsfürsorge</td></tr>
<tr><td></td><td></td><td></td><td></td><td></td><td></td><td>Bundesanst.</td></tr>
<tr><td rowspan="2">Sonstige Verletzte und Erkrankte mit Anspruch an die gesetzliche Kranken- und Unfallversicherung</td><td colspan="2">RVO-Kassen</td><td></td><td></td><td colspan="3">Bundesanst.</td></tr>
<tr><td></td><td></td><td></td><td colspan="4">R.V. der Arb., Ang., Knappsch. R.V.</td></tr>
</table>

Unfallverletzte durch Verschulden anderer	Schädiger oder deren Haftpflichtversicherung						Bundesanst.
Schwerbeschädigte (ab 50 % Erwerbsminderung durch Kriegsschaden oder Arbeitsunfall) und Gleichgestellte (ab 30 % Kriegsschaden oder Arbeitsunfall oder 50 % durch schicksalhafte Verletzungen oder Erkrankungen)						Bundesanst.	
Behinderte im Sinne des § 39 des Sozialhilfegesetzes	Landes- oder Bezirksfürsorgeverbände						Bundesanst.
Arbeitslose mit leistungsmindernden Behinderungen und Berufsanwärter					Bundesanst.		

Abkürzungen: BG: Berufsgenossenschaften KOV: Kriegsopferversorgung Bundesanst.: Bundesanstalt für Arbeit

RVO-Kassen: Allgemeine Ortskrankenkassen, Betriebs-, Innungs- und Landkrankenkassen

R.V. der Arb., Ang., Knappsch.R.V.: Rentenversicherung der Arbeiter, Angestellten, Knappschaftliche Rentenversicherung behinderter Kinder und die Entwicklung ihrer intellektuellen und charakterlichen Fähigkeiten in einer pädagogischen Partnerschaft von Eltern und Lehrern zu bewältigen. Gerade in den Körperbehindertenschulen und in den Einrichtungen für geistig Behinderte sind häufig pflegerische Gesichtspunkte so bedeutsam, daß Krankenschwestern sehr gern in die Arbeitsgruppen aufgenommen werden. Die *soziale Rehabilitation* enthält sehr vielseitige Gesichtspunkte. Sie beinhaltet nicht nur die Herstellung und Festigung sozialer Kontakte in und außerhalb der Familie, sondern sie umfaßt auch die Mitsorge um die wirtschaftlichen Bedingungen des Behinderten, soweit sie aus den verschiedenen Zweigen der Sozialversicherung, der Versorgung oder durch die Sozialhilfe verbessert werden können. Schließlich hängt die soziale Eingliederung auch von baulichen und organisatorischen Bedingungen ab. Das oft so rasch erwähnte Pflegeheim ist sicher nur eine zumeist sehr ungern angenommene Notlösung, wenn die bestehenden menschlichen Kontakte abgerissen oder die organisatorischen Hürden unüberwindbar sind.

Rehabilitationsmaßnahmen sind nicht nur in Sondereinrichtungen durchführbar. Sie können oft ohne besonderen Aufwand eingeleitet werden, wenn im Krankenhaus nur sorgfältig genug an die zu erwartenden beruflichen und sozialen Probleme gedacht wird. Gerade die Krankenschwester und der Pfleger erfahren bei den alltäglichen pflegerischen Hilfen häufig viel mehr von den Sorgen, die sich für den Patienten während der stationären Behandlung und besonders vor der Entlassung auftürmen. Diese Sorgen zu ordnen und soweit wie möglich aufzulösen obliegt der Krankenhausfürsorge, die heute wesentlich leichter als früher auch die notwendigen speziellen Rehabilitationshilfen in die Wege leiten kann. Über die jeweiligen Träger solcher Maßnahmen gibt Tab. 12 Auskunft.

Während der medizinischen Rehabilitation ist zumeist eine Reihe spezieller Maßnahmen erforderlich. Im Bereich der *Krankenpflege* ist vor allem die Verselbständigung im täglichen Leben eine wichtige Teilaufgabe. Nach längerer klinischer Behandlung gewöhnt sich der Kranke leicht an die Vielzahl routinierter pflegerischer Hilfen und droht schließlich in einen weitgehend pflegeabhängigen Zustand zu geraten, wenn nicht bewußt die Körperpflege, das Essen oder auch Nägelreinigung, Treppensteigen usw. wieder geübt werden. Selbst die erforderlichen Gehhilfen sollten schon während der klinischen Behandlung zuverlässig erprobt werden.

Die Besonderheiten der Gehschulung fallen in den meisten Fachabteilungen der erfahrenen *Krankengymnastin* zu. Von ihr werden Muskelkraft, Kreislaufleistung und Koordination der Bewegungen wieder auf den Bedarf des Alltags vorbereitet. Die aussichtsreichen Trainingsformen sind zumeist von den sportlichen Übungsabläufen her entwickelt worden. Schließlich beteiligt sich auch die *Beschäftigungs-*

therapeutin an der schrittweisen Verselbständigung durch die Entwicklung von Fertigkeiten mit und ohne Hilfsmittel. Bei der Anleitung zu mancherlei einfachen Handarbeiten am Bett, bei der vielseitigen Arbeit in der beschäftigungstherapeutischen Werkstatt und in der Lehrküche erhalten Patienten nicht nur fachliche Hilfe und Anleitung, sondern auch ein ermunterndes Lob und den Ausblick auf eine selbständige Mitwirkung an der Zukunft.

Rehabilitationsmaßnahmen können mit ganz ähnlicher Methodik auch im Bereich der Psychiatrie wirksam werden. Auch der psychiatrische Patient gewinnt durch Übung, Erfolg und Bestätigung jenes Maß an Sicherheit, das ihm die Aufnahme der eigenen Lebensführung im Kreise seiner Familie wieder gestattet. Wenngleich im Bereich körperlicher Behinderungen die technischen Probleme im Vordergrund stehen und Maßnahmen der psychiatrischen Rehabilitation vor allem sozialtherapeutische Gesichtspunkte einschließen müssen, so lassen sich durchaus gemeinsame Formen der Übung und der Eingewöhnung finden, die zur vollen Eingliederung in die gesunde Welt hinleiten.

Gerichtliche Psychiatrie und gesetzliche Bestimmungen

Die *forensische Psychiatrie* beschäftigt sich mit der rechtlichen Beurteilung von sozialen und strafrechtlichen Problemen, die die psychiatrischen Krankheiten aufwerfen. Patienten mit psychiatrischen Erkrankungen geraten einerseits häufig mit dem Gesetz in Konflikt, andererseits benötigen sie den Schutz des Gesetzes. Für beide Problemkreise gibt es rechtliche Bestimmungen, die sich für den Tatbestand strafbarer Handlungen im Strafgesetzbuch (StGB), für alle Fälle, in denen keine Strafbarkeit vorliegt, im Bürgerlichen Gesetzbuch (BGB) und im Bundessozialhilfegesetz (BSHG) finden.

Umfangreiche Wandlungen im Rahmen der gerichtlichen Psychiatrie werden sich aus dem zweiten Gesetz zur Reform des Strafrechts ergeben, das am 1. 10. 1973 in Kraft treten soll. Dieses stellt die Resozialisierung des Rechtsbrechers in den Mittelpunkt. Sie soll in den *sozialtherapeutischen Anstalten* erfolgen, die Rückfalltäter, Sexualdelinquenten, Frühkriminelle zwischen dem 16. und 27. Lebensjahr und Unzurechnungsfähige bzw. vermindert Zurechnungsfähige aufnehmen werden. Das Gesetz ist in vieler Hinsicht vorbildlich. Es erscheint jedoch zweifelhaft, ob es infolge eines Mangels an qualifiziertem Personal realisiert werden kann.

Wir können hier nicht alle Probleme und gesetzlichen Bestimmungen besprechen, die in der Psychiatrie von Bedeutung sind, sondern wollen nur einige praktisch wichtige Fragen herausgreifen, die täglich vorkommen können.

Entmündigung und Pflegschaft

Entmündigung

Nach den Bestimmungen des § 6 BGB kann entmündigt werden, wer infolge von

- Geistesstörung (Geisteskrankheit, Geistesschwäche),
- Verschwendung oder
- Trunksucht seine Angelegenheiten nicht zu besorgen vermag.

„Die Entmündigung ist wieder aufzuheben, wenn der Grund der Entmündigung wegfällt".

Bei den beschriebenen Rechtsbestimmungen ist zu beachten, daß *Geisteskrankheit* und *Geistesschwäche* keine medizinischen Fachausdrücke sind, sondern vom Gesetzgeber, in Anlehnung an den Gebrauch dieser Begriffe im Volksmund, verwendet werden. In medizinischer Terminologie ausgedrückt kann man Schwachsinn, Schizophrenie, Psychopathie und viele andere Störungen dazu rechnen. Dabei umfassen *„Geisteskrankheiten"* als *qualitative* Abweichungen die Folgen von Krankheiten (Rubrik B des Schemas nach SCHNEIDER S. 171), die *„Geistesschwäche"* als *quantitative* Abweichung die abnormen Spielarten seelischen Wesens (Abschnitt A der Systematik von SCHNEIDER).

Der Antrag auf Entmündigung kann von den nächsten Angehörigen, vom Staatsanwalt, bei Trunksüchtigen auch vom Fürsorgeamt gestellt werden.

Pflegschaft

Die Errichtung einer Pflegschaft geschieht nach § 1910/2 des BGB. Die entsprechende Bestimmung lautet: „Vermag ein Volljähriger, der nicht unter Vormundschaft steht, infolge geistiger oder körperlicher Gebrechen einzelne seiner Angelegenheiten oder einen bestimmten Kreis seiner Angelegenheiten, insbesondere seine Vermögensangelegenheiten, nicht zu besorgen, so kann er für diese Angelegenheiten einen Pfleger erhalten.

Die Pflegschaft darf nur mit Einwilligung des Gebrechlichen angeordnet werden, es sei denn, daß eine Verständigung mit ihm nicht möglich ist."

Im Gegensatz zur Vormundschaft beschränkt sich die Pflegschaft also nur auf einen bestimmten Kreis von Angelegenheiten, meist auf Vermögensangelegenheiten. Das Vormundschaftsgericht kann eine Pflegschaft wieder aufheben, wenn der Pflegebefohlene dies beantragt. In diesem Falle muß er allerdings geschäftsfähig sein.

Anstaltsunterbringung

Wir unterscheiden die Anstaltsunterbringung als Sicherungsmaßregel, als Besserungsmaßregel, die einstweilige Anstaltsunterbringung und die ärztliche Einweisung.

Als Sicherungsmaßregel (§ 42 b StGB)

Die Anstaltsunterbringung erfolgt auf gerichtliche Anordnung und nur, wenn es die öffentliche Sicherheit erfordert. Sie betrifft Personen, die „eine mit Strafe bedrohte Handlung im Zustand der Zurechnungsunfähigkeit oder der verminderten Zurechnungsfähigkeit begangen" haben. Bei vermindert Zurechnungsfähigen erfolgt zusätzlich eine Bestrafung. Die Dauer der Anstaltsunterbringung ist unbefristet, sie ist alle drei Jahre zu überprüfen.

Als Besserungsmaßregel (§ 42 c StGB)

„Wird jemand, der gewohnheitsmäßig im Übermaß geistige Getränke oder andere berauschende Mittel zu sich nimmt, wegen eines Verbrechens oder Vergehens, das er im Rausch begangen hat oder das mit einer solchen Gewöhnung in ursächlichem Zusammenhang steht, oder wegen Volltrunkenheit zu einer Strafe verurteilt und ist seine Unterbringung in einer Trinkerheilanstalt oder in einer Entziehungsanstalt erforderlich, um ihn an ein gesetzmäßiges und geordnetes Leben zu gewöhnen, so ordnet das Gericht neben der Strafe die Unterbringung an". Die Unterbringung ist auf maximal zwei Jahre befristet.

Einstweilige Anstaltsunterbringung

Sie erfolgt auf gerichtliche Anordnung und aus Gründen der öffentlichen Sicherheit dann, wenn dringende Gründe für die Annahme vorhanden sind „daß jemand eine mit Strafe bedrohte Handlung im Zustand der Zurechnungsunfähigkeit oder der verminderten Zurechnungsfähigkeit begangen hat, und daß seine Unterbringung in einer Heil- oder Pflegeanstalt angeordnet werden wird".

Ärztliche Einweisung

Wenn der Patient oder, falls er entmündigt ist, sein Vormund mit der Einweisung einverstanden ist, so erfolgt diese ohne weitere Formalitäten. Es genügt ein ärztliches Zeugnis.

Muß die Einweisung gegen den Willen des geschäftsfähigen Patienten erfolgen, so ist entweder der Amtsarzt zu verständigen, der eine polizeiliche Einweisung erwirken kann oder der Patient ist zu entmündigen.

Solche Fälle können vorkommen bei akuten Psychosen, Erregungszuständen, Sucht, Nahrungsverweigerung usw.

Geschäfts- und Testierunfähigkeit

Geschäftsunfähigkeit (§ 104 BGB)

„Geschäftsunfähig ist:

(1) wer nicht das siebente Lebensjahr vollendet hat;

(2) wer sich in einem die freie Willensbestimmung ausschließenden Zustande krankhafter Störung der Geistestätigkeit befindet, sofern nicht der Zustand seiner Natur nach ein vorübergehender ist;

(3) wer wegen Geisteskrankheit entmündigt ist."

Neben der Geschäftsunfähigkeit kennen wir noch die *beschränkte Geschäftsfähigkeit*. Sie liegt vor bei Minderjährigen zwischen 7 und 18 Jahren und bei wegen Geistesschwäche oder Trunksucht entmündigten Erwachsenen.

Geschäftsunfähige und beschränkt Geschäftsfähige bedürfen zur Regelung ihrer Angelegenheiten eines Vormunds.

Testierunfähigkeit (§ 2229 BGB)

Sie ist ein Sonderfall der Geschäftsunfähigkeit und bezieht sich auf die Unfähigkeit, Testamente und Erbverträge zu errichten. Die gesetzlichen Bestimmungen darüber lauten:

(1) „Wer entmündigt ist, kann kein Testament errichten."

(2) „Wer wegen krankhafter Störung der Geistestätigkeit, wegen Geistesschwäche oder wegen Bewußtseinsstörung (z.B. wegen Trunkenheit) nicht in der Lage ist, die Bedeutung einer von ihm abgegebenen Willenserklärung einzusehen und nach dieser Einsicht zu handeln, kann ein Testament nicht errichten."

Zurechnungsunfähigkeit und verminderte Zurechnungsfähigkeit

Zurechnungsunfähigkeit (§ 51/1 StGB)

Der Gesetzestext besagt folgendes:

(1) „Eine strafbare Handlung ist nicht vorhanden, wenn der Täter zur Zeit der Tat wegen Bewußtseinsstörung, wegen krankhafter Störung der Geistestätigkeit oder wegen Geistesschwäche unfähig ist, das Unerlaubte der Tat einzusehen oder nach dieser Einsicht zu handeln."

Zurechnungsunfähigkeit liegt vor bei allen Psychosen (bei körperlich begründbaren wie endogenen), beim pathologischen Rausch und Volltrunkenheit, bei schwerem Schwachsinn, bei schweren Hirntraumen, bei Süchtigen im Stadium des Giftentzugs und bei schweren organischen Hirnerkrankungen, die zu massiven Persönlichkeitsänderungen führen.

Verminderte Zurechnungsfähigkeit (§ 51/2 StGB)

Sie ist anzunehmen bei Schwachsinn leichten Grades, leichterer organischer Persönlichkeitsänderung, chronischem Alkoholismus, sofern dieser bereits zu einer Hirnschädigung geführt hat, bei Arteriosklerose im Anfangsstadium und bei Affekthandlungen von Psychopathen.

Eherecht und psychiatrische Erkrankungen

Es geht hier vor allem um die Erklärung der Nichtigkeit einer Ehe, um Aufhebung der Ehe und Ehescheidung.

Nichtigkeit der Ehe (§ 18/1 EheG)

„Eine Ehe ist nichtig, wenn einer der Ehegatten zur Zeit der Eheschließung geschäftsunfähig war oder sich in einem Zustand der Bewußtlosigkeit oder vorübergehenden Störung der Geistestätigkeit befand."

Bei einem Zustand der Bewußtlosigkeit kann es sich um Rauschzustände aller Art handeln, als vorübergehende Störung der Geistestätigkeit sind meist manische Phasen gemeint, in denen es des öfteren zu Eheschließungen kommt.

Aufhebung der Ehe (§ 32 EheG)

„Ein Ehegatte kann die Aufhebung der Ehe begehren, wenn er sich bei der Eheschließung über solche persönliche Eigenschaften des anderen Ehegatten geirrt hat, die ihn bei Kenntnis der Sachlage und bei verständiger Würdigung des Wesens der Ehe von der Eingehung der Ehe abgehalten haben würden."

Als oben genannte persönliche Eigenschaften sind z. B. Geisteskrankheiten (schizophrener Schub), Alkoholismus, Morphinismus, schwere Psychopathie, die dem anderen Ehepartner zum Zeitpunkt der Eheschließung nicht bekannt waren, gemeint. Die Ehe kann nicht aufgehoben werden, „wenn der Ehegatte nach Entdeckung des Irrtums zu erkennen gegeben hat, daß er die Ehe fortsetzen will".

Ehescheidung (§ 44 EheG)

Ehescheidung kann beantragt werden wegen eines Verhaltens, das auf einer geistigen Störung beruht oder wegen Geisteskrankheiten. Als *geistige Störung* sind hier alle erheblichen Beeinträchtigungen aufzufassen, die nicht zu den Psychosen gehören (z. B. Morphinismus, schwerer Alkoholismus, epileptische Persönlichkeitsänderung, ausgesprochene Psychopathie usw.).

Mit dem Ausdruck *Geisteskrankheit* sind im wesentlichen die endogenen Psychosen gemeint, jedoch kann hier nicht in jedem Falle die Ehescheidung erreicht werden. So ist bei der Zyklothymie, bei der nach jeder Phase wieder eine Normalisierung eintritt, die Scheidung in der Regel nicht möglich.

Schließlich gibt es noch eine *Härteklausel*, die besagt, daß einer Scheidung nicht entsprochen wird, wenn „das Scheidungsbegehren sittlich nicht gerechtfertigt ist". Dies ist in der Regel dann anzunehmen, wenn die Auflösung der Ehe den anderen Ehegatten „außergewöhnlich hart treffen würde" (§ 47 EheG).

Schwangerschaftsabbruch (Interruptio)

Eine Schwangerschaft darf nur abgebrochen werden, wenn sie für Gesundheit und Leben der Mutter eine außergewöhnliche Gefahr bedeutet und wenn man dieser Gefahr auf keine andere Weise begegnen kann.

Ob man bei psychisch Kranken dem Gesuch auf Interruptio entspricht, muß in jedem einzelnen Fall gründlich durchdacht werden. Psychiatrische Krankheiten, bei denen eine Interruptio immer angezeigt wäre, gibt es nicht.

Zu empfehlen ist ein Schwangerschaftsabbruch z. B. bei einer Schizophrenie, bei der nachgewiesenermaßen während jeder Gravidität ein neuer Schub auftritt oder bei Anfallskranken, die während der Schwangerschaft zum Status epilepticus neigen. Bei den meisten Patientinnen, die unter Suizidandrohungen wegen sozialer Notsituationen eine Interruptio wünschen, ist Zurückhaltung geboten.

Die wichtigsten Bestimmungen aus dem Bereich der gerichtlichen Jugendpsychiatrie

In der Kinder- und Jugendpsychiatrie ergibt sich eine ganze Reihe von rechtlichen Problemen, die hier nicht einmal andeutungsweise behandelt werden können. Ebenso zahlreich sind die gesetzlichen Bestimmungen. Sie sind niedergelegt im Jugendwohlfahrtsgesetz, Jugendarbeitsschutzgesetz, im Gesetz zum Schutze der Jugend in der Öffentlichkeit, im Jugendgerichtsgesetz, im Bürgerlichen Gesetzbuch, im Strafgesetzbuch und im Bundessozialhilfegesetz.

Hier soll nur auf einige wichtige Bestimmungen eingegangen werden, die im Jugendwohlfahrtsgesetz (JWG), im Jugendgerichtsgesetz (JGG) und im Bundessozialhilfegesetz (BSHG) niedergelegt sind.

Erziehungsbeistandschaft, Freiwillige Erziehungshilfe (FEH) und Fürsorgeerziehung (FE)

Erziehungsbeistandschaft (§ 55 JWG)

„Für einen Minderjährigen, dessen leibliche, geistige oder seelische Entwicklung gefährdet oder geschädigt ist, ist ein Erziehungsbeistand zu bestellen, wenn diese Maßnahme zur Abwendung der Gefahr oder zur Beseitigung des Schadens geboten und ausreichend erscheint."

Die Aufgabe des Erziehungsbeistandes ist, die Personensorgeberechtigten bei der Erziehung zu unterstützen und dem Minderjährigen mit Rat und Hilfe zur Seite zu stehen. Der Erziehungsbeistand ist dem Jugendamt oder dem Vormundschaftsgericht verantwortlich.

Freiwillige Erziehungshilfe (§ 62 JWG)

Bei der FEH handelt es sich um eine freiwillige Maßnahme, die von den Eltern oder Personensorgeberechtigten des Betreffenden beim Jugendamt beantragt werden kann. Die entsprechende gesetzliche Bestimmung lautet: „Einem Minderjährigen, der das 20. Lebensjahr noch nicht vollendet hat und dessen leibliche, geistige oder seelische

Entwicklung gefährdet oder geschädigt ist, ist freiwillige Erziehungshilfe zu gewähren, wenn diese Maßnahme zur Abwendung der Gefahr oder zur Beseitigung des Schadens geboten ist."

Fürsorgeerziehung (§ 64 JWG)

„Das Vormundschaftsgericht ordnet für einen Minderjährigen, der das 20. Lebensjahr noch nicht vollendet hat, Fürsorgeerziehung an, wenn sie erforderlich ist, weil der Minderjährige zu verwahrlosen droht oder verwahrlost ist. Fürsorgeerziehung darf nur angeordnet werden, wenn keine ausreichende andere Erziehungsmaßnahme gewährt werden kann."

Freiwillige Erziehungshilfe und Fürsorgeerziehung können jederzeit beendet werden, „wenn ihr Zweck erreicht oder anderweitig sichergestellt ist" (§ 75 JWG).

Liegen jedoch erhebliche geistige oder seelische Regelwidrigkeiten vor, so können FEH oder FE nur dann aufgehoben werden, wenn „eine andere Form der Hilfe" sichergestellt ist. Diese regelt sich in vielen Fällen nach den Bestimmungen des BSHG. Das BSHG befaßt sich mit Hilfen in besonderen Lebenslagen (z. B. Eingliederungshilfe für Behinderte, Hilfe für Gefährdete, Ausbildungsbeihilfe) und den damit verbundenen Verfahrensfragen hinsichtlich der Kosten.

Verantwortlichkeit (§ 3 JGG)

„Ein Jugendlicher ist strafrechtlich verantwortlich, wenn er zur Zeit der Tat nach seiner sittlichen und geistigen Entwicklung reif genug ist, das Unrecht der Tat einzusehen und nach dieser Einsicht zu handeln. Zur Erziehung eines Jugendlichen, der mangels Reife strafrechtlich nicht verantwortlich ist, kann der Richter dieselben Maßnahmen anordnen wie der Vormundschaftsrichter." Die wichtigsten vom Vormundschaftsrichter angeordneten Maßnahmen sind die Erziehungsbeistandschaft, die Freiwillige Erziehungshilfe und die Fürsorgeerziehung, die bereits besprochen wurden.

In Zweifelsfällen hinsichtlich Verantwortlichkeit und Reife ordnet das Gericht meist eine jugendpsychiatrische Begutachtung an.

Anwendung des Jugendstrafrechts auf Heranwachsende (§ 105 JGG)

Heranwachsende (18—21jährige) können nach den Bestimmungen des Jugendstrafrechts (JGG) beurteilt werden, wenn

— „die Gesamtwürdigung der Persönlichkeit des Täters bei Berücksichtigung auch der Umweltbedingungen ergibt, daß er zur Zeit der Tat nach seiner sittlichen und geistigen Entwicklung noch einem Jugendlichen gleichstand, oder

— es sich nach der Art, den Umständen oder den Beweggründen der Tat um eine Jugendverfehlung handelt".

Auch hier wird in Zweifelsfällen ein jugendpsychiatrisches Gutachten vom Gericht angefordert. Das Jugendstrafrecht ist im Vergleich zum Erwachsenenstrafrecht sehr stark an pädagogischen Gesichtspunkten orientiert und bietet eine große Anzahl von Hilfen für straffällig gewordene Jugendliche, deren Möglichkeiten in der Praxis allerdings meist nicht voll ausgeschöpft werden.

Beurteilung der Glaubwürdigkeit: Nicht selten stellt sich dem Jugendpsychiater die Aufgabe, Kinder oder Jugendliche auf ihre Glaubwürdigkeit zu untersuchen. Die meisten von ihnen werden als Opfer oder Zeugen im Rahmen von Sittlichkeitsdelikten begutachtet. Im Mittelpunkt der Untersuchung steht die Aussagefähigkeit des Kindes, die von einer ganzen Reihe psychischer Vorgänge (Wahrnehmung, Gedächtnis, Suggestibilität) abhängt und nicht leicht zu beurteilen ist.

Literatur

Asperger, H.: Heilpädagogik. Springer, Wien 1965

Delay, J., P. Pichot: Medizinische Psychologie. Thieme, Stuttgart 1966

Jochheim, K.-A., F. Löw, A. Rütt: Lumbaler Bandscheibenvorfall. Springer, Berlin 1961

Kolle, K.: Einführung in die Psychiatrie, 4. Aufl., Thieme, Stuttgart 1966

Lindemann, K.: Die infantile Zerebralparese. Thieme, Stuttgart 1963

Matthes, A.: ABC für Anfallskranke. Thieme, Stuttgart 1968

Meinertz, F.: Heilpädagogik. Klinkhardt, Bad Heilbrunn 1962

Mumenthaler, M.: Neurologie, 2. Aufl., Thieme, Stuttgart 1969

Mumenthaler, M., H. Schliack: Läsionen peripherer Nerven. Thieme, Stuttgart 1965

Remschmidt, H.: Psychologie für das Krankenpflegepersonal. Thieme, Stuttgart 1972

Richter, H. E.: Eltern, Kind und Neurose. rororo Taschenbuch 1969

Scheid, W.: Lehrbuch der Neurologie, 3. Aufl. Thieme, Stuttgart 1968

Scheid, W., E. Gibbels: Therapie in der Neurologie und Psychiatrie einschließlich Rehabilitation. Thieme, Stuttgart 1969

Schneider, K.: Klinische Psychopathologie, 8. Aufl. Thieme, Stuttgart 1967

Schulte, W.: Epilepsie und ihre Randgebiete in Klinik und Praxis, Lehmann, München 1964

Schultz, J. H.: Das autogene Training. 10. Aufl., Thieme, Stuttgart 1960

Stutte, H. u. H. v. Bracken: Fachwörterverzeichnis für Jugendwohlfahrtspflege und Jugendrecht. I. und II. Teil, Veröffentlichung des allgemeinen Fürsorgeerziehungstages e.V.

Toohey, M.: Innere Medizin für Krankenschwestern. Thieme, Stuttgart 1967

Umbach, W., H. Teirich-Leube: ABC für Parkinsonkranke. Thieme, Stuttgart 1967

Weinschenk, C.: Die erbliche Lese- und Rechtscheibschwäche und ihre sozial-psychiatrischen Auswirkungen. Huber, Bern und Stuttgart 1965

Wieck, H. H.: Lehrbuch der Psychiatrie. Schattauer, Stuttgart 1967

Sachverzeichnis

I

J

K

L

M

N

Heinz-Jürgen Schiffer

Sanitär-installationen

reparieren, erneuern, planen

Rudolf Müller

Die Arbeits- und Anwendungsempfehlungen erfolgen nach bestem Wissen. Da kein Einfluß auf die Ausführung besteht, lassen sich jedoch aus den Empfehlungen keine Ansprüche ableiten.

CIP-Kurztitelaufnahme der Deutschen Bibliothek

Schiffer, Heinz-Jürgen:
Sanitärinstallationen
Reparieren, erneuern, planen
Heinz-Jürgen Schiffer
Köln: R. Müller 1987

ISBN 3-481-21251-8

NE: Schiffer, Heinz-Jürgen

ISBN 3-481-21251-8

Umschlaggestaltung: Rainer Geyer, Köln
Umschlagfoto: Rainer Geyer / Wolfgang Winter-Peter
Lektorat: H. Rolf Gorol
Satz: Fliegel GmbH, Hildesheim
Druck: Druck- und Verlagshaus Wienand, Köln
Printed in Germany

Inhalt

Einleitung

Keine Angst vorm Selbermachen. Die Kücheneinrichtung zählen wir mit zur sanitären Installation.

Das vorliegende Buch zeigt dem Heimwerker und auch dem in Sachen Sanitär weniger Geübten Möglichkeiten auf, die Armaturen und sanitären Einrichtungsgegenstände des Bades, der Toilette und der Küche zu reparieren und gegebenenfalls zu erneuern oder zu modernisieren. Es zeigt dem Leser, wie sanitäre Ausstattungsgegenstände und Installationsmaterialien richtig und fachmännisch eingebaut und montiert werden.

Darüber hinaus wird auch die Neuinstallation mit der dafür notwendigen Planung besprochen. Angst vor dem Selbermachen ist bei entsprechender Umsicht völlig unbegründet. Reparaturen und Erneuerungen können jedoch nicht in bezug auf alle Fabrikate und Ausführungen beschrieben werden. Vieles ist natürlich ähnlich, anderes ableitbar.

Grundsätzlich gilt aber, daß der umsichtige Heimwerker nach den Anleitungen dieses Buches die alltäglichen Reparaturen und Modernisierungen durchführen kann. Richten Sie sich darüber hinaus bitte nach den Anleitungen des Herstellers des neuen Gerätes.

Arbeiten an den festinstallierten Zu- und Abwasserleitungen Ihres Anwesens sind in aller Regel anzeige- oder genehmigungspflichtig. Fragen Sie im Zweifelsfall vorher bei ihrem Wasserwerk oder bei der Bauaufsichtsbehörde an. Dann ist es ratsam, eine Fachfirma einzuschalten. Eigenleistungen können Sie in Absprache immer noch erbringen.

Für das Reparieren und Erneuern von sanitären Einrichtungsgegenständen ist jedoch keine Genehmigung erforderlich.

Sorgfältiges Arbeiten garantiert Lebensdauer und Funktion der installierten Geräte.

Dennoch sollten die hier beschriebenen Arbeiten sorgfältig ausgeführt werden, um so entsprechende Vorschriften und DIN-Normen einzuhalten und eine Gewähr für Funktion und Lebensdauer der installierten Gegenstände zu haben.

Beim Auswechseln einiger Einrichtungsgegenstände oder bei der Neuinstallation eines Bereiches werden oft zusätzliche Arbeiten am Bauwerk selbst, an den Fliesen oder auch an der Elektroinstallation erforderlich.

Zur Bewältigung der genannten oder anderer Aufgaben ziehen Sie bitte die entsprechenden Bände dieser Buchreihe „Fachwissen für Heimwerker“ zu Rate.

Eine Auswahl in Frage kommender Bände finden Sie auf Seite 155 in diesem Buch.

Material- und Arbeitskunde

Wie in jedem anderen Bereich des Heimwerkens, sind auch im Sanitärbereich gewisse Regeln in bezug auf das Material und das Werkzeug sowie auf die anzuwendende Arbeitstechnik zu beachten.
So will ich hier zuerst eine kleine Material- und Arbeitskunde vorausschicken. Sie werden sehen, daß bei der späteren Arbeit viele auszuführende Handgriffe ähnlich, wenn nicht gleich sind. So sind dann Wiederholungen in der späteren Beschreibung unnötig.
Dies trifft auch für die sanitären Objekte selbst zu. Die Beschreibungen orientieren sich in der Hauptsache an Waschtisch, Klosett und Badewanne. Bei anderen Gegenständen (Dusche, Sitzwaschbecken, Urinal) sind die Handhabungen gleich oder ähnlich.

Werkzeug

Abgebildet sind von links nach rechts: Schwedenzange, Kombizange, Pumpenzange, Armaturenzange, Standhahnschlüssel, ein kleiner und ein großer Rohrabschneider.
Das ist eine Grundausstattung für Arbeiten im Sanitärbereich. Weitere Werkzeugbesprechungen folgen bei Bedarf im jeweiligen Bezug zu den anstehenden Arbeiten.

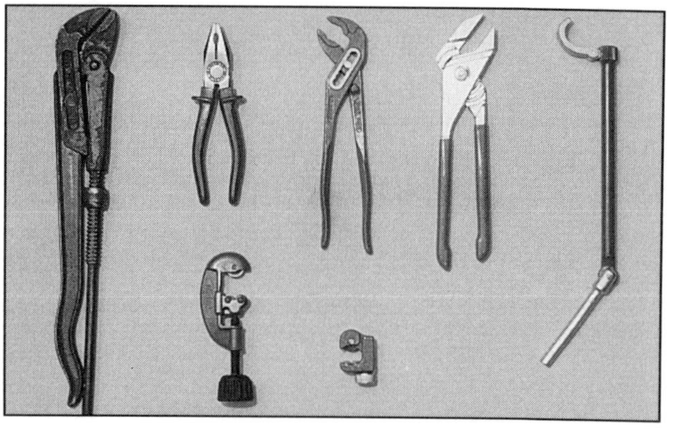

Zum Weichlöten von Kupferrohren benötigen Sie einen Lötbrenner mit Gaskartusche, Lötzinn, Flußmittel und Stahlwolle.
Benutzen Sie bitte nur zugelassene Flußmittel und Lote.
In der Tabelle auf Seite 13 finden Sie entsprechende Angaben.

Rohrleitungen entleeren

Zuerst immer Wasser abstellen. Rohrleitungen entleeren.

Bei der Ausführung von Arbeiten an den Sanitärobjekten muß das Wasser abgestellt werden.

Je nach Ausstattungsgrad des jeweiligen Gebäudes oder der Wohnung ist dies unterschiedlich zu handhaben. In aller Regel sind den Objekten Eckventile zugeordnet. Oft kann auch der gesamte Sanitärbereich mit eigens angeordneten Unterputzventilen abgesperrt werden, wie im darunterstehenden Foto abgebildet.

Wir wollen hier generell vereinbaren, daß bei Beginn einer Arbeit immer zuerst das Wasser abgestellt werden muß. Dies auch, wenn ich nicht eigens auf diese Arbeit hinweise.

Zudem müssen Sie die Leitungen, die ja voll Wasser sind, entleeren.

Oft sind im Bad, in der Küche oder im WC eigens Absperrventile angeordnet.
Dann ist das Absperren schnell und mühelos erledigt. Zudem sind andere Räume oder Wohnungen nicht betroffen.
Bei Neuinstallationen in Mehrfamilienhäusern müssen diese Ventile grundsätzlich vorgesehen werden.

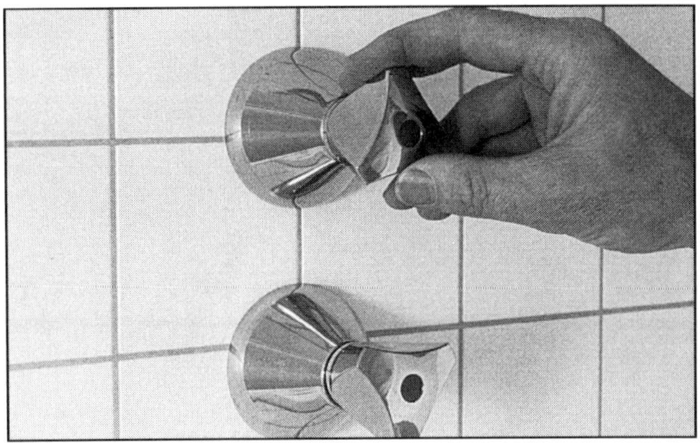

Am einfachsten geht das Absperren, wenn die Armaturen eigene Absperrorgane besitzen.
Waschtisch-, Spültisch- und Bidetarmaturen sowie Spülkästen haben in den meisten Fällen vorgeschaltete Eckventile, die extra für diese Absperraufgabe vorgesehen sind.

Die abgehenden Verteilleitungen im Keller besitzen auch oft Absperrventile, dies insbesondere in Mehrfamilienhäusern. Sprechen Sie vor dem Absperren bitte alle betroffenen Hausbewohner an.
Hängen Sie zusätzlich ein Hinweisschild an das Ventil.
Auch wenn Sie zum Beispiel nur an der Kaltwasserleitung arbeiten, müssen sie – soweit vorhanden – auch das Warmwasser abstellen. Es kann sonst nämlich vorkommen, daß über eine Mischbatterie warmes Wasser in die Kaltwasserleitung eintritt und diese somit wieder unter Druck setzt.
Danach müssen Sie die Rohre entleeren. Hierfür müssen Sie an der höchsten Stelle der Rohrleitung einen Wasserhahn öffnen, als auch an der tiefsten Stelle, jeweils bezogen auf den Rohrbereich, an dem Sie arbeiten wollen.

An den Absperrventilen im Keller können Sie das Wasser für die Verteilleitungen abstellen.
Achten Sie darauf, auch das Warmwasser abzustellen.
Können andere Zugang zu den Absperrventilen haben, hängen Sie zur Vorsicht einen Hinweiszettel an das betreffende Absperrventil.

Nach dem Zudrehen des Ventils können Sie die Wasserleitungen entleeren.
Dazu an das Entleerventilchen einen Schlauch anbringen oder direkt einen Behälter darunterhalten.
An der höchsten Stelle der Rohrleitung einen Wasserhahn und unten das kleine Entleerventil öffnen.
So kann sich die Rohrleitung vollständig entleeren.

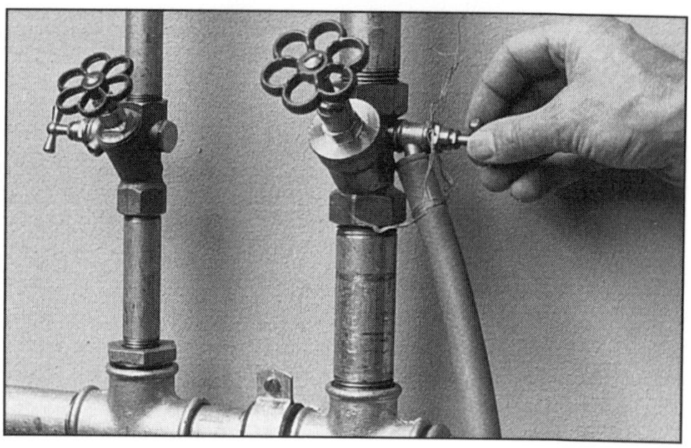